U0026361

牟宗三先生全集㉚

中西哲學之會通十四講

牟宗三　主講
林清臣　記錄

《中西哲學之會通十四講》全集本編校說明

范良光

　　1982年多至次年夏，牟宗三先生以臺灣大學特約講座教授之身份，爲哲學研究所講授「中西哲學會通之分際與限度」課程，授課內容由林清臣依錄音帶整理成稿，並經牟先生親自校訂。稿成之後，曾分別於《中國文化月刊》第69-82期（1985年7月至1986年8月）及《鵝湖月刊》第11卷第4／6／8-12期（1985年10、12月及1986年2-6月）、第12卷第1-7期（1986年7月至1987年1月）連載。1990年3月，本書始由臺灣學生書局出版單行本。本書之編校工作以1996年3月二刷本爲依據。

序

　　此講辭是十年前在臺大繼《中國哲學十九講》後而續講者。《十九講》早已出版，而此講辭則因當時諸研究生俱已出國深造，無人由錄音帶筆錄爲文，遂成蹉跎。後由林清臣同學獨自擔任筆錄，聯貫整理，共十四講，先發表於東海大學《中國文化月刊》，後復轉載於《鵝湖》雜誌。

　　清臣是臺大老同學。原讀化工系，後學醫，專精腦神經科，現在日本研究老人科。彼一生副習哲學，從未間斷。三十年前，吾之《認識心之批判》由友聯出版時，唯清臣讀之甚精。後凡吾在臺大、師大所講者，彼率皆由錄音聽習。彼之筆錄此十四講並非易事。平素若不熟練於西方哲學之思路與辭語，則甚難著筆從事。故其錄成文字，功莫大焉。蓋吾課堂之講說並無底稿。若不錄成篇章，則縱有錄音，亦終將如清風之過耳，一瞬即逝，無由得以留傳人間，廣佈社會，此豈非大爲可惜之事乎？

　　又彼筆錄之時，每成一講，必由其夫人正楷謄寫寄吾改正，改正後，復由其夫人再謄清一過，然後始交東海大學《中國文化月刊》發表。如此愼重將事，當今之世，何可多得！值茲付印之時，略發數語以識其賢伉儷好學之眞誠。時在民國七十九年三月也。

　　　　　　　　　　　　　　　牟宗三序于九龍

目　次

第一講

中西哲學會通的可能性：哲學眞理之普遍性與特殊性

我的講題是「中西哲學會通的分際與限度」，這是個大題目，在此只能長話短說，把大題目做簡單地叙述。講這個題目具有雙重性格，一方面要通學術性，一方面要通時代性，要關連著時代。

中西哲學之會通是核心地講，由此核心擴大而言也可說是中西文化之會通。文化之範圍太大，可以從各角度、各方面來看，但向內收縮到最核心的地方，當該是哲學。哲學可以做龐大的文化這一個綜和體的中心領導觀念。故欲了解一個民族的文化，開始時可以散開地由各方面來看，從各方面向內湊，如從文學、歷史、經濟、社會、政治等各方面湊到核心，還是個哲學問題。這一種講法可以說是歸納的講法。哲學地言之，也可說是一種現象學的講法，即由文化各方面做現象學之分析與描述。但我們現在不採取這種講法，而直接地由核心講，故就落在哲學上。

哲學從關連著文化來講，哲學就是指導文化發展的一個方向或智慧，也即指導一個民族文化發展的方向與智慧。假若內在於哲學專就哲學本身而言，哲學有很多種定義，我們現在不談。關連著文化講，哲學就是文化發展的指導方向。這一個原則，無論應用到中

國、西方與印度，同樣適用而有效。

　　中國文化由堯、舜起經夏、商、周而一直發展到現在，為什麼是這一個形態呢？西方文化由希臘、羅馬經過中世紀而到近代文明，為什麼是那個形態呢？印度文化為什麼又是這樣呢？各文化形態之所以如此這般，最核心的地方就是哲學的觀念在領導著，總而言之，人類世界之各文化系統皆是如此。

　　就眼前我們所處的時代，為什麼有這麼多的問題呢？究竟是什麼問題？其實任何時代都有各時代的問題，而且都多得很。而我們這個時代也有其獨特的時代問題與其他的時代不同，就以我自己個人言，由七七事變當時只廿七歲就開始逃難，一直到現在七十三歲了還在繼續著。如大家知道現在香港出了問題，假定中共一旦本著其以往的作風來接收香港，那香港的五百萬居民大體都還要逃難，為什麼我們這樣一直在逃難呢？就中華民國來講，國民政府當年的首都在南京，為何撤退到台北來呢？這當然是個嚴重的問題，對這個問題我們應該要有個認識與瞭解，這是就個人與國家而言。擴大講，為什麼我們這個時代全世界的注意力都集中在美國的華盛頓與蘇聯的莫斯科，其關鍵就在美、蘇的談判。兩國自二次大戰結束以來就天天不斷地在談判。其實已經談判了三、四十年了，都還談不出一個結果。

　　另一方面，大陸上中共做統戰工作，天天宣傳要與台灣談判、和平統一，結果還是不能談判。中共與台灣之間現階段是不能談的，這個不能談就是不能談，為什麼呢？因為我們這一個談判與美、蘇間的談判性質完全不同。美、蘇間談的是外交問題、核戰問題、軍備問題、裁軍問題，談的都是技術性的問題，至於其餘的問

題也是不能談，不能談的是原則的問題。美國不能要求蘇聯放棄馬列主義才來談判，美國提个出這個要求，兩國間不能談這個問題。同樣地，蘇聯也不能要求美國放棄自由世界的整個社會制度與經濟體制。但嚴格講這才是問題的所在。可是這是不能談的，所能談的只是外交的、技術性的問題。這樣就不能接觸到真正問題的所在，即原則的問題。

而我們處於這個時代，我們之所以逃難，美、蘇長期無結果的談判，其實是由於兩個世界的真理標準問題，兩個世界的價值標準的問題。就人類在最高層次而言，應該只有一個標準、一個真理，但我們所處的世界就有兩個真理、兩個標準，所以決定成了兩個世界。

可是大陸要求向台灣統戰，要與台灣談判，那談判就不是技術性的問題，而是原則的問題。大陸中共若放棄馬列主義，放棄四個堅持，就可以談，否則就不能談。所以我們這個時代，就是分成兩個世界，而有兩個標準、兩個真理。說到兩個真理、兩個標準就是哲學的問題，也即一般大家所謂的意識形態（ideology）的問題。共產黨有一套 ideology，故一定堅持馬列主義，一定要四個堅持。鄧小平上台了，態度變成溫和一點，與美國建邦交，反對文化大革命，但四個堅持還是不能放棄。他雖反對文化大革命，但毛澤東還是不能被抹掉，這個就是問題的所在，而這就是哲學問題，也即意識形態不同的問題。所以這個時代沒有人能與共產黨談話，不管是同樣的中國人，或是其他任何國籍、任何膚色的人，與共產黨的人相遇，都同樣被視為反動份子、反革命份子，而互相之間再也無法有所溝通了，也就是我們這個時代困難的所在、問題的所在。

　　所以在此情形下，大陸中共要求現代化是很困難的，而它追求的現代化是有一定範圍的，即只能限於科技性的，這就是他們所謂的四個現代化。可是現代化的要點，眞正現代化之所以爲現代化，是在所謂的第五個現代化，就是大陸上的青年人魏京生所提出的第五個現代化。那才是眞正現代化的所在。他一提出第五個現代化就要坐牢十五年，但是所謂的現代化，第五個現代化才是現代化的本質意義，其餘的四個都屬於科技性的，科技性的是無顏色的，任何人都可以現代化。所以在這個地方，大家要有個清楚的瞭解與認識，否則就會被迷惑、被欺騙。第五個現代化，在大陸所以做不到最後的關鍵就在我們現在的世界分裂成兩個不同的世界，而最後就是眞理標準的問題，也就是哲學的問題，這就是關連著眼前的時代問題而言是哲學的問題。

　　文化問題核心地講是哲學問題，所以我們要講中西哲學會通的分際與限度。這個問題如果你能看穿看透了，這就是我們奮鬥的方向，我們奮鬥的方向就是要瓦解共黨的馬列主義的標準，若不能瓦解，人類就無前途，沒有和平安定的世界。所以首先我們要明白這個問題，自己的生命通透了，你才有明確的奮鬥的方向，有明確的奮鬥方向，這樣才能瓦解馬、恩、列、史這一套 ideology。

　　關於共產黨的這一套 ideology，法國方面有人研究這一方面而成立一個專學，稱爲蘇聯學，雖以蘇聯爲名，其實世界所有的共產黨都包括在內，不但是蘇聯，就是中國大陸以及全世界的共產黨都一樣，那些小差異的地方是無關重要的。

　　講到這個地方，就使我想起一個例子，即最近有一個蘇聯的文學家索忍尼辛到台灣來講演，這件事情很好，是值得特別一提。今

年有中國人陸各方面的人才投奔到台灣來，但其中最重要、最有份量的是索忍尼辛到台灣來做一次講演，這就等於為台灣增加了百萬大軍的力量，增加了台灣的價值、台灣的氣勢，故不要忽視文學作家。

所以我常講，台灣最重要的是：如何使自己的存在要有價值，即如何增加自己的存在價值。如果自己無存在的價值，便是浪生浪死，徒然的生存，可有可無，台灣只是地理上的價值，這樣就沒有意義。所以一定要努力增加自己的存在價值，這就是文化問題。所以我常講，台灣的各大學各學院各學系能好好培養出幾個大的科學家、文學家、哲學家，這樣就能大大地捉高台灣的存在價值。

平素我們以為這些文學家或哲學家沒有多大的重要，但到時候就有重要，就有作用。就如索忍尼辛到台灣講演，就增加了台灣的存在價值。所以講文化建設，講現代化，這不是只叫口號與宣傳的，這樣都沒用處，這是要落實去做的。每一個崗位、每一個部門，都能歸其正位，歸到其最恰當的崗位上，把自己建立起來，使自己有存在的價值，這個就是文化建設，就是現代化，這是最重要的。如果每一個崗位，每一個部門都很麻煩不能歸其正位，不能認真落實地建立起自己，這樣就培養不出人才，這樣就無前途可言。故時代問題歸到核心還是哲學的問題，這是先泛泛的說。

前面講過，講「中西哲學的會通」一方面要通時代性，一方面要通學術性。通學術性就要了解哲學及其傳統，西方哲學及其傳統，而中西哲學能不能會通，會通的根據在那裡？會通的限度在那裡？這就是所謂的通學術性。

首先有一個看法，哲學是普遍的，所以哲學只有一個，沒有所

謂中國哲學，也沒有所謂西方哲學。因為凡是哲學講的都是普遍性的眞理。哲學中所講的道理或其中的概念，都有普遍性，哲學中的眞理都是普遍的眞理。

　　旣然那些概念都有普遍性，都是普遍的眞理，那有所謂的中國哲學或西方哲學呢？這樣就只有一個普遍的哲學。

　　籠統地說，只有普遍的眞理，因只要是眞理就有普遍性，如科學一樣，無所謂中國的科學或西方的科學，就只有一個科學。而且科學是無國界、無顏色的，這對科學的眞理來講是最顯明的。但我們不能把哲學完全視同科學，否則就只有一個哲學，正如沒有兩個科學一樣。

　　可是依共產黨，科學也有階級性，有資產階級的科學也有無產階級的科學，這是荒謬的，這個話沒有意義。我們只能說研究科學，無產階級的人或有產階級的人皆可來研究，但不能說有資產階級的科學、無產階級的科學，這是不通的。正如他們說自由也分無產階級的自由與資產階級的自由，民主也有資產階級的民主與無產階級的新民主。其實自由就是自由，民主就是民主，那有什麼資產階級的與無產階級的？共產黨就是這樣在玩弄文字的魔術。

　　我們講文化問題、哲學問題，這也都是在追求普遍的眞理。哲學中所使用的概念當然有普遍性，但哲學中所追求的眞理是否完全與科學一樣，這就值得檢討研究。若只以科學為標準，如邏輯實證論者的主張，那就只有科學一種眞理。至於哲學，就沒有中國的哲學、西方的哲學。依照他們的說法就只有中國式的民族情感、西方式的民族情感，不能說有中國哲學、西方哲學。但這種態度是不能成立的。我們一定要承認在科學眞理以外必有其他性質不同的眞

理。這種眞理與科學性的眞理不一樣，而且也不能說只是民族情感，在此就可以講中西哲學，而且有差異與不同。

此不同如何去瞭解呢？有一種主張與上面的看法正好相反，主張無所謂普遍的哲學，就是沒有 philosophy as such，也即只有個別的，如各個不同民族的、國家的或個人的哲學，而無所謂的 universal philosophy。這說起來似乎也有道理。

第一個態度是就哲學的普遍性而言，只有一個哲學；而第二個態度是就哲學的特殊性而言，就特殊性言，就無普遍的哲學，這是兩個極端相反而相衝突的觀念。我們認爲第一個態度固然不對，但第二個態度也同樣不對，兩者均同樣不正確。此相當於康德的二律背反。普遍性自是有的，但不是只有普遍性，特殊性亦是有的，也不是只有特殊性。如中國哲學由堯、舜、夏、商、周開始，模糊地能發出一些觀念，這些觀念就有相當的普遍性。由游離不明確的觀念（idea），而至轉成確定的概念（concept），就有其普遍性。觀念大都是十分不明確的，明確化就成概念，一成概念就有普遍性。但此種普遍性，就中國而言，由堯、舜、夏、商、周開始就有其特殊性。換言之，中華民族的活動有一個觀念在指導，有觀念就有普遍性，但這個觀念卻要通過具體的生命來表現，也即由中華民族這個特殊的民族生命來表現。同樣地，西方由原始的希臘民族也有模糊的觀念在指導著他們的民族活動。但這個觀念是通過希臘這個特殊民族生命來表現的。一說特殊生命就有特殊性。此特殊性是由於眞理要通過生命來表現，特殊性是由生命這裡來講的。同樣一個觀念，通過各別的個人來表現就有所不同。如同樣是儒家的道理，由孟子來表現就與孔子不大一樣，同樣是陸、王一系，陸象山的表現

就與王陽明不同。所以了解特殊性由此來了解。

　　普遍性是由觀念、概念來了解，但觀念是要表現的，要通過生命來表現的，這就是普遍性在特殊性的限制中體現或表現出來，這種真理是哲學的真理。而科學的真理則不管由什麼人皆可以研究，研究科學的人雖然不同，但我們不能說科學的普遍真理通過特殊的生命來表現而有不同。也不能說「2＋2＝4」這個數學真理由各種不同階級的人的生命來表現有不同。此話是講不通的，若以語言分析來分析，這種說法是無意義的。

　　由此而言，西方哲學講語言分析是有道理的，因為我們通常的語言常常是不清楚而不確定的，不清楚不確定並不是觀念不清楚，而是因為我們常常表達得不當或不合文法而變成不清楚。故語言分析當方法學來看是有道理的，要求我們表達得清楚，可是把它當成一種主張（doctrine）就不對了。但從事語言分析的，一開始都說自己是屬於方法學，但無形中卻成為一種主張，以此而反對許多東西而落於偏見，說形上學是無意義的。其實並不是那些道理真正沒有意義，而是他們根據他們的主張而說沒有意義。另一方面目前從事語言分析的人也缺少創新的能力，其實他們連舉新例的能力都沒有，所舉的例子千篇一律都是黑格爾哲學中的一些句子，而且都拿黑格爾來做開玩笑或譏諷的對象。這只是人病，並非法病。其實這種語言分析的工作是當該做的，因為我們目前所處的時代，生活中的一切災害，最後最嚴重的就是在這個地方，因共產黨玩弄文字魔術，欺惑大眾，於是構成所謂觀念的災害、文字的災害。

　　茲再回到哲學真理須通過生命來表現，就以「仁」來做例子，要表現「仁」這個普遍真理、普遍性的觀念，是要通過生命來表現

的，因爲仁不是抽象性的概念，是要具體地表現出來的，與「2＋2
＝4」的數學眞理不同。譬如剛性的人與柔性的人表現仁就不大相
同，分別地說，剛性的人比較容易表現義，柔性的人也可以有義，
故兩種不同性格的人，表現仁就不大一樣。不但這樣，表現也因對
象而不同。同是表現仁，對父母表現爲孝，對兄弟表現爲友愛，擴
大而言，依孟子「親親而仁民，仁民而愛物。」最親切的是親親，
故《論語》云：「孝弟也者，其爲仁之本與！」即表現仁最親切的
地方就是孝悌，孝對父母，悌對兄弟，仁民愛物均是仁的表現。

　　仁就是這樣性質的普遍眞理，此與「2＋2＝4」顯然是不一樣
的。「2＋2＝4」這種數學眞理是普遍而無國界的，無中西之分，
而仁義這種普遍眞理是要通過生命來表現，就有各種分際的不同，
此是普遍性要在特殊性的限制中呈現，而且一定得呈現，否則講空
話是無用的，而且表現要在生命的限制中表現，這樣特殊性就出來
了。由此才能了解哲學雖然是普遍的眞理，但有其特殊性，故有中
國的哲學也有西方的哲學，普遍性與特殊性均要承認，這樣就可解
消二律背反。以其有普遍性，通過中華民族或希臘、羅馬民族來表
現也可以相溝通。可相溝通就有其普遍性，由此可言會通，若無普
遍性就不能會通。雖然可以溝通會通，也不能只成爲一個哲學，這
是很微妙的。可以會通，但可各保持其本來的特性，中國的保持其
本有的特色，西方也同樣保持其本有的特色，而不是互相變成一
樣。故有普遍性也不失其特殊性，有特殊性也不失其普遍性，由此
可言中西哲學的會通，也可言多姿多彩。

　　自由世界所以要保存個體性就是要保存這多姿多彩，所保存的
普遍性並不是抽象的普遍性（abstract universality）。所謂抽象的

普遍性是把差別性都抽掉，這種抽象的普遍性就是共產主義的
ideology 所造成的。故說到最後而簡單的一句話就是共產黨的普遍
性是無特殊的內容、無多姿多彩，故為抽象的普遍性。這樣的社會
一律平等，他們就由此抽象的普遍性來建立他們所謂的無產階級的
大同，沒有階級對立的大同社會。但這種大同一出現，全部的社會
就死掉。此即所謂的封閉的社會（ closed society ），不是開放的社
會（ open society ）。而我們這些個體（ individual being ），都變成
純一色的物質（ pure matter ），這就是共產黨所希望的，因為這樣
最易統治。在這樣的純物質性的個人，怎麼能講個體性
（ individuality ）與自由（ freedom, liberty ）呢？它本來就不要讓
你有這些，你一有這些，共產黨就完了。它這樣下去，這不是災害
嗎？它要以政治的力量、集體的力量把一個社會硬壓成這樣，當然
就要殺人，非殺人鬥爭不可。

　　空想與付諸行動的實現是很不同的，只是空想還無所謂，我們
現在就因為由於有行動造成的實例擺在眼前，才深切的了解這一層
的不同，如無共產黨出現，我們還不會深切了解到這種行動所造成
的災害的嚴重與可怕。只是空想大同如何好，當年的康有為就是這
樣，他那時想「大同」時，共產黨尚未出現，他以為這「大同」的
理想多崇高、多偉大，所以當時的人認為康有為的思想是最新奇、
最進步的。但是這種新奇的思想是不能付諸實行的。一付諸實行，
就要千萬人的人頭落地，就要毛澤東來殺人。當時康有為只是空
想，而這種思想被認為是最進步、最新奇、最有理想，而共產黨就
來實行這一套。罵我們是反動的、落伍的、腐敗的，以種種醜惡的
名詞來形容，這些都是玩弄文字魔術。你不能為這些文字魔術所威

脅，若被威脅就糟了，這個時代的悲劇就是這樣，故其統戰有效。假如大家不為這些麻醉的字眼所威脅迷惑，他們的統戰就沒有效了。

　　當時康有為把他想像的大同社會都具體地列舉出來。人老了就進養老院，死了就燒成灰做肥料，夫婦結婚同居不得超過一年，有了孩子就送進孤兒院，這種大同社會任何人無家庭之累，這樣看來是夠進步了。事實上毛澤東的人民公社沒有做到這個地步，大家都已經受不了，故劉少奇才讓步。我們要知道這種知識份子的空想、這種不負責任的論調，其後果是很可怕的。由於對現狀的不滿而發發脾氣還無所謂，但不知道會有那麼可怕的後果，千萬人頭落地。所以這個時代諸位要認真仔細用心思考問題，不能隨隨便便發脾氣表現浪漫性，這種浪漫性不是隨便可以表現的。

　　「大同」是可以講的，大同的基礎在普遍性（universality）。我們人之所以有理想都是基於普遍性。無普遍性就不能有理想，理想就顯不出來。所以在這個地方共產黨就反過來罵自由世界的人自私自利，只管現實的生活，追求個人的幸福而無理想。所以它要有個理想，無產階級的理想，它要黨員殉道，殉那個抽象的普遍性，他們的理想就寄託在這個地方，所以一轉就成為黨性，他們說個性是小資產階級的，他們卻不知道自由世界的普遍性是在個人的特殊性中表現，這樣才能保存這個社會的自由與多姿多彩。大家對這個道理無所知，所以為共黨所迷惑。一個人要想由抽象的普遍性，進一步來了解具體的普遍性（concrete universality）是很難的，故青年人不易了解，他們的脾氣很急躁，眼看現實上有種種不滿，就性急地要拉掉一切，這樣就成了抽象的普遍性，這是最真實的事實，

歷來就是如此。所以他們不了解自由世界所代表的普遍性是具體的
普遍性。具體與抽象是相對反的。

　　故由普遍性可以言會通，由特殊性可以言限制、多彩多姿、講
個性。這兩方面都要同時保存。這種普遍性與科學真理的普遍性不
同，它只能通過個體生命來表現，而同時就為生命所限制，這兩句
話同時成立而不相衝突。人生的奮鬥就在這裡，即所謂的為理想而
奮鬥（struggle for ideal），這樣人生才能上進，而實現價值、實
現理想都由此出，故人生就是一個為理想奮鬥的過程。這種真理要
通過個體生命來表現，又同時為個體生命所限制，即為表現真理的
生命所限制，這種真理是什麼真理呢？這種真理顯然與數學或科學
的真理不同，故有兩種不同性質的真理。數學真理不需通過個體生
命來表現，只要通過研究者來研究，其他如科學的真理也是一樣，
這種真理我們以專門名詞名之曰外延真理（extensional truth），
這是羅素在邏輯上所使用的名詞。另一種真理如「仁」、「義」這
種需通過生命來表現的真理稱為內容真理（intensional truth）。外
延真理與內容真理相對。我們一定要承認有這兩種真理。外延
（extension）與內容（intension）是邏輯學中的專門名詞。

　　目前的邏輯實證論，並不是完全錯的，只是他們只承認外延真
理而不承認有內容真理。外延一詞由邏輯上的 extension 而來。外
延真理都是可以量化與客觀化的，能量化才能客觀化，科學真理都
是如此。能外延化的真理才能客觀地被肯斷（objectively
asserted）。

　　而相反地，內容真理卻不能客觀地被肯斷。依羅素以邏輯作標
準，若命題（proposition）是繫屬於主體（belongs to subject），

也就是屬主觀的態度者，則它們都不能客觀地被肯斷。外延眞理則不管主體是誰，都是要承認的。而內容眞理則繫屬於主體，如我相信什麼什麼（I believe so and so）、我想怎麼樣怎麼樣（I think so and so），這樣的命題，是繫屬於我這個主觀的態度。我相信、我想這後面的句子都不能客觀化，故爲內容眞理。如我相信上帝，但你不一定相信。因上帝的存在不能被證明，這就不是外延眞理，因其不能客觀地被肯斷，而是繫屬於我相信。但我相信你不一定相信，我今天相信明天也不一定相信，再如我想發財，我也不一定會發財，故有特殊性。

所以羅素講科學知識的成立，一定要靠兩個基本原則，一個是外延性原則（principle of extensionality），即命題可由其外延的範圍，也即量來決定，不受主觀的影響。要靠這個原則始有眞正的客觀知識，否則一切命題都是主觀的。第二個是原子性原則（principle of atomicity）。在知識上是用這個名詞，在社會科學上則說是個體性原則，其實是相通的。

原子性原則是說對象可以被分析或分解成若干部份，換句話講，部份可獨立地、單獨地被了解。如每一部分都要通過而且必須通過全體來了解，否則就不可理解，那麼部份就不能獨立地被了解，這樣就無科學的眞理。

如牽一髮而動全身，要了解頭髮就要了解頭，要了解頭就要了解全身，如此就要了解我坐的桌子、我在的教室、台大、台北乃至全部的太陽系，這樣一牽連，到什麼時候才能了解頭髮呢？故這樣頭髮就不能獨立地被了解，這樣就沒有科學眞理。所以必須假定原子性原則，也即可分性，全體可以分成部份，由了解部份來了解全

體。此並不是說原子性原則可以適用於一切。某些道理是要通過全體來了解的,無孤立的全體,也無獨立的部份,對此後者而言即牽一髮而動全身,黑格爾就喜歡講這種道理。講這種道理的人認為天地間的一切都處於關係中,而這種關係都是內在關係(internal relation),也即一切東西所發生的關係都是內在關係,如 A 與 B 在關係內與跳出來在關係外就不一樣,也即 A 與 B 不發生關係時是一個樣子,當進入這個關係時 A 與 B 就變了,這樣 A 與 B 的客觀性如何了解呢?這樣關係就是所謂的內在關係。

而外在關係(external relation),則 A、B 在關係內與其在關係外一樣不變,並不因進入關係內而起了變化。如我與桌子的前後、左右的位置關係就是外在關係。依邏輯實證論講,科學真理所代表的關係一定是外在關係。就科學的知識而言,認知關係就是外在關係。假如是內在關係,則我了解一個東西與你了解這同一個東西不一樣,這樣就無客觀知識可言。所以要承認科學知識就要承認外在關係。這樣就不能把天地間一切東西間的關係都視為內在關係。不能全部成為內在關係,就是要承認原子性原則在某種範圍內有效。

大體英、美人的思想,都很重視原子性原則與外在關係。當然我們不能如黑格爾把一切關係都看成內在關係。英、美人重視外在關係也不錯,為了要說明科學知識就要這樣。但我們既然承認有兩種真理,則我們就不能視一切關係為外在關係。不過原子性原則之重要性不能隨便抹殺。就哲學而言,羅素提出這個原則為的是說明科學知識,說明邏輯分析應用的範圍,由此乃有他的邏輯原子論(logical atomism),為了說明科學知識這個原則是必要的。

但講到內容真理,這個原則就不必能適用了。內容真理很玄,不過兩種真理都是需要的,不能只承認一方而抹殺另一方。

原子性原則不但在科學知識上重要,在其他方面,如在政治、社會方面,更顯得重要。蓋有此原則,才能講自由、個體、乃至人權。英、美人在政治、社會方面也很自覺地意識到原子性原則之重要性,在這方面可以稱為個體性原則(principle of individuality)。英、美人不只是重視現實的經濟利益,否則他們無法領導當今的世界。個體性原則,一般人生活在自由中,對之不自覺也不清楚,但他們的一般高級知識份子、哲學家都意識得很清楚。儘管在純粹哲學方面如形而上學等,這對讀哲學的人不很過癮,但對政治、社會方面的作用卻是很大,這是值得我們注意的。如英國有另一位大哲學家懷德海(A. N. Whitehead),也能談形而上學,他也一定堅持原子性原則。不但在知識上,即在社會、政治上也要肯定這個原則。不肯定這個原則,自由、人權就不能講,他們是很自覺的。英國是老派的自由民主,也是自由民主的發祥地,這是從〈大憲章〉開始,由他們不斷地奮鬥、爭取得來的。通過奮鬥而得,所以意識得很清楚。中國人就一直對這方面很模糊,到現在還是如此,所以要現代化很困難,尤其大陸上更困難更麻煩。

眼前就是一個顯明的例子,香港是一個徹底自由的社會,所謂的自由港,那是金融貿易的中心;資本家能在那裡投資發展而社會經濟能有這樣的繁榮,是由於英國人有這麼一套制度讓資本家們在那裡活動。但這些投資的資本家就不一定懂得自由的可貴,香港所以有今天的繁榮,有它的道理。共產黨更不了解,認為英國人可使

其繁榮，爲什麼他們就不能。可是英國人能使其繁榮，但中共的五
星旗一掛，香港馬上就完了，繁榮就無法再維持下去。他們就是不
懂這個體性原則的重要。

英國與中共間的談判，其中就談到思想、信仰、宗教上自由的
問題，但英國人就非爭此不可。本來這是一個金融貿易的中心，資
本家投資的地方，講這些似乎沒有什麼用，也似沒有多大的關係。
但要知道香港所以能保持這個自由的社會，思想自由、信仰自由是
一個很重要的標誌（mark）。談到這個地方英國人非力爭不可，
但中共就不允許，這樣自由社會如何能維持得住呢？英國人就了
解，但跑到北平去投資的資本家就完全不懂，故共產黨就欺騙他
們，恭維他們是民族資本家，但經過一段很短的時間就垮了，他們
就是不了解自由之可貴，但英國人就懂，英國人平時絕口不談亦不
宣傳自由民主等 ideology 的問題，他們認爲自由民主不是宣傳的，
是要靠一套制度去表現的。可是到時候，他們就要爭取這個東西。
但是中共在這個地方絕不會讓步（如果眞讓步就等於投降）。故一
旦主權收回時，各報社都會停刊，教會辦的中等學校也要停辦，五
星旗一掛大家都走了，如何能保持現狀呢？由此可知英、美哲學爲
什麼重視原子性原則，而在社會政治上就重視個體性原則，這是爲
了保持個人的自由。這個觀念我們都不很清楚，即使知識份子也是
不清楚，當然共產黨更不懂，這是時代的嚴重問題，念哲學的人對
此要有了解，不要糊塗。

第二講

中國哲學底傳統：中國哲學所關心的是「生命」，而西方哲學所關心的其重點在「自然」

講中西哲學之會通，首先由限制性講中西哲學之差異。在限制性中表現具有普遍性的概念，我們不能離開限制性憑空籠統地講放諸四海而皆準的普遍性的概念，故先講限制性，由限制性就有不同，可以講中西哲學之差異與分別。

差異如何講法呢？中西哲學皆歷史長而內容豐富，講差異是不容易的，若無綜和性的綱領如何去講呢？憑空講是很難的，一定得通過以往幾千年來的發展，整個看來才能得一個線索，否則無從說起。所以只有通過發展這個觀念，長期發展的領導線索綱領才能把握。

經過長期的發展看中國的文化，由夏、商、周一直發展下來，主要的線索、主要的綱領、主要的方向在那裡呢？同樣地，西方哲學由古希臘經中世紀到近代的發展，由其長期的歷史發展，也可以把握其綱領而看出其差異，這當然要對各時代的思想加以反省才能了解。

如上講所述的普遍性與特殊性，以此乃可言中西哲學之會通。有普遍性也不能以此而言中西哲學不能有差別、有限制性，故中西

哲學永遠可保持其特殊性。由普遍性與特殊性兩方面綜和起來,我們就可把握中西哲學發展之主要綱領的差異在何處。如剛說過,對中西哲學傳統的長期發展加以反省就可看出其不同,我們可以用兩個名詞來表示。我們可說兩個哲學傳統的領導觀念,一個是生命,另一個是自然。中國文化之開端、哲學觀念之呈現,著眼點在生命,故中國文化所關心的是「生命」,而西方文化的重點,其所關心的是「自然」或「外在的對象」(nature or external object),這是領導線索。

由中國古代的經典,就可看出都是環繞生命這個中心問題講話而開展。重點在生命,並不是說中國人對自然沒有觀念,不了解自然。而西方的重點在自然,這也並不是說,西方人不知道生命。由歷史開端時重點有些小差異,就造成後來整個傳統發展的不同。我們就以「生命」、「自然」兩個觀念,來看中西哲學發展的大體脈絡。

所謂的關心生命,生命的意義有好幾層,首先所關心的生命是眼前的個體生命,生命就如其為生命而觀之(life as such)。這一個層次的生命是有問題的,故首先意識到此。生命有好幾層次,如以佛教的說法,阿賴耶識也是生命,轉上來涅槃法身也是生命。可是關心生命、出問題的生命,而想法對付它,則此時的生命不是佛教所言的涅槃法身的生命,因為這個生命是經過我們關心它、處理它而翻上來的最高境界,到那個境界生命就無問題了。我們現實上並不能馬上就到達到涅槃法身的境界,我們的現實生命到處是麻煩。人首先注意到的是生命外部的麻煩,此外部的麻煩很容易解決,但生命自己內部的問題就很難了,所以說:「征服世界易,征

服自己難」。外部的問題都安排好了，但自己卻不能安排自己。如你外在周圍的種種問題都給你解決了，但你仍是左也不安，右也不安，不能自在，到處是問題，到處是麻煩，有人就是這樣的。「富貴不能樂業，貧賤難耐淒涼」，這種人是很麻煩的，但生命本來就是麻煩的。貧賤固不好，富貴也不見得好。孔子就說過：「不仁者不可以久處約，不可以長處樂」，意即不仁的人不能長久安處於其快樂、舒服與幸福的境地，他也不能長期處於其困厄倒楣的狀況，《紅樓夢》中賈寶玉就是這種人，富貴時他也不能好好地做事或讀書，貧賤時更受不了那種淒涼。如孔子所說的不仁的人也不一定是壞人，如賈寶玉你不能說他是什麼壞人。「不仁者」意即生命中無仁之常體的人，故孔子這句話意思是很深遠的。

孔子的「仁」之意義很不易把握，如「唯仁者能好人、能惡人」，好惡是每人都有的，人若沒有好惡就沒有是非，但要能成就好惡是不容易的。唯仁者才能成就「好人」之好、「惡人」之惡。如一討厭就討厭得不得了就是所謂惡惡喪德。「愛之欲其生，惡之欲其死。」喜歡時千方百計地設法使其生，但到討厭時非得把他殺掉不可，處之於死地。這樣的好是溺愛不明，這樣的惡是惡惡喪德。惡是當該惡的，但惡之至於喪德，你本身就是惡，也即本來你是惡惡，但惡的結果你本身陷於罪惡，甚至比原來所惡的惡更惡，這反動很可怕。

這個道理孔子在二千多年前就說出來，我們到現在還不明白。資本主義、資本家固然有許多罪惡，改革資本主義社會是可以的，但共產黨那樣的做法就是惡惡喪德。故「唯仁者能好人、能惡人」，仁者是指能體現仁道的人，也即生命中有定常之體（仁體）

的人，意即是有眞實生命的人。有眞實生命的仁者，才能好、才能
惡，才能成就好之爲好、惡之爲惡。儒家是肯定好惡的，因無好惡
就無是非。進而要如何成就好惡，但要成就好惡就要許多工夫。

　　不仁者（生命沒有定常之體的人），不能長處樂，不能久處
約，這樣不是，那樣也不是，這種人很麻煩，生命不能得到妥當的
安排，我們的現實生命就是這樣，故征服世界容易，征服自己困
難。人最後的毛病都在自己，這個時代的災難最後也都在人本身，
並不是在核子彈，故人是最難於對付的。人最可愛，也最可惡。故
荀子指現實上的人爲：「信不美，信不美」，意思是很不好、很不
好。但另一面人也很值得讚美，人也可以達到最高的境界。故人的
地位很不穩定，可以往上通神聖，也可以向下墮落得比禽獸還壞。
這就是我們一開始說 life as such 意義的 life，並不是指已經翻上來
達到了最高境界如涅槃法身的生命，那種生命，問題已經解決了，
而我們現在所講的這個生命是指著 life as such 的現實生命而言
的。中國由夏、商、周以來，著眼點一開始就在關心自己，如何來
安排這自己最麻煩的生命，所以由此首先意識到「德」的觀念，故
《詩經》講「疾敬德」，以後一步一步注意向內修德。古代人如由
科學的立場來看，知識很簡陋，簡直不能與我們現代的人相比。從
這個地方來講是我們後來者居上，但並不是一切方面都是後來者居
上。若從「德」這方面來看，不但後來者沒有居上，反而是每況愈
下。所以古人對「德」有清楚而分明的觀念（clear and distinct
idea）。相反地，我們現代人對「德」無清楚的觀念，都模糊了，
但對知識有清楚的觀念。知識是指科學知識，因爲科學的成就是很
明顯的，但其實一般人本身也不一定懂科學，因爲他本身不是科學

家，他也不懂原子彈、相對論，但我們相信科學是因為科學有證驗，所以就認為科學最可靠。所以客氣地講，現代人對知識清楚，儘管一般人並不清楚。那麼憑什麼對知識有清楚的觀念呢？這還是憑知識權威、訴諸專家。因為科學已經是成立了，客觀地擺在那裡，儘管自己不懂而訴諸專家，這樣並不是獨斷，也不是迷信，所以是可諒解的。在可諒解這個層次上，我們姑且可以承認現代人對知識有清楚而分明的觀念。但對「德」則完全沒有，所以講很多的道德哲學，有許多主義與主張，但還是說得不明白。現代人在知識方面這麼進步，但對德、正義、公道完全沒有觀念，沒有認識。而古代的人那麼原始，為什麼對德有那麼清楚而明確的認識，這似乎是很奇怪的現象而不可思議。

因知識是很麻煩的，而道德上的是非善惡之判斷卻不需很多的知識來支持，而且最簡單明瞭，故儒家言道德的實踐是簡易的。相反地，我們想知道對象，對對象有所了解與認識，是很麻煩而複雜的，到某一個地步還不夠，還要往裡步步深入。牛頓的物理學還不夠，還要進到愛因斯坦的物理學，大宇宙的物理學不夠，還要向小宇宙的物理學前進。這是很麻煩的，越研究越專門，結果只有專家才有一點點的知識，我們一般人則一點也沒有，實際上一無所知，所以要有那一方面的知識就要向那一方面的專家請教，這樣一來其實都推諉給專家，這不是一無所知嗎？所以知識才是麻煩的，要得到知識是很不容易的。對知識要有清楚而明確的觀念也不是容易的。

但人對自己的生命、自己的言行，如有錯誤，馬上就有罪惡感，這點古人就會了，所以說德的意識很「簡易」、「坦然明

白」，若太複雜人們就不能了解了。假若你演算數學的問題演算不出來、證明不出來，這並非罪惡。你不懂數學不是罪惡，但若說錯話或做錯事，你自己就難過。所以德的意識很容易被人注意，古人對這方面有清楚的觀念，是很合乎情理而很可了解的。而正相反，現代人就不了解德。所以「疾敬德」就是要你趕快使自己像個人樣，好好做事，好好做人，故言「天視自我民視，天聽自我民聽」，你不要妄爲。古人一下把問題落在這個地方，就重視這個問題。

　　後來孔子出來，再往裡一層一層地深入前進，於是中國的哲學就開出了孔子傳統，後來的發展大體而言，儒家是主流是正宗，道家是針對儒家而發出來的旁枝，但道家還是對付生命這個問題的，道家也開出另一個系統，這樣中國的哲學就發展下去，一代一代人物也很多，各有其發展與注重的問題。

　　漢學主要是繼承儒家的經典，漢儒並不一定能了解儒家的眞正精神，但能保持文獻也有他們的功勞。兩漢後接著來的是魏晉時代。魏晉時代的名士專談三玄，三玄是《老子》、《莊子》與《易經》。魏晉的三玄以道家的精神爲主，故講《老》、《莊》是很相應的。可是《易經》是儒家的經典、孔門的義理，而魏晉時代以道家精神來講《易經》並不一定相應，但也有所發明。魏晉時代的學問是由儒家的主流岔到旁的方向。隨著而來的是南北朝，南北朝主要在吸收佛教，佛教是由印度傳來的，在此段時期中國的思想完全用在吸收佛教的教理。至隋唐就完成了吸收消化佛的工作。可是隋唐的政治文物又回到中國原有的。由魏晉談三玄的歧出，再經南北朝的吸收佛教，佛教是外來的，旣不同於儒家也不同於道家，離

我們本有的骨幹更遠,此即歧出中的歧出。這一段時間很長,由魏晉南北朝至隋唐初年共約五百年的時間,經談三玄道家的復興為橋樑進而吸收佛教,這個階段為中國思想歧出的階段。

在大唐盛世,國勢、政治文物、典章制度達到頂盛,是中華民族的黃金時代,是中華民族的光榮。但唐朝不是哲學家的時代,而是文學家的時代,其表現在詩。所以要了解唐朝的三百年,要以特殊的眼光來看。其政治文物、典章制度是屬於儒家傳統的,但儒家學問的義理精神並無表現。唐朝時代思想義理的精彩在佛教,佛教的那些大宗派都產生在唐朝或隋唐之間。如天臺宗完成於隋唐之間,而在唐朝仍繼續發展,有荊溪之弘揚;唐初玄奘到印度回來後開出真正的唯識宗,華嚴宗也發生於唐朝。故自發展佛教的教義而言,天臺宗、唯識宗、華嚴宗都在這個時期全部完成達到最高峰。這是中國吸收印度原有的佛教而向前發展到最高的境界。中國人順著印度原有的往前推進一步,與印度原有的佛教不同是時間前後發展的不同,而非並列的不同。換言之,後來在中國流行的佛教是把原有的印度佛教所函蘊的推進發展出來的,所以只有一個佛教,並不能說另有一個中國的佛教。現代研究佛教的人,就有人把佛教分為印度的佛教與中國的佛教,而有些人以為重新由梵文才能得到佛教原有的真精神,因為中國的佛教都是經過中文翻譯的,認為這樣不可靠,而由梵文來追尋原有的佛教,好像中國的發展是歪曲了的。這些看法都不是正確的。說到翻譯當然不能無小出入,但主要的精神義理是不差的。

唐朝在佛教之思想義理方面有很高度的成就與表現,能發展出天臺宗、華嚴宗,並能確認唯識宗,這就是最高的智慧。這些宗派

的大師如智者大師、玄奘、賢首等都夠得上是真正的大哲學家,與西方的大哲學家相較絕無遜色。佛教的教義發展到這裡已經是最高峰了,再往前進是禪宗。因為禪宗以前的大、小乘以及天臺宗、唯識宗、與華嚴宗都是講教義,也即講義理系統。但禪宗則為教外別傳。以往的教派夠多了,教義也講得複雜而煩瑣,而禪宗要做的是把其簡單化後付諸實踐,這就是禪定的工夫。禪宗又是最高智慧中的智慧,只有中國人能發展出這一套,世界任何其他民族皆發展不出來。目前美國人很喜歡禪宗,覺得很新鮮而好奇,其實完全不懂禪宗。有人竟與維特根斯坦相比附,這樣比附對兩方面都沒有了解而且都耽誤了。禪宗是佛教,所以不能離開已有的佛教而空頭地隨便妄談禪。教義發展至最高峰一定要簡單化,簡單化而付諸實踐。但佛教本來就是講修行的(如戒、定、慧),但修行由禪宗的方式來修行是了不起的。無論大、小乘都講修行,無修行如何能成佛呢?但以禪宗的方式來修行是奇特而又奇特,真是開人間的耳目,此只有中國人才能發展出來,這不只是中國人的智慧而且是人類最高的智慧,故大唐盛世並非偶然,中華民族發展到唐朝實在是了不起。

　　唐朝義理思想的精彩不在儒家,但政治文物、典章制度是繼承春秋、兩漢下來的,那是歸於中國的正統。社會上人民生活的倫常習俗並非印度的,所以吸收的只是佛教的教義。這樣唐朝的基本原則與精神落在那裡呢?其所以能繼承這一套典章制度的精神是服從什麼原則呢?義理是吸收外來的佛教,但並不能以佛教來治國平天下,因為佛教的重點不在此,佛教即使在其鼎盛時期也不過如此。中國在大唐盛世除與治世不相干的佛教及政治上的典章制度以外,

精神上是服從什麼原則來運宰這一套制度，開一個大帝國，創造出這樣一個高度的文明？唐朝所服從的是生命原則（principle of life）。大體比較地講，漢朝是以經學治天下，即以經學統政治，以政治統經濟，大體就是這個模型，但做到什麼程度很難說，故這樣，相對地說，漢朝是服從理性原則（principle of reason）。唐朝則服從生命原則。為什麼以「生命」來說明呢？佛教在此不相干，《十三經注疏》也無精彩，而唐朝大帝國能開出這麼一個文物燦爛的大帝國，由政治上而言，是唐太宗的英雄生命，他是典型的中國式英雄，十八歲就開始打天下，打三、四年就完全統一中國，建立唐朝大帝國，這是英雄。英雄是表現生命，不是服從理性，生命是先天的，唐朝有此強度的生命。除唐太宗之英雄生命以外，唐朝的精彩在詩。兩漢是文章，唐朝是詩，宋是詞，元是曲。人們常說唐詩是學不來的，是靠天才的，如無那種天才與生命，就無那種才情。由此看來，唐朝時，儒家沒有精彩，佛教不相干，剩下兩個「能表現大唐盛世，文物燦爛」的因素是英雄與詩，詩靠天才，也是生命。生命放光輝就是詩才。英雄的生命也是光輝，就是英雄氣概。表現為詩的是詩才、詩意、詩情，此是才情。英雄不能說才情而說才氣，不能說氣象而說氣概。生命旺盛的時候所謂「李白斗酒詩百篇」，漂亮的詩不自覺就產生出來了，生命衰了則一詞不贊，所謂江郎才盡。這種生命與才氣乃康德所謂的強度量（intensive quantity），而非廣度量、數學量。生命乃服從強度原則的，強度量是拋物線，可以從一無所有而發展到最高峰，由此最高峰又落下至一無所有。大唐生命發展至唐末五代即一無所有。中國歷史在以前最差的是唐末五代，那時代的知識份子廉恥喪盡，社會國家最

亂。這就是服從強度生命原則的自然結果（consequence）。所以
人生的奮鬥過程在生命以外一定要重視理性。當生命強度開始衰
敗，有理性則生命可以再延續下去，理性能使生命有體而不至於潰
爛。

　　唐末五代之後就是宋朝，宋朝的三百年，國勢很差，但時代的
思想是儒家的復興，就是理學家的出現。理學家就是看到自然生命
的缺點而往上翻，念茲在茲以理性來調護也即潤澤我們的生命，生
命是需要理性來調節潤澤的，否則一旦生命乾枯就一無所有，就會
爆炸。而理性就能潤澤我們的生命，這樣生命就可以綿延不斷地連
續下去，這一代不行可以由下一代再來。這是宋朝時社會上知識份
子所擔負的，而不是趙家的君主們以及環繞君主的官僚所能擔負
的。故宋朝國勢的不振，非理學家的責任。宋朝由宋太祖開國時的
規模就不行，但為什麼宋朝能維持三百年之久呢？這是不容易的，
此乃靠文化的力量。故以後顏、李學派那些人責備理學家乃是氣憤
之言。北宋、南宋之亡，理學家不能負這個責任。了解歷史要公平
而恰當的了解，但整個宋朝三百年還是服從理性原則。此與漢朝不
同，漢朝是文獻經學的整理，而宋朝則是闡揚儒家的義理，故兩個
型態不同。

　　宋亡後元朝不過一百年，而明朝底時代精神還是理學家為主
的，即以王陽明為代表，故明朝的時代精神大體也是服從理性原則
的。王學一出，佛教就衰微而無精彩了。宋明儒家是繼承先秦儒家
而發展的，那是依儒家內部義理講的儒家，兩漢的經學是外部經學
的儒學，兩者不同。而儒家之所以為儒家，是宋明儒所表現的。明
朝的體制大體是模仿漢朝，其實是模仿不來，究竟是不同的。

明朝這一個朝代是不容易了解的，其間三百年從朝政及皇帝方面看實大體都是很乖戾的，講歷史的人就不懂其中的道理，故了解歷史是一個問題，記得歷史又是另一個問題。一般的是記得歷史而不能了解歷史，尤其是那些專重考據的。他們知道而且記得歷史上發生的許多事情，但是小事情不是大事情。但了解歷史與記得歷史是不一樣的，這兩種能力顯然不同。記憶當然有價值，但了解也有價值，不了解而念歷史有何用處？明朝之後是清朝，清朝一開始中華民族就倒楣而一直倒楣到現在。因為清朝是異族統治中國，對中國的文化生命與民族生命的影響是很大的，不了解的話，就看現在的中國。一步一步的變化都有其歷史的必然性。清朝是異族的軍事統治，對民族生命有很大的挫折，因而對文化生命亦有很大的歪曲。凡是一個時代、一個國家，民族生命與文化生命不能得到諧和的統一，這時代一定是惡劣的時代、悲劇的時代。清朝的軍事統治把中國幾千年來的政治傳統體制完全破壞了，以前設有宰相，到滿清就變成軍機衙門，成了軍事統治，此與元朝一樣，都是來自異族統治。

不管以前的宰相能做到什麼程度，但他是代表治權，宰相負責政治的措施。到清朝就成為軍事第一，中國傳統知識份子的責任感與理想喪失了。所以清朝的知識份子沒事可幹，就成乾嘉年間的考據。此根本與漢學不同，精神也不一樣，不是傳統文化的順適調暢的發展形態，這是在異族統治下的變態。乾隆皇帝就表示以往的知識份子以天下為己任是壞習氣，如果這樣，我們皇帝幹什麼？故清朝時，由孔子傳下來的知識份子的願望與理想都沒有了。現在知識份子的情形是經過清朝三百年統治後的自然結果（natural consequence）。乾嘉年間的學問是清客的學問，那些考據家很多是做清客幫閒，清客是奉陪王公大人的。不說考據沒價值，而是要了解乾嘉年間知識份子的意識形態。

顧亭林的考據是繼承儒家來的講實用。儒家內聖外王是眞正的實用，不是記誦雜博以資談助。顧亭林考據背後的精神完全與乾嘉年間的不一樣。所以我並不反對考據。講中國古典，歷史的考據當然有其相當的價值，但亦不只是考據所能勝任，而且最重要的是以什麼精神來從事考據。我們反對的是乾嘉年間知識份子的意識形態，那種意識形態是清客。理學家不做清客，他們都有根據中國以往的傳統傳下來的知識份子的理想與願望，這些現在大家都忘掉了。中國有五千年的長久歷史，一個人若有存在的呼應，即在現在就與歷史生命不隔。而現在的中國人就受西方文化的影響，對中國的歷史傳統無存在的呼應。故與歷史生命相隔，不能存在地相呼應。現在人喜言「代溝」，這是社會學與心理學所用的名詞，指老、少年人之間因年齡相差而產生互相間不了解的情形。這事實中國以前也並非不了解，但並不誇大此事實，卻寧願講承先啓後、代代相傳。這樣，個人的生命就能與民族的歷史生命相契相呼應。故不要被目前的流行名詞把我們的生命錮蔽住。

西方人有許多觀念、許多主義，這些觀念與主義只是學術上的主張，或是政治上的個人見解，在西方社會是司空見慣的，不會引起什麼騷動。但這些觀念與主義一到中國就不得了，每一個主義就成了一個宗教，都想以之治國平天下。就這樣地生命固結在某些觀念上，而排斥其他的觀念，終於對我們的生命造成騷亂。目前中國人號稱有十幾億，但究竟有多少能夠算得上是眞正的中國人？表面

上看來，當然都是中國人，但以其意識形態與意識上所持的觀念來看，很少是真正的中國人。即使在風俗習慣、社會禮節方面仍遵守典型中國的傳統，但其思想與意識完全不是中國的，這樣一個人的生命就四分五裂，生命不能諧和、不能一致。如中共以馬列主義為教條，以蘇俄為其祖國，而宣言工人無祖國，而現在統戰又要人回歸認同祖國，這是自相矛盾而不通的，但一般人就被其所惑，就順著去回歸認同，其實這些詞語都是迷惑人的，而在玩弄文字把戲。

所以目前的中國人意識上的觀念橫撐豎架，而把生命撕成四分五裂。乾嘉年間以來知識份子的意識形態是清客。故清末民初西方帝國主義入侵中國，我們就完全無法應付。因平常不講義理、不講思想，故腦子裡就沒有觀念、沒有學問傳統，在這樣的情形下靠什麼來應付呢？只靠一時的聰明是沒用的，這種聰明中國人是很有的，清末民初那些人也都有，但只是這種聰明不足應付。因為我們喪失了我們的學問傳統，喪失了學問傳統就不會表現觀念、不會運用思想。現在的中國人完全無觀念無思想。在這樣不會運用思想的情形下，就以直接反應來應付問題，有一個與動（action）就有一個反動（reaction），這種反應都是直接反應（immediate response）。這個時代一般人都是採取這種直接反應的方式，直接反應怎麼能解決問題呢？

因為要解答問題是要有根據的，如解答一個數學問題就不能憑空來解答，一定得根據前面所學的定理來解答。要解決經濟的問題，就要根據經濟學上的知識原則與辦法來解決。這樣就是要會運用概念，運用概念才會運用思想，運用思想才能解答問題，直接反應是不能解決問題的，直接反應的結果就是孟子所謂的「物交物則

引之而已矣。」來一個刺激就出現一個反應,這樣一個接著一個,就整個地拖下去了,所以一個民族到不會表現觀念時就沒有了生命(no idea therefore no life)。其生命就是動物性的,因為動物性就不需要 idea。清朝亡了,民國初年更不成話,顛倒惑亂下去,結果共產黨終於出現,要不然中國人何至竟為魔道所迷!

總而言之,中國人以前所謂學問,是要懂得義理才是學問。名理是研究邏輯,數理研究數學,物理研究自然。儒家講性理,是道德的,道家講玄理是使人自在的,佛教講空理是使人解脫的。性理、玄理、空理、名理、數理、物理還得加上事理與情理。事理與情理是屬於歷史與政治的。中國人常言懂事,事理是一個獨立的概念,情理是人能通達人情,這種屬於具體生活的也是很深的學問,但在以前未見能達至佳善之境。

名理是邏輯,中國是不行的,先秦名家並沒有把邏輯發展到學問的階段。至於數學、科學也不行,故中國文化發展的缺陷在邏輯、數學與科學。這些都是西方文化的精彩所在。我們並沒有發展出來,有就有,無就無,故不要瞎比附。

中國人以前幾千年學問的精華就集中在性理、玄理、空理,加上事理與情理。事理、情理要有一個學問來支持才行,否則不一定好,會變成社會上所謂的老奸巨滑或圓滑頭這一類的。事理、情理本來有獨立的意義,故可成一種學問;性理、玄理、空理皆是學問。一有學問表現出來,人的生活才有軌道,才能處事應世。這就是中國以前的學問傳統中的「理」,而乾嘉年間的學問就完全不懂這些「理」,只懂得《說文》、《爾雅》之理,就是大約相當於現在所謂的語言學。到不懂這些「理」時,生命就不會運用思想、不

會運用觀念，這樣就不能應付這個時代，故民國以來一步一步都是與動反動地交引下去，結果終於出現共產黨的劫難。

當然一個文化只有性理、玄理、空理是不夠的，可是只有邏輯、數學與科學也是不夠的。所以我們檢討中國的文化，沒有的如何使它開出來。本來五四運動以來就想開出邏輯、數學與科學，但經過幾十年的努力都還沒有生根，還發不出來，目前的階段還是在跟人家學，因為我們的頭腦心態受成習底制約，很難適應這些學問，要想自發地發出這些學問來需要自覺地自我調整。

性理、玄理、空理這一方面的學問，是屬於道德、宗教方面的，是屬於生命的學問，故中國文化一開始就重視生命。而性理、玄理、空理都是為了調護潤澤生命，為了使生命能往上翻而開出的。但我們的生命不只要往上翻，還有往外往下的牽連，這方面的牽連就有各種特殊的問題，如政治、社會、經濟等，都需要特殊的學問，即專家的、科技的學問。這又是一個層面，與上述生命往上翻的層面不同，我們不能以這一層面的學問來代替另一層面的學問，這是不能互相取代的。一個是屬於生命的學問，一個是屬於知識的學問。我們也不能只有調護潤澤我們生命的學問就夠了，平常所謂夠了是因其有普遍性有必要性，是必要條件（necessary condition）而非充足條件（sufficient condition）。了解了這點就不要爭論了，講中國文化與講科學並不衝突。

故我們疏通中國的哲學傳統，結果其重點就落在生命，其代代傳下來的為性理、玄理、空理，也即儒、釋、道三教。每一朝代的典章制度、風俗習慣，隨著時間的過去就過去了，不能再恢復，那些陳跡、風俗習慣，怎麼能維持不變呢？有些是可以保持的，有些

是不能保持,這須分開。

　　故了解一個文化最重要的是要了解其內部核心的生命方向,不能把生命方向等同於每一個時代的風俗習慣。講中國文化若只擺出我們祖先的文物古董,這樣不能了解中國文化,對此應有清楚的觀念,不要為目前一般流行的浮薄而錯誤觀念所迷惑,這就須要運用思想去處理,自己的生命才能上軌道。要不然永遠都以直接反應的方式去處理,這是不得了的。

　　語言分析對這些都需要加以分析,可是現在做語言分析也沒有自發的觀念,也不會運用思想,去分析目前流行的各種詞語的意義。故當時荀子作〈正名〉,我們這個時代也一樣要作,那就是語言分析的工作。故學哲學就是要做正名的工作,那自己的頭腦就要清楚了。念哲學就是要使人頭腦清楚才能正名,否則不但不能正名,而且增加混亂,徒增麻煩而使天下大亂。故學哲學是終身性的工作 (life work) ,與學習某種技術不同。

　　我們文化的精華是可以傳下來的,可以撇開風俗習慣而單獨去考量之的。性理、玄理、空理也即儒、釋、道三教,這是中國哲學傳統所留下的智慧方向,文化基本核心處的智慧方向。但是此智慧方向不能用來解決具體而特殊的問題。我們不要以功利主義的觀點,以為這些學問不能解決那些具體而特殊的問題就忽視它甚至不要它。在科技方面,雖然西方人很行,但在生命的學問方面,西方人就不見很行。故要學哲學就要好好研究:儒家的義理是什麼,其中有好幾層的境界;道家發展到最高境界是什麼樣的形而上學,其中有什麼問題。至於佛教的空理更了不起,佛教的教義內容可以不管,也可以不贊成,但佛教大、小乘各教派所開出的義理規模,對

學哲學的人是很具啟發性的。

　　對中國哲學各系統性格與其所函有的種種問題，我的《中國哲學十九講》一書對此皆有扼要而概括性的闡述。由此初步了解中國哲學以後，我們才能了解中西哲學的會通是在那層面上會通？在什麼問題上會通？並不是籠統地什麼問題都可以會通，有些是不相干的。會通能會通到什麼程度？這其中還有限度的問題。這樣才能一步一步地深入了解。今天所講的是中國這一方面，就是敘述中國文化的動脈如何繼續前進。

　　下次講西方哲學，西方哲學由希臘開始一直發展到今天，內容也很複雜，如何去了解呢？同樣地也要順著一個綱領去了解，同樣地也可用幾個系統來概括。西方哲學的開始其重點就落在「自然」，以自然為對象。西方哲學概括起來有三個骨幹。首先由柏拉圖、亞里士多德經過中世紀至聖多瑪的神學，這就是古典的傳統系統。近代以來，康德以前有笛卡兒開大陸的理性主義，下有斯賓諾薩與來布尼茲，此即所謂的獨斷的理性主義（dogmatic rationalism）。在英國則有洛克開端，柏克來、休謨繼承的經驗主義。把此理性主義與經驗主義加以批判地消化的就是康德，因而遂形成康德的傳統（Kantian tradition）。這是西方哲學史上一般的講法。我們暫不採取這種一般的分法，而把理性主義中的來布尼茲單獨提出來，因為他是最典型的獨斷理性主義的代表人物，康德所批評的大都是對他而發。而且來布尼茲的哲學與邏輯往下傳至羅素的數理邏輯以及其邏輯的原子論，由此也可說另開一個傳統。此種講法不是順一般哲學史分理性主義與經驗主義，而把來布尼茲單獨提出來至羅素而成一個傳統。這並非說這個傳統可取代理性主義與

經驗主義，而是把此兩方面的對顯暫時放一放，而另提出一個傳統。因爲這一個傳統在了解現代哲學上是非常重要的。因經驗主義較簡單，比較容易了解，而理性主義中的笛卡兒也只有歷史的價值，斯賓諾薩很難爲人所宗主，大家很少講他了。後來有發展的是來布尼茲，由他開始傳至羅素而發展出數理邏輯的系統，這是了不起的。目前英、美講分析哲學，所以能吸引人乃由於其淵源於來布尼茲與羅素，因有這兩位大哲學家爲其背後的支柱，分析哲學才有這樣大的吸引力。其實邏輯實證論的哲學內容是很簡單的，其吸引人處乃在其講邏輯。

故西方哲學的精華集中在三大傳統，一個是柏拉圖傳統，一個是來布尼茲、羅素的傳統，再一個是康德的傳統，此三大傳統可以窮盡西方哲學，西方的哲學不能離開此三個骨幹。

第三講

西方哲學底傳統：柏拉圖傳統，來布尼茲、羅素
傳統以及康德傳統；從來布尼茲、羅素傳統說起
──來布尼茲思想之下委與上提

　　這一講來說明來布尼茲、羅素傳統。由來布尼茲開出一個骨
幹，往下貫至羅素。這種講法是大家不十分熟悉的。因為近代以
來，一般都以大陸理性主義來賅括笛卡兒、斯賓諾薩與來布尼茲。
英國方面則由洛克、柏克萊、休謨而形成經驗主義。這是一般順哲
學史的講法，但我們不採取這個講法，而以敘述主要的骨幹來看西
方學問的精彩，把來布尼茲提出來由其講邏輯、數學而發展到羅
素，這便形成一個大傳統。

　　自來布尼茲本身講，他的哲學也很複雜。他可以往康德方面消
融，也可以往羅素這方面消融。故我們講來布尼茲與羅素，提出這
兩個人所形成的傳統，既有概括性也有牽涉性。一般言之，英、美
的哲學都是屬於經驗主義與實在論的。所以我們這個講法，特別標
出來布尼茲與羅素，雖然他們兩個人成就的重點在數學與邏輯，但
若注意到羅素，則英國經驗主義的傳統、實在論的傳統，都可以吸
收進來，概括於這一個骨幹中。

　　來布尼茲的思想很豐富，其所牽涉的方面也很多，我們特別提

出來布尼茲與羅素來講，這是順著來布尼茲之數理邏輯而往下順，此即所謂下委。下委就是向下委順引申的意思。而此下委則表現爲純粹的數理邏輯，以及此系統下的哲學牽連。故由來布尼茲下委至羅素，有兩方面的意義。一個是順來布尼茲之邏輯代數（algebra of logic）而至羅素的《數學原理》（ *Principia Methmatica* ）。這是由來布尼茲開端，而有積極的成果，所以是屬於正面的，此一大傳統的成就集中在羅素，即《數學原理》集其大成。此是有成就而積極的，有建設性的結果。

而下委的另一方面的意義是指哲學方面的牽連。哲學方面的牽連包括英、美經驗主義與實在論以及現在的邏輯實證論、語言分析乃至維特根什坦。這不是羅素集大成的《數學原理》本有的東西，但是這個骨幹可以牽連到這一方面。這一方面的牽連我們也謂之爲下委。與下委相對的就是上提。上提這一方面，來布尼茲的思想也很豐富與複雜，是西方哲學史上最具關鍵性的人物。

可是下委的第二個意義，即哲學方面的牽連，就不似其在邏輯方面有積極的成就。這方面是消極的，因其無積極性的成就，因此我們謂之爲下委。故下委之第一義是建設的，而下委之第二義則是破壞的，是劣義。第一義的下委其成就是數學邏輯。因爲來布尼茲在當時的貢獻，就是他首先把亞里士多德的傳統邏輯以代數的方式來表示，這是由他第一步開始的。把普通邏輯中的 A、E、I、O 四種命題以代數的方式表示出來，這樣就很有價值。因爲以往的表示方法不夠嚴格，故傳統邏輯的三段推理有些是有效的，有些是無效的，有些很精微的問題在老的講法內沒有接觸到，或沒有充分地接觸到。這就是由於亞里士多德的傳統邏輯不能達到充分形式化的境

地。到來布尼茲以代數的方式表示，他就可以做到初步的形式化。
爲什麼說是初步的形式化呢？因爲邏輯的形式化並不是一卜就能做
到的，是一步一步來的，亞里士多德本身就已初步地把邏輯形式
化，他是有邏輯的天才，已經是不錯了，但是做得不夠。經來布尼
茲再進一步更形式化，而使亞里士多德的系統更確定。此步形式化
還是在傳統邏輯方面表現，還有限制。

由此以代數方式把傳統邏輯形式化，進一步就出現邏輯代數，
此就是完全以代數的形式來演算出一個邏輯系統，此是數學邏輯的
第一個階段，也即近代符號邏輯的第一個階段。由邏輯代數進一步
轉形就是羅素表現在《數學原理》中的那個系統。此就是眞值函蘊
（material implication）系統。這個系統也不是十全十美的，因爲
有些邏輯眞理它不能表示出來，因此有其優點，也有其不足的地
方。所以後來美國的路易斯（C. I. Lewis）就另提出一個系統，稱
爲嚴格函蘊系統（system of strict implication）。故純粹邏輯或形
式邏輯（pure logic or formal logic）是在系統方面由符號表達出
來。造系統造到路易斯就已經完了，不能再造而停止了。

故亞里士多德用符號把邏輯表示成一個系統，這是第一個階
段。到來布尼茲的邏輯代數又表示成一個系統，由此一轉便成羅素
的系統，故此兩者可合在一起。若把來布尼茲的邏輯代數當做一個
過渡，而把其與羅素放在一起，而以羅素爲代表，就是眞值函蘊系
統，這是第二階段。到路易斯再提出嚴格函蘊系統，這是第三階
段。純粹邏輯發展到此三階段算是完成了。其餘加拿普（Carnap）
寫的書不是造系統，而是對系統的解析。

邏輯系統雖經亞里士多德、來布尼茲與羅素底努力好像已完全

形式化了，但加拿普指出羅素的系統雖然從頭到尾都是符號化的，都是可以證明的，但他指出還是尚未達到充分形式化的地步，還是有缺陷的。這是純粹邏輯的專門問題，我這裡姑不涉及。假設我們把加拿普提出的那一點補充上了，我們可說羅素的系統可以充分形式化了。若再加上路易士的嚴格函蘊系統，則可以說邏輯已達到最高峰了。這是西方的成就，是其他的民族所做不到的。印度、中國都差得很，這是西方文化的精彩。就這一方面而言，由來布尼茲發展到羅素是積極的，有積極的成果，而且是建設性的、構造性的（constructive），不是破壞的，故由萊布尼茲向下開，順此方面說，是下委的第一義，是好的一方面的。

但由此骨幹以及從事此骨幹的研究者，而有哲學性的牽連，則大體都保持英國經驗主義與實在論的傳統，由此方面言下委，是下委的第二義。此方面大體是消極的（negative）與破壞性的（destructive），所破壞的大體是屬於形而上學的學問，但這樣並不是完全沒有價值，就如休謨而言，康德就是由於他的刺激而覺醒，故也有很大的價值。英、美的思想也不能輕視。當然以研究形而上學的立場來看，我們覺得它不過癮，但在其他方面也有其價值，尤其在社會、政治方面有其重要的函義。故了解一個東西要由各方面來看。因我們是在講哲學，故就純粹哲學而言，就哲學性的牽連來講，此第二義的下委總是消極的，甚至是破壞性的。

在邏輯方面是有積極的成就而成正果，而在哲學方面則不成正果。英國人在哲學智慧方面總是較差的，因此不能成正果。在哲學方面沒有了不起的成就或正果，他們也不要求有特出的成就。但在政治、社會方面能使人民的生活有秩序能安定，有好的生活上的安

排也是很重要的，這方面英國人的貢獻也很大。故一方面他們也很
現實而實際，社會上講自由，其政治制度為世界上最安定的，英、
美的政治與社會很安定，如罷工也不會引起社會上的騷動與不安，
人民也能忍受，政府也不干涉，他們維持著《大憲章》以來的自由
傳統，尊重人權。故香港問題，英國人就力爭思想、言論的自由。
在香港投資的資本家與一般的知識份子都不清楚，沒有充分的意
識，但英國人就很自覺地要保持這些，才能維持香港的繁榮。但哲
學思想，就其經驗主義與實在論而言，卻不高明。打個譬喻，就是
寧願不做佛不做菩薩，而做一個合理的眾生，使我們的社會有一個
合理的安排就夠，由此而言，有它很大的價值，但由純哲學而言則
不很足夠，故言下委。

　　但來布尼茲的思想不只是純粹邏輯一方面，他本身對於形而上
學也有很大的興趣，因他畢竟是德國人，大陸理性主義的領導人
物。他的後學為吳爾夫，故一般在哲學上稱來布尼茲‧吳爾夫系統
（ Leibniz-Wolf System ）。但提到形而上學的系統，英國人對之毫
無興趣，就羅素而言，他對來布尼茲最有研究，他自以為了解來布
尼茲最多，對其他哲學家的了解並不比他人多，或甚至比不上他
人。他對來布尼茲的了解是很自負的，此話好像是可以說的，因為
他們兩個人的心態（ mentality ）在某些方面很相契，都是數學家、
邏輯學家。雖然這樣，但羅素對來布尼茲的形而上學的玄思毫無興
趣，他說是妄想，不過雖然是妄想，但也妄想得很清楚，此也是很
不容易的。

　　來布尼茲之心子（ monad ）是形而上學的多元論，心子是精神
的（ spiritual ），故譯為心子，atom 為原子。不管心子或原子都

是屬於多元論的。來布尼茲就指出原子這個概念是自相矛盾的、非理性的。原子是由古希臘就提出的，Democretus 就講「原子」，而來布尼茲爲什麼說原子是非理性的呢？依來布尼茲，原子是物理上的概念，故是有質量的，有質量而又說原子是最小而不可分，這是自相矛盾的，故這個概念是不通而不能成立的。故若要肯定宇宙之形而上學的最後單位，一定是心子，是精神的而非物質的，故他倡言心子論（monadology），故他的形而上學的系統是心子的多元論（monadological pluralism）。羅素對之不感興趣，而由其實在論的見地一轉而成邏輯原子論（logical atomism）。

物理的原子論可以由物理學而得到驗證，並非由於我們純粹的思辨。有驗證是由經驗的科學爲線索而引到原子的，但其實原子也不是最後的，也可以再分成量子如中子、電子等等，由這些科學發展的事實，我們就可以了解科學的原子是暫時的（provisional）。「暫時」是說目前的知識只能知道到這種程度，因此就講到這裡。至於宇宙的客觀眞實是否是原子或量子，就不得而知了。故科學所要求的最後單位，不管是原子、量子、電子、中子，都是暫時性的。暫時性就是一種方便，即科學家爲了解析現象時方法上的方便，而不是原則上客觀地肯定宇宙最後的單位是什麼，故科學上的暫時性的原子論是可以的。

但形而上學的，不管來布尼茲的心子或 Democretus 的原子，都是出於吾人純粹思辨上的想像，沒有根據而不能得到證明，故康德稱之爲思辨哲學（speculative philosophy）的獨斷猜想。

至於羅素以他這種邏輯的頭腦，最嚴謹而又實在論的態度，當然不能肯定這種形而上學的原子論。但羅素也有其自己的形而上

學，爲英國式的，由英國經驗主義與實在論的傳統，加上邏輯分析的方法，就一轉而成邏輯原子論。此即非形而上學的，也不是物理的。因爲物理是屬於經驗知識的，由科學家來決定。由科學家來決定的就不是屬於哲學問題。而米布尼茲的心子與古希臘的原子，都純粹是訴諸思辨的理性、玄思的理性，故是毫無根據的。

邏輯原子論是邏輯的多元論，是經由邏輯的分析，所必然地逼迫出來的。爲了我們的科學知識能夠成立、科學的研究能夠進行，我們就必須假定知識對象的多元性與原子性。換言之，邏輯原子論是由邏輯分析的處理程序（procedure）而逼迫出來的，有其必然性也即必要性，而非盲目地、獨斷地由主觀方面來肯斷，而是由於客觀地、邏輯地處理一個對象或一個論題而必須假定這樣。故此多元性是被逼迫出來的，由邏輯分析（logical analysis）而來的。

依羅素，我們要有清楚而確定的科學知識，必須靠兩個原則，而不要去想宇宙究竟的成素是什麼，因爲這些都是無根據的妄想。但我們是要得到知識的，而知識之成爲知識必須通過邏輯分析的程序，此邏輯分析的程序是處理上的程序。科學之所以能夠使我們有知識，也就是因爲這些知識可以滿足邏輯分析、邏輯處理的那些條件。科學家們儘管可以不自覺到是在根據這些條件而進行，但這是不相干的。這些條件是什麼？依羅素，一個是外延性原則（principle of extensionality），另一個是原子性原則（principle of atomicity）。

外延性原則是很重要的，概念若無確定的外延，就無客觀而普遍的知識。與外延相對的就是內容（intension），內容應用的範圍就是外延。邏輯的第一步就是要確定一個概念，也即對概念要下定

義（definition），要下定義就要知道它的外延是什麼，它的內容是什麼。若無定義就無明白而確定的外延與內容，這樣就無客觀性，而不能客觀地被討論，因只根據個人自己主觀的想法是不能成立討論的，有了定義後才有客觀性。

除外延性原則之外，還有一個原子性原則。此也是在邏輯分析的程序下所逼迫出來的。原子性原則是表明部分可以離開全體而單獨地被研究。我們平常一言部分就想到全體，即全體與部分（whole and part）不可分。一般以為要了解部分一定要通過全體，一離開全體就不能了解部分。反過來，也可以說全體是由部分構成的，若不了解部分就不能了解全體，這樣就成了一個循環。而原子性原則就是肯定部分可以單獨地被研究，可以離開全體而被了解，若此不可能，我們就無科學知識。舉一個例子，若要了解一根頭髮，就要了解全部的頭髮，這樣就還要了解頭部，但為了了解頭部就要了解全身，要了解全身又要了解我所在的教室，由此推而廣之，又需要了解台北市、臺灣，整個地球乃至太陽系，若這樣一來我們到何時才能真正了解一根頭髮呢？故若無原子性原則，我們就無知識可言。在此，原子性原則有意義，否則部分就不能被分析，故邏輯原子論就是由原子性原則而逼出來的。換言之，就是根據邏輯分析處理程序之必要而逼出的假定，這不是基於形而上的肯定或物理學上的假定。這是高度的近代化思想，這樣就可以看出邏輯原子論的意義。

如此所述，原子論有好幾種形態，不管是形而上學的、物理學的或邏輯的，均各有其意義，而且這是哲學的問題，哲學的問題還是要哲學地處理之。羅素有他自己的形而上學，此是由其邏輯分析

所逼出的一些假定,而不是由形而上學主觀地肯斷說:如此或不如此。由此而言,來布尼茲之心子論(monadology)在羅素看來就無意義而被解消,因此來布尼茲所有的形而上學的妙思都沒有了,由此而言也可以說是下委。因來布尼茲上提方面的思想就這樣被羅素拖下,而依羅素的看法,這樣來布尼茲的思想才能一致而一貫。

故來布尼茲的邏輯分析的頭腦一直發展貫徹下去,當是往羅素那裡發展。不過有些所思考的問題實非邏輯處理所能決定的;有些是可以由它來解決,如科學知識這一類,但另外有些不是這方面的問題就不能單憑邏輯分析就能解決的。來布尼茲的思想就有些不是這一類的問題,如他講上帝,上帝在某種意義上講也是必要的。他也講意志的問題,這些都屬於價值方面的,而非科學知識的問題。而這一類問題就非單憑邏輯的分析與處理就能解決。羅素就是以其邏輯原子論來取代來布尼茲的心子多元論。可是心子多元論在來布尼茲的思想系統中還有其他的牽連,但羅素並不感興趣。他說來布尼茲的哲學中,凡越是抽象的東西,講得越好,至於講具體的哲學(concrete philosophy)如道德、宗教、藝術與政治等等,實踐方面的(practical)就很差,這些方面不是來布尼茲哲學精彩的地方。因他的思考型態是邏輯型的,故講抽象的就很好,講具體的就差了。由此來布尼茲與羅素兩人的思考型態相契相應,故羅素就可以深入了解來布尼茲這方面的思想。

至於來布尼茲那些非抽象的哲學,非邏輯分析所能處理的問題,就往康德那裡轉,經康德的批判後把它們保留下來,這是屬於上提的。這些就是不屬於邏輯的或非邏輯分析所能處理的。換言之,即價值問題,屬於道德、宗教之範圍。其中的思想與觀念,來

布尼茲本身之興趣也很大。但其結果是獨斷的講法,這樣就保不住。但保不住也不似羅素那樣一下子就把它們全部取消,而是想法如何把它們保存下來。這就是康德的態度。只要有價值就想法給它恰當的安排,不能隨便把它取消,這才是客觀而公正的態度。故所謂「批判」在康德處是最客觀、最合理而最謙虛的,而非亂批判。批判的本義應是論衡、衡量、抉擇與料簡的意思,所以牽連到道德、宗教的那些問題也不能隨便取消。康德的方法就是通過批判的精神,抉擇、衡量,把它們保留而不採取來布尼茲的獨斷論。

康德在《純粹理性批判》中批判來布尼茲的地方是非常嚴密的,在表面上他很少提到來布尼茲的名字,康德在其書中的思想與論辯很多是針對來布尼茲而發的,重要的思想與觀點都是來布尼茲講出來的。來布尼茲的思想不是很容易與把握的。羅素專門研究來布尼茲,而其所寫的《來布尼茲哲學之批判的解釋》一書並不完全可靠,並沒有把來布尼茲的思想完全表達出來。康德只在某些地方提到他,而且也沒有正式地正面講來布尼茲哲學,但他早已經能控制住來布尼茲了,要了解一個人至少要與其同等,同等以後才能超過他、越過他,也才能駕馭他。達不到他的程度就不能與他同等,就不能了解他,這樣就不能越過他、駕馭他。故最了解來布尼茲的應是康德。但要研究來布尼茲不能拿康德的書來做參考,因為其全書中有時甚至連他的名字都沒有提,故不知其實在是在講來布尼茲的。

來布尼茲的這一思路往羅素處發展就成邏輯原子論,往康德那裡就開出批判哲學的康德傳統與後來的德國觀念論。

來布尼茲上提方面的問題,康德乃以另一辦法處理而把其保

留。邏輯方面則發展成羅素的《數學原理》。本來哲學方面的經驗
主義與實在論是由英國人開出的,而來布尼茲本身也不是經驗主義
也不是實在論,但由「來布尼茲‧羅素」這個骨幹之哲學方面的牽
連就可接觸到英國的經驗主義與實在論。英國式的經驗主義與實在
論的精神在社會、政治上有其價值,但就純哲學而言,還是消極
的。這不但在形而上學,就在知識論方面,也是如此。若把這種思
想在政治、社會方面的影響暫時撇開,而單就知識論、形而上學等
哲學方面,而考慮如何來收攝這一套,如何能融進康德的系統裡,
使它在知識論的範圍內不要與康德哲學相衝突,這是十分精微的哲
學問題。在知識論的範圍內,兩者是否有衝突是有問題的,以英、
美人觀之,就以為有衝突,因康德的先驗主義以及其「經驗的實在
論」與「超越的觀念論」,英國人不太懂。不要說康德的全部系統
不能了解,就是康德哲學中最初步的先驗綜和問題至今還沒有了
解。其實並不是那麼難於了解,而是牽涉到民族的偏見與習慣。若
客觀而嚴格地言之,其實是無什麼衝突的。以為有衝突是英國人自
己主觀的看法,因為他們以為經驗主義可以否決康德的先驗主義,
其實是否決不了的。他們以為實在論可以否決康德的主觀主義,這
也有問題。方便言之,即使康德有主觀主義之相,但他也有實在論
之相,這也是反對不了的。因康德在知識論的範圍內,正好是「經
驗的實在論」(empirical realism),而康德全部的思想是「經驗
的實在論」與「超越的觀念論」(transcendental idealism),這是
不容易了解的,而且是常遭誤解的。

　　英、美所謂的經驗主義與實在論(包括各種形態),其實都逃
不出康德「經驗實在論」的範圍,儘管有種種說法,儘管不用康德

的詞語。康德的「經驗實在論」是針對柏克來之所謂的獨斷的觀念論與笛卡兒之或然的或存疑的觀念論而發的。柏克來的 to be is to be perceived（存在即被知），我們說這是主觀的觀念論，其實此詞語並不妥當。獨斷的（主觀的）觀念論與存疑的觀念論都在經驗層上說話，故康德指兩者為「經驗的觀念論」（empirical idealism），而在超越層上則為實在論，故為「超越的實在論」（transcendental realism）。而康德在經驗層為實在論故曰「經驗的實在論」，在超越層則為觀念論，故為「超越的觀念論」。柏克來、笛卡兒正好與康德相反。

「經驗的觀念論」使我們的經驗知識無實在性可言，「超越的實在論」又使我們形而上學的知識成為妄想。其實「經驗的觀念論」函「超越的實在論」，此句話只能就笛卡兒說，不能用在柏克來。柏克來之觀念論，康德指其為獨斷的觀念論，一般謂之為主觀的觀念論，他並無經驗層與超越層這二層之分。因為 to be is to be perceived 則一切知覺現象都是主觀的 idea，離開 idea 其背後再沒有什麼實在，故他無超越意義的實在。康德對此並無簡別，這是他一時的疏忽，故他所謂的「經驗的觀念論」、「超越的實在論」大體都是指笛卡兒而說的。

下一講要講的是在康德的思想內，我們如何把這些經驗主義與種種的實在論都吸收到「經驗的實在論」內，我們又如何來了解「超越的觀念論」以及為何「超越的實在論」是不行的。這樣一步一步前進，我們可以把那些亂絲都予以釐清。

而且在講經驗知識、科學知識的範圍內，羅素有好多思想都是來自康德，說得不客氣，都是偷自康德，只是所使用的詞語不一樣

而已，而他自己也不提，現在邏輯實證論的思想也大都來自康德，由康德啓發出來的。故我曾經說過，在某一個意義上康德是最大的邏輯實證論者。邏輯實證論中說什麼是無意義，其實都是康德早已說過的。

故唸西方哲學，古代的哲學由古希臘起到康德以前的哲學都匯歸到康德處，康德以後的哲學都由康德開出。故沒有一個讀哲學的不讀康德的，不管你贊成與否，了解與否，了解到什麼程度，都非讀康德不可。因爲在康德的哲學內，一切哲學的問題、哲學的論點都已談論到。你需要有哲學常識，知道有那些哲學問題與其來龍去脈，康德以前如何思考，康德以後如何思考，知道了以後才能繼續前進，故讀哲學的人都可由康德處得到啓示。

他對哲學的概念（ philosophical concept ）、哲學的論辯（ philosophical arguement ），與哲學性的分析（ philosophical analysis ），都全部提到。世界上自有歷史以來，從沒有一個人能像康德這樣達到眞正的哲學專家之地步。眞正專業於哲學的是康德。他一生活到八十多歲，任何別的事不做，一生也沒有離開過他的家鄉，一生精力全部集中在他的哲學構思，這眞是一位了不起的人物。故有人說康德的哲學是哲學的常識，但此常識並不是平常的常識，而是非常深入的常識。也有人說過，通過康德哲學不一定有更好的哲學出現，但不通過康德的哲學則只會有壞的哲學。故讀哲學的人一定要讀康德，否則是胡思亂想或落入旁枝偏枝，而得不到學習哲學的正確途徑。

第四講

康德的「經驗的實在論」與「超越的觀念論」，
此對反於「經驗的觀念論」與「超越的實在
論」；由經驗的實在論融攝知識範圍內一切實在
論的思想，由超越的觀念論融攝一切關於智思界
者的思想

　　「來布尼茲‧羅素傳統」於邏輯以外，在哲學方面也可下委，
也可上提。上提的方面是關於形而上學方面，即所謂的理性主義的
獨斷論。下委方面大體是英、美的經驗主義與實在論，言至此，我
們再加上二次大戰以後流行的胡塞爾的現象學與海德格的存在哲學
等不屬於「來布尼茲‧羅素傳統」的思想。這些下委的思想，我們
如何把其消化到康德的批判哲學呢？

　　首先要了解康德本人的思想是「經驗的實在論」與「超越的觀
念論」。上講也已經提過這個思想是針對笛卡兒而言，因笛卡兒的
思想正好是「經驗的觀念論」與「超越的實在論」。

　　康德的「經驗實在論」的意義，簡單地說，大體可以就三項來
了解，即時間、空間與現象。這三端都可以表出經驗的實在性與超
越的觀念性。由經驗的實在性說「經驗的實在論」，由超越的觀念
性說「超越的觀念論」。時間、空間與現象三端，其中時間與空間
是一類的，依康德說時間、空間只在經驗現象上有效，可以應用，

在此就有其實在性。假如離開了經驗現象，離開我們的感性
（sensibility），而想像時間、空間是絕對客觀的自存體，或附著
在客觀物自身上的一個屬性，這就是妄想，妄想就是空觀念，而無
實在性，故言超越的觀念性。

　　這裡「超越的」一形容詞意思是「超絕」或「超離」義，即
transcendent 一詞之意義。在康德「超越」一詞與「超絕」或「超
離」的用法不大相同。「超越」是指某種先驗的（a priori）東
西，先乎經驗而有，不由經驗得來，但卻不能離開經驗而又返回來
駕馭經驗，有此一來往，便是 transcendental 一詞之意義。假如是
超絕或超離，即 transcendent，則此超絕或超離就是與經驗界隔
絕，完全隔離，一往不返；而超越則往而復返。此處言時間、空間
若離開吾人的感性主體，離開了經驗現象，而想其爲客觀的自存
體，或附屬於物自身上的一個形式條件，或一種屬性，這就是空觀
念。但超越與超離的區別，康德本人也常不嚴格遵守，此處用
transcendental，其實就是 transcendent 的意思，此即超離、超絕。
說超越的觀念性實即超絕或超離的觀念性。若不離開感性主體，不
離開經驗現象而爲經驗現象之形式條件，就有其經驗的實在性。
就其經驗的實在性而言，我們也可說這是時空之內指的使用
（immanent use）；若就其超絕的觀念性而言，這便是時空之外指
的使用（transcendent use）。此內指、外指不同於 internal 與
external，inner 與 outer 之相對。transcendent 往上超越一往不
返，故超絕而外在，這外在是以超離定，簡稱曰外指；immanent
則雖超越而又不離經驗，簡稱曰內指或內處。內指或內處，中文有
時亦譯爲內在，則常與 immanent 相混。但當內在與超絕對照地使

用時，此時之內在人們一見便知是指 immanent 而言，故最好譯為內指或內處。這樣，是依上下而為內外，而不依主客而為內外。時間、空間如此，現象也是如此。

每一個東西依康德，都有雙重身份，即現象的身份與物自身的身份。物自身的身份我們不知道。故一物如粉筆，若把它當作現象看，則它就是呈現於我們的感性主體者，其顯現乃對感性主體而顯現。當你說現象而又離感性主體，只從理性上講，或只從純粹知性上講，而不想現象以什麼方式，如何呈現到我們的眼前，那麼此時現象即一無所有（nothing）。現象要顯現出是一個東西，就是對感性主體而顯現。如離開感性主體只從理性上想這個現象，此時這現象就是空觀念，一無所有（nothing）。由現象也可說其內指的實在性，即內指地言之，現象是個實在的現象，不是幻象（illusion），是真實實在的東西，這內指地說是對的，但外指地說就不對，只是空觀念。

康德大體由此三方面來辯說經驗實在性與超越觀念性，假若了解此三者的經驗實在性，就知道康德為什麼說在經驗現象範圍內我們所知的一切現象的對象都是實在的。即平常所說的 matter，在康德看來也是一大堆現象，所以也是實在的、真實的，而假如像柏克來所反對的 matter，那不是真實實在的 matter，那是抽象的概念（abstract concept）。因為杯子是具體實在的東西，故 matter 不能拉掉，拉掉了，杯子不是變成空的影子嗎？matter 是實在的，若把其講成抽象的概念，杯子就成空的。故 matter 不能拉掉，不能當抽象的概念看，而是一個具體的表象，具體的現象，故杯子是實在的東西，這就是康德的經驗實在論。這三端內指地說，皆可達

到經驗的實在論，外指地說，因其離開我們的感性主體，則只是個空觀念，什麼也沒有，由此而言超越的觀念論，即明超絕、超離者之觀念性。

平常人不了解康德之思想，以為他是最偉大的觀念論、最偉大的唯心論，這些詞語都非常麻煩而不對的、康德說超越的觀念論，這不是他的思想之積極意義，不是好的意思，是個空觀念而沒有實在性，這就叫做觀念論，故非積極而好的意義。若以最偉大的觀念論或唯心論來說他，此似為讚美之詞，這樣該有積極的意義，但對康德本身而言實非如此。在知識的範圍內，超越的觀念論是消極的意義而非積極的意義。在此言空觀念乃指對時間、空間與現象三者皆了解得不對而言。

上面只就時間、空間與現象三端是在經驗知識的範圍內言有其實在性、真實性，但我們的思辨理性（speculative reason）、理論理性也即知解理性（theoretical reason）常常越出經驗範圍的限制，而想出好多的觀念，如世界是有限或無限、世界有無第一因、世界有無上帝。這些觀念都是可以想的，但都是越過經驗可能的範圍而想的，想是這樣想，但所想的這些觀念（idea）並無實在性，康德稱此為理念，意即由理性所思出的概念，而這些理念也只是空理念而無實在性。因無直覺給予這些理念以對象，在此無直覺可給，也即無對象可給，這樣這些理念不是空的嗎？

故由時間、空間與現象擴大至世界有限無限、世界有無第一因、世界有無上帝等等，在思辨理性、理論理性、知解理性之範圍內都是空觀念，由此也可說超越的觀念論，此超越的觀念論便擴大了其所指，開始時只是時間、空間與現象三端。思辨或知解理性所

構想的理念也沒有實在性，因此也可以說超越的觀念論，此超越的觀念論不是好的意思。站在思辨或知解理性的立場可以這樣講，但這並非是了義，並非究竟話頭，故康德並不停在這個地方，他留一個後路。若轉到實踐理性（practical reason），則上述的第一因、上帝都可以有實在性，此時可以有實在性是由實踐理性講的。因思辨或知解理性是知識的立場，由知識的立場我們對於這些都是沒有知識的，故在思辨或知解理性是沒有實在性的。但這些理念在實踐理性上有實在性，則此時就不能說是超越的觀念論。

　　一般人了解康德之超越觀念論，只知道上帝之存在不能被證明，故「上帝存在」之證明是不合法的，靈魂不滅也不能被證明。康德是站在思辨理性的立場，認為這些是不能證明的，故謂之理念。理念者，理性之概念也。但轉至實踐理性講，這些理念就有實在性，而此實在性是在實踐理性上的實在性，而非知識上的實在性，故在知識上只有超越的觀念性。

　　康德本人的經驗實在論與超越觀念論大體是這個意思。笛卡兒就知識範圍而言，正好是相反，是經驗的觀念論。其大體的論點是：一切經驗的東西均由感性出發。但由感性所見的東西都可以欺騙我們，帶有主觀性，且隨人而異、隨時而變，就是正常（normal）的狀態也是無嚴格的意義，而並非一定的。這種由感性出發的都是主觀性而且可以欺騙我們，此之謂感性之欺騙性，亦即感性不能證明杯子的實在性，故謂之為經驗的觀念性。

　　笛卡兒這樣說，柏克來也這樣說，故柏克來說：to be is to be perceived。存在的東西都是被覺知的東西，離開能覺知的心或覺知的心覺，就沒有存在的東西，故一般稱之謂主觀的觀念論，在此譯

為觀念論是不對的、不恰當的。因柏克來之 to be is to be perceived，被覺知的存在是在覺知之心的眼前呈現的存在，並不是我們心理學上的觀念，故在此譯為觀念是錯誤的、令人生誤解的，以為柏克來之主觀觀念論是哲學家在玩弄魔術、無中生有。

柏克來之 idea 非心理學的觀念，英文之 idea 有許多意義。idea 有心理學的意義，如對一件事有何想法、意見，此時就謂之觀念。但柏克來使用 idea 不是這個意思，而是指一個客觀而具體的存在。此具有現實的（actural）、具體的（concrete）、特殊的（particular）三種性質。「具體的」是在與能知之主體的關係中呈現而為「現實的」，「現實的」都是「具體的」，「具體的」都是「特殊的」，此三者是相連而生。假如一個東西與任何覺知之心沒有發生關係，這個東西就是沒有，這是柏克來的辯論。與你、我或其他有限的存在都不發生關係，最後就與上帝發生關係，也即總不能離開能覺知之心，這也是很合理的辯論。

此時之 idea 是具體而現實的對象（concrete and actural object），這正好與我們心理學的觀念相反。若照心理學的觀念來作解，這就是玩弄魔術，這樣就完全不對了，故柏克來之 subjective idealism，嚴格講應譯為「主觀覺象論」。覺象即知覺現象，相當於羅素所說的 percepts。柏克來用 idea 一詞是根據希臘文原來的意思，希臘文之原意是可看見的相、可呈現的相狀。海德格（Heidegger）抨擊柏拉圖使用 idea 乃違反當時希臘文的原意，因 idea 本來是可看見的相，但柏拉圖把它倒轉過來變成超離的實在，故此非希臘文之原意。雖然柏拉圖能開出一個偉大的傳統，但海德格就認為西方哲學由柏拉圖就開始衰退（decline），也就是其哲學

系統喪失西方哲學傳統原初的哲學智慧而下降衰退。當然這是他個人的看法，並不一定可靠。

但柏拉圖把 idea 變成在經驗之外而成超絕，故亞里士多德批評柏拉圖的 idea（理型）為 transcendent，而他則想把它內在化。但其實柏拉圖也可反辯說他並未違反一般使用該字的原義，因一般使用 idea 意謂可見之相，但他也可以意謂它是可見之相，只是他是用心眼來看的。有人把他的 idea 譯為「相」，此譯不好。柏拉圖之意思為理型，此譯最為恰當，最合乎他的意思，因其為現實事物之模型，是個 form，而且是最真實的，在感覺世界之外，故譯為相，是可以引起誤會的。在柏克來使用之 idea 還可勉強譯為相。中國人使用相是相狀、相貌，在佛教常稱法相，法相是屬於緣起的。故柏拉圖所用之 idea，依一般譯為理型較好。柏拉圖理型也是可見之相，是個 form，而且可見得很準，不過非以肉眼來看，乃是以心眼來看，即由清淨之靈魂就可看見 idea，而且看得很清楚。而且希臘文 idea 一詞的含義本來就很籠統廣泛，不一定只限於感性的，也可用於超感性的，故其實柏拉圖也未必錯。

柏克來的 idea 其實是覺象，即我所覺知的現實存在。這樣一來譯為主觀觀念論是完全錯誤的，不但不表意而且錯誤，故當譯為「主觀的覺象論」。但依主觀的覺象論，儘管說是一個對象是具體、現實而特殊的東西，但只是訴之於我們之感性知覺（perception）而呈現的現實對象，仍然是些主觀性的東西，仍然可欺騙我們而無保障的。若只是這樣下去，不能證明杯子之客觀實在性。

所以由感性而給與的對象要有客觀實在性，是要加好多手續

的，這好多的手續是無人能反對的、大家共同承認的，就是實在論的羅素也說「我們的哲學都是帽子底下者的哲學」，也即腦神經中的東西的哲學。一切現象、一切特殊的東西（particulars），也即我們所覺知的一切特殊現象，都是屬於腦子裡的，故純粹是自我中心中的特殊現象（egocentric particulars），而這些自我中心中的特殊現象要能成為有客觀性的對象，依羅素也須靠一些條件。而這些條件他稱之為設準，這些設準不能證明也不能否證，但是在技術上是需要的，這些思想其實與康德的思想差不多。羅素是歷來反康德的，但說到這個地方羅素就讓步了，說好聽是讓步，說不好聽是投降，可是還沒有完全投降。

如上所述，康德之超越觀念論不是好的意思，idea 在這個地方可以譯為觀念，因其無實在性故為空觀念。康德在知識的領域內，他的正面主張是經驗的實在論，不是經驗的觀念論，就是說，通過感性而有的主觀表象，是在諸多形式條件下而成為客觀地實在的。至於說到自由、上帝、靈魂不滅等 idea 即他說的理念，意即理性所發出的概念，因在思辨理性之領域內，這些理念只是空洞的理念，因為一個概念必意指一個對象，而此對象之實在性是不能被證明的，此時理念就可以被貶視為是空觀念。

至於笛卡兒則認為我們的知識對象都是由感性而給與的，但感性可以欺騙我們，故只從感性上不能證明杯子的客觀實在性。其客觀實在性既不能被證明，故從感性上說，杯子很可是一個虛幻的空觀念，此為存疑的、或然的觀念論（problematic or sceptical idealism）；亦即是經驗的觀念論，即：對於對象，由感性出發而說的經驗上的可疑的、或然的觀念論。柏克來的 subjective idealism

也是經驗的觀念論,因他也是從感性出發,覺象均經由感性而得。
但他所用的覺象（idea）卻是指具體特殊而現實的東西說,他認為
此即是眞實的對象,因上帝把它們呈現到我們的眼前。但就由感性
出發而得覺知而言,這仍是主觀的觀念論——覺象論,亦即仍是經
驗的觀念論（覺象論）。故柏克來、笛卡兒兩個形態均是經驗的觀
念論,唯觀念底意指不同而已。經驗的觀念論使我們經驗的對象、
全部的現象世界變成空幻,這個結果很壞。康德在此就不主張觀念
論而主實在論。在經驗觀念論下,客觀的知識就沒有了,我們的知
識能知道什麼呢?我們所知的全部現象界都變成空幻,這是其論辯
的自然結果。我們不能反對這個結論。雖有上帝的保證亦無用。

　　故康德那套思想在知識這個領域費大力來扭轉柏克來之「主觀
覺象論」（subjective idealism）,笛卡兒的「存疑的或或然的觀念
論」（problematic or sceptical idealism）,這些為經驗的觀念論,
故康德為經驗的實在論。假如在此不能言實在性,不能說實在論,
我們所說的現象就無實在性。由於我們知道這些現象要靠時間、空
間這些形式條件,離開這些形式條件我們不能知道現象。那麼時
間、空間若不為感性之形式條件,便無實在性。時間、空間這些條
件無實在性,現象便不在時空中,因而也無實在性,這樣就無經驗
知識。這個辯論是很強有力而且很銳利的,這就是由十七至十八世
紀那個時代中的眞正的哲學問題。這些問題現在的人都不談了,而
這些問題其實也是非常麻煩的。這些由現代人看來是古董,其實是
眞正的哲學問題,這些哲學問題還是要哲學地處理之。如果哲學問
題通過什麼方法來分析,分析的結果是被取消,這不是眞正解決問
題之道,故現在就有人重視十八世紀的思想,這些思想才是健康

的、積極的、建設的（constructive）。二次大戰後，十九、廿世
紀的思想都不行，才是真正的衰退（decline），而西方的近代文明
其實是靠十八世紀開出的。

　　經驗的觀念論依笛卡兒的想法，感覺不能證明對象的實在性，
但我們又假定有客觀而實在的對象，但又不能由經驗來證明，那麼
這樣就是超越的或超離的實在論（transcendental realism）。笛卡
兒證明 matter 與 mind 為獨立的兩個 substance。那種證明完全是
以純粹理性的推理來證明，這不能算是真正的證明，其實是不能證
明。他先證明 mind 這個 substance，這是由「我思」而直接證明
的，其實只是直接意識到。然而再通過上帝存在之證明而證明
matter 這個 substance，這是間接的證明，其實只是由上帝來保
證。然而，證明上帝這個 substance 之存在乃是存有論的證明
（ontological proof）。他由此就知識而言，就保證了客觀方面有
實在的對象如杯子。若不管上帝那一方面，這樣肯定客觀實在的杯
子就是超越的實在論。康德在此正相反，是超越的觀念論，這不是
反過來嗎？故一定要主張「經驗的實在論」與「超越的觀念論」。

　　笛卡兒首先由「我思」肯定「心靈」（mind）這個「本體」
（substance），外在世界的本體是「物質」（matter）這個「本
體」（substance），因而有兩個超越的本體，此即笛卡兒的超越的
二元論。但康德在此聲明經驗意義的二元論（dualism in empirical
sense）是可以講的，但超越意義的二元論（dualism in
transcendental sense）是不能講的，因後者不能證明而站不住的。
這個見解也很有啟發性，且很微妙而不易懂，超越意義的二元論就
是笛卡兒的思想，經驗意義的二元論是康德的思想。只能有經驗意

義的二元論是很明白的。但於心物超絕地言之，我們能說什麼呢？
這裡頭有很微妙的道理，玄得很，在此表現得最好的是佛教。

康德已經有玄微的思考，已經有暗示，爲何可以有經驗意義的
二元論？因很明顯的我們依內在感覺（inner sense）有內部直覺，
依外在感覺（outer sense）有外部直覺。而究竟這兩種直覺顯然是
不同的。在經驗世界的範圍內，心就是心，物就是物，這個不能混
亂的，不能瞎調和的。在這個地方不能說色心不二或心物是一那些
不相干的話，故經驗意義的二元論可以說，但超越意義的二元論則
不能說。在我們經驗知識的範圍內，心（mind）與物（matter）是
不同的，我們了解自己的心是在時間這個形式條件下通過內部直覺
而見到的。而了解杯子這個物體（matter）是在空間這個形式條件
之下通過外部直覺而見到的，故在經驗上心與物兩者是不一樣的。
因此在經驗意義上，不能講一元論，色心不二、心物是一在此都不
能講。

若不在經驗範圍內，超越而外指、超絕而超離地講，康德說這
時心與物是否能分得這麼清楚，是很難說的，而且不一定，他說得
很老實。首先要了解，在超越的層次上，在康德就是所謂的智思物
（noumena）這個範圍，即物自身之範圍內，心與物是否能如經驗
世界範圍內分得那麼清楚，是很難的、做不到的，因爲在物自身範
圍內，時空是不能應用的。他的論辯完全是根據邏輯的推理
（logical inference）而推想到的，他的思考力很強，但他說這一大
套我們並不親切。只是根據邏輯的推理，似乎理當如此。

對智思物要講話是不可能的，因無根據。以什麼根據能說在智
思物範圍內不是如此？因爲對智思物要想有所說，表示態度，一定

要對之有直覺（ intuition ），但我們的感觸直覺（ sensible intuition ）是達不到的，能達到的是智的直覺（ intellectual intuition ），但這種直覺依康德，人類是沒有的，既沒有，我們能說什麼呢？所以無直覺可給，就是空的，範疇也不能應用，故不能有任何判斷或加上任何謂詞。即以此故，康德推想超越意義的二元論是無根據可以成立的。他只是這樣推想，生硬得很，而一般人更是不懂，總是如隔萬重山。

　　但東方，中國的傳統對此有學問的傳統，有清楚而確定的觀念，故能清清楚楚確定地講出為什麼在此不能有二元論？在此有許多漂亮的話題，不是如康德那樣只根據邏輯的推理而推想。如佛教的智者大師、儒家的王陽明到後來的王龍溪，都對之講得非常清楚而確定，瞭如指掌。中國的這些先賢在一千年前就已經說得比康德透闢多了。道理不管由誰講出，不管時間、空間的差距，但一成道理就有普遍的意義。因為只要是人，人是有理性的，不管古今中外，凡是人就能合理地思考，能合理地思考，就有普遍性的概念（ universal concept ），這樣就有客觀意義，所以道理是可相通的。如大家對此要有基礎知識與進一步的了解，請參閱我的《中國哲學十九講》、《佛性與般若》等書。

　　康德已經釐清以往的氾濫，但因經由邏輯的推想故對智思物說得總是消極，但在經驗範圍內的現象界，他說得清清楚楚，而且都完全展示出來，因為這方面有直覺做根據，故在這方面他說得清楚而積極。在此我的目的是要點醒關於二元論，經驗意義的二元論可以講。當我說經驗意義的二元論可以講，意即在知識的範圍內不能說物我雙忘、主客並泯，乃至色心不二、心物是一這些話，因此心

物是可以分得清清楚楚的。但超絕地言之，心與物就不必然能那樣分得清楚，以是故，超越意義的二元論是不能講的，因此始有色心不二、心物是一，乃至智與智處俱名爲般若、處與處智俱名爲所諦，以及王龍溪的體用顯微只是一機、心意知物渾是一事，那些玄妙的話頭，但卻清楚得很。

這就是康德把經驗的觀念論轉成經驗的實在論，把超越的實在論轉成超越的觀念論。「來布尼茲‧羅素傳統」的哲學方面的牽連就是所謂的下委方面，包括英、美與羅素以後的經驗主義與實在論，這些雖有種種的說法，但都說不出名堂與道理。反正他們就是承認經驗對象有客觀實在性，若無客觀實在性，我們科學研究的是什麼？就是這麼一句話，其實這句話只能說是信念，不能說是證明，並不成論辯。大體一般人的實在論都是這一類的，反正在這個地方也不要辯了，越辯越糊塗，我們就乾脆承認其客觀實在性就好了。若無客觀實在性我們的科學知識就無對象了。他們的說法大體都是屬於這一類的，故這些實在論實無多大的意義。

我們就姑且承認他們有相當理由，但都是零零碎碎的，這些思想都是無統宗、無歸宿、無收攝。而這一類的思想，也就是這些種種的實在論，均不能逃出康德的「經驗實在論」的範圍。由此實在而成爲經驗的對象，而其所以成爲經驗的對象是要靠一些條件如時間、空間以及十二範疇等，這些條件是主觀的，但這些主觀條件並不妨礙其所成的對象是客觀的。故他們指康德是主觀主義，這種指責是似是而非之浮辭。時間、空間與杯子是兩種不同的東西，而他們對時間、空間根本沒有了解就判斷康德是主觀主義。時間、空間是虛的，但是又很有用，我們天天就離不開時間、空間，若說他們

是實的,那它們在那裡呢?我們可看見杯子,但不能看見空間。在外在世界有杯子這個對象,可是外在世界並無時間、空間這個東西。所以對於這一類的東西都要仔細去了解。這些都是哲學上的概念。故以康德的說法,時間、空間是主觀的,這個主觀的意義並不妨礙杯子這個現象之客觀實在性。既然不妨礙其客觀實在性,但同樣地我們也不能因而就說時間、空間是客觀實在的。這不是拆開了嗎?為什麼一定指這樣的說法是主觀主義呢?時間、空間如此論,十二範疇也是如此論。作為範疇的那些概念,稱為純粹的形式概念(pure formal concept)。形式之所以為形式,是因為代表法則,故為法則性的概念,法則性的概念是虛的,可由我們思想本身發出,也不妨害經驗對象或現象間的因果關係是客觀而實的。相反的,也不能因為經驗對象與現象間因果關係之客觀實在性,就說那些作為範疇的純粹的形式概念也同時都視之為客觀實在的,這也是可以拆開的。這都需要我們對每一概念、每一詞語都有最恰當的了解,恰如其性而了解之,如錯了就成大混亂。

康德的思想儘管時間、空間、十二範疇是主觀的,但他是經驗的實在論。而那些無歸宗無收攝的實在論,就以英、美的經驗實在論來說,他們總不肯承認時間、空間與十二範疇是使現象可能、使經驗知識可能之條件,而且是主觀的。既然不肯承認這些,那麼他們究竟憑什麼條件來說經驗的客觀實在性呢?他們又說不出來。

如懷德海、羅素這些大哲學家都還是以時間、空間為客觀的(objective),是由經驗中抽象出來的。但經驗就是經驗知識,當我們一說經驗知識,這些條件早已有了,故認為時間、空間是由外面的經驗抽象出來的,這不是顛倒、倒果為因嗎?

　　他們就是不承認康德的這種說法，如羅素，他認為知識都是由經驗出發，如有客觀性就需要有些條件，可是依他的說法，這些條件既不能證明也不能否認，他稱之為設準（postulates）。他所意指的設準大體都是康德所說的範疇，故我說他是讓步了，其實就是投降。但他不像康德排得那麼整齊而有系統，他只是隨便地舉了五個，但都屬於康德的範疇與時間、空間。而我們若問羅素你把這些成立客觀知識的條件放在那裡呢？他就沒有地方放，他說這些是假定、設準，就擺在那裡算了。這些假定是歸到那裡呢？是歸到對象呢？或歸到知性呢？在這裡他就存而不決，在此他不表示態度。因為他不喜歡往知性那裡收攝。康德是把範疇歸到知性，由知性而發；時間與空間是感性之形式，由心靈之主觀構造而立。但英國人就不喜歡這一套，此不喜歡是情感的，是沒有什麼道理的，反正我就是不喜歡。但進一步追問這些設準是不是一定屬於客觀之對象的，以羅素之聰明，他知道這是不能證明的。故他的邏輯原子論，還是由邏輯分析的立場而言，並不在客觀世界處去肯定世界最後的單位是原子，他不能肯定這種說法，這就是羅素的聰明處，也是英國人的聰明，邏輯原子論是高度工巧化的思想。

　　但是要講到這些設準之收攝處、落實處，他就不願如康德那樣歸到知性，他不喜歡這樣，其實他不能違背。他不放在這裡也不放在那裡，他連原子都不能客觀地肯斷，他那能客觀地肯斷那些設準呢？他只說我們在知識上需要這些東西，因為既無人能證明之，也無人能否證之。這說得好像很謙虛，其實是英國人不徹底的態度，英國人有極度工巧的微妙處，也有那不徹底的態度。德國人則徹底追根究底非得解決不可。英國人的心態（mentality）很有趣，他們

能把工巧與不徹底這兩面運用得恰好。該工巧的時候斤斤較量，精密得很，是典型的商人民族，頭腦精密得很，慢工取巧匠，慢吞吞地不慌不忙。在他所能處理的範圍內，他做得很像樣子，但在他所不徹底的範圍內，就不了了之。他在經驗這個範圍內也應付得很好，在這個地方，因為靠經驗，所以沒有絕對，在經驗中那有絕對的呢？共產黨人專就經驗的東西找絕對，所以結果是大顛倒。經驗的東西那裡有絕對的？故英國人能站得住是有他一套的，有道理的。

但是這一類無歸宗無收攝的實在論，均脫離不了康德的經驗實在論的範圍。說康德的主觀主義是就時間、空間與範疇這些形式條件而言，其實這些形式條件並不妨礙對象的實在性。經驗主義與一般的實在論講實在就不接觸這些問題，要說實在一切都是實在：對象是客觀的實在，故時間、空間也視為外在而與對象一起而為客觀的實在，對象是物理現象（ physical phenomena ），當然是有客觀實在性，故把本體、因果等那些作為範疇的純粹概念也都視為外在而為客觀的實在。在康德，對象與使對象可能的條件這兩者是可以拆開、可以拉開的。把它們皆歸到外在是輕率的，也是很方便而簡單的，但其實是不通的。不要以為對象是客觀實在的，時間、空間即客觀地附著在杯子上，由對象把時間、空間抽出來，這樣想就顛倒了，一般人都是這樣想，對範疇也是如是觀。

故一切實在論都脫離不了「經驗的實在論」這個範圍。而他們辯論的論點就是以主觀主義來責難康德。其實主觀是指時間、空間、十二範疇說，不指對象說。對象是現象，是實在的，但他們不知時間與空間及範疇雖發之於主體，然而亦只在經驗範圍內有實在

性,如是,遂統統視為外在的。故他們這種實在論,說穿了,其實都可消融到康德的經驗實在論,而以此範圍之。

英、美式的實在論既可如此被處理,至於德國式的實在論,如胡塞爾、哈特曼與海德格這些人的思想也是反康德的。胡塞爾的思想其實也不出經驗實在論的範圍,他施行他自己所謂的現象學的還原(phenomenological reduction),目的是為了成就整個的知識、整個的科學,使其成為準確的科學(exact science),它沒有特殊的內容,但只作為一切特殊科學的公共基礎,故現象學以胡塞爾自己來說是一種方法論。而此方法論處理應用的範圍不能離開現象界,也沒有離開康德的經驗實在論的範圍,因為他是說準確的知識,他的思想裡沒有 noumena 與 phenomena 的分別。noumena 這方面他是沒有的,這就是說他沒有價值世界,不講價值世界而只講知識世界。不管其精確性如何,嚴格精確的是數學,不十分精確的是物理科學,故還是在知識世界的範圍內,也即康德所謂的現象界的範圍內,故他還是脫離不了經驗實在論的範圍。儘管他不似康德把時間、空間視為主觀的形式條件,也不視十二範疇是決定現象的純粹形式概念,儘管他說話的度向(dimension)不由此說,因而也是無歸宗無收攝的說法,然而他還是脫離不了經驗實在論,那能反對康德呢?

他自己以為可以從經驗實在論解脫出來,可以不受這個籠罩,他以為他另開一套,而他這一套是讓對象自己說話,讓它自己把自己呈現到我眼前來,以現象學的還原法把眼前這些經驗材料(empirical data)一個一個抽掉,使它的本質(essence)呈現。因為經驗材料是由感性而來,這樣就不能成就正確的知識,故他通過

意指的分析（intentional analysis），把本質呈現出來，提到本質就是概念（concept），概念是普遍性的（universal），故以此方法讓對象自己呈現出來，經過這樣的程序呈現出來的就是客觀的，那麼客觀的就不會受康德主觀主義的籠罩，而可以從他的主觀主義解脫出來，即是說康德所講的那些形式條件可以是不必要而沒用的，康德所講的時間、空間是直覺的形式條件，這也是沒有用的。但所謂沒用只是表示他沒有想到或意識到，沒有意識到並不就是沒有用的。

　　把對象的經驗成份拿掉，而把其本質、普遍性的成份呈現出來，這不表示你能脫離時間、空間與十二範疇這些形式條件的籠罩。由時間、空間與十二範疇的形式條件來決定杯子這對象，決定後杯子就是一個個別的對象（individual object），還是杯子。杯子還有構成杯子的種種特性，而若把這些特性一步一步通過現象學的還原，而把杯子本身的本質呈現出來，這一套是可以做的，但這是康德所不必做的。因為康德所要做的，正是杯子如何能成為一個有如此這般特性的客觀杯子。這是說，在那些形式條件的決定下，杯子才能成為客觀的對象，成為客觀的對象才有如此這般的特性（property, constitution），對於這些特性作分析或邏輯分析當然可以做，康德並不反對，可是這不是問題的所在，說話不從這裡說，因為這是後來的文章。這樣胡氏如何能脫離經驗實在論？如何能脫離時間、空間與十二範疇的形式條件的籠罩？又如何能脫離超越的統覺之綜和的統一（胡塞爾的純粹意識之智思與所思之結構實不能脫離超越的統覺之範圍）？胡氏說他自己能脫離，那只是他自己沒有想到、沒有接觸到，其實康德還在那裡控制著他。故胡塞爾

的思想也沒有什麼真正可以離開康德處。他以為可以建立一個準確
的科學，以為一切科學的公共基礎，這是空話。胡氏未曾說明邏輯
與數學，而道德、宗教等價值問題都沒有接觸到。然則所謂「為一
切科學的公共基礎」這句話究竟有多少意義呢？內容太簡單而表現
得卻好像很複雜，曲曲折折煞有介事，但其哲學性的論辯其實太簡
單，就如剛才所說的可以成為問題的，是可以辯說的，但胡氏沒有
接觸到。如是，胡氏實脫離不了康德的籠罩，只是不自覺而已。

　　這些思想都是二次大戰以後很流行的，這些思想都是世紀末衰
世的「纖巧」哲學。現代人是纖巧，纖巧很不好。工巧還好，工巧
還是中性一點，纖巧就不見得好。如胡塞爾、海德格、維特根什坦
都是纖巧，這些人的哲學看起來有很多的妙處，其實一無所有。他
們的哲學在論辯的過程中有吸引力，有迷人的地方，但終究是不通
透的，故這些思想都是無歸宿無收攝的。

第五講

康德的經驗意義的二元論與羅素的中立一元論：
超越意義的二元論不能成立

上講提過經驗意義的二元論（dualism in empirical sense）可以講；超越意義的二元論（dualism in transcendental sense），如笛卡兒所主張者，則不能講；又說到康德的經驗的實在論，順此言英、美式的實在論的思想，儘管有種種說法，但不管什麼說法都不能逃出康德的「經驗實在論」的範圍。凡此皆是歷史上的故事，總之，一方面重新使我們了解英、美的思想，一方面使我們重新仔細了解康德本人的思想。

我們現在再順經驗意義的二元論來看羅素的中立一元論。羅素在現象範圍內不主張二元論的思想。康德的二元論是經驗意義的，而非超越意義的，超越意義的二元論康德本人也不主張。而羅素並沒有超越層上二元論的意義，因為羅素只有一層無二層。羅素在康德所謂的經驗意義的二元論之範圍內，他不喜歡二元論之名詞，而以一元論名之，在此範圍內他是主張一元論的。他想取消傳統傳下來的心（mind）與物（matter）的問題，取消後他遂把他的思想名曰「中立一元論」（neutral monism）。

對經驗意義的二元論而言，羅素為中立的一元論，也即是說，

對心物問題而言，他不主張二元論而主中立一元論。但就整個世界以觀，即是說，就羅素型的形而上學而言，他又是多元論，而此多元論是以邏輯的原子論來規定的。這在前面已經說明過。

羅素的中立一元論，由十九世紀末至廿世紀以來，為英、美思想之主流，似是一流行的風尚。他不喜歡傳統上傳下來的笛卡兒 mind 與 body 之超越意義的二元論。對於這個問題，康德說得很穩當，在經驗範圍內不能抹殺心與物之差別，故他言經驗意義的二元論。至若離開經驗而超絕地講時，心與物是否能分得那麼清楚則不能斷定，故超越意義的二元論是不能講的。但在經驗範圍內之二元論是表示心物底差別是經驗上的事實，經驗世界日常生活上的事實，而不能抹殺、不能混攪的。

可是羅素對此問題所採取的態度，就無這樣穩當，他不喜歡傳統傳下的超越意義的二元論，那是可以的，但在經驗意義範圍內、現實生活的範圍內，他想建立中立一元論，這樣就攪亂而混漫。他所說的中立是什麼意思呢？因為心既不能當作一個超越的本體看，則亦無所謂物，物也不能當作一個超越的本體看。他只是以事件（event）一詞來代表。這是近代廿世紀尤其英、美思想家所喜歡用的字。不管發生在外部的，如呈現在我眼前的桌子，就是一堆特殊的事件（a group of events），或發生於我們內部的，如種種心態，也是些事件。他就這樣先提出一個中立性的名詞——事件（event）。但為什麼我們現實經驗上有心與物之分別呢？這是後來我們解析的結果。若服從因果法則就是物理事件（physical events），由物理事件構造成物這個概念，故物非超越的本體，是由一些服從因果法則（law of causality）的事件所構成的，這是由

事件來說明物這個概念。同樣地，也無所謂心這一超越的本體，心是由服從記憶（念舊）法則（law of menmonic）的事件所構造成的，此之謂中立一元論。

羅素在他的《心之分析》（*Analysis of Mind*）與《物之分析》（*Analysis of Matter*）中，分析的結果都成特殊的事件。把mind打掉，也就是把主體打掉，故無所謂唯心論，也無所謂主體性。把物打掉，也無所謂唯物論。把這兩者都化為事件，因此也無主客的對立。依維特根什坦，無所謂主體、客體，與由之而推出的心與物之分，一切都被視為個個原子性的事實（atomic facts），故為泛事件論。因此在邏輯命題的世界中，只有事件與事件間之並列關係（co-ordination），而無主體與客體間之隸屬關係（sub-ordination）。

並列與隸屬是相反的。若只是事件之並列，就無主客間的對立；若有主客間的對立，就可以有隸屬關係。而以往傳統的超越二元論之由來，以維特根什坦的說法，是源於我們的偏執。站在純邏輯的觀點上，不管是physical events或mental events都可以把其化為邏輯命題而把其表達出來。故站在純邏輯的觀點，一切皆可視為命題世界，這樣就成泛事實論、純客觀主義，也可謂大客觀主義。即是說，這是以凌空的、冷冷然的邏輯觀點來看世界，不管是外部的物理世界或內部的心理世界。這種凌空、冷冷然的橫觀的態度是很能吸引人的，以為這是很灑脫而自在的。但這種態度實只是通過邏輯分析取消了問題，並不能解決問題。

他們不喜歡以前的二元論的看法，而提出中立一元論的思想。服從因果法則的事件就是物，服從記憶法則的就是心。這種思考方

式與以前傳統的思考方式截然不同。以前的思考方式是就眼前呈現的事實往後推尋，而追尋其背後的根據，稱爲存有論的推斷（ontological inference），此種存有論的推斷只是推斷某某而不能直接證明某某，這是以往的思考方式。但是這個方式都是由結果推原因，而在純邏輯上這種倒推的方法是不能成立的，因爲一個結果是可以有許多不同的原因造成的。羅素的思想就是不喜歡這種思考方式，他認爲只由眼前呈現的事件（events），依其所服從的某種原則，我們就可以構造某某，故羅素就提出「以構代推」之原則。以構造的方式來代替傳統之存有論的推斷之思考方式，這是近代化的思想，是近代人的巧妙。

　　同樣地，胡塞爾也反對傳統的那種推斷的思考方式，故主張以現象學的還原法，就意指分析而讓客觀的事實本身自己呈現出來，這也是現代人思考上的工巧，反對以前人的往後推。此種思考方式其實都非開始於羅素或胡塞爾，而是開始於康德。康德在經驗知識的範圍內，就是採取就眼前呈現給感性主體的表象來構造，只是其構造方法與羅素的不一樣，也不走胡塞爾的意指分析之路。康德說物也不是超越的本體，而是一大堆表象，而且是可以直接證明的。依康德，物就是在空間形式條件下呈現的一大堆表象，而心則是在時間的形式條件下呈現的一大堆表象。這樣就可以看出羅素中立一元論的思想是來自康德。羅素說事件，康德說表象，內部外部都一樣，在羅素說是事件，在康德說是表象（representation）。故我們若不爲表面的詞語所蒙蔽，就可以看出羅素的這些思想其實就是來自康德。康德說表象，但承認經驗意義的二元論；羅素要花樣，不管經驗意義的或超越意義的二元論，他皆反對，他主張中立的一元

論。

　　如上所述，依康德，不管外感（outer sense）或內感（inner sense），所給的都是表象（representations），而羅素則謂之事件（events）。如是，則兩者之間究竟是有何根本的差異？而羅素把服從因果法則的事件歸為物，服從記憶法則的歸為心，這樣，則羅素之中立一元論與康德之經驗意義的二元論，豈不是一樣嗎？若羅素以事件說其一元論，則康德以表象也同樣可說一元論，其間的差別只是羅素不喜歡二元論，而把其重點放在一元論。而就康德而言，在經驗層次上，如只因同是表象而說一元論，這是無意義的，故他在經驗層次上主張二元論，但他也承認二元論在超越層上是不能成立的。羅素則在經驗層上也一樣不主張二元論而主張一元論，故他很明顯地偏愛一元論，這是羅素思考中情緒上的主張與偏愛，而經驗層上的中立一元論，把一切都說成事件，其實是混漫。而康德在經驗層主張二元論是康德的思考較嚴格而穩當。不能分的就不能分，該分的就應分，不能混在一起而成混漫。羅素天天宣傳邏輯分析，科學知識是屬於邏輯分析範圍的，故他可以講得很合乎邏輯與科學，但在科學知識以外，他就說得不邏輯、不科學。這一種現象也隨著羅素思想的傳入中國而感染了中國人。那些宣傳邏輯的人，他們對其他事情的主張也是一樣最不合邏輯，而宣傳科學的人，其態度也最不科學。本來邏輯與科學是屬於學術研究的，而不能成為宣傳崇拜的對象，一落入宣傳崇拜那就是情緒的。

　　中國人喜歡一元論，其實這不是情緒的喜歡或偏愛的問題，而是有其實踐上的必然性的。在實踐的境界上，達到物我雙忘、主客並遣，在此並無所謂主觀、客觀，主觀消失了，客觀也消失了，中

國儒、釋、道三家對此均有體會。物我雙忘、主客並遣時，二元論
就不能成立，這個境界也就是康德所謂的超越意義的二元論不能講
的緣故。康德這樣講是根據他的思考，只能這樣想，但不能十分清
楚瞭如指掌，這是依他嚴格的思考路向所達到的結論，一定是這樣
而不能隨便亂講的。

　　但依中國的傳統思想而言，達到物我雙忘、主客並遣，是經過
修行實踐而達到的聖境，不管這個實踐的聖境是儒家式、道家式或
佛家式的。如無達到這個境界就不能成聖成佛。故成聖成佛非得經
由經驗知識界、現象界往上翻而一定達到超越層，即康德所謂的
noumena，故中國人所言之物我雙忘、主客並遣，依西方哲學言，
嚴格講是屬於 noumena，故超越意義的二元論不能講。在此能不能
說一元論？中國人在這個地方就說得非常透澈而清楚，因中國人可
經由修行實踐而真正做到，而康德則由其思考而推測到。中國的思
想家因為有儒、釋、道的傳統，幾千年來工夫與用心都用在這個領
域，所以就能非常清楚而透澈。其實在此二元論不能講，一元論也
不能講，好多微妙的玄談都在這個層次、這個範圍內。

　　但現代的中國人因其有這個背景，有其老祖宗傳下來的習慣，
故喜言萬物與我並生、上下與天地同流這一類話。故一看羅素的一
元論，以為是不錯，合乎我們的傳統思想，這是大混亂。現代中國
人的思想就是這樣的混亂，因此而造成災害。其實中國人喜歡一元
論的背景與羅素不同，羅素是在經驗實在論的範圍內講的，但在經
驗實在論之範圍內講一元論就是混漫。其實羅素的以構代推、中立
一元論的思想都啟發自康德，而中立一元論是由於他不明白問題的
本質，加上自己的偏愛，有一個滑轉而分際不清楚，終於造成混

漫。羅素的思想就是沒有歸宿、沒有收煞。他只是這樣說明,但康德是要解答一個問題,故有一定的歸宿與收煞。羅素只籠統地說以構代推,依因果法則構成物,以記憶法則構成心,其實因果法則可應用到物,也可應用到心,只要屬於現象都可應用因果法則,他那種分別實不必要。而重要的問題所在是因果法則如何來的呢?羅素就不管這個問題,這就是羅素的不徹底處。心與物都是構造,但不是泛泛地根據因果律就構成物、根據記憶法則就構成心,不能這樣泛泛地講就可了事。依康德,外部感覺與內部感覺在時間、空間條件下所呈現的表象,通過範疇之決定,就是物與心。

物是一大堆表象,外部直覺在空間這個形式條件下把它們呈現給我們。故羅素要想使這些事件具體地呈現在眼前,一定要在空間之形式條件下,這樣才有交代,因空間是一種先驗的形式(a priori form),為心之主觀建構(subjective constitution of mind)。只在空間之形式條件之下呈現還不夠,要能成為物,進一步還須範疇之決定才能使表象形成那作為客觀性的知識對象的物。羅素說因果律構成物理事件(physical event),而因果律由何處來他就沒有解答,而康德則認因果法則乃由因果範疇而來,此因果範疇為十二範疇中最重要的一個範疇。那些內部、外部表象在範疇之決定下,就是現象意義的心與物。康德說決定而不說構造,其實兩者差不多。決定是範疇應用下之決定,因現象只是在時間、空間之形式條件下呈現還不夠,還不能成為一客觀的對象、知識的對象。

表象一定要在範疇之決定下才能成為真正知識的對象,才是真正客觀的。就心或自我(mind, ego, self)言也是如此。在時間之形式條件下所呈現的內部現象,還不能真正代表自我之知識,還要

在範疇之決定下，才能對「我」有知識，而此時所知的「我」是現象意義的我。物質也只是現象，內部、外部都只是現象。現象意義之物質是知識的對象，現象意義的自我，也是知識的對象。超過時間、空間之形式條件與範疇之決定以外，就沒有知識，知識達不到，那依康德就屬於 noumena、物自身。這些是知識所達不到的。

在我們知識所能達到的範圍內，就「以構代推」而言，康德一方面與羅素相同，一方面又有不同。不同處就在其有先驗的條件，而不是籠統地說構造。而先驗條件就是羅素所不喜歡的，故他就成為不徹底、無歸宿與無收煞。他以為一講先驗條件就是主觀。羅素以為把時間、空間看成是先驗條件，把因果、常體等視為範疇，這就成為主觀的。但他認為時間、空間是客觀的，是由現象抽出來的，十二範疇所說的本體、因果、量等等也都是客觀的，在此他就是實在論。可是就這些講，實在論早已被休謨打倒了。他早已告訴我們，由經驗上得不到因果律，也不能證明，故休謨解釋因果律是由於我們的習慣與聯想，故無必然性。

康德就是繼承這個思想，因果律不能由經驗上得到的，但我們的知識沒有這些條件便不可能，故康德視這些為先驗的（a priori），而歸宿於我們的知性（understanding）本身，這些都是形式的。時間、空間是形式條件，範疇所代表的純粹概念是形式性、法則性的概念。此概念與對象如杯子的概念不同，此後者乃服從經驗，因杯子是客觀的對象，是由感性給予的，我們的感性直覺不能創造杯子。但是那些法則性的概念與經驗的概念不一樣，這個地方講主觀並不妨礙講實在論。一講實在論並不是說一切都歸於外在的實在，都歸於客觀的對象。

　　如上所述，儘管一元論的名詞與康德的經驗意義的二元論不同，但本質上，一個說同是表象，一個說同是事件，這已差不多了。但講到時間、空間，就與康德不一樣了。其「以構代推」與康德相同，但講到心與物之構造之根，就與康德不同，但以此不同就說康德是主觀主義，這個判斷是錯誤的；反對主觀主義而把時間、空間與範疇都推到外在去，而歸於實在論的，這也是錯誤的，這樣，一定又落到休謨的結論。後來羅素也知道這些條件經驗上不能證明，所以他承認時間、空間與一些範疇，共五個為設準（postulates），而不稱為範疇。設準是說我們為了成立經驗知識，非得靠這些假設不可。這些假設經驗上我們得不到證明，可是也不能否證，但我們是需要它，故稱為設準。這樣就較輕鬆，說好一點是謙虛。但康德說這些時間、空間與範疇都是先驗的形式條件，在這裡就有差別了。

　　羅素承認是設準，但進一步追問這些設準是從何處來？上帝、對象本身都不能提供這些，設準是邏輯思考本身所需要的，而邏輯思考發自知性，故設準從何處發，最後落到何處？假定真正要解答此兩個問題，康德的論辯是一定的，你不能逃避。你的逃避是不接觸到或不願意接觸到這個問題。根本不願意接觸到是一種情感，而非科學思考中的嚴格態度。這些設準既然是我們成功經驗知識的邏輯程序（logical procedure）所必需的，而邏輯思考是發自於知性，因知性之唯一作用就是思考，故康德說範疇發自於知性，這樣羅素的那些設準豈不也發自知性，而與康德的範疇一樣嗎？但假如你要問為何要如康德那樣說得那麼重呢？為何非如此說不可呢？

　　假如羅素說，我就是不願意這麼說，儘管你的說法我無法反

對，因為我一向就不如此說，那此不願意是情感的，沒什麼道理，故在這個地方我看不出有什麼衝突。羅素的思想在知識的範圍之內，在現象的範圍之內，都是來自康德。既然來自康德，所以都可收到他的經驗的實在論裡考慮。

最後一步，邏輯實證論的論點也大都來自康德，故我可以說在某意義上康德是一個最大的邏輯實證論者，故他們其實不用反對康德，因為他們的論點康德早已說好了。那麼為什麼反對他呢？其實不是反對他，而是康德哲學中的後一半，邏輯實證論者不講，即在科學知識範圍內他們取用康德的某些論點，在科學知識範圍之外他們就不講了。如無意義（meaningless）、情感的語言（emotional language），與概念的詩歌（conceptual poem）等，這些就是放棄了康德哲學的後一半，故邏輯實證論在科學知識範圍之外，就只有這幾句話。他們評定一句話有無意義，就只是以認知為標準，有意義就是認知上有意義或知識上有意義。把意義限定在知識上，而沒有意義是沒有認知的意義。但問題是在：意義是不是只可限定於認知的意義？沒有認知的意義是不是就是沒有意義？這樣那些形而上學是沒有認知的意義；但這樣是否就是完全沒有意義，而沒有意義那些話是不是就是概念的詩歌、情感的語言？在這裡邏輯實證論就說得太簡單。在知識範圍以內，康德與邏輯實證論是一樣的（儘管有許多不同，如關於感性、知性、時空、範疇、先驗綜和就不同）；可是在知識範圍以外，他就與他們不同。這些沒有認知意義的，康德也承認，但他不說沒有意義，他也不以為是概念的詩歌。

所以邏輯實證論者對這一方面不接觸可以，知之為知之，不知為不知，這才是嚴格的科學態度、合邏輯的態度。但這些宣傳科

學、邏輯的人，常常不科學、不邏輯，在這個地方就鬧情緒。但康德對這方面就不像他們鬧情緒。他能冷靜地正視之。知識就是知識，道德就是道德，各有不同的意義與領域，不能以情緒的語言、概念的詩歌而把其抹殺。就是詩詞方面的純文學，也不是由情緒就能產生詩詞。知識科學在生活中固重要，但道德、宗教、文學也一樣重要。我們的生活是整個的，不只是科學一方面而已。

說到此即能明白康德的經驗實在論如何能收攝英美式的實在論的思想，這些英、美的各種實在論大體都不能逃出康德的經驗實在論的範圍。

胡塞爾之現象學（phenomenology）也是一樣，他的純粹意識（pure consciousness）不能超過康德所說的超越的統覺（transcendental apperception）。胡塞爾之純粹意識底智思與智思之所對（noetic-noema of pure consciousness），其實就是超越的統覺之轉形，轉形而以現象學之方式講；康德是以認識論的方式講，以認識論的方式講，則其體性與作用一起明朗，但胡塞爾的 noetic-noema 之結構，則不能使人明白有何作用。如認為由他的純粹意識之 noetic-noema 之結構，便可讓對象自身呈現，不受範疇之操縱把持，這樣便可使對象解放，不落於康德之主觀主義，而範疇那些東西也可以不要，如認為是如此云云，這便完全不對題，而且更壞——更使你那個純粹意識成為無規定的，你講這個純粹意識在講什麼呢？有什麼作用呢？如果你說在成準確的知識，什麼知識呢？你說一切科學底公共基礎之知識。那麼包括不包括康德所謂智思物（noumena）之知識，所謂超絕形上學（transcendent metaphysics）之知識？依現象學原初之規定，當然不包括。那麼

它仍然只限在知識範圍之內。既然如此，那麼你那個純粹意識之 noetic-noema 之結構能脫離超越的統覺之範圍嗎？你真能使對象解放、不受範疇底約束嗎？你以為不提範疇就可以避免嗎？一個東西之有無訴諸事實，訴諸所劃定的範圍中之事實，不在你覺到不覺到或講不講。如是你那一套真能脫離康德的「經驗實在論」的範圍嗎？說穿了，仍然是不能的，只是令人迷糊的纖巧而已。

胡塞爾所言之 noetic-noema，乃至康德之 transcendental apperception，transcendental ego，都是屬於知識層。此知識層的既與道德宗教層的不同，也與藝術層不同，這些分際不能混亂。故了解知識要當知識來了解，了解藝術要當藝術來了解，了解道德宗教要當道德宗教來了解，各有其意義。

以上所說就是「來布尼茲‧羅素」系統在哲學方面的牽連之被收攝於康德的經驗實在論，進而兼及胡塞爾之現象學亦不能外此。至於來布尼茲向上提的一面，則通過康德的批判的處理（critical treatment），被轉到智思界（noumena）之領域。若擴大而言，西方哲學由希臘開始，柏拉圖至聖多瑪這一個古典的大傳統，康德也把它保留，把柏拉圖的 idea 也收攝到 noumena。柏拉圖講 idea 範圍很廣泛，知識對象、道德、宗教都收在 idea 範圍內。至亞里士多德就把他的 idea 講成 essence，concept，這樣道德、宗教的理想那方面都喪失了。故由柏拉圖經亞里士多德至聖多瑪這一個大傳統，經康德的批判的處理把其轉成 noumena 與 phenoumena，把柏拉圖的 idea 只限於實踐理性超越層的 noumena，而知識範圍則歸屬於知解理性之經驗層的 phenomena。故康德以前的哲學向康德處集中，而康德以後的哲學則由康德開出。對以往的，主要是康德扭

轉了柏拉圖傳統，康德把柏拉圖哲學全部歸於 noumena，而把 idea 只限於道德的理想與圓滿。知識方面不能放在 idea，則歸於 concept。而扭轉主要是通過實踐理性、道德意志的自律，來扭轉柏拉圖傳統的他律。因他律不能說明道德。由柏拉圖起這個傳統說道德都是他律道德。講自律道德，由康德才開始。這一扭轉是經過批判的處理，把這個大傳統繼承下來，並開出以後的哲學。

經驗實在論的範圍是 phenomena，在 phenomena 以外，康德開出了 noumena，這個領域是由實踐理性而開出的。故在此意義上我們要正視實踐理性，不能把其視爲概念的詩歌或無意義就了事。而康德正視這方面並不妨礙科學，並不侵犯或歪曲了科學的領域。

開出 phenomena 與 nomena 而分出兩個世界乃古今中外的哲學所共同的。由柏拉圖開始就分兩個世界，即感觸界（sensible world）與智思界（intelligible world），分成這兩個世界是西方的大傳統，是古代傳下來的。此分別由康德經過批判的處理繼承下來而開出 phenomena 與 noumena。前者是指感觸物（sensible entities），乃感性所呈現給我們的；後者是智思物（intelligible entities），是純理性、純理智所思的東西，沒有感性直覺的支持。因我們所思者必有對象，但因純理智而無直覺，故其對象無實在性。

東方的思想也一樣，也把一切對象分成兩個世界。只有英、美的思想只承認 phenomena、sensible world，而 intelligible world 是他們所不喜歡講的。英、美哲學對這方面可以說沒有貢獻。在這一方面無貢獻就可以說在哲學方面無正面的貢獻，因其不能正式地接觸哲學問題，而只在經驗知識範圍內打轉，當然也不能說他們不是

哲學，也不能說無作用，而是說他們沒有接觸到真正的哲學問題。

　　真正的哲學問題依「哲學」一詞之古義（原義）是「愛智慧」，康德解爲「實踐的智慧學」。何謂「智慧」？能導向「最高善」者才算是智慧。對於最高善有嚮往之衝動即名曰「愛智慧」；而愛智慧必在理性概念之指導下才可，因此愛智慧即函愛學問，此即中國往聖前賢所謂「教」。何謂教？凡足啓發人之理性，通過實踐之途徑以純淨化人之生命以達至最高之聖境者即謂之教。此顯然是有關於「智思物」（noumena）者；若以學名名之，則是屬於「超絕的形上學」者。

　　嚮往此領域是人類底自然傾向，是人類理性底自然本性。但光順這自然本性說還不夠，因爲以往的表現，理性常依其思辨的使用而鬧出種種自相衝突的問題。因此，我們對人類之純粹理性必須有一種衡量，即對於超絕的形上學作爲一學問看，有一種衡量──衡量其是否可能，如可能矣，又如何可能。康德在此費了很大的力氣，他整理出一條道路來。這門學問原屬於實踐的智慧學。因此，它應不是思辨理性（理性之思辨使用）所能承當者。他費了極大的釐清工夫，指出我們必須從理性之思辨使用轉到理性之實踐使用始能證成這門學問。這一個指示是對的。但自從康德學底思路擺出來以後，很少有能相應地了解他的。英、美人一直不能了解他，對於他的對於知識與道德之說明俱不必能贊同，而且如上所已提及，對於超絕形而上學根本無興趣，因而不能有貢獻；而德國方面康德以後的哲學承之前進者，亦不必能是相應地承之而前進。如費希特、謝林、黑格爾俱不真能相應地承之而發展。至於那些不承之而前進者，如胡塞爾、海德格等更無論矣。因此，康德的道路又陷於混

亂。

我們不能任其混亂而須想辦法使其上軌道。形而上學自古就是所謂思想家之戰場，各有其自己的講法，經康德才理出一條路來。但時經二百多年，他所開出的路又成了戰場。故在此需要用心重新正視這條路，這裡總有一個順適調暢的解答。

只有當 phenomena 與 nomena 兩個世界成立後，才能講中西哲學之會通，然後進一步看其分際與限度，而不能籠統地漫言會通與比較。會通究竟是在那個層次、那個分際上，這是要確定地指出來的；而且亦要指出會通是會通到什麼程度。

因為中國哲學既無康德式的知識論，也無羅素式的知識論，但我們不能說中國無知識這個觀念。對經驗知識中國一般稱之為聞見之知，儒家就分聞見之知與德性之知，但究竟是無西方式的知識論。不管如何說法，聞見之知是在「經驗實在論」的範圍，但中國哲學始終未能把它詳細地解析展示出來。故西方哲學所講的知識這一方面，即屬於 phenomena 方面的，中國的哲學顯然是不夠的。相對地，對於 noumena 方面，中國哲學傳統的全部精神都集中在這方面，所以對之很通透。由此我們可以看康德講 noumena 是如何講法？講到什麼程度？而中國人如何講德性之知，講到什麼程度？

道家講玄覽、講齊物、講「天地與我並生，萬物與我為一」，這是超過知識層而屬於超越層的領域。依道家，知識是屬於成心，成心為是非之源。道家就是要把成心化掉而超越之，故知識方面也是消極的，積極的是道心方面，也即超越的 noumena 方面。

佛教更是如此，佛教一方面言識，識就是在知識範圍之內，與

識相反的是智。西方如康德所講的知性、統覺，都是屬於識。識是了別義，明了分別之活動，但識又是煩惱之源。與識相反的是智，智的活動是無分別，智所及的範圍是 noumena，識的範圍是 phenomena，所以也是兩分。

故會通在那個分際上會通？會通到什麼程度？中西哲學經過會通都要各自重新調整。在 noumena 方面，中國哲學很清楚而通透，康德則不通透，那就以我們通透的智慧把它照察出來，使康德哲學能再往前進。要想進一步就要重新調整自己，否則就不能百尺竿頭更進一步。

在知識方面，中國哲學傳統雖言聞見之知，但究竟沒有開出科學，也沒有正式的知識論，故中國對此方面是消極的。消極的就要看西方能給我們多少貢獻，使我們在這方面更充實，而積極地開出科學知識與對這方面的發展。這樣中西哲學的會通，才能使兩方更充實、更向前發展。

第六講

經驗的實在論開感觸界，超越的觀念論開智思界：中西哲學對此兩界之或輕或重，或消極或積極

　　上講講西方哲學講到康德的「經驗的實在論」與「超越的觀念論」，繼之有 phenomena 與 nomena 之分別，在這個層次上，就可以與中國的哲學相會通。中西哲學會通之分際就是在康德的對於現象界的知識採取經驗實在論的態度，對於 noumena 方面的知識則採取超越觀念論的態度，在此分際之下，中國哲學與西方哲學就可以有商量的餘地。

　　但雙方對此兩界有消極與積極之不同。對於經驗現象界的知識而言（現象界的知識就在「經驗的實在論」的範圍內），中國的哲學傳統採取的態度是比較消極的，因中國無科學傳統；中國哲學對現象界的知識，沒有積極的正視，沒有形成一個正式的概念，沒有直接的說明，故在此方面是消極的，儒、釋、道三家大體皆然。

　　但對 noumena 方面，中國的傳統就與康德的態度大不相同，在這方面的態度就較積極。所謂中國方面較積極就是針對康德之「超越的觀念論」的立場而言，因為康德以知識的立場而謂我們人類對於 noumena 無積極而正面的知識，故對 noumena 所想的那些理念，如上帝的存在、靈魂不滅、意志自由等，由知識的立場、由

思辨知識（speculative knowledge）而言，康德認爲不能有知識。
不能以思辨理性（speculative reason）來決定上帝存在、靈魂不
滅、意志自由等，因爲這些理念是屬於 noumena 的領域而非
phenomena 的領域。 noumena 之意義依康德之解釋爲智思物
（intelligible entities），爲純粹理智所思考的東西。上帝的存在等
是純智所思的對象，我們對之無直覺，故無知識，因無直覺就無知
識，故稱爲理念（idea）。理念者理性上的概念，由純粹理性而發
的；而純知性（pure understanding）所發的純粹概念（pure
concepts）是範疇。由純粹理性所發的概念，康德依柏拉圖傳統而
稱之爲 idea，即理性底概念（理念），在柏拉圖處則譯爲理型。理
念是理性上的概念，凡是概念應有對象與之相合。但就理念而言，
我們對其對象無直覺，故無法知其對象存在與否，由此立場而言，
康德稱此曰「超越的理念性或觀念性」，因而又稱曰「超越的觀念
論」，這些都是理性上所形成的東西，沒有實在性，只是些空觀
念。上帝存在如此，靈魂不滅（immortality of soul）也是如此。
由純粹思辨理性或知解理性而言，我們對這些不能有知識，因這些
非這種理性所能達到，故爲消極的。甚至對於作爲道德底基礎的
「意志自由」（freedom of will），也不能證明，因對之無直覺，
故由思辨理性而言，對之無知識，故由此而言超越的觀念論。但在
phenomena 方面，我們有明確而確定的知識，故西方哲學傳統在此
方面是積極的。

　　「消極的」是指由思辨理性（speculative reason）、知解理性
（theoretical reason）而言。 theoretical 在康德與 practical 相對
反，一般是譯爲理論的，但在中文，理論一詞函義很廣泛，如實踐

方面的也可以由理論來講，故中文易引起誤會。而康德言theoretical為知解的意思，原義就是站在客觀的、旁觀的立場來觀解對象。以前禪宗馬祖說神會和尚是知解宗徒，意指其有許多知識概念，還沒有真正的實踐功夫，故知解與實踐相對，而且在禪宗馬祖說知解一詞對實踐而言也不是好的意思。但就知識而言，正是要思辨理性、知解理性。我們成功科學知識、現象界的知識，亦要用思辨理性、知解理性。而知識也用邏輯、數學等手續，這些也皆出自思辨理性、知解理性。這種理性在現象界方面有效，可是在noumena方面因其離開經驗界、現象界，故無效。

那些理念由思辨理性、知解理性的立場而言是超越的觀念論，但並不是一往都是超越觀念論。康德另開一條路出實踐理性講，則上帝存在、靈魂不滅、意志自由等就有真實性，由實踐理性可以使這些理念有實在性，但不是由思辨理性、知解理性而言。康德由實踐理性可以證明上帝存在，上帝存在有意義，但此證明是實踐理性上的證明，非思辨理性上的證明，其他靈魂不滅、意志自由皆是如此。我們對這些皆無直覺，無直覺的地方理性就是空的，故理念為空觀念，並不能表示知識。

實踐理性是就某些概念如最高善（因這是我們意志的必然要求）可以肯定上帝的存在，但此肯定並非知識的肯定，還是實踐理性上的肯定。對思辨理性而言，此概念是無多大用處的，但在實踐理性、在道德上，就有意義。

康德由於另開一路而證實此三理念，而使這三個理念有意義，雖然這樣說也不是知識，因吾人對之無直覺故。我們在經驗實在論的範圍內對經驗對象（現實世界）所以能是積極的、正面的，是因

吾人對之有感性之直覺（sensible intuition）之故。因有由感性
（sensibility）而發出的直覺，故經驗對象、現象世界可以通過我
們的感性而直接地被接觸到。可是我們的感性直覺就不能應用到上
帝、靈魂不滅、意志自由，這些皆非我們的感性所能接觸到。而我
們人類依康德也無任何其他的直覺可以達到上帝之存在、靈魂之不
滅以及意志之自由，所以我們對之就無知識，故這些都不能當一個
知識概念來看。

　　但與感性直覺不同的另一種直覺稱智的直覺（intellectural
intuition），此種直覺是很難思議的，因爲一說直覺就要通過我們
的感性，但這種直覺又不是通過感性，這是一種純理智的直覺，是
一種純智的活動。依康德我們人類沒有這一種直覺。這是一個很嚴
重而很重要的問題。依西方的傳統、基督教的傳統下，人類是有限
的存在，是上帝所創造的被造物；只有上帝才是無限的存在，其他
一切都是有限的存在，而有限的就是有限，無限的就是無限，人類
是絕對的有限存在故不能有智的直覺，有限存在的直覺是發自感性
的。故依康德在基督教傳統下，智的直覺只有上帝才有。智的直覺
是無限心之作用，上帝是人格化了的無限存有，故其心是無限心
（infinite mind）。但人類的心靈是有限的（finite mind），有限
的心靈它的思考的方式一定要通過一些手續，如果沒有概念就無法
表達。智的直覺由無限心而發，無限心所發的直覺不是通過感性，
故這種直覺也是無限的。如我們的感性，由耳、目、鼻、舌、身而
發的感識當然是不能無限的。

　　依康德在基督教的傳統下，智的直覺只屬於神智的無限心
（divine mind），而人是決定的有限物。康德的這個思想是合乎西

方傳統的,故儘管在實踐理性上可使上帝之存在、靈魂之不滅、意志之自由有意義、有眞實性,但不是知識。知解理性想知之,但實不能知之;故此三個理念只是空觀念,由知識上言無多大的意義,故後來的邏輯實證論者就說無意義。康德也認爲在知解理性上是無意義,但在實踐理性與道德上就不是無意義,在這個地方康德的態度就與邏輯實證論者不同。雖然後者的說法大體來自康德,他們所用的詞語都是康德在思辨理性、知解理性之空觀念上所說的,故我常說在某意義上康德是一個最大的邏輯實證論者。雖然是如此,然而康德在實踐理性上所說的,在邏輯實證論者的主張中卻沒有了,他們把這一方面盡丟棄了。可是實踐理性、道德方面的事,總不能以無意義就把它了決。這必須要弄明白,這个是願講不願講、喜歡講个喜歡講的問題。

這些理念在實踐理性只能使其有意義,但沒有直覺就不能使之呈現。上帝之存在、靈魂之不滅、意志之自由都不能直覺地呈現在我的眼前,故康德說是實踐理性底三個設準(postulates),意即由實踐理性言非有此三個假定不可,否則實踐理性的全體大用不能完成。

因爲康德主張我們人類沒有智的直覺,所以在實踐理性之接近 noumena 這方面,康德的態度仍然是消極的。這個消極是與東方的思想比較而說的,其實實踐理性較思辨理性是進一步了,在思辨理性處完全是消極的,完全是空觀念、超越的觀念論,而轉到實踐理性就較積極一點,已經不是空觀念。即使是這樣,可是若與東方思想相比較,則在實踐理性上,因人類沒有智的直覺,故三個理念仍然只是設準,其對象不是可以朗然呈現的;有直覺才可使其朗現,

無直覺則不能朗現。

　　由這消極的態度轉看中國哲學，中國哲學從來就無上帝存在、靈魂不滅等問題。中國哲學雖然沒有這些觀念，但中國哲學所用心的，其層次都屬於 noumena，所以可以相通。中國人不一定用這些概念，因上帝之存在、靈魂之不滅都是宗教上的觀念，如靈魂（individual soul）的觀念，中國儒、釋、道三家均無。佛教言輪迴、八識流轉，這些與靈魂不滅完全不同。儒家講三不朽也不是靈魂不滅。儒家不必要這個觀念，道家也同樣沒有。至於意志自由則從本心、性體上講。

　　由此可以轉看在 noumena 這方面，東方的思想是不是超越的觀念論？假如由知識的立場暫時也可以承認是超越的觀念論，因感性的直覺不能向之應用。但轉到實踐理性方面，是不是像康德那樣的說法呢？歸到實踐理性上，東方的思想是否仍然認為意志自由是個設準？是否有康德所謂的智的直覺？智的直覺是否能應用得上？在基督教傳統下當然認為人沒有智的直覺，因人是決定的有限存在，人心是有限的，而智的直覺是無限心，這種看法中國人是否一定會接受？這個就要看中國的傳統。

　　幾千年來的中國傳統，不管儒、釋、道都是講實踐的，儒家講道德實踐，道家講修道的工夫，佛教講解脫煩惱而要修行，所以都是實踐的，而接觸 noumena 非由實踐不可。由思辨理性只對知識所及的範圍有效，故康德轉向實踐理性是正確的，轉到實踐理性就須接觸到實踐理性所呈現的本心、良知（儒家）、道心（道家）、如來藏心、般若智心（佛教），這些都是心，依康德的詞語，這些都是由實踐理性所呈現的道德心、道心、如來藏心、般若智心，那

麼這些詞語所表示的心是有限心抑是無限心？

陸象山說：「吾心即是宇宙，宇宙即是吾心」、「心外無物」，此心究竟是有限抑或無限？此心是根據孟子講的，孟子言本心，「萬物皆備於我，反身而誠，樂莫大焉？」這個心是有限抑或無限？盡心、知性、知天是由孟子開端的，而孟子講心就是繼承孔子講仁，而孔子之仁的全體大用（ full function ）是無限還是有限？仁不只是一個德目，只是以德目看的仁，不是仁的本質的全體大用。故孟子講心是根據孔子講仁，但還是不顯，到陸象山就充分顯出來，「萬物森然於方寸之中，滿心而發，充塞宇宙，無非斯理。」這個心是有限抑或無限？而道家的道心是有限抑或無限？這是很容易了解的。依佛教，識的毛病多得很，是虛妄分別、煩惱之源，故非轉化不可，轉識而成智，此智為般若智，此是有限抑或無限？這是很顯明的。故依中國的傳統講，應當承認實踐理性所呈現的心。這種通過實踐理性的心，如陸象山所說的心、王陽明所說的良知，而良知依王陽明是「無聲無臭獨知時，此是乾坤萬有基」，「心外無物」，此道德實踐的本心或良知是無限的。而道家的道心，依莊子之〈齊物論〉、〈逍遙遊〉所講的道心當然也是無限的。假若我們說沒有無限心，這表示說轉識成智不可能、成佛不可能，這決非佛教所能承認。因為現實上就有佛，三世諸佛，過去、現在、未來都有佛，人人皆可為堯舜，人人皆可有佛性，皆可成佛。道德實踐底目標是成聖，道德實踐底可能性之超越根據是良知、本心，因有此超越的根據，故成聖才可能。依儒家，只當道德實踐有必然性時，成聖才一定有必然性。佛家修行成佛亦然，道家成真人亦然。故三家所說的心都是無限心。心是無限心時，則中國

儒、釋、道三敎當然都承認有康德所說的智的直覺。中國哲學中自無這個名詞。儘管沒有這個名詞，然而並非無與這名詞同等的理境。設若康德向陸、王或智者大師問：「人有沒有智的直覺？」他們一定斷然地答覆「有」。

否則轉識成智就不可能。但「轉識成智」以西方人看來是不可思議的，「識」怎麼能轉呢？在佛敎一提到識就與智相對反，所以是壞的意思。而一般使用識的意思是了別、明了分別。在經驗實在論範圍內的科學知識，都是識的活動，但我們講科學的時候是不加顏色的，不說識心是煩惱之源等。但在佛敎看來，知識都是屬於識心底範圍。康德的感性、知性、思辨理性都是識而不是智，康德也認爲人類心靈的活動不是智的直覺。智的直覺依佛敎應是智，也即王陽明所謂的由良知而發的明覺，而道心發的玄智也是智的直覺。

識本來就是生而具有的，而我們生而爲人，我們就有這麼一個感性（sensiblilty），這是既成的事實不能不承認，就有這樣的邏輯思考的理性（logical reason），就有這樣的知性（understanding），這個怎麼能轉呢？而佛敎說是能轉，轉識成智，轉成般若智，西方人聽起來簡直不可思議，西方世界沒有這個觀念。「轉識成智」在東方人成爲口頭禪，但不知此話代表的意義多重大？東方人是家常便飯，天天在講，西方人則聞所未聞，認爲是妄想，這不是很重要的問題嗎？在西方人看來，轉識成智不可能、不能轉，是一定的，因爲人類就只有這種感性、知性與思辨理性，再沒有其他認知能力（cognitive faculty），從現實既成的人是找不出「智的直覺」的。他們認爲有限歸有限，無限歸無限。

佛敎說衆生，但卻不承認定性衆生，此是很奇怪而開闊的思

想。所謂定性眾生，意即一切眾生一成永定，這樣一切眾生皆可成佛就不可能了，故定性眾生佛教、儒家皆不承認。現實上的人不是聖人，聖人是經由實踐才達到的，而孟子言人人皆可以為堯舜，則一定有人人皆可以成堯舜的必然的可能根據，而不是憑空講的。從現實上看，人都不是聖人，壞得很，有時比動物還壞，故荀子感慨現實的人「甚不美，甚不美」。人往下墮落比禽獸還壞，但往上可以通神聖，故在此成一個最重要的問題。中國人的傳統承認人有智的直覺，人之所以能發出智的直覺是通過道德的實踐、修行的解脫，而使本有的無限心呈現。中國人承認有無限心，但不把無限心人格化而為上帝。每一個人的生命都有無限心，而通過道德的實踐以及佛教、道家的修行而使它呈現。這個思路很自然，但西方的傳統就以為很彆扭，不容易往這個方向想。

因此東方的思想在 noumena 方面是積極的，轉到實踐理性講也不只是一些理念，實踐理性也不只使這些理念有意義。因為轉到實踐理性上就能呈現無限心，無限心既能呈現，就不是超越的觀念論，故這樣才是積極的。

故西方哲學由古代至現在由思辨理性講，在知識方面可以歸於經驗的實在論，在超知識方面則歸於超越的觀念論，因此有 phenomena 與 noumena 之分別。這種分別東方思想也可以承認，可以證成（justify），在此問題上中西哲學可以會通。但在 phenomena 方面，中國是消極的，因對知識未形成清楚的概念。但在 noumena 方面，中國是積極而通透的。故於西方思想，吾人若想消化康德，不使其只停在基督教的傳統之下表現，則可看中國的思想，因在這方面中國的思想透闢而圓熟。康德則尚不成熟不通

透，但在西方傳統下，他所講的已經是最好的了、最妥當的，不易看出他的毛病。

中國的傳統對 nomena 持積極的態度，因爲幾千年來的智慧工夫都用在此，故當然有成就。但假使智的直覺不可能，康德就可指責中國人所講的都是妄想。故在這個地方，我們就要徹底仔細用功，問問自己是不是妄想呢？

但到清末民初，中國人卻發現我們自己沒有像樣的數學、邏輯與科學，這是最現實的了，這一落後使我們徹底否定自己。當然我們也承認現實上有些問題不能解決而呈現許多毛病，但毛病是某方面的，並不能牽連到以往傳統所用心的也都是毛病，我們只能補充、充實它，而不能否定它。現在由民國以來就是因爲科學知識方面我們開不出來，終於瞧不起自己，來一個徹底的否定。這種態度是很不健康的。

第七講

一心開二門：中國哲學對於智思界是積極的，對於感觸界是消極的（就成立知識言）；西方哲學則反是

　　佛教大乘起信論言一心開二門，其實中西哲學都是一心開二門，此爲共同的哲學架構（philosophical frame）。依佛教本身的講法，所謂二門，一是眞如門，一是生滅門。眞如門就相當於康德所說的智思界（noumena），生滅門就相當於其所說的感觸界（phenomena）。中西哲學雖都開二門，但二門孰輕孰重，是否充分開出來，就有所不同。若對一門較著重，意識得很清楚，了解得很通透，而能把它充分展示出來，則爲積極的。相對地，若對一門比較不著力，用心不很深，了解得不通透，而未能充分把它展示出來的，則是消極的。

　　對於 phenomena 方面，中國傳統的態度是消極的，而對於 noumena 方面是積極的。而西方在 noumena 方面了解得不通透，意識不十分清楚，故爲消極的，但在 phenomena 之知識（經驗科學）方面則爲積極的。

　　中國對於生滅門的現象，就經驗知識方面言，意識不夠，故較消極。如佛教對生滅門也非常充分，就某方面而言也很足夠，故對生滅門這方面意識得很清楚而且能正視。但東方無科學傳統，科學

知識沒有充分開出來,所以一般古聖先賢在這方面不十分用心,其用心都在 noumena 方面。佛教對生滅門也很積極,但它不是對知識講,因為一說生滅,其範圍也很廣泛。知識方面也屬生滅門,因經驗對象變化無常,也是有生有滅,凡在因果關係下的自然現象都是有生有滅的。但是佛教所謂的生滅,不限於就經驗對象講經驗知識,而且重點也不在經驗知識,而是在生死。直接著重在此,故佛教要了生了死,解脫生死問題,生死就是生滅。就人生講,生滅是生死,對知識對象雖不能言生死,也可言生滅變化,一個對象時時刻刻在變,故其言生滅是很廣泛的。但若不把生滅只限於知識對象言,而把全部人生都包括在內,則我們就可以廣義地說人在生死中轉,依佛教而言,就是在生死海中頭出頭沒,生死就是一個大海,陷落於此而不能解脫,這就是人生的痛苦與可悲。故佛教言生滅不在言知識對象,不在說明經驗知識,而在說明人生的煩惱、人生的痛苦。人生是整個看的(human life as a whole),人生中也有知識,不過只是整個人生中的一部分。此與現代人不同。現代人是以知識籠罩全體,而且對於知識自以為是有清楚的概念,其實自己本身也無清楚的概念,只是迷信科學、訴諸權威信仰。因科學無人懷疑,事實上科學一般人是外行,並不清楚,但卻相信科學有效可靠。

古人先對整個人生全體,對德行、對未達到德行時人生的痛苦與煩惱,有清楚的觀念,因這是自己的事情,他能掌握得住而有清楚的觀念。現代人正相反,對德行無清楚的觀念。古人對人生整體、德行均有清楚的觀念,對知識則無。為什麼呢?因知識不是完全屬於自己的事,知識對象是在我以外的,不是我自己能指揮能控

制的，不是如孟子所云：「求之在我」就能達到的，故觀察與了解對象，其間要經過許多繁雜的手續、步驟與程序，古人在此方面當然較差，後來者居上。

現代人對知識有清楚的觀念，此不算壞，壞在以知識代表全體。生滅門不只是限於知識對象，我們生活中的喜怒哀樂、心理現象也是屬於生滅門，故生滅門有廣泛的籠罩性，知識只是其中的一部分。故就此意義言，一心開二門，東方人重視煩惱的問題、德行的問題，這些問題籠統地大體而言是屬於人生哲學。若由重視煩惱來看，這是以泛心理學的背景來說生滅。康德講 phenomena 重視經驗知識，那是知識論的立場，是重知識，不是就人生哲學講。而東方講生滅門是就人生哲學而言。佛教以煩惱為主，煩惱是心理學的觀念，故佛教是以泛心理學的觀點為其普遍的底子、普遍的背景，此是籠罩性的。

儒家則以德性為首出。儒家也知道生滅門，現實上的人生有生有死，有種種痛苦煩惱。而就道德意識而言，人生有許多是發自私欲，王陽明所謂的從軀殼起念，此也是屬於生滅門，但不是心理學的，也不是知識論的，而是道德的，是道德實踐的。道家也是一樣，也有生滅門這一面，但也不是就知識講，也就人生而言。故開二門，而生滅門這一面，就人生問題而言，東方也是積極的，說消極是就知識而言。因為現代人較重視知識方面，這方面也較突出，又因為知識問題是西方哲學中重要之一面，是故說東方對此方面較消極，意識得不太清楚。對佛教，對知識問題也不是完全無意識，但意識得不很夠，而不著重在此，著重的是我們的煩惱。唯識宗所講的八識流轉，都是屬於生滅門，對於這方面它也是很正視，展現

得更清楚。西方人在這方面都不行,他們在知識方面雖是積極的,但在展現人生哲學方面,在人生意義下的 phenomena 就不行。儘管有佛洛依得(S.Freud)之心理分析,但與佛教比較起來是微不足道的,比較有份量的是現在的存在主義,如海德格以契爾克伽(S. A. Kierkegaard)所描寫的人生爲其存在哲學之進路(approach),不安、痛苦與虛無是屬於人生意義下的生滅門。海德格講存在哲學並不是在講知識,而是人生哲學,他這一套也是人生哲學的生滅門,不似康德那樣講 phenomena 專就知識而言,對人生哲學無多大關係。那麼康德的人生哲學放在那裡?他把人生哲學轉到實踐理性、轉到 noumena 那方面來說,但那是正面地說。佛教說生滅門是由負面說,海德格說生滅門也一樣由負面說,因爲存在主義總是強調我們現實人生的虛無、不安與痛苦等這些負面的。康德言人生問題不就現象方面說,他不描寫這一套,他抓住要點與關鍵,由正面立言,故轉向實踐理性。先說實踐方面的,以 noumena 爲本,則 phenomena 自可被牽連到,他是以這個方式來講。我們必須先對一心開二門之輕重、消極與積極之意義有了解。就知識方面講,東方人不管儒、釋、道都是比較消極的,儘管在講人生方面的生滅門是積極的,但知識方面是消極的,因其意識得不夠,著力也不是完全在這個地方,這是綱領,先指出其消極性。

　　進一步就要深入中國哲學的內部問題,若不知其內部的問題,而只籠統地講積極、消極,這是沒多大意義的。就是了解西方在 phenomena 方面積極,在 noumena 方面消極,也要徹底深入西方哲學的內部問題,了解那些問題是如何被思考。只泛講 phenomena, noumena,這是無用的,故必須知道其內部的問題。

　　首先就東方對知識的看法爲何落在消極上，意識得不夠？雖然不夠也不是完全沒有，我們就看儒、釋、道各家對知識持什麼看法。

　　東方傳統土流的儒家，雖然未曾發展出近代化的科學，但若只籠統地說中國沒有科學，這也是違反常識的，所以首先英國人約瑟夫就寫一部《中國科學發展史》，他以一個外國人就可以替我們爭，抗議說中國沒有科學是不對的。我們現在說中國沒有科學是指學之成學意義的學而言。中國有科學傳統，但沒有達到學之成學意義的科學。其實中國實用方面的知識也多得很，實用的數學、幾何學、三角學都有一點，但均未達到純粹數學、幾何學與三角學之學的程度，故那種實用的數學演算起來非常麻煩。我們目前使用阿拉伯數字，以前沒有這些，演算起來就非常不方便，當然也可以算出來，可以算幾何、測量土地。就如西方的實用幾何，不發生於希臘而發生於埃及，埃及在尼羅河兩邊測量土地，所以首先有幾何學的知識，但我們也不說西方的真正幾何學發生於埃及，而是發生於希臘，因講法不一樣。到希臘的歐幾里得，幾何才有真正純粹形式的幾何，這是一個真正了不起的改革，康德稱之爲知識的革命，此革命比發現好望角對航行還要重要，這是了解西方科學史就知道的。這種意義的幾何學，中國就沒有開出來，這種意義的純粹數學、物理學也都沒有開出來，近代意義的由牛頓所開的物理學也沒有開出來。儘管中國人說化學是由中國先發明的，但也是實用的。故中國傳統歷來並不是抹殺或忽視知識的，但知識之所以成爲一個知識，學之所以成爲一個學，這種意義的科學，如純粹的數學、幾何學與物理學等，卻都沒有發展出來，故無理論科學（theoretical science），而只有實用科學。

中國實用科學之傳統，屬於羲和之官或天官，稱之為羲和傳統。天官後來亦稱史官，專門知識的科學都藏於此。首先出現的是天文、律、曆、數，這就是中國的純粹科學，也可以說代表理論性的科學。中國的天文學也出現得很早，世界上每一個民族都首先有天文學。仰觀天文為的是要造曆法，一年四季非得有安排不可。把這一套羲和傳統整理出來是很有意義的，一方面自己要具備高度的科學知識，另一方面對中國這方面古典的知識也要熟悉，而以現在的方式表達出來。律是音樂、樂律，音樂與數學有密切的關係，故天文、律、曆、數這四種是一組。這就是中國的科學傳統，而且是屬於理論性科學的。

另外一組實用性的知識就是醫、卜、星、相，加上煉丹，這是中國的實用性的經驗科學傳統，所謂不十分高明的科學。醫、卜、星、相成為一組，我且只就中醫說。中醫不是科學，但說中醫沒有用是很難講的，而且不從現實方面而由中醫的本質來講，從其原則上的本質講，這種知識是高過西醫。西醫是屬於科學的，科學是屬於量的，化質為量；而中醫是質的（qualitative），故在境界上講當該是高明，故中醫是神醫，靠直覺，看準了就很準。科學就不能靠直覺，西醫是道地的科學，化質為量，完全抽象化，完全抽象化就不能完全了解病症，故西醫有許多毛病，可是我們還承認它是科學而有效，為什麼呢？因人總是有軀體（physical body）這一面的，因而也就是說總有量這一方面，故由西醫的立場就專門來控制這個身體，因其有量（quantity），就要量化，不量化怎麼能控制呢？但中醫看病不是量的觀點，是質的，但現實上不一定準，若是

神醫，那就一定看得很準，但那有那麼多的神醫呢？大多是庸醫。中醫的本質是神醫，要有聰明就能看得準而有效。故實用科學要寄托在醫卜星相、陰陽五行。陰陽家這一套是依附於醫、卜、星、相而行，而成爲中國的實用知識，也可說是不高明的科學。此與天文、律、曆、數稍微不同，故分爲兩組。故若有興趣而下工夫研究整理出來是有價值的，中國的科學傳統是如此。

儒家在此傳統下，孔門之徒、理學家們都不是念天文、律、曆、數，他們也不重視醫卜星相。他們是以立教爲其立場，以孔子爲大宗師，是弘揚道德意識，道德意識的態度是與知識相反的。但儒家在此也不輕視知識，因儒家內聖與外王合而爲一，正德、利用、厚生三事俱備。正德是道德，利用、厚生不能離開知識，故儒家向來並不輕忽知識，儘管其本人不從事於知識本身的研究，他們也不是科學家，但是在智慧上、見識上不輕視知識。此籠統地表現在：子曰：「學而時習之不亦說乎！」表示重學，知識就是靠學，儘管孔子講的學不一定是專限於科學知識，是廣義的學。廣義的學，科學的知識是當該學的，孔子本身所知道的東西就很多，故云：「吾少也賤，故多能鄙事。君子多乎哉？不多也。」故當時視他爲聖人無所不知，以博學而知名，可見他並不輕視知識。但君子立教，在道德意識上講，雖然知道得很多，並沒多大的價值，故君子不以此爲多也。多是價值判斷，是以爲貴的意思。並不是孔子自謙而說不多，這個不多不是量的觀念，這是價值判斷，不多即不以此爲多，即不以此爲珍貴、以此爲尚，因其重點在立教。這是先秦儒家的發展，後來經孔、孟發展到《中庸》、《易傳》到宋明的理學家，對知識的問題就以兩個名詞即「見聞之知」與「德性之知」

來分開。由學所得的都是見聞之知。我們所謂經驗知識，理學家就把它放在見聞之知那方面。但理學家以「德性之知」為高，而德性之知如何了解？這是很難了解的。什麼是德性，現代人不懂。但德性之知也不是意指對德性的知識、對德性下定義。德性之知有好多講法，境界甚高。這個觀念要了解起來是很麻煩的。依張橫渠、程朱、陸王各家之看法都有不同。故要接觸中國以前的哲學內部的問題，就要接觸到這裡才有意義，否則那些只是空名詞。

中國儒家重視德性之知。見聞之知當然也很重要。儒家要過現實生活並不離世，內聖外王是要過現實生活的，那能離開見聞之知呢？但究竟對於見聞之知的本性、如何構成、如何完成，他們均對之無積極的說明。他們視之為事實而沒有說明。一切科學都離不開經驗，經驗的開始就是見聞，就是西方所謂的感性（sensibility）。不管經驗主義、理性主義或康德的講法，經驗科學總要開始於感性，如感覺、知覺都發之於感性，這些就是見聞。西方哲學講科學知識開始於經驗，他們重視經驗見聞，但他們就能把見聞之知、經驗知識，如何構造、如何成立、如何發展完成，內部很長的專門程序都給解說出來，因為他們有科學作根據。我們的實用知識、醫卜星相，再加上天文、律、曆、數，那種完全停在實用狀態的科學是不行的，它不能告訴我們依照什麼程序來完成，如純粹數學、幾何學如何出現？如何完成？為什麼希臘能出現？中國為什麼始終不能出現？始終不能發展出來？此乃由於中國對於知識不能正視，只以見聞之知來說明還是不夠的，此之所以為消極的意義。就 phenomena 之在知識的範圍言，儒家所表示的態度是消極的，而在人生方面就不是消極的，因為生滅門也可由人生講。

　　儒家重視德性之知，而德性之知是很難了解的。假定對之有眞正的了解，德性之知的境界是什麼境界？所擔負的責任、作用是什麼？這樣其中的問題是什麼就能清楚了。這不是純粹的知識問題，德性之知嚴格講不是知識的問題。依西方講，以科學知識爲標準，見聞之知才是知識問題，德性之知不是知識問題。雖然也名之曰知，但知有兩種知，即見聞之知與德性之知。而兩種知在佛敎《維摩詰經》中亦有提到，如云「不可以識識，不可以智知」，見聞之知即「以識識。」識共有八識，前五識即五官感覺，第六識即意識，第七識末那，第八識阿賴耶識，識知就是屬於經驗的（empirical），屬於生滅門，屬於見聞。佛敎一言識就認爲是煩惱之源，故在識知以上　定要承認智知，智知就不是知識。眞正西方人講的經驗科學正是識知。智知非一般所謂的智慧，乃佛敎特指的般若智。但般若智之智知，僧肇有一篇文章曰〈般若無知論〉，無知而無不知，這樣的知有無知識的意義？當然是沒有的，無知即無不知，也不是像上帝那樣無所不和、無所不能；無知一下轉回來無不知，這是弔詭（paradox）。這種知境界很高，這是什麼知呢？爲什麼要高談這種知？爲什麼識不好？這就要了解中國哲學以前的問題，否則都是空話。西方人就是不了解，故康德對 noumena 還是消極的，對之消極就是由於他不承認人有智知，也即康德只承認我們有識知而無智知。智知是屬於上帝，而上帝的智知也不是表現於人的科學知識的識知。我們人才需要科學，上帝不需要科學，人需要數學，上帝不需要數學，因上帝一眼就看穿了，他用不了以數學來算。邏輯這種推理之學也是人類發明出來的，上帝的思考是直覺的（intuitive），不是辨解的（discursive），因而也不需要有邏

輯，故邏輯在上帝也沒有。故邏輯、數學、科學都對人而言。依佛教，在智知之層次上，也無邏輯、數學與科學，所以這種知的層次之境界是提高了，故必須了解這些詞語的意義。

儒家所謂德性之知就是智知，在這個層次上無知識的意義，但一定要承認人有這一種知，如王陽明言良知，良知之知即智知，良知之知不能成就科學是很清楚的。要了解見聞之知，我們現在可以西方科學作標準就可以了解。假如要了解德性之知，就要看中國的書。德性之知、佛教的智知都是很難了解的，因爲它在識以上。而成佛一定要轉識成智，若只停在識就不能成佛，阿羅漢也成不了，就是凡夫，永遠在生死海裡頭出頭沒，非得轉識成智才能解脫，才能成佛、成菩薩。

道家一般言之有反知的意思，瞧不起見聞之知範圍內的識知，瞧不起而且也不能正視。爲什麼瞧不起呢？就是因爲知道這裡的病痛，能覺察到識知、見聞之知這個範圍內的知的病痛，所以道家也急著往上超轉。在道家不說見聞之知，也不說識知，道家認爲這種知識是跟著成心而來，莊子有「成心」（habitual mind）一詞，這是由成習而成的心靈狀態，由習慣、由經驗累積而成的這麼一個心靈狀態，這個狀態就形成人的偏見（prejudice）、定見，爲判斷是非之標準。依莊子，這些皆來自成心。莊子〈齊物論〉有云：「夫隨其成心而師之，誰獨且無師乎？奚必知代而心自取者有之，愚者與有焉。未成乎心而有是非，是今日適越而昔至也！」故有成心就有是非。識知、科學知識就是要講是非，但道家就是要超脫這種是非，要超是非而對是非無正視，沒有展示出來，故正面的說明也一樣不夠，即對之意識得不夠，但倒很清楚地意識到其毛病，所以也

是消極的。負面意識得很清楚，但正面沒有意識到，這樣仍然是消極的，究竟對知識還是消極的。故有成心就有標準，標準，以莊子看，都是主觀的，為了現實生活的方便上才一定要有標準，這個標準就是座標，視你如何定而定，並非絕對的。如東西南北的方向，也依你座標如何而定。但必須有東西南北，否則現實生活就無法運行。故程明道說得好：「俗人只知東是東，西是西。智者知東不必為東，西不必為西。」這就表示東、西的方向不是一定不能變的，這境界就高一層了，但「聖人明於定分，須以東為東，以西為西」。儘管東不必東，西不必西，但必須有一個分際，否則現實生活無法過，會混亂。故聖人明於定分，是以「定分」的智慧來維持東之為東，西之為西。若沒有定分，隨便亂轉，不是天下人亂嗎？聖人也懂莊子所說的東不一定是東，但我不在這裏耍花樣出噱頭，不在這裡出精彩，這是難得糊塗，聖人就是難得糊塗而化民成俗。此不是境界更高嗎？此才是聖人。儒家對於知識就是這種態度。道家知道由成心就有是非，有是非就為此瞎爭吵。依莊子看，這些都要打掉的，要化掉的，因為這些都是主觀的標準。由此可知道家對知識的態度。道家既要超脫這個是非，故最後必須超脫成心，成心一超脫就是道心。成心與道心相反；道心是玄覽、觀照、坐忘，這都是莊子的詞語。

老子在《道德經》就把工夫分為兩種：「為學日益，為道日損。」為學就是經驗知識，「為學日益」，若採取為學的態度，就是天天增加知識，即日益。為學，經驗知識就是如此。為道正相反，為道日損，將你所知道的雜博知識、觀念系統，每天減少一點，最後把它統統化掉，為道日損，損之又損以至於無為，無為而

無不爲。由此可見這是兩個極端相反的方向。「爲學日益」，因其屬於見聞之知，要出門多看多聽，增廣見聞。「爲道日損」，則「其出彌遠，其知彌少」，要想爲道，最好關起門來。往外走得越遠，知道得越少，走遍名山大川、世界五大洲，也是一無所知。道家對這方面也意識得很清楚，其重點一樣落在 noumena 方面，對此方面的態度也是積極的，但對經驗知識方面也一樣是消極的。

佛教在說明經驗知識方面，唯識宗的前五識以及第六識，儘管爲的是講煩惱，但均有知識機能的函義。故佛家與西方的知識論相合的材料（data）獨多，道家給我們的不多，儒家也不多，雖有羲和之官的傳統，有醫卜星相、天文、律、曆、數的傳統，但在成功知識的理論上，知識論的材料並不多。這方面佛教較多，而且非常有啓發性。這方面首先有前五識的耳、目、鼻、舌、身，就是五官感覺。五官感覺康德總稱之爲感性（sensibility），經驗知識就是由 sensation, perception 開始的，而這就是屬於前五識的。佛教言前五識，前是當前義，往後就是意識即第六識，這相當於康德的知性。再往後第七末那識、第八阿賴耶識，就不屬知識機能的範圍。第六識以及前五識都可視作知識機能，但只是這些還不夠、還太籠統。佛教與知識論最有關係的是「不相應行法」，在唯識論中有廿餘個，但這是隨便舉的，可以不只這些。這些不相應行法其中就有一些等於康德的時間、空間與十二範疇，也即康德所說的感性的形式條件以及知性的純粹概念、十二範疇。在康德是分開的，時間、空間是屬於感性的形式條件；範疇是純粹概念，屬於知性。佛教就沒有這樣分開，講得籠統而混亂，不似西方講那樣精確而有條理。混而爲一都稱爲不相應行法，包括了時間、空間、因果、數目等

等，這些相當於康德的時間、空間與十二範疇。康德視這些是成功知識的形式條件，離開這些形式條件，經驗知識不可能，那就是經驗不可能，現象也不可能。現象之所以為現象，就是因為要在時間、空間裡，而以這些範疇來決定，若不經過這些範疇的決定，也不成為客觀的現象。我們的知識就是知現象，知識就是經驗（experience），經驗就等於經驗知識（empirical knowledge）。完成經驗要這些條件，這是很重要的。

　　什麼是「不相應行法」？行就是「諸行無常，諸法無我」的那個行，行就是變動相、展布相。現象在時間、空間中變化展布名曰行，going on, going on，不斷繼續下去就是行。諸法無常即變化無常。此行非實踐意義的行為，而是變化。「不相應行法」詞語淵源很深，說起來很難了解。依傳統的講法，「行」是以思來說明，思就是現實的思維活動，此思維活動是屬於無明的五蘊：色、受、想、行、識中之行蘊。色是物質現象（material phenomena）；受就是感受，有樂受與苦受；想就是想像作用（imagination）；行是思，有苦迫義，迫促推動使身不由己；識是心覺了別義。此後四蘊都是屬於心理現象。五蘊總起來就是色心諸法。把一切現象分為五蘊，行蘊專屬於思，即以思說行蘊。思就是現實的思考活動。思考活動催促，促使一個人不由己、不由自主。思就是想出一個理由，迫使生命不由自主地拖下去，故思是心理學的思，而不是邏輯意義的思。既然一切都是諸行無常，都是行，而又把行分成五類：色類、受類、想類、識類，剩下的就用當初籠統的諸行無常的行說之。這樣也就是把籠統而廣義的行去掉四類後所剩下的，還用原來的行名之，於是合起來成為五蘊，把其餘的四蘊排除後，剩下的還

用舊名而名之曰行,而剩下的就是思,思就是屬於行。思中有許多法,就是思行,而這個思行的許多法,分成二類,一類為相應的,一類為不相應的。

什麼是相應的?相應者,原初只說「心所」,相應者心所與心和合為一。「心所」是為心所有,與心和合為一。心所並不是心的對象,乃心所有的。心為總說,為心所有的那些心象（mental states）就是心所。總說就是心王,心王在時間裡所有的那些心象如喜、怒、哀、樂、想、受、思、識等都是心所,都是為心所有,與心和合為一,這些就是相應的心所,稱相應的行法。

還有不相應的,什麼是不相應的?是由思行所發的虛概念。思本身是心所,但這些虛概念不是心,因此,不稱之為心所,因為與心不相應故。這些虛概念雖為思行所發,但很難與心建立同或異的關係。說它是同,也不是同;說它是異,也不一定是異。心所與心王可以建立其同的關係。但有這麼一種法,由思行而發,發出後就有它獨立的特性,依此特性很難以說它是心,又很難以說它不是心,即與心建立不起同或異的關係。此即不相應,不能與心和合而為一。如時間、空間、數目、因果等十二範疇那些形式條件、純粹概念等。時間、空間依康德講乃是心之主觀建構,既然是心的主觀建構也可以說為心所發,但是時間、空間總不能說是心,也不能說是心所（mental states）。時間、空間是形式、是虛的,而心所是實的。時間、空間是由思、想像而發,思與想像都是心所,但由其所發出的時間與空間與心建立不起同或異的關係,此稱為不相應行法。不相應者乃兩者不能和合而為一,如粉打在牆上,與牆是不相應的,到時候破裂就脫落下來,不能和合而為一,而皮色是相應

的。故不相應的行法不能說爲心所，此法乃發於思行，但又不相應於思。相應於思的就是心所。因思考是我們心的活動。佛敎只說不相應行法與心建立不起同或異的關係，其實我們可以擴大而言，與心與物兩者均建立不起同或異的關係。那些時、空等不只與心建立不起同或異的關係，而且與物也建立不起同或異的關係。在心是「心所」，在物則爲「物所」。佛敎無此名詞，但也一樣可以說。爲物所有就是物所，爲物所有與物和合而爲一，與物相應，即與物可以建立同或異之關係。如心所，思考是心所，喜、怒、哀、樂也是心所，這些 mental states 總起來說是一心，就是心王，分化地說就是心所，也即是心理現象。物籠統地說是 matter，body 或 physical body。physical body 也有其特性，如形狀、量度、廣延等，此等特性與物和合而爲一，即是「物所」。

時間、空間可以表象心物現象，但時間、空間旣不是心，也不是物，可是它又是主觀的。範疇是應用於現象上而決定之，沒有範疇之決定，現象也不能成爲客觀的對象。它可向對象應用而決定之，但其本身不是物、不是 matter，故也不是物所，但它卻由思行而發，故與物建立不起同或異的關係。與心也一樣建立不起同或異的關係。物所如物之基本特性，就是物所。但時間、空間不是物之特性，乃是外加的，非物之所以爲物之本質。物之所以爲物之本質是物所，心之所以爲心之本質爲心所，具體的心理現象爲心所。依洛克，物性可分爲第一性（primary qualities）與第二性（secondary qualities），第一性爲形狀、量、體積、廣延等，第二性爲顏色、臭味等都是我們主觀的感覺。量是具體的量，而不是康德量範疇的量；範疇之量爲不相應行法，而此量則爲物所。

不相應行法與心建立不起同或異之關係，與物也建立不起同或異之關係。此在西方就是範疇，爲形成知識的形式概念。佛教知道有不相應行法，但沒有把它在知識上的用處如康德說範疇那樣說得很透澈，但兩者的基本用處是一致的。如佛教視時間、空間爲主觀的，這也與康德相同。因果、本體、質、量乃由我們的思所發出的執著，而爲不相應行法。我們執著這些範疇，才有生滅相、因果相等。如無這些執著，這便成緣起法之「不生亦不滅，不常亦不斷，不一亦不異，不來亦不去。」這些生、滅、常、斷、一、異、來、去的定相都沒有了，這些不相應行法也沒有了，那些範疇也沒有了。

故《中觀論》言緣起法，不一、不異、不來、不去、不生、不滅、不常、不斷，那是在般若智照之下，化掉了一切執著，化除那一切不相應行法，見實相後而說的。見了實相，那就是不來、不去、不生、不滅的緣起，不常、不斷、不一、不異的緣起。若有這些執著，有這些不相應行法，就成現象（ phenomena ），作爲現象的緣起法就有生、滅、常、斷、一、異、來、去。若無生、滅、常、斷、一、異、來、去，則無現象，無現象那有科學知識呢？這精神又與康德相合，只是康德不說這些爲執著，說是 form，category、知性的先驗概念，說得那麼莊嚴，其實那一大套都是執著，執著就是主觀的，這不是與康德相合嗎？由此可以講知識，故佛教在這方面材料很夠，由不相應行法可把佛教之知識論說出來，以康德所做到的來補充它、充實它，使原來是消極的轉成積極的。

第八講

只康德的經驗的實在論與超越的觀念論所開的兩界可以與中國哲學會通：進一步講經驗的實在論如何使主觀的表象涉及對象而可以客觀化

西方哲學由希臘發展至康德，我們可以說柏拉圖的傳統以及英、美的經驗主義與大陸的理性主義都可被收攝消化於康德而成為「經驗的實在論」與「超越的觀念論」，以此為中心點就函著 phenomena 與 noumena 之分別，而有此分別就可以與東方的思想相接頭。因依中國的哲學傳統，儒、釋、道三家也都有 phenomena 與 noumena 之分別，這一分別可藉《大乘起信論》一心開二門來表示，一個是生滅門，此相當於 phenomena，一個是真如門，此相當於 noumena。

為什麼只有由康德的經驗實在論與超越的觀念論所開出的 phenomena 與 noumena 之分別，才可以與中國的哲學相接頭、相會通？這個地方要仔細地想一想。因為英、美的經驗主義以及其一般的實在論的態度都不一定能函 phenomena 與 noumena 之分別，因而也不一定能一心開二門，而柏拉圖傳統雖有二門，然而因為主體不立，故亦不能與中國哲學相接頭。是故只有康德的經驗的實在論與超越的觀念論所開出的二門始能與中國哲學相接頭。

為什麼康德的思想必然地函有二門之分別呢？此就要進一步說

明康德的經驗的實在論與超越的觀念論。康德是由時間、空間與現象三端開始說的。

依康德，時間、空間是主觀的形式（subjective form），爲感性直覺之形式條件，故此形式不是客觀地擺在外界或附著於對象本身，其根源在我們的主體，故爲感性之主觀的形式（subjective form of sensibility）。但此主觀的形式只當它應用到現象（感性所給我們的現象）時，它才有實在性，離開了感性的現象，它就無實在性，此名曰時間、空間之經驗的實在性（empirical reality）。假如脫離感性的現象，只從純粹知性或理性來了解時間、空間，那時間、空間只是個空觀念，也即無實在性，因其離開感性，故曰超越的觀念性（transcendental ideality）。「超越的」，在此應是transcendent，是超絕或超離義，超離是超乎感性之上而離開感性，絕是隔絕，與感性隔絕。超越是雖然超乎感性，但不一定隔絕感性，可以返回來駕馭感性。如是，超越的（超絕的）觀念性意即時間、空間若超離感性，而純由理性上空想其如何如何，則時間、空間無實在性只是空觀念，此是就時間、空間而言。

還有一端是現象，康德意謂的現象不是一般所言的自然界或天造地設的現象。康德一說現象是指著感性所呈現的，也即外物與感性主體發生關係，由我們感性所挑起來的。康德的說法是：現象是某種東西現於我們的眼前（appears to us），現到我這裡來，它就是現象（appearance）；而我則喜歡如此說，即：現象是爲感性所挑起所縐起的，此可以「吹縐一池春水」來比喻。這樣一來，現象就不是天造地設的，沒有現成的現象擺在外面而可以離開感性主體而獨在；只有當一物與感性主體發生關係而爲感性所縐起而在時

間、空間之條件下它才是現象,因而它才有實在性。若思想現象而此現象是離開我們的感性主體,純從知性或理性來了解現象,則現象就無實在性,現象就成一無所有(nothing),什麼也不是。在感性中現象才具有實在性,此就是現象之經驗實在性;而離開其與感性之關係而純由理性上來想現象,則現象就是空觀念,此為現象之超越的觀念性。

　　康德就由時間、空間與現象三者講經驗的實在性與超越的觀念性,由經驗的實在性言經驗的實在論,由超越的觀念性言超越的觀念論。故超越的觀念論不是好的意思,意指空觀念而無實在性,故此非康德之正面主張,經驗的實在論才是他的正面而積極的主張。故時間、空間與現象三者離開感性就成空觀念而無實在性,所以是消極的意義,不是好的意義,這是知識上的意思。在這樣意義的經驗實在論與超越的觀念論中,感性上的現象是實在而不是主觀的觀念,不是幻象(illusion),這樣我們的知識才可能。現象是實在的,而現象是知識的對象,故在經驗知識範圍內,所謂的真理就是知識,知識代表真理,而決定一個概念或命題之真假,就是視它們是否有對象與之相應,故康德的經驗實在論,也與一般的實在論一樣,真理就是我們主觀方面的命題或概念有對象與之相應。否則一切陳說都無實在性。我們所知道的是實在的現象,而不是夢幻、幻象、假象,故一般實在論的真理(truth),都是相應說。但這是經驗實在論中的相應,而非一般實在論中的相應,在這個地方就有很深刻的問題包含在這裡而且很特別。

　　經驗實在論為什麼與一般的實在論不一樣?一般的實在論為什麼無 phenomena 與 noumena 之分別,而康德的經驗實在論為什麼

一定含有 phenomena 與 noumena 之分別？這是第一點。第二點是現象不是天造地設的，是在感性主體中的存在；而由感性呈現給我的現象，開始一定是主觀的，這是大家所共同承認而沒人能反對的。在此就有問題了。開始是主觀的，而又能成爲客觀的實在，而爲與知識相應的對象，這如何可能？

開始是主觀的，這一點英、美的實在論也都是承認的，羅素就說：「一切的哲學是帽子底下者的哲學」，意即一切都不能離開我的腦神經中心，故一切哲學的起點都是自我中心中的特體（egocentric particulars），特體就是特殊的東西。如果一切知識的起點皆是自我中心中的特體，則一切皆是主觀的，如聲、色、臭、味等都是自我中心中的特殊現象。柏克來也表示這個意思，他就認爲洛克所分的第一物性與第二物性，一樣都是自我中心中的特體。而此自我（ego）是那一層次的自我呢？是什麼意義的自我呢？自我（ego, self）有好幾層的意義，帽子底下腦神經的自我是什麼性質的自我？此自我中心的自我是生理機體的自我，王陽明所謂之「軀殼起念」的形軀的我。佛教的前五識也是這個意義的我，此是最基層的。再上一層是心理學意義的我（psychological ego），此即佛教所要破除的我，爲一切執著、煩惱之源，是虛構之我。再進一層是笛卡兒的：「我思故我在」（I think therefore I am.）的我，這個我相當於康德的超越的統覺（transcendental apperception）的我，此爲邏輯的我（logical ego）。再進一步到最高層的我，這最高層次之我，在佛教就是《涅槃經》中常、樂、我、淨的涅槃眞我。我們現實的我都是無常、痛苦、汙染的虛僞我，經過修行而翻過來的是常、樂、我、淨的涅盤眞我，這是 real self。這個層次的我，不是生理機體的我，也不是心理意義的我，也不是邏輯意義的我，而依康德此是屬於 noumena，若依儒家孟子所講便是「萬物皆備於我，反身而誠，樂莫大焉。」之我。這樣的我是什麼意義的我？王陽明由良知說的我是什麼意義的我？這也是真我。但依儒家，這種真我是道德的真我（moral self），此真我是要由道德上才能顯出來，依康德是由實踐理性講才能顯出來。

　　生理機體自我中心的特殊現象，都是主觀的。即我看的顏色不一定與你所看的一樣，其他一切感覺現象莫不如此。故柏克來就說不只洛克的第二性是主觀的，第一性也是一樣是主觀的，故取消了洛克第一性、第二性之分別。依康德，開始在我們感性主體中的一切表象都是主觀的，儘管是主觀的，但在感性中呈現就有實在性，主觀的並不是完全主觀的虛幻，所以現象不是幻象。而問題是現象首先開始都是主觀性的，而主觀性的不能成為客觀的知識，在此若永遠不能成為客觀的，則經驗實在論就不能成立。永遠是主觀的實在，對我是實在，對你不一定就是實在，這樣那有客觀的知識呢？儘管不是假象，但開始的一切表象都是主觀的，在這種情形下如何能總結起來向經驗實在論這個方向發展？此即「主觀的表象如何能涉及一個對象，如何能關涉到一個對象而客觀化」的問題。

　　這是講知識論中的共同問題，「客觀性如何成立？」只是解答的方式不一樣。客觀性知識不能成立，這就成為懷疑論。西方哲學發展到十八、十九世紀都是談這個問題，但在廿世紀就不談了，為什麼不談，其背景不大清楚。是否這些問題都已解決不需再談了，或認為這些問題無意義？其實這些問題是必要接觸到的。目前廿世紀的當代哲學如語言分析、邏輯實證論，胡塞爾的現象學以及海德

格的存在哲學等，雖都別開生面，但卻沒有承接他們西方傳統的眞正哲學問題。

實用主義如詹姆士（W．James）、杜威等，是以有效、無效來決定觀念之實在性。依杜威，我們一開始主觀方面有許多想法，這些想法都是主觀的觀念，我們如何證明這些觀念的那一個是眞的呢？相合說主張眞的觀念是有對象與之相合，但實用主義認爲那裡有此對象呢？找不出來的。故實用主義就反對此相合說。依實用主義認爲對一件事情有很多想法，而那個想法有工作性就是眞的，就是依工作性來決定觀念之眞假。因爲眞理之標準在實用，所以實用主義的問題也在解答觀念的客觀性、眞理性。

羅素是實在論者，他是依邏輯分析的立場來說此問題。知識的起點既然是自我中心中的特體，這開始是主觀的。然則這如何能成爲客觀的知識呢？依羅素，一個命題或一個概念，要能代表一個客觀的知識，就必須服從兩個原則。一個原則是外延性原則（principle of extensionality）。外延是對內容（intension）而講的，而內容是主觀的。由主觀的內容轉成外延命題（extensional proposition），這才能代表一個客觀的知識。內容一經外延化就不爲其主觀的主體所拘束所牽制。內容使一個概念有意義。外延使其成爲客觀的概念。此後者在邏輯裡稱「類」，也即外延決定出一個類。內容若不能外延化，就沒有客觀的意義。但如何才能外延化呢？關此，羅素就無交代。

第二個原則是原子性原則（principle of atomicity）。這個原則表示科學知識是可以分解的方式來表達的，可以清清楚楚地分析出來的。就知識之可以分析地講，羅素就提出原子性原則。這表示部

分可以獨立地被了解，不一定要通過全體才能被了解。若部分必須通過全體來了解，則部分無獨立的意義，這樣科學知識就不可能，此在第一講已經舉例說明。

重視原子性原則也就是重視個體性，這是英、美思想中最獨特的一點。雖然在哲學方面談原子論或多元論似乎不十分究竟，但其在社會、政治方面的作用不可輕視。就是比較重視全體的也不能抹殺這個原子性、個體性。

中國人喜歡講全體，常喜言天地萬物為一體、天地與我並生、萬物與我為一。但要知道這些話的真正意義，這些思想其實是徹底的個體主義，徹底地尊重個體。並不像我們所了解的一講全體就把個體抹殺，這都不是儒、釋、道三家的思想，這是一般人的誤解。所以英、美的哲學家無論講哲學、講社會，抑或講政治，都很自覺地重視這個原則，故不要輕看英、美的思想。在哲學方面雖不十分過癮，也不能隨便抹殺的，康德雖然不是講多元論的，但他也一樣重視個體，只是詞語不一樣而已。

由原子性原則，知識可以分析；由外延性原則，知識可以客觀化。故客觀知識的成立，必須根據此兩個原則，這是羅素的講法，這也是針對上面的知識開始於主觀而如何能客觀化的問題。但此解答是根據邏輯分析的態度說的，而此兩個原則被說成假定，意即此兩個原則是邏輯上的需要，以一般話來說，此是理之當然。這樣只指出理之當然，而沒有說明出所以然，常常變成沒有解答。邏輯分析就常常犯這樣的毛病，講分析的大都是這樣。為說明知識要客觀化，所以才提出這兩個原則。而真正的問題是如何能做到這一步？即如何能證成這兩個原則？如果不能證成，這不是等於沒有解答

嗎？這是知識論的問題，一般都沒有真正地透徹地來解答如何能達
到這一步這個問題。

康德的哲學很難以了解的原因就在此。在解答「如何」這一個
問題，康德認爲一切表現都是在感性主體中存在，所以都是主觀
的，而如何能客觀化呢？康德的解答大體是這樣的：感性主體中的
material phenomena，也即 representations，都是實在的，都是由
外面給我的，matter 不能由我們的腦子裡玩弄魔術變出來的，那
樣就不能涉及對象了。儘管在感性中是主觀的，但是由外面給我們
的，而給我們的方式必須通過我們的機體構造，如顏色就必須通過
我們的五官眼睛來看才能給我們，否則就沒有顏色，但通過機體感
官而給我們的是主觀的，如何客觀化呢？客觀化是靠什麼呢？依康
德說明，解答「如何」這個問題，要客觀化須依靠主體發出的一些
形式條件，也即靠主觀的形式（subjective form）。

客觀化首先由感性處講，是要靠感性的形式條件時間、空間
的。時間、空間是主觀的形式，但 matter 這個現象擺在時間、空
間內就有初步的、基本的客觀性或實在性。若一感性對象不在時
間、空間裡，那就是假象，沒有實在性。時間、空間這些主觀的形
式決定這些主觀性的材料表象（representations）使其有客觀性，
這是第一步。形式是由主體而發，而 matter 則不是由主體而來，
否則就是要魔術。柏克來也是這樣主張，但中國人不了解柏克來的
subjective idealism，認爲這是主觀的耍魔術妖怪。形式（時間、空
間）是主觀的，可是這些主觀的形式能使感性的表象涉及對象而客
觀化而有實在性，這是很怪的。此中的道理有點弔詭
（paradox），很古怪，其難於了解就在這個地方。一個東西要成

爲客觀的,是靠主觀的東西而成爲客觀的,這不是很古怪嗎?但要知道使其成爲客觀的那些主觀的東西是什麼東西。時間、空間這些形式並不是由外面給與我們的,它們與感覺現象是截然不同的,我們平常不大注意這個思想。在感性中呈現的主觀的物質現象,擺在時間、空間這些形式內就是客觀的,若不能套在時間、空間之內就是假象。我們進一步想,爲何說時間、空間是主觀的,因爲外在世界並沒有時間、空間這個東西擺著,這個道理就好似邏輯中的 all,some,and,or,is,is not 等,我們是不是能在外在自然界中找到一個叫做 all,some,or 等?外在世界有的是各個不同的對象,但沒有 all,some,or 等,所以 all,some,or 等這些辭語(terms),與粉筆或杯子這些字顯然不是同類的,故 all,some,or,and,is,is not,這些字羅素就稱之爲邏輯字(logic words),而粉筆是對象字(object words)。外在世界並沒有一個東西叫做 all,some,也就是說 all,some 不是由外面給我的,那麼 all,some 怎麼發出來的呢?all,some 這些稱爲邏輯字,而表現邏輯句法的,是發於思想之運用,所以 all,some 是思想運用中的概念。同樣,外在世界也沒有東西稱爲 is,is not,這是表示肯定否定的態度,是我們下判斷時邏輯思考的一種運用(operation)。此等思想之運用康德稱之爲邏輯的功能(logical function),代表邏輯功能的就是這些邏輯字,而康德就以這些邏輯字爲線索(clue)來發現範疇。康德就認爲範疇是由知性所發的,而知性的作用是思想,吾人的思想就能發出這些概念,這些概念不是對象而是決定對象的形式概念,康德就循亞里士多德稱這些爲範疇(category)。

　　一個現象擺在時間、空間內就有客觀性、實在性。時間、空間

是主觀的形式,它們使主觀的表象初步的客觀化。第二步要靠範疇
來決定,這就是第二步的客觀化,到此就完成充分的客觀化,康德
的思路大體如此。

由外在世界通過感性而給我的那些物質現象是主觀的,而要靠
主觀的形式把它們客觀化。有這麼一個轉折,所以才說康德是主觀
主義。康德的思想最難了解的就是這部分,而似乎沒人真正了解,
好像他只服人之口不能服人之心。人不一定能信服,不信服的緣故
就是以為這是主觀主義,尤其是英、美人不能了解,在此就必須仔
細思考。一個東西能客觀化是靠形式、靠法則性的概念,這是很合
理的。客觀的東西不是完全都由外部來。「通過感性主體而給予的
主觀表象,如何能涉及對象而客觀化?」客觀化是要靠主體發的形
式條件,即時間、空間與範疇等。範疇這些法則性的概念是由 all,
some, or, is, is not,等這些邏輯字所引出的。範疇不是指表一對
象的概念,而是表示法則性的概念,所以也是形式的概念。這種思
路是合理的。平常一言客觀就代表外在,凡是外在的才是客觀的。
這種想法並不能適用於一切。

如儒家言「立於禮」,禮是一些形式(form),也就是相當於
法則性的概念。依儒家的想法,一個人要能站起來,是要在禮中才
能站起來。如不在禮中,也就是一個人不在方性的規制中,則一個
個體就東倒西歪、搖搖擺擺,沒有一定的地位。故《論語》有云:
「興於詩,立於禮,成於樂。」只是興於詩是主觀的,興發是主觀
的,但只是興發起來到處橫衝亂撞、東倒西歪也不行,故要立於
禮,在禮中才能站得住,故禮是法則性的概念,就是形式
(form),而禮是由內出。依荀子,禮是由聖王所制成,而聖王為

什麼能制成？也是由於其心。禮依孟子就是出乎「本心」。惻隱、是非、禮讓、羞恥四端皆是發自本心，故立於禮這種思想不是不合理的，這是由道德的立場而言的。

知識上也是如此。形式出乎主體，說這是主觀主義，此主觀主義並非不對。由主觀的形式這個層次說主觀，而此主觀的形式能使主觀的表象客觀化，這樣能算是主觀主義嗎？如要說主觀主義，若只是就感性給我的物質現象而言，這些就永遠是主觀的，就此而言才是真正的主觀主義、徹底的主觀主義，這樣不能成立客觀的知識。知識開始於主觀，這一點即使羅素那樣實在論而又最崇拜科學的人也承認，故只停於此，就永遠不能客觀化，這才是真正的主觀主義。

故康德的經驗實在論仕解答：「主觀的表象如何能涉及對象而客觀化」的問題，這個解答是解答「如何？」，而羅素的解答不是真正的解答。外延性原則如何出現？原子性原則如何出現？康德的十二範疇就是為了解答這個問題。羅素的思想就是由康德的思想換換詞語而轉變出的，其實羅素的好多思想都是來自康德。康德的經驗實在論與超越觀念論就函著 phenomena 與 noumena 的分別，進而且說明了主觀的表象如何能涉及對象而客觀化的問題。而這些說明被人認為是主觀主義。其實主觀主義在此是否可以說，是否通？這是很值得思考的問題。

由此問題而引出來的結論是：我們的知性為自然立法，這句話也很難了解，使人覺得更是主觀主義。

康德的思想有兩層立法，知識層由知性講，即知性為自然立法；另在行為方面，自由意志為道德立法。由自由意志為道德立法

這一層很易了解，無人指為主觀主義。但是在知識層上說知性為自然立法，則令人驚奇，以為是主觀主義。因為自然法則是經由自然界發現出來的，怎麼說為自然立法呢？這不是主觀主義嗎？康德為自然立法是根據什麼？是根據使表象能客觀化的那些形式條件（formal conditions）講的，感性的形式為時間、空間，知性的為那些範疇，為法則性的概念。他是由範疇這層次講為自然立法。在此層次上講為自然立法是不是站得住？康德所謂為自然界立法是就量、質、關係、程態等十二範疇的法則性概念而言的，而一般人心目中的為自然立法是就具體的自然法則（natural law）而言的，這些自然法則是由自然界現象界發現的，如物理法則（physical law）、化學法則（chemical law）等等的法則。

這種法則與康德所意謂的由範疇等所言的法則性的概念是否同一層次，是否一樣？而康德這樣的立法是不是主觀主義？這兩個問題都要仔細考慮。如果知道康德的經驗實在論所言的為自然立法的法與一般心目中的自然法則是不同的層次，則認為康德的知性為自然立法是主觀主義是否正確？由此而再牽涉到現象與物自身的分別，而這個分別與洛克、來布尼茲的分別有何不同？這是大體的開端，以後再逐步詳細說明。

第九講

使主觀表象客觀化的是發自知性主體之形式，猶若「立於禮」

　　自我中心中的特體如何能關涉到一個對象？因爲自我中心中的特體都是感性的主觀表象，也即一切經驗知識都開始於感性的主觀表象，而這些主觀表象如何能客觀化？如何能關涉到一個對象？換言之，如何由感性的主觀表象而達成客觀的經驗知識？

　　如前所述，依羅素，知識要能客觀化須依兩個原則，一個是外延性原則，另一個是原子性原則，這種解答是理之當然，理上當該如此的，意思是要達成客觀的經驗知識，就當然須要此兩個原則，否則就不能達成。但究竟沒有進一步說明「如何能如此」？邏輯分析家的態度大體都是如此。康德就是要答覆「如何」這個問題，就要進一步追問這兩個原則如何可能。只說當然而不說出其所以然，還是沒有眞正解答問題。康德就是要說明主觀的表象如何能客觀化，換言之，即如何能達成外延性原則與原子性原則。達成外延性原則，知識才能客觀化；達成原子性原則，經驗、科學知識才能分解地被表示。原子性原則是說部分可以離開全體而獨立地被了解，假如部分無獨立的意義，則它們永遠不能離開全體而被了解，因而無知識可言。因爲要知道這個部分就要了解全體，而這個全體又是

另一個全體的部分，這樣一層一層地擴大其牽連，就永遠不能有知識，故為說明科學知識，外延性原則固然重要，原子性原則同樣重要。外延性原則能使知識外延化，能外延化就能客觀化，因類概念可因此原則客觀地被決定故。原子性原則是對分析講，因科學方面的知識不能離開分析，即分解的表示；假如為了了解一個杯子而牽連到需要了解太陽系乃至全宇宙，則此杯子就永遠不能被了解，這不是在科學知識範圍內所能應用的。

康德要說明主觀表象如何客觀化，如是，羅素的這兩個原則自然就包含在內。他的論點是範疇，若無範疇知識不能客觀化，無客觀的對象，也不能關涉到對象；因為無客觀的意義，故亦不能有分解的表示。故可知羅素的兩個原則是藏在康德的範疇中。

康德的解答就是在說明如何達成羅素這兩個原則。羅素只說當然之理，而康德要說明「如何」與「所以然」。康德的解答是以主觀的形式條件來答覆客觀化這一個問題，這個論辯很微妙而難以了解。凡感性所呈現的表象是主觀的，而表象是材料，如看一個顏色，顏色是通過眼睛來看見的，是主觀的表象，因視覺各人不同故，其他的表象都是如此，故發自於感性的表象都是主觀的，都是自我中心的，無共同性、客觀性。要想使其能關涉到對象而客觀化，這就要靠形式（form），形式是由我們主體發出的，由主體發的形式使主觀的表象關涉到對象而客觀化；換言之，主觀的形式能使主觀性的表象客觀化，這不是很古怪嗎？

這個道理可換一個方面的例子來說明就較易了解。孔子言：「立於禮」，因為個人的生命是可以東倒西歪、搖擺不定的。生物性的個體要搖擺到那裡去是不能決定的。如把它歸到生物學的立場

來規定它,則它可成為生物學中的個體,但不能使他成為一個「人」(human being)。人可以不只是一個生物性的個體,也不只是一大堆細胞。但人也可不當人來看,只是以生物體的一大堆細胞來看。但若真的要以人來看,這個個體一定要套在人倫的關係中,「禮」的起點就在此人倫關係,故人要當一個人來看,能站得起來貞定住自己,不要東倒西歪、搖搖擺擺,就要立於禮,要在禮中立,在禮中才能站得住、才能定得住。這能站得住、定得住就是客觀化。此客觀化當然不是由知識言,而是講人的問題,也不是講生物學的生命(biological life)。生物學的生命中找不出人倫關係,找不出禮來;不要說生物學,就是心理學、人類學也找不出來。由這些知識只能由各方面解釋人的不同現象,但根本不能了解人。

　　一個人要當一個人看,是要他能站起來才有客觀性,要能站起來是要靠「禮」。此「禮」由何出?禮由心出。「禮」是形式(form),而人能客觀化是靠由心所發出的形式──「禮」。當然歷史上說禮是由周公制禮作樂而來,荀子就認為禮是聖人所訂制,但追問聖人為什麼能制禮,根據什麼來制禮呢?此乃由於聖人能澄明他的心,虛一而靜,故聖人能經由修道才能使他的心虛一而靜,達到這樣的境界他才能制禮作樂。依孟子就直言禮是出於人的本心,此本心就是是非、惻隱、辭讓、羞惡等四端之本心,故禮乃由本心而發,故為由主體而發的主觀的形式(sudjective form),而一旦成為形式就有客觀的意義,有共同性、客觀性。而康德的知性能客觀化主觀的表象也是同樣的道理。故有客觀性、普遍性是通過「禮」而然的,「禮」才是客觀性、普遍性的所在,平常一言客觀

就是外在的（external），這種外在意義的客觀是很膚淺的。

如全部的數學、數目都是普遍性與必然性的，但外在自然界沒有數目這個東西。所以來布尼茲以數目為半心理的東西（semi-mental）。但為什麼稱其為半心理的？它不是心理學的東西，它不是心態、心象，但它又由邏輯思考、形式直覺而成，一旦形成後就不是心，故曰半心理的。羅素隨佛列格（Frege）說它既不屬於物理域，也不屬於心理域，而是屬於中立的邏輯域。故它很明顯地是一些形式的東西。

佛教就稱數目、時間、空間等為分位假法或不相應行法。「分位假法」是說時間、空間等是就變化過程中之某分際而假立的，顯然是些主觀性的東西，康德就說它們是「心之主觀構造」。「不相應行法」這個詞語更有意義。不相應者是說這些「法」與色心諸法建立不起同或異的關係。你說它們與色心諸法一定是同固不行，你說一定不同也不行。例如數目，你說它一定是心，當然不對，因為數目不會是心態；你說它一定不是心，也不對，因為它畢竟是由心之思行而發，由心思之邏輯構造而成，由心之形式的直覺而成，故來布尼茲名之曰半心理的。同樣，它與色法也建立不起同異關係，因為數目不是色法（物質現象），但又可以用之來定物，好像物有數目性，其實數目實不是物之固有之性；形狀、廣延、體積等才是物之固有之性，數目不過是可以應用於這些物性上而已。佛家說「不相應」，說「與色心諸法建立不起同異關係」，這是很有思理的，很足顯出這些形式法之顯明的特性。

與心能建立起「同」的關係的名曰「心所」，心所者為心所有與心和合而為一，此如諸心態是。與心能建立起「異」的關係者就

是「物」，心與物是絕異的（經驗地說）。與物能建立起「同」的關係者名曰「物所」（即如洛克所說的第一物性是）。「物所」一詞是我依類比而立，佛家原無。與物能建立起「異」的關係者就是心（這也是經驗地說）。但這些形式法既不是心，又不是不是心；既不是物，又不是不是物。此其所以不相應也。

依佛家詞語，心有心王、心所之分。每一個心，以心本身來看，把心看成整個，名曰「心王」，不但阿賴耶識是心王，八識每一識本身都是心王，而且都有它自己的情態，依西方詞語即心態（mental states），此則名曰「心所」。第六、七、八識每一識都有許多「心所」。前五識較簡單，但以眼識為例，視是靠眼官，而眼官的作用還是識，視覺還是心之活動，也即視覺本身是心王，視覺有種種狀態，那就是視覺心王的心所。心所是一種狀態為心所有，與心和合為一。而佛教稱不相應行法的時間、空間、數目、因果、同異、一多等這些概念，就相當於西方哲學的範疇，這些範疇由古希臘就有，為最廣泛使用的概念，而佛教就以這些為不相應行法。不相應行法是形式性的概念（formal concept），不得名曰「心所」。

依洛克分物性為第一性（primary quality）與第二性（secondary quality），依洛克第一性是客觀的，如形狀、體積、廣延、量等大體都是屬於物本身的性質，故他就以為都是客觀的，是附著於色法上的本質屬性（essential attributes）。如上所說，不相應行法既與心建立不起同異的關係，也與物建立不起同異的關係。因為它既不是心的特性也不是物的特性。

不相應行法，是屬於行，行是什麼意思？行是指「思」言。

「色、受、想、行、識」中之行蘊就是思，為什麼以思來表示行呢？如前講已明，諸行旣已分別地說為色、受、想、識，單剩下「思」無可劃歸，遂即以原說諸行之行名之，故以思解行也。思也是屬於心。但思行中有好多法，這些法分兩類，一類是相應的，一類是不相應的。換言之有相應的思行中的法，有不相應的思行中的法。思本身就是一心所。而思行中相應的法名曰心所，因為思行本身屬心，故心所單就心言，因而無「物所」之名。心所是 mental states，與心相應的才能稱 mental states，不相應的不能稱之為心所。思行中不相應的法就是不能與心法進而亦不能與色法建立同或異的關係的思中的那些形式概念。而這些形式概念起源於什麼主體呢？旣是屬於思行，故其起源是起源於思想（thought），此思想非平常所言的想像，亦非屬於心理學意義，而是邏輯思考（logical thought），是由邏輯的我（logical self）中發出，故有客觀性、必然性與普遍性的三個特性。康德也以為那些形式概念（時間、空間屬感性除外）是發自邏輯主體，邏輯主體與心理主體不一樣。羅素也以為數學不是屬於物理的（physical），也不是屬於心理的（psychological），而是屬於邏輯世界（logical world），而這個邏輯主體或邏輯思想發出的主觀形式能使感性中所呈現的主觀的東西客觀化。意即由主體發出的形式（form），能使感性的主觀表象關涉到對象而客觀化。此講法很古怪。感性的表象本來是主觀的，而主觀的形式條件能使其成為客觀的，這在一般看來以為是主觀中的主觀，豈不是成為更主觀的？故指康德的思想為主觀主義。這是一定的嗎？我看這未必然。

　　數目依來布尼茲是半心理學的，但一旦成為數目就是客觀的、

必然的、普遍的。這樣的數目論是主觀主義呢？抑或是客觀主義？沒有人因講數學不屬於物理世界、心理世界，而屬於邏輯世界就說這樣講數學是主觀主義。主觀的形式條件，即由主體而發的形式條件，能使現象客觀化，由此而說其是主觀主義是不通的。一般人並不了解主觀主義的意義。由主體發的形式條件而使主觀的表象客觀化這個思路較複雜而微妙，而且難以了解。但是由上面一步一步由來布尼茲講數目是半心理的，羅素說是屬於邏輯的，佛教說是不相應行法看來，則康德的說法是很合理而可理解的，而不是不合理的古怪，在此說是主觀主義也很有問題，這是必須仔細思考的。

佛教對那些不相應行法的說法，康德是可以接受的，但康德就不似佛教那樣籠統，而把這些形式條件分為兩層，第一層由感性講，此是基層，第二層是知性（understanding）層，此兩層就可以把佛教籠統說的廿多個不相應行法（不相干的除外）分成兩類。由感性層上說的形式是時間、空間，由知性層講的是形式性的概念即十二範疇。感性通過五官所接觸的現象都是主觀的，此是由感性的材料方面說的，色、聲、臭、味等永遠都是主觀的表象，但是這些主觀的表象一定要套在形式內，它才有客觀而且有真實（real）的意義，在此講的就是實在論。聲、色、臭、味這些表象雖是主觀的，但不是幻覺而是真實的，而真實的成其為真實，要套在形式內，才有客觀的意義，也才有真實的意義而為真實的存在。

在感性層上直接套上的形式就是時間、空間，時間、空間為感性底形式（form of sensibility）。感性底形式是由我們的心靈隨著感性而表現其作用，其作用就是湧現時間、空間，湧現出來直接地就用於安排感性的主觀現象。開始講時間、空間是感性底形式，是

主觀的，而感性之取物是直覺的。就以「看」為例子，這一
「看」，主觀方面是「看」，客觀方面是「所看」的顏色，這是直
接呈現的，而且在感性中的「看」，主客觀是不分的，在此怎麼能
說時間、空間是屬於主觀或客觀？為什麼說是屬於「看」，而不是
屬於「所看」的顏色。在此主客觀不分，渾而為一，這樣說屬於主
觀或客觀都可以。但時間、空間是屬於主觀，而顏色是屬於對象
的，在此不能以感性的主觀客觀不分來辯，不管你自覺到不自覺
到，這是由反省上來說明的。主觀的是「看」，「看」是直覺
（sensible intuition），是視覺的直覺，「看」就要在時間、空間
的形式下，才能成其為「看」。假若「看」不在具體的一個時間與
空間中，不在某個時刻、某個處所中，則這樣的「看」就是抽象的
看，那就等於沒有「看」，那只是「看」之概念。假如是真的具體
的看，而且有具體的顏色，那一定都在時間、空間中，則這個時
間、空間之形式，不但是「看」之形式，而且也是「所看」的顏色
之形式，這是同時的，不過分解一下講就說時間、空間是感性之形
式，由心立不由物給，因此說是主觀的。顏色若是具體的一定要在
時間、空間中，若顏色不在任何時間、空間中，則顏色只是抽象的
概念，不是具體的顏色。如人的概念，古今中外的人都可包括在
內。如要講一個具體的人，如孔子，就是春秋時代周遊列國的那個
聖人，一定要舉出具體的時間、空間。但不能因此就說時間、空間
是外在的。

　　主觀的形式用於感性而為感性之形式，這並不表示此形式是由
這感性主體而發。依康德，感性（sensibility）是接受性，接受外
來的東西；由外物給我一個刺激，而我接受一個刺激就有一個呈

現。假如說時間、空間就是此接受性的感性所發，這也是講不通
的。在此須再詳細予以分析。

　　若外界給我的皮膚一個痛的刺激，而我有痛的感受，而此皮膚
觸覺的痛的接受性，其實是發不出時間與空間的。感性是要在時
間、空間中成其為接受性，說「時間、空間為感性之形式，是主觀
的」，這不表示時間、空間是由感性主體而發，這只表示時間與空
間用於感性主體。心靈隨五官感性而表現作用，在佛教為前五識，
識是屬於心，五識並不是五官，乃是心靈隨著五官而表現其作用。
識是了別作用，故五識乃心靈依附在生理機體而表現。王陽明所謂
隨軀殼起念就是識，不隨軀殼起念就是良知。孟子云：「耳目之官
不思而蔽於物，物交物則引之而已矣。」凡此乃是依道德立場而
言。嚴格落實而言，前五識是心靈隨著五官之目來看成為視覺，即
是眼識；隨著五官之耳來聽為聽覺，就是耳識。其他亦如此講。光
只是看、聽，還無了別作用，官覺之識才有了別作用。而此五識本
身也不能湧發時間、空間之形式。心靈隨著五識而再凌空地表現其
某種作用以突顯形式，這個心靈就要暫時超脫一步不與感性糾結在
一起；它超脫一步而就著感性發出形式必須有其獨立性的作用，此
獨立性的作用康德並沒說出，他只說時間、空間是心靈之主觀構造
（subjective constitution of mind），而心靈是屬於那一層次意義的
心靈，康德並無交代，故在此有隱晦。

　　若直就感受性、接受性去分析，如就眼睛之「看」而言，
「看」是心靈之了別作用，是屬於前五識，此了別是了別顏色，它
也發不出時間、空間之形式，而說心靈之主觀構造，此心靈是落在
那個層次而言呢？至少不能說就前五識來說，但也不是屬於第六

識，因第六識是屬於知性。因此，當該說時間、空間是發自想像層的心。康德很看重想像之機能（faculty of imagination），他講時間、空間並沒有提到想像層，而講規模圖式（schema）時就提到。想像力就是心之主觀建構作用，其湧發時間、空間以及形構規模圖式都是先驗地發之與形構之。不管你意識到不意識到，贊成不贊成這都是不相干的，因為時間、空間為心靈（想像）之主觀建構是一定的，雖然關於時間、空間有好多不同的主張。

　　對象如山河大地是外在的對象（external object），為客觀外在的東西，但客觀外在世界有無時間、空間這種對象？我們能通過那一種認知的能力來認知它？時間、空間是虛的，山河大地是實的，我們可以通過物理、化學等等許多不同的路數（approach）來了解，了解後還是這個山河大地，即使是上帝創造的也是山河大地，因為這是實的，可是就沒有時間、空間這種對象，我們也無任何認知能力能把握到一個外物曰時間、空間，感性是不能的，通過感性只能感覺到色、聲、嗅、味、痛等，但絕不能感覺到時間、空間。儘管我的看以及所看的顏色在時間、空間中呈現，但我們沒有看到時間、空間，故依康德乃通過反省（reflection）而知道的，因其是先驗的（apriori）或先在的，故通過感性的前五識我們無法知道時間、空間。那麼我們是否可以通過知性的思考來思想時間與空間？當然可以。例如我們可以通過具體的一條線或一個圖形來把時間與空間表現出來，這是時間、空間早已有了，我們經由思考的作用而想它，藉助線或圖形等具體物來想它。但知性決不是時間、空間底湧發地，因為知性只是思，思決不能形成時間與空間。思憑藉概念去決定早已有的，並已用之於感性的時間、空間中的感性現

象,但卻不能把時間、空間當作外在的物而去決定它,就如同決定一外在的現象一樣。

故外在世界無時間、空間這種東西,但時間、空間的作用又非常大,故時間、空間是虛法,不相應行法都是虛法,這些虛法由我們主體發出的,而用來控制、安排那些外在世界的對象,使這些對象有客觀性真實性,此之謂「虛以控實」。

康德的《純粹理性批判》一書中,討論時間、空間部分的為感性論,竟只有短短四十多頁說得很簡單,而非常難以了解。康德說時間、空間是主觀的感性形式,為心之主觀建構,其實並非是不可了解的,如以佛教的不相應行法就可幫助我們了解。康德提到對時間、空間的看法有三種,除了他自己的看法以外還有兩種。一種是把時間、空間視為是客觀的絕對自存體(objective, absolute self-subsistent real being),由古希臘的原子論者至牛頓的物理學都持這種看法,一般科學家也都認為時間、空間是客觀的存有(objective being),印度之外道哲學勝論師也持這種看法。既然時間、空間是客觀的真實存有(real being),但又是「非實物」(non-entity)的形式的存有(formal being),這樣的時間、空間是通過我們思想的運用所構思出來的,把其客觀化推出去而成為外在的,故完全是虛構的時間、空間。佛教就不認為如此,佛教認為作為客觀而自存之實有的時間、空間是由虛妄執著而虛構成的,佛教認為此乃由於識之執著,但執著就不是實在的,不過雖然如此,我們還是可以使用時間、空間而不視之為一自存體,隨俗而方便使用是可以的。這明示時間、空間是方便假立。

另一種說法是來布尼茲所提倡的,他認為時間、空間非客觀自

存的實有，而是由客觀對象自身的關係中抽象出來的，不是離開對象自身而客觀獨存的實有，此稱關係說（relation-theory of space and time），牛頓的說法是絕對說（absolute theory of space and time）。此絕對的時間、空間爲牛頓物理學的基本假定，依愛因斯坦就不需這個假定，故成相對論，但相對論之時空觀也不必是來布尼茲的關係說。

康德就指出時間、空間旣不是如牛頓所說的客觀絕對的自存體，也不是如來布尼茲所想的由對象本身的關係中抽出來的。我們說對象間的時空關係，其實乃由我們主觀的時空形式之應用而決定成的，而不是時空關係由對象本身間之關係抽出來的，故關係說是顚倒過來說的。由主體而發的虛的形式來控制實，而使實的能客觀化，由這實的方面講，康德是實在論。人們謂其爲主觀主義，乃由其控制實的那形式是主觀的而言，而不由實的物質材料方面言主觀主義。物質材料這些實的都是由外面通過感性給與於我們的，但控制、安排那些實的材料乃是虛的主觀形式。這樣你說康德是主觀主義乎？是客觀主義乎？安排控制實的是形式，此形式是主觀的、虛的。若主張這些形式也是客觀而外在的，這種客觀主義是講不通的。我們只要在材料、實的這個地方說時間、空間之客觀實在性就夠了。

「主觀虛的形式能使實的主觀性的感性材料能涉及對象而使其客觀化」，是最正當而最合理的講法，其中的道理就是「虛以控實」的觀念，「虛」的主觀形式能控制安排「實」的主觀材料使其成爲具客觀性實在性的對象，虛的竟有這麼大的作用麼？曰有。茲可借通俗的事理來說明以幫助大家去了解。

　　如由香港到台北，一個多鐘頭就到，這是實的，其他要辦的些種種手續都是虛的。原子彈是實的，造原子彈的那些程序是虛的。打仗是實的，而完成打仗的那些程序是虛的。野人一槍一刀，直接搏鬥，就用不著那些虛的架勢。越是高度的事越需要虛的形式。人間就是如此。上帝不需要這些形式，動物也不需要這些形式。人若只就感性底直接攝取而言，不想進一步要說明「知識」，則連時間、空間這種形式亦不必要。感知只是冥闇，與動物無以異。時間、空間以及範疇只在為的說明知識上才出現，而人亦實有知識，因而亦實有這些先在的虛的架勢。虛的架勢只在說明人的經驗知識上才有效。說其是先在的亦只在這個契機上說。此之謂「以虛控實」。知識或對於知識的反省越落後越不知這種虛實的道理。

第十講

未決定的對象與決定了的對象

　　我們的主觀表象如何涉及對象而能客觀化呢？這須分兩層來講。從感性層所以能使主觀的表象涉及對象乃依時間、空間之形式，這時間、空間之形式依康德為主觀的形式（subjective form）。此主觀之形式由主體而發，為心靈之主觀構造。心靈乃代表主體，心靈之主觀構造是指那一層次之心靈呢？當然是想像層，感性本身並不能有此構造。想像層之心靈隨我們感性之攝取而首先發出時間、空間之形式。諸主觀的表象就是安排在這時間、空間之形式裡邊，或這樣說，即：在時間、空間這種主觀形式之下，諸主觀表象才能呈現給我，而且當作具體的東西呈現給我。故時間、空間為感性之形式是很可理解，很可說得通的。

　　感性直接把一個東西給我，感性所給的都是具體（concrete）而特殊的（particular）。具體之所以為具體，特殊之所以為特殊，從形式方面言是時間、空間，這是可以了解的。假如抽象地說一個東西，而不在時間、空間中，那麼這一個東西不是具體的。譬如人這個概念，無時間、空間性，此非具體的，非感性所呈現於眼前的人。感性所呈現於眼前的具體之個人某甲、某乙必在時間、空間

中，故時間、空間爲感性主觀表象之形式條件，而且是先在的主觀形式條件。

可是雖然把主觀表象的對象放在時間、空間之形式中，或在時間、空間形式條件下呈現給我們，此呈現的對象在感性層上，康德言其爲「未決定的對象」（undetermined object）。什麼是未決定的對象？感性是通過耳、目、鼻、舌、身而把具體的現象呈現給我，至於具體現象所具有的那些普遍性的內容並未呈現給我們，因未呈現給我們，只是具體的東西擺在我的眼前。至於此具體的東西是什麼樣的東西，有些什麼定相——有些什麼關係、什麼量、什麼質，我們都無所知，故稱之爲「未決定的對象」。

什麼是「決定了的對象」？決定之所以爲決定，靠什麼來表示呢？或者所決定成的是什麼呢？決定成的是眼前呈現的那些對象之普遍的性相。這大體從三方面來了解，即量（quantity）方面、質（quality）方面、關係（relation）方面。我們知道對象的內容，大體不出這三方面。這量、質、關係，皆帶有普遍性，並不是這個東西特有的，到處都可以具有之。

所謂決定就是決定這三方面的普遍性相，英文爲 universal characteristics，即普遍之特徵，普遍的性相、徵相。佛教《法華經》云：「唯佛與佛，乃能了知諸法實相。」每一法有如是這般的相，如是這般的性、體、力、作、因、緣、果、報等九種，即《法華經》所稱之九如。但共有十如，第十如爲「如是本末究竟等」。這是什麼意思呢？每一個法，即天地間的一切東西，皆是如是這般的從本到末究竟說起來畢竟平等平等，究竟就是畢竟。如是這般的從本至末就是從如是相，如是性、體、力、作、因、緣之爲本，到

如是果如是報之末。任何東西有如是這般的性相等，就有如是這般的結果；有如是這般的結果，就有如是這般的報應。一切自然現象皆如此，並不一定是迷信。每一法從前九如講個個不同，皆有性，相……因、緣、果、報等等不同。雖然有此九如之差別，但說到最後還是畢竟平等平等，即究竟是「如」、是「空」。不管你是什麼性相、因緣果報等等，說到最後還是空如。佛教不是講空講真如嗎？這個平等只有在空如這裡講。如從性相處，只能說差別，此即十如之前九如，即如是性、如是相……等之普遍的性相。第十如是最後的空如，這也是普遍的性相，即一切法是空、無我。此第十如之性相顯然與前九如之性相不是同一個層次。前九如之九種性相屬於康德系統之現象層，現象之這些性相是各個不同有差別的。但最後的空如這一性相則是都一樣而無差別，這個是空如，那個也是空如，並不能說粉筆的空如與石頭的空如不一樣。那麼「本末究竟等」所代表的實相與前面九如所代表的實相是不同，前九如是屬於 phenomenna，「本末究竟等」的空如之實相依康德是屬於 noumena。依佛教言此第十如「空如」的實相，乃智之所照，此智即般若智，此能照實相之般若乃是「實相般若」。此不是感性、知性，甚至理性（pure theoretical reason）所能達到。依康德，感性、知性只能把握現象，即使是理性也達不到 noumena。當然康德無空如之觀念。可是佛教之空如也就是 noumena，故《法華經》之十如的實相可分兩類來了解，一類為現象層方面之實相，一類是非現象層方面的實相。noumenna 不好譯，不能譯為本體。noumena 依康德為純粹理智的東西（純粹理性的知性所思的東西），一點經驗的根據都沒有，沒有感性的支持，故 noumena 又轉一個名詞為

intelligible entities，譯爲純智所思的那些東西。noumena 就是純智所思的東西，無經驗材料的支持，如物自身（thing-in-itself）爲純智所思。此概念不矛盾，但不能呈現給我，因非感性所能達。還有自由意志（free will），也不是由現象界所能證明的；其他還有靈魂不滅（immortality of soul）、最後上帝（God），這些都是純智所思之對象，爲 intelligible entities，不是感性之直覺所能達到。這些康德都稱爲 noumena，我們一般譯爲本體，這是不對的。如果譯爲本體，到底那一個是本體？是以自由意志爲本體乎？以靈魂不滅爲本體乎？以上帝爲本體？或物自身乎？皆非也。如文而譯當爲「智思物」，籠統略譯則爲「本體界者」。noumena 旣如此，那麼現象（phenomena）即爲感觸物（sensible entities）。依《法華經》，空如實相爲純般若智之所照，非我們之感性直覺之所能及，因此方便地以康德之 noumena 說之也可以。

感性只能把具體的東西呈現給我們，呈現的東西爲「未決定的對象」，也即其普遍性相沒有表現出來。感性不能告訴我們此普遍的性相。普遍的性相，依《法華經》的詞語，爲前九如，此前九如爲現象性的實相，科學所了解的都是現象性的實相，假如科學不能接觸到實相，誰能相信科學？可是這些實相都是科學知識中的實相，非般若智所照之實相。科學中的實相就是現象性的實相，依康德，這要靠一種認知能力來決定之。什麼是「決定了的對象」？一個對象，若決定了其量、質、關係這三方面的普遍性相，它便是決定了的對象。此三方面的普遍性相，都是屬於現象性的實相。

感性只能呈現一物，不能決定一物。什麼認知能力可以使我們決定一物而至決定出其普遍的性相呢？此即知性是。知性在康德爲

understanding。佛教方面講第十如的空如實相講得多、講得充分，全部力量都用在此，前九如雖然知道，但只是擺出來，因其不是講科學知識，故不似康德講得那麼嚴謹。由感性層、知性層詳細講，而且講得那麼有軌道、那麼有法度，此為西方人的長處，東方人在這方面很差。佛教雖然提出也無正式積極地講，就是中國儒、道兩家雖不反對知識，但也沒有把經驗知識即所謂見聞之知之根據充分地展現出來，但此並不表示其反對見聞之知。故中國無科學傳統，也無正式之知識論，因而東方之傳統重點乃用力於非現象層次上，即第十如所表現的實相，至於前九如，則用力較差，就弱一點。西方如康德之哲學於前九如則講得充分嚴謹，講之有法度，有一定的軌道而成為學問。但於第十如則是消極的。

中國以前講儒家、道家以及佛教，也講得有一定的軌道、法度，並不能隨便亂講。依康德，要成一個學問，一定要有成學問之一定途徑，有正當的軌道，有一定的法度，不能隨便地想。這個觀念也很重要，我們現在常說 academic（學院的），但卻不懂什麼是academic。

康德對前九如方面，即現象性的普遍性相講得很嚴謹，有充分的展示，也有一定的軌道。此分兩層：一是感性層，一是知性層。由此兩層的展示即足說明我們主觀的表象所涉及的對象必須進一步成為決定了的對象，它才是充分客觀化的對象，此時知識才有客觀的意義。上次講的是由感性層言主觀的形式時間、空間，時間、空間使我們的主觀的表象能涉及對象，而有客觀的意義，而不是我們主觀的幻想，但還是未決定的對象。要成為決定的對象，非靠知性不可。understanding 譯為知性，sensibility 譯為感性，reason 譯為

理性。感性爲接受之能力，接受外面的 given，即通過我們的五官來接受。知性爲一種知解之能力，即把感性所呈現給我們的東西再進一步知解它，知解即下判斷，下判斷即可作成一個命題（proposition），即可以加概念。感性只是呈現一個東西給我們，並無對這個東西加以判斷，沒有作成判斷就是沒有對之加謂詞。如這個粉筆是黃色的，即形成判斷。此時我可以把黃色作爲主詞即粉筆之謂詞（predicate），此要靠知性之能力來作的，故知性即知解之能力。康德也說知性之能力即判斷之能力。知性即知解力，由此能成功知識。此與作爲實踐能力的意志相對。通常把 understanding 釋爲悟性，此不恰當。中國人使用「悟」字的意思很廣泛。我們說穎悟，一個人悟性很強，記性很差。悟性常是指一般的聰明能力。中國人喜言「悟道」，這悟字不是指通常的了解，亦不是成就科學知識之知解能力之了解。了解在此無顏色，若當作認知能力看，它就是知性。

知性層爲何能使主觀的表象涉及的對象成爲決定了的對象呢？知性之知解能力中唯一之作用就是形成或提出概念。感性接受一個東西，是在一種形式之下，即時間、空間形式之下接受，時間、空間爲 subjective form, form of sensibility, form of sensible intuition，此不是概念，對於時間、空間，吾人只言形式，不言概念。西方哲學中到處有概念（concept）的字樣。但我們須有確定的了解。我們大都只掛在口頭上，不清楚概念的意義。一說概念，嚴格說當該依邏輯學中所言之概念而定其意義。一般口頭上，觀念、概念不一定有此嚴格的意義。邏輯學中的概念要下定義，以後有其內容（intension）與外延（extension），把內容與外延弄明白後才能成

爲概念，成一個概念就有客觀性、普遍性，這才使人之思想可以溝通。譬如兩個人要交換思想，必須先把自己心中所想的內容概念化才行，才可進一步討論，否則只是些觀念，不能稱之爲概念，也無法進行溝通。

故依邏輯講，對於一個東西一定要通過定義才能成概念，定義不一定都對，可能會錯，但錯也錯得清楚，可以討論。故知性之唯一作用就在形成概念。一般說杯子是一概念就是就著杯子而形成概念，也即經抽象的手續而轉成了概念，此概念依康德爲經驗的概念（empirical concept）。但康德講知性是想進一步能使對象成爲決定了的對象，則知性就不只是能形成經驗的概念，且能先驗地提供概念，此所提供的概念不是杯子這一類的經驗概念，但也稱爲概念。概念好幾層，它有很廣泛的應用，杯子的概念是經驗的概念。

知性的能力提供的概念，可以使對象成爲決定了的對象，就是在量、質、關係方面都成了決定了的對象。這些概念是由知性本身所發出的，不是經驗的概念，故康德稱之謂先驗的概念，先乎經驗而存在。要想成功杯子這個經驗的概念，也需要這種先驗概念作它的基本條件，所以這一類的概念不能再從經驗來，先乎經驗而有，而爲一切經驗底可能之條件。這是康德之思路。這些概念是形式性的概念，也稱法則性的概念。經驗的概念不是形式性的概念，也不是法則性的概念，而是有特殊內容的概念。這些形式性（formal）、法則性（lawful）的概念沒有材料的內容。而知性就能提供這一類的概念。這一類的概念能決定粉筆底量、質與關係這些普遍的性相，而使它成爲決定了的對象（determined object）。由這些概念所決定成的那些普遍性的性相不爲杯子所限，而且可應

用於一切現象，應用於全部的現象界，且能使感性所給的對象成爲決定了的，因而成爲客觀的對象。

知性之知解能力之唯一作用，就是提供這些先驗的形式性的概念，這些概念才能使對象成爲決定的對象，由此才能成客觀的知識。此只是籠統說。那麼進一步問：知性是從什麼線索上來使我們了解知性有如此這般的能力？憑空講也不行，要有線索能確定地列出這些概念。經驗概念數目無窮。世界上凡我接觸到的對之都能形成概念（經驗的概念），此則不能列舉。但這些先驗概念是可以列舉的，有一定的數目。這就是康德在「概念底分解」中所作的事。

我們根據什麼線索來把握知性的這一種能力呢？康德認爲線索就是邏輯中之判斷（judgement）。傳統邏輯是先講概念，然後講判斷，然後再講推理。第一步講概念，就是講「名」（term）；第二步講名與名之結合成一個判斷，或名之曰命題（proposition）；最後進一步講推理，即命題與命題之間的關係，此有直接推理與間接推理。直接推理即傳統邏輯中的換質換位。間接接理即三段論法。邏輯主要是講推理；講概念、判斷，都是預備。邏輯爲什麼要接觸到概念呢？因爲傳統的講法，由日常生活中的知識概念開始，進一步再把這些概念底內容一步步抽掉，此即形式邏輯（formal logic）。傳統邏輯最難講，因其與知識論、存有論牽連在一起，都把人弄糊塗了。尤其現在學習高度科技化的符號邏輯的人，就愈討厭這些東西。他們討厭概念、判斷、推理這些詞語。尤其討厭理性這一個詞語。「理性」一詞，對他們來說就是玄學詞語。這就是現在人講學問之心態。專家只會演算符號邏輯，電腦（computer）弄得很熟，因爲電腦是根據符號邏輯而來。至於概念、判斷、推理、

內容、外延、本質這些都是哲學詞語或形上學詞語。他們討厭這些東西。但是我們的平常思考都運用普通邏輯，可以說沒有超出這個範圍。每一概念代表一個概義，每一判斷形成一個客觀的知識。判斷即表示知識，故康德以判斷為線索，反省地了解知性的能力所提供的形式性的概念。康德拿邏輯中之十二個判斷，做為發現形式概念、先驗概念之線索，也即根據這些線索來發現知性底純粹概念（pure concept），純粹即無一點經驗成份的夾雜在這裡邊。純粹概念就是法則性的概念，這些一定是先驗的。故就在知性能力本身這個地方找其發源地、找其出生地，但我們由知性能力處找就一定要有線索，此即邏輯中之判斷。

邏輯中之判斷有十二種，分成四類，每類有三目，故共有十二種判斷或命題，如下：

I 量（quantity）：
1.全稱命題（universal proposition）：凡 S 是 P
2.特稱命題（particular proposition）：有 S 是 P
3.單稱命題（singular proposition）：特指此 S 是 P

但在形式邏輯中，單稱命題無獨立的意義，可以化歸於全稱或特稱，但以知識看，則三種是不同的。

II 質（quality）：
1.肯定命題（affirmative prop.）：S 是 P
2.否定命題（negative prop.）：S 不是 P

3. 無定命題（indefinite prop.）：S 是「非─P」

但在形式邏輯中，第三種無限或無定命題也無獨立的意義，可由換質而化歸於否定命題，否定與無定是互通的。但在知識上三種各有不同的意義。

III 關係（relation）
1. 主謂命題（predicative prop.）：S 是 P
2. 假然（條件）命題（hypothetical prop.）：如 S 則 P
3. 析取命題（disjunctive prop.）：或 S 或 P

IV 程態（modality）：
1. 或然的（problematic prop.）：今天或可下雨
2. 實然的（assertoric prop.）：今天下雨
3. 確然的（apodictic prop.）：今天定下雨

判斷有這十二種，構成這些判斷都需要形式概念，如全稱肯定、全稱否定、特稱肯定、特稱否定等等，都要靠 all, some, is, is not 這些字。關係判斷則靠 " if……then "、" either……or "這些字。這些字在邏輯中之作用極大。這一類字羅素稱之謂邏輯字（logic word），這些可以說是虛字，由此而構成邏輯句法（logical syntax），此如自然語言中之虛字。由於句法不同，遂形成各種推理，如定言推理、假言推理、析取推理等。構成邏輯句法的那些邏輯字，加那普（Carnap）名之曰「構成規律」（rule of formation）。此句法與彼句法間之關係，即由前提達到結論之推理，例如三段推理，加那普稱之爲轉形規律（rule of transformation），即如何能由這一句法轉到另一句法之規律。邏輯字是我們的知性之邏輯運用所產生的形式概念，此等形式概念可名之曰邏輯學中的形式概念。康德即以此爲線索來引生先驗純粹概念，即形式性、法則性的概念，此則康德名之曰範疇，亦即超越邏輯中的存有論的形式概念。

故剖解知性之能力可以提出兩套的形式概念，一套爲邏輯之形式概念，此即：一切、有些、是、不是、或、如果……則等。另一套即康德之範疇，爲先驗的純粹概念，由西方哲學史來講爲存有論之形式概念。爲什麼稱之爲存有論的呢？因爲傳統之存有論正講的這些概念。但沒有人把這些概念收到知性能力上來講。由知性能力來發現它們，是由康德開始的。但不管怎樣講法，存有論就是講的這些概念。這些概念涉及對象，對對象有所決定，決定對象之量、質、關係等方面。康德由剖解知性而成的概念底分解就是要分解出存有論之形式性概念。對於形式邏輯中的那些形式概念，他沒有講，嚴格講，分析得不太夠。形式邏輯中的形式概念，對對象無所決定。現在人講知識論或講邏輯可以承認有些先在的概念，亦可以承認邏輯字所代表的虛概念可以由知性發，但康德所講的範疇也從知性發，現代人不容易了解。

說存有論的概念如常體、因果、交互、一、多、綜、實在、虛無、限制（範圍）等也從知性發，他們不能贊成，認爲這是主觀主義。他們總認爲因果性是客觀的，故爲實在論。但其實認爲是主觀的由休謨始，休謨批判因果性而認爲不是客觀的，其爲客觀的不能

被證明，這是很嚴重的問題。康德就由休謨之致疑，逐把那些存有
論的概念收於知性上講，但不能承認休謨之習慣聯想之說法。一般
人不能了解，說之為主觀主義。形式邏輯中的形式概念，邏輯字所
示者，由知性發，很容易接受，由此可以引至實在論。但範疇也是
由知性發，則不容易了解，由此就不能引至一般的實在論，如英美
式的實在論，而卻是引至康德之「經驗的實在論」與「超越的觀念
論」。

　　存有論的概念由知性發，此可名曰「知性之存有論性格」
（ontological character of understanding）。形式邏輯中的形式概念
由知性發，此可名曰「知性之邏輯性格」（logical character of
understanding）。形式邏輯中之形式概念都是我們的思考之邏輯運
作所形成，說它們都出自知性這是很容易被了解的。我們的思考活
動都要遵守這些。它們並非是天造地設的，不是擺在外邊的現成
物，故易接受。但知性要服從這些存有論的概念而且這些又是由知
性本身發，此即知性之存有論性格，此則不易了解。

　　以前我就不懂，當時我寫《認識心之批判》時，我就認為由形
式邏輯中形成判斷的那些邏輯字並不能跳到存有論的概念。康德也
不說直接跳過來，他是把它們當做一個線索，做線索而可以引至這
些存有論的概念。但也不是由線索直接引過來，要靠一個原則來說
明，這就很困難很麻煩。因此當時我就單單分解知性之邏輯性格，
而我單由此分析也可講成一大套，因而可適應現在人的思想，也即
實在論的思想，因當時我還未了解到知性之存有論性格。我以為這
樣我們可把實在與知性之形式概念分開使後者不擔負過重，因此我
不能贊同康德的「知識可能之條件即知識對象可能之條件」之主

張。康德之這一主張即是「知性之存有論的性格」。

　　但我們現在要如何來了解知性之存有論性格呢？這不是一下子就可以了解的。

　　以邏輯判斷為發現範疇之線索，此步工作在康德《純理批判》之第二版修改文稱曰「範疇之形而上的推證」（metaphysical deduction of category），此類比時間、空間之形而上的解析（metaphysical exposition of space and time）。在此，「形而上」是借用語，形而上的解析或推證，意指這些東西是先驗地有的，不是從經驗來。凡是先驗而有的東西，始可以給它形而上之解釋或推證。推證（deduction）一般譯為推演，在此譯為推證。範疇不能由知性直接分解出來，必須要有線索，而且要有一個超越的原則，一步步才能推證到這個地方，證明其為先驗地存於知性中，因此稱此推證為形而上的推證。

　　譬如說在中國哲學中，孟子言性善的那個性，如孟子言：「我固有之也，非由外鑠我也」。這個「性」是先驗而有的，對於這樣先驗而有的心性可作形而上的解釋，說明其為先驗而內在的。對王陽明所說之良知也可作形而上的解釋，即說明良知之先驗性、本有性。王陽明之言良知有種種說法，我們可以把這些話頭分開看看那一類話是形而上的解釋，那一類話是超越的解釋（transcendental exposition）。康德對於時間、空間既有形而上的解釋，又有超越的解釋。有這些詞語的使用可使我們對中國哲學中的重要概念有恰當的了解。超越的解釋是說明：如是這般先驗而有的時間、空間對現象、對數學知識有何作用？以中國的詞語，超越的解析是用的解析，形而上的解析是體的解析。對範疇也是如此，形而上的推證是

說明其先驗而有，非由經驗而來；超越的推證則說明如此這般先驗
而有的範疇，對我們的知識、我們知識的對象（現象）有些什麼決
定性的作用。故對範疇有兩種推證，一個是形而上的，一個是超越
的，形而上的推證是體，超越的推證是用。康德說明範疇有這兩個
推證。這兩個推證被作成，則知性之存有論的性格即完成。但這存
有論的性格卻很難了解，好像是服人之口不足以服人之心。我以前
就不能了解，近年來我才漸漸了解。我首先說明我們的知性之邏輯
的性格，然後再進一步說明其存有論的性格。知性之存有論性格是
很難了解的。這牽涉非常多，而且很深奧，也牽涉到康德之現象與
物自身之意義等，這些都要了解才能了解知性之存有論性格，憑空
講一定不能了解，一定是實在論，一定斥康德是主觀主義。假如能
了解佛教的識與智之對翻以及不相應行法，則對知性之存有論的性
格就比較容易了解、把握。單依西方傳統，不易了解，故康德哲學
影響那麼大，沒有人不讀，但卻很少人能贊成他、承認他。他的知
性之存有論的性格此一主張很難令人信服，即服人之口不能服人之
心，尤其現在人不了解康德，都反對康德，由此就可知這裡邊之困
難。康德真有見識（insight），康德講這一套真有其哲學的洞見
（philosophical insight），普通憑空絕不能想到這裡，所以我們都
了解錯了。這裡我把眉目、疑難與障礙大略提出來，以期能有真正
的了解。我在《現象與物自身》一書中有詳細而浹洽貫通的表述。

第十一講

範疇之發現：知性之邏輯的性格與存有論的性格

由知性我們可以發現一些先驗概念來決定對象，決定感性給我們的現象。我們怎麼來發現這些先驗概念？以什麼作線索呢？由普通邏輯中的判斷作線索。傳統的講法，判斷分成四類，每類下有三目，故共有十二種判斷，不過那只是邏輯中的判斷。每一判斷皆由邏輯字而構成。由這些邏輯字作線索，可以引到先驗概念即範疇。

譬如說由量的判斷有三種：全稱、特稱（偏稱）、單稱等，構成全稱判斷的邏輯字為一切（all），特稱的為有些（some），單稱的為一個（a, an）。一切、有些、一個這些都是屬於量的邏輯字，這些邏輯字不一定與存在有牽連，而完全是我們邏輯思考中的運用，此完全是虛的，與所述的對象無關。由此等邏輯字，通過一超越的原則，可以引申出知性中的先驗概念，康德稱為範疇，也即純粹概念（pure concept）。由全稱判斷引申出「總體性」（totality），由特稱判斷引申出「眾多性」（plurarity），由單稱判斷引申出「單一性」（singularity），這些是量方面的範疇，即總體、眾多、單一；簡稱一、多、總。這些量方面的範疇、先驗概念，一定涉及對象，對對象有所決定，決定的是其量方面的普遍性

相。每一個東西都有量的一面，決定「對象之量」的範疇，以哲學詞語言之，即爲存有論的概念（ontological concept）之屬於量者。這些是實的，此不能當作邏輯字看，邏輯字是虛的。我們知道外在的對象大體有量、質、關係等三方面的性質，這些都是存有論的概念所決定的。

質方面的邏輯判斷有肯定、否定、無定等。肯定命題的邏輯字爲「是」，否定命題的爲「不是」，無定命題的爲是「非 a」（負 a）。與之相對的範疇，也即引生出來的先驗概念，爲實在性（reality）、虛無性（negation, nothing）、限制性（limitation）三概念。限制性代表一個由實在與虛無之間所成的存在之限制。此三種爲質的範疇。此三種存有論的概念，對對象之「質」有所決定。第三種爲關係方面的，這方面的邏輯判斷有主謂、條件、析取等三種命題。由主謂的謂述命題（亦稱定然命題）引發「本體屬性」的範疇。主詞（subject）、謂詞（predicate）爲邏輯字，邏輯字只是構造句法的方便字。但由主詞引發到本體（substance），本體爲存有論的概念，有本體就有屬性（attribute），謂詞與屬性又不太一樣，但兩者常相呼應，吾人言本體一定有隸屬於本體的東西。條件命題（conditional proposition），其式爲如果……則（if……then），也稱假然命題。「如果……則」爲最重要之邏輯字，由「如果……則」之邏輯字引發到因果性（causality）之存有論概念。還有析取命題（either……or），亦稱選替命題，由此引發到「交互性」之存有論概念。除以上量、質、關係三類外，還有一類名曰程態判斷，此即或然、實然、確然，由此而引申出可能不可能、存在不存在、必然與偶然三種程態範疇，此則與前三類不同層

次。茲把此四類整理列表如下：

判斷（命題）	邏輯字	範疇
Ⅰ量：		
全稱	凡（all）	總體性
特稱	有些（some）	衆多性
單稱	一（a or an）	單一性
Ⅱ質：		
肯定	是A（is A）	實在性
否定	不是A（is not A）	虛無性
無定	是非A（is "non-A"）	限制性
Ⅲ關係：		
主謂	（subject, predicate）	本體屬性
條件	（如果……則, if……then）	因果性
析取	（……或……, either……or）	交互性
Ⅳ程態：		
或然	（problematic）	可能、不可能
實然	（assertoric）	存在、不存在
確然	（apodeictic）	必然、偶然

要了解邏輯字與存有論概念之不同，例如主謂式命題，不管其

主詞謂詞的內容,只管主詞謂詞的關係形式,由此引發本體與屬性之範疇。本體意即不管是什麼東西它後面總有基體(substance, substratum)來支持,在外部現象界大體是物質本體(material substance)。其次如條件關係命題的「如果…則」(if……then),這個邏輯字對對象方面沒有態度,把其內容完全抽掉,而回到思想運用的程序或方式本身,由此而構成純形式的推理,這就是形式邏輯(formal logic)。這種發展是一了不起的大事,還要高度的抽象思考。由亞里士多德開始,西方人在此方面很有成就而達到很高的境界。中國人在這方面很差。因為要了解這些要有抽象的頭腦,中國人在此方面的興趣不高,因中國人的思考大體是取具體的方式。形式邏輯看起來枯燥無味,好像沒有什麼道理,其實大有道理。

由條件 if……then 之 if 這邏輯字而引發存有論的概念 cause(原因),由 then 引發 effct(結果)。但在邏輯中之 if 只指表一個根據(ground)或理由(reason),then 則指表一個歸結(consequence),故 if……then 之間的關係為根據歸結(ground-consequence)之邏輯關係,亦稱「因故關係」;而由此引發原因與結果之存有論的概念,這卻是指表一物理的關係或事實的關係(physical or factural relation)。這兩種關係是完全不同的,這種分別對我們的思考很有幫助。

「如果…則…」,如果有什麼,則有什麼,此只表示「如…則」之邏輯關係,而如果的成立不成立是另一個問題。這種詞語在中國的經典常常出現。如《莊子》就有許多這一類的話,〈秋水〉篇中:「以道觀之,物無貴賤;以人觀之,自貴而相賤;自大觀

之，天地莫不大；自小觀之，天地莫不小。」這「觀」字就相當於
假然或條件命題，究竟取不取這觀點則不管，因這只表示邏輯關係
而非表示事實關係。

至於因果關係則爲原因與結果間之物理事實關係，例如「吃砒
霜則死」是因果關係，有吃砒霜之行動，砒霜就產生致人於死之結
果。那砒霜有一種力量可以致人於死。還有潑水熄火之因果關係，
潑了水，水就有消滅火的力量，此爲物理關係，而與邏輯的假然條
件的關係完全不同。故因果關係或因果概念爲涉及存在的存有論之
概念。

還有 either……or, p or q（或 p 或 q）中之「或」字也是符號
邏輯中最重要的邏輯字。以「or」連接起來就表示兩個東西可以共
在，此稱爲析取（disjunction）。p or q 之邏輯關係有三個眞假可
能：p q 同眞、p 假而 q 眞、p 眞而 q 假。但不能有 p q 同假，析取
本身的意義總是有這三個可能，此稱爲相容的（不矛盾的）析取。
但有時兩端相矛盾者亦可對之說或此或彼，此則只有 p 眞 q 假、p
假 q 眞，但不能有 p q 同眞或 p q 同假，如對 A 與 O 兩者或 E 與 I
兩者說「或」，即是如此，此則爲矛盾的（不相容的）析取。但只
就析取本身而言，則總是相容的析取。又「與」（and）字表示絜
和（conjunction），其眞假可能只有一個，必須兩個同眞並存，不
能拆開，但 p or q 是表示兩者可以拆開而不連在一起。因此由析取
關係可以引發「交互」這個概念，由交互決定共在
（coexistence），互相共在而成一團是由「交互」這個範疇而來
的。無此範疇，「世界」的概念就不能成立。

如上所舉的例子，由形式邏輯的邏輯字而引發存有論的概念，

這些概念對對象有所事事，因為要決定對象，故稱之為存有論的概念。西方傳統之存有論的內容大都討論這些，如本體、屬性、時間、空間等。但康德把其分成感性與知性兩層。時間、空間歸為感性的形式，而存有論的概念則歸屬於知性，康德就是對傳統的存有論所討論的那些概念，經過一番批判與整理，而發現其出生地就在知性。

關係方面引發本體屬性、因果、交互這三個範疇，其中最重要的是因果範疇，因為康德之目的乃為了答覆休謨對因果律的懷疑而來，康德費了那麼大的工夫來建立範疇的系統，其注重點即在解答因果問題。

第四類的程態範疇也根據邏輯中程態命題即表示或然、實然、確然的命題而來。由邏輯程態判斷中之或然、實然與確然變成存有論的概念，即為「可能不可能」、「存在不存在」、以及「必然與偶然」，此六個通稱程態範疇。此屬於程態之範疇是對於知識判斷之係詞（copula）有所評估，對對象本身之內容無所涉及。與前三類不一樣，層次不同，性質也較特殊，為更高一層、更虛一層的範疇。

故康德之十二個範疇嚴格講只有九個：量三個、質三個、關係三個，而最重要的是因果範疇，因其主要目的乃為了解答因果問題。這些存有論的概念是知性本身所提供，不能由經驗而來，若由經驗而來就不能稱為純粹概念（pure concept）或先驗的概念（a priori concept）。此已由休謨告訴我們，由經驗都不能證明因果律，原因與結果乃由我們的想像加上去的。我們看不到一個東西叫原因。原因依羅素為描述詞（descriptive term），而不是指物詞，

只是描述一種狀態，如生死。不像杯子那樣是指物詞，生死不是指物詞，因沒有一個東西叫生或死。故維特根什坦說過一句很漂亮的話：「人天天怕死，但其實沒有人過過死。」我們都是過著生活，不是過著死。既沒有過死，則怕死嚴格說來是沒有對象可怕的。「死」不是指物名，乃是描寫一種狀態。如此這般的狀態，我們把它總起來，姑妄言之曰生曰死。姑妄言之，康德正式說這是我們的思想加上去的、綜和上去的，並不能由諸狀態概念分析出來。

什麼是描述狀態？依傳統的講法，「吃砒霜死」是因砒霜有祕密的力量，可致人於死。但休謨認爲根本無此祕密的力量，我們對此秘密之力量並無印象（no impression），因而也無知覺（no perception），故祕密之力量是假的，是虛妄的概念。能產生某種結果之力量沒有了，找不到了，於是原因變成一種狀態，死也是一種狀態。吃砒霜爲一件事，結果產生與我們腸胃不諧調相衝突的狀態，於是胃腸破壞而死，死豈不是一種描述詞嗎？此描述詞不是指物詞。指物詞依羅素爲個體名，稱之謂完整符（complete symbol），描述詞則無獨立性而可以拆掉，稱爲不完整符（incomplete symbol）。生死這一類的概念都是這樣的。休謨乃由經驗主義的立場把因果關係破壞而成了懷疑論、虛無主義。可是若無因果關係，經驗知識（科學知識）就變成毫無根據了。康德說的那一套乃爲了說明經驗知識之可能性，而救住並保住了科學知識。以邏輯分析的立場，因果生死是描述詞，是不完整符，結果可以拆掉。但休謨說這些乃由主觀之想像、聯想、習慣加上去的，由主觀的想像聯想加上去的一轉不就是康德的先驗綜和嗎？而這個加上去的綜和既非由經驗而來的，故爲先驗的綜和（a priori synthesis），蓋因果關係不但不能從經驗找到根據、得到證明，反而被消解被瓦解。休謨以心理學的主觀聯想來解釋因果關係的來源，而康德則以知性的先驗綜和爲其根源。

依康德，因果常體等這些存有論的概念所代表的綜和都是先驗的（a priori），都是我們的知性活動所加上去的。這個想法很有意義。這樣康德的這一套思想不是與休謨一樣了嗎？其實不一樣，休謨是發端，純爲主觀的講法，視因果法則完全爲主觀之虛構（subjective fiction），那才是完全的主觀主義，而以因果間之必然性只是主觀的必然性，沒有客觀的必然性，沒有理性上的根據。康德言先驗的綜和，似乎與休謨差不多，故康德很重視休謨。雖然康德不贊成他由習慣聯想而來的經驗的說明，但是他思想的方向是由休謨轉過來的，而康德要從知性的概念上證明因果之聯繫有客觀的必然性，這樣的必然性是客觀的必然性，這就不是休謨的心理主義對因果關係的看法。休謨與康德的思想之主要脈絡是如此，輕重差異之處要弄清楚。

這樣在發現存有論概念之過程中，一方面爲邏輯字，一方面是存有論的概念，這兩套可互相平衡，但不能同一化（identify），故康德也只以邏輯命題爲線索，再依知識論的超越原則而引到範疇。因範疇之出生地是知性本身，故這種概念有綜和性，也有客觀必然性，因這種概念爲純粹性的、先驗性的。

十二範疇，量方面有單一性、衆多性、總體性；質方面有實在性、虛無性、限制性；關係方面有本體屬性、因果、交互；程態方面有可能不可能、存在不存在、偶然與必然。此四類的概念是涉及存在的，對存在有所決定。當使用每一個純粹概念去決定現象時，

現象就有此概念所決定成的定相。當以純粹概念、存有論的概念去決定杯子的時候，由杯子來說，杯子就有由這個概念決定出來的定相。這是落在杯子上來說。此定相如何來的呢？此乃由存有論的概念來對杯子所成之決定，以存有論之概念去決定它，它才有這個定相。我們分析地說，生死等乃是一種描述狀態，我們把其總起來謂某某為原因、某某為結果。但若從知性底超越活動而言，事物之原因相乃根據原因這個概念而決定成的現象方面的定相，所以康德最喜歡用決定（determination）這個字。決定即以存有論概念去決定之，以那一個概念去決定，現象就有那一方面之定相，所以康德之determination若落實於現象上說，可譯為定相。

在此，佛教言「相」，遍計所執相。唯識宗言三性：依他起性、遍計所執性、圓成實性。遍計所執性乃就執相講，八識中任何一識皆有執著性。遍計所執性，遍是周遍，計是計度衡量的意思，此乃特就第六識說，第六識才有遍就一切現象加以計度衡量而執著之特性。識有此執著性，它所執著成的就是相，所以由主體方面言，說識之執性，由所執方面言，說所執相。佛教言「相無自性性」，定相是一種執著，依康德乃由存有論之概念決定而決定成的，若存有論的概念拉掉了，定相就沒有了，此即佛教所言之相無自性性。相之特性即「無自性」，意即它是沒有自性的，純是虛妄。若有自性，就不能去掉了。這是佛教的詞語，這與康德所說的定相，由先驗概念而成的定相，只適用於現象，不適用於物自身，意思是相通的。可是兩者所引起的心理反應大不相同，其實是一樣的，換換詞語罷了。

由遍計執言「相無自性性」，就依他起性說「生無自性性」。

依他起就是言一切東西依因待緣而生，依靠旁的東西而生起。那生起之生無自性，故依他起乃單就生而言，也可說單就因果而言。如前所說，生是一種狀態之描述，說實了，是不可理解的，故《中觀論》云：「諸法不自生，亦不自他生，不共不無因，是故知無生」，此即爲「生無自性性」。生滅都是一種執著。因此，生滅、常斷、一異、來去，都是執相，都可以說是「無自性」的相。這些定相是怎樣來的呢？根據康德來了解，是通過存有論概念或範疇之決定而成的，在佛教則是屬於「不相應行法」的。不但是生、滅、常、斷等，即現象之性、相、體、力、作、因、緣、果、報等也是些定相，凡此俱在康德所說的範疇與時間、空間之範圍內。在此佛教可以幫助我們了解康德，康德的說法太生硬，佛教較有黏合性。因、果、生、死者都是描述詞，都是羅素所謂之不完整符（incomplete symbol），可以拆掉，但康德並不言可以拆掉，他並無此思想，但他說這些概念只能應用到現象上去，不能應用到現象以外的 noumena 如物自身。因爲我們只對現象有知識，對於物自身無知識。康德是要說明科學知識所以可能之根據的。他以爲科學知識是一定的，他不像儒、釋、道三教那樣，視科學知識爲可進退的，可以讓它有，也可以讓它無。如果需要它，它就有；不需要它，它就沒有，此是東方人的思想，康德則不能說它可以沒有。人類的知識是定然如此的，那些存有論的概念在那方面可以應用，在那方面不能應用。可以應用處就有知識，不能應用處就無知識。有知識處就有現象；沒有現象就是沒有科學知識。在西方人看，科學知識是一定的，不能說它可以進退。但中國人不這樣看，就是西方人也不完全這樣看，如第十七世紀的來布尼茲就視科學知識爲

confused perception，這個名詞也很令現代人吃驚。依東方思想如佛教，在什麼情形下可以把它拆掉呢？曰：在般若智觀照之下，即可把它拆掉。即是說，般若智一呈現它就沒有了，即在實相般若呈現之下它就沒有了。實相般若智照諸法實相，「實相一相，所謂無相，即是如相」，在這個境界，範疇沒有了，遍計所執的那些定相也沒有了。可是因為康德思想中無般若智一觀念，康德不承認人類有「智的直覺」（此相當於般若智），所以他不能說人可以去掉識知，去掉範疇乃至範疇所決定之定相。可是佛教就是要講般若智、要轉識成智。講唯識、講八識，並不是要肯定它，而是要轉化它，不轉化它怎麼能成佛呢？轉識成智你才能成佛，否則你是在生死海中頭出頭沒，因為那是無明。這個思想在東方人是家常便飯，就是在儒、道兩家也很容易了解。西方人沒有這個思想，西方人聽見這些真是聞所未聞，此即東西文化之不同所在，根本差異之處。

　　康德所言之感性、知性乃至於理性（思辨的理性），在佛教言都是屬於識，但依西方人看來人類就這樣，怎麼轉呢？轉之使其成為非人嗎？可怕得很，不能轉。但中國人在佛教就要轉識成智。儒家王陽明講良知，在良知處，這些也就沒有了。為什麼不能超轉呢？西方沒有轉的觀念，沒有般若智之觀念，也沒有實相般若的觀念。般若智這種智在康德的系統是什麼呢？在他的系統即屬於智的直覺（intellectural intuition）。康德不承認人類有此「智的直覺」，他認為人所具有的直覺都是感性的（sensible），那裡會有非感性的直覺呢？上帝才有這種智的直覺。他把這種直覺以及這種直覺之境界，擺在上帝那裡，但東方人則認為人類就有，擺在我這裡，這也是大差別點。我沒有轉的時候，康德所說的都對，我們的

直覺都是感性的，但當轉識成智的時候，在實相般若的時候，那感性的直覺就轉成智的直覺。智的直覺通過我們的修行，可呈現到我們人類的心靈來，假如不能呈現，我們怎麼能成佛？成佛根本不可能，這不是成了個重要的問題嗎？假如說成佛不可能，我們沒有般若智，這樣佛教非跟你打架不可，這不是成了重要的論點嗎？

照康德之說法，我們只有感性的直覺而無智的直覺。所以照他看來你們東方人所想的都是妄想。究竟中國人想的是不是都是妄想呢？

因為佛教有實相般若，在般若智之觀照之下，照察諸法實相，什麼是實相？實相就是一相，一相就是無相，無相就是如相，這個如相之境界，實相般若能朗然呈現之，此在康德之系統就是「物之在其自己」（thing-in-itself），所以以前譯物自身為「物如」是很對的。依康德在物自身處無時間、空間相，時間、空間不是物自身之條件。物自身也沒有十二範疇之定相，因為範疇也不可能在這裡應用，所以物自身也就無這些定相了，此即「實相一相，所謂無相，即是如相」。可是在佛教言，此如相是朗然在目，但在康德只是彼岸，那根本不可知。有感性、時間、空間、範疇等才有知識，這是科學知識、經驗知識。所以在康德承認人類只有一種知識，此即經驗知識（empirical knowledge）、科學知識（scientific knowledge）；而中國人則承認有兩種知識。佛教在《維摩詰經》有：「不可以智知，不可以識識。」識知即科學知識，「以識識」就是可以用我們的識去了別的。實相就是以般若智來照察的。《維摩詰經》還有另一個境界，在不二法門時，識知固沒有，即智知也沒有。此並不是反對般若，只是一如而已。由此可知佛教承認有兩

種知識，即智知與識知。康德只承認一種，即識知。在儒家也承認
有兩種，即見聞之知與德性之知。在道家也承認有兩種，即「爲學
日益，爲道日損」，爲學與爲道之知根本不同。依康德智知在上帝
才有，人類沒有。但佛教認爲般若智可照察諸法實相，實相一相所
謂無相即是如相，所以《中觀論》所言之「不生亦不滅，不常亦不
斷，不一亦不異，不來亦不去，」此即緣起八不，此乃就緣起法
講。若就緣起法而言，當該是「有生有滅，有常有斷，有來有去，
有一有異」，但爲何又言八不呢？這不是互相矛盾嗎？至少也是弔
詭。《中觀論》開頭就說八不緣起，就緣起法而能說「不生不滅，
不常不斷，不一不異，不來不去」，此是在般若智之下說的話；若
般若智不呈現，在識的作用下，正好是「有生有滅，有常有斷，有
一有異，有來有去。」那麼「生、滅、常、斷、一、異、來、去」
這八相，即八種執相，即遍計執所執成之定相，根本就是相無自性
性，故般若智一照，那些相都沒有了。那麼那八相能不能脫離康德
所講之時間、空間與十二範疇所決定之範圍呢？不能脫離的。就生
滅言，沒有時間怎麼有生滅呢？因果這個關係如不在時間內怎麼可
能呢？時間在康德系統內是多麼重要！一切都要在時間內表象，時
間是其底子。生、滅、常、斷，常就是本體、常住。斷就是虛無
（negation）。一、異、來、去，一是單一性或同一性，異是眾多
性或差別性；來、去爲運動相，運動不能離開時空。假如肯定八
相，這是在現象範圍內的識知之事，而實相般若則把它們化掉。在
此，時間、空間、十二範疇以及定相也沒有了。

　　十二範疇即康德在知性處所發現的先驗的概念、存有論的概
念，這些概念之作用，就在決定這些定相，我們就通過這些定相來

了解外物。每一個定相就是 determination，每一個 determination 就是代表一個普遍的徵相（universal characteristic）。本體可以決定杯子常住不變，任何東西都有其常住性。至於量性、實在性、虛無性、因果性等等都是一些普遍的徵相。

由此說明就可看出範疇之作用唯在成功定相。這一步發現範疇之工作就稱爲對範疇之形而上的推證（metaphysical deduction of category），形而上的推證就是類比「時間、空間之形而上之解釋」而言的。形而上的推證是說明這些概念是先驗而有的，不是從經驗來的。凡是先驗的東西才可以有形而上的推證，不是先驗的就不能有形而上之推證。這一步工作是發現範疇之線索裡的工作，稱爲形而上之推證。其意即說明範疇之存有是先驗而有，此即範疇之先驗性的說明，即說明範疇如何出現，如何實有於吾人之知性中。我在這裡說明其大意，其內容很複雜，裡邊有些可商討考量之問題，如邏輯之十二判斷有無必然性，是否可作爲尋找範疇之線索等等。

下次言範疇之超越的推證，此乃類比於「時間、空間之超越的解釋」而言的，也即是範疇之用的解釋。形而上推證是範疇之體的推證。範疇之超越的推證是範疇之用的推證，此就是說明我們如此發現之存有論概念、範疇，如何可應用到現象上來，如何落實下來，而有客觀的妥效性（objective validity）。因爲這些概念是由知性發出來的，不是感性給予一現象這種「感性給予」之條件。感性是在時空條件下給予一現象，但不在這些概念下給予一現象。那麼這種純粹概念如何能應用到由感性而來的現象上去？這上一層的東西如何能落實下來呢？這是康德分解部最精彩的一章。當時他寫

這一章最費力氣，因從來無人作這一步工作，第二版重新寫，其意思大體與第一版相同，但比較更謹嚴而完整。

但爲什麼要作這超越的推證呢？就是爲了講現象與物自身之意義與分別。他在此推證裡，由主體講我們感性的直覺與上帝之智的直覺相對比，我們的辨解的知性（discursive understanding）與上帝之直覺的知性（intuitive understanding）相對比，這是由主體方面之能力來做對比。至於主體之對象即是現象與物自身，這些都是與主體機能互相對應的。講了這些大概就可以了解康德之主要精神。

東方人對這套義理，儒、釋、道三家有什麼看法？這些義理就是「一心開二門」；這個架子落實就是康德的經驗實在論與超越觀念論。這樣意義之「一心開二門」才能與中國哲學相會合。

第十二講

範疇之形而上的推證與超越的推證

範疇之形而上的推證（metaphysical deduction of category）表示範疇之先驗性，先驗地存有於吾人之知性中，其出生地在知性本身；進一步言範疇之超越的推證（transcendental deduction of category）。「推證」亦言「推述」，此非邏輯三段推理中之演繹，乃法院推事之推，也有證明的意思，故言推證。超越的推證則在證明範疇如何有客觀的實在性（objective reality）或客觀妥效性（objective validity）。法院之推事審查你申請一個要求，先看看此要求在法理上有無根據，若無，則此要求就被取消。範疇本由純粹知性發，它如何能有客觀妥效性？這需要推證。此正如推證一個要求是否在法理上有根據。

所以問題即在：由知性發的純粹概念如何能有客觀的妥效性？為什麼有這個問題呢？此有個理由，因為知性之作用是思考對象，思考就是 thought, thinking。思考的對象是感性給我們的，對象呈現給我們是要通過感性的，感性呈現對象給我們是在時間、空間之形式下呈現給我們，並不是在範疇之條件下呈現給我們。既然不在範疇之條件下呈現給我，那麼呈現給我的東西可以不接受範疇之決

定，你決定是決定，它不接受怎麼辦？

這樣範疇與對象間的關係是拉開了。既然拉開了，這個現象很可以有這樣的構造，即那些範疇沒有一個能用得上，那怎麼辦呢？如本體屬性這個概念也用不上，原因結果這個概念也用不上，它的構造就很特別古怪，就似有魔鬼搗亂一樣，看看原因結果這個概念可以套上，但一會兒又套不上。呈現給我們的對象很可以是亂七八糟的，也很可以是有秩序的，但那個秩序也可以不是合乎我們範疇的秩序，那麼這個範疇的秩序也可以用不上。換言之，感性的直覺作用與由知性發出之思考的作用，這兩個作用拉開了，此即表示此兩者是完全不同性質的，完全是異質的，因為完全是異質的所以才有這個問題，即：由知性提供的純粹概念如何能落實下來，落到這個粉筆上？落下來就有客觀實在性，也即有客觀妥效性。假如落不下來，儘管說它們是由主體而發，那也只是空觀念，只在腦子裡邊，落不下來就沒有用，所以問題即這些由知性發的純粹概念如何能落實？能落實才有客觀妥效性。因為有這個問題才需要有推證，此為超越的推證（transcendental deduction）之工作。

如何說超越？因這些概念乃先驗地為知性所發，非由經驗而來，所以我們要給它推證，這推證不能訴諸經驗，以經驗來說明是不行的。譬如說對這些概念也可由經驗來說明，這些純粹概念似乎由經驗上來看也可以看到徵兆一樣，也可以看到一些樣子，洛克（經驗主義的祖師）就是作這個工作，他通過反省（reflection）的方法，由簡單的觀念一個一個連起來一直到抽象的概念如本體屬性、因果、量等等。這些抽象概念，他都可以通過經驗的根源來說明。但康德說你這經驗的說明不是它合法權利的推證，這只是說在

經驗中可以找到一個例子，可以找到例子就表示這些東西早已經有了，所以此不能算是超越的推證。而且由經驗上來說明，到休謨一出來，他就順著這個路子，他說因果不能被證明，他說本體、屬性、因果這些抽象概念不能由經驗來說明，由經驗找不到的，就被推翻了。所以這個問題不能以經驗的說明來代替超越的推證。假如有推證，那一定是超越的，因爲這些概念是先驗地出現的，先驗地存有於知性中。假如是由經驗而來才可以作經驗的說明。不是從經驗來，所以推證一定是超越的，即推一推如何證明它可以落實，如何可以落實到感性所呈現給我的粉筆上。要能落實，這些先驗概念必須被視爲是經驗可能之條件。我們了解一個對象由感性起，這就是經驗。感性把粉筆呈現給我，通過感性我們才對粉筆有一點知識，此稱經驗的知識（empirical knowledge）。例如說粉筆是圓錐形的、是白色的等等，這就是所謂經驗（experience），經驗就是經驗知識，每一個經驗就是一個經驗知識。經驗知識如何可能？它所以可能一定要靠一些條件。經驗知識所以可能之條件即經驗所以可能之條件。簡言之，要成一個經驗知識，要成一個客觀知識，除需要有一個東西在時間、空間條件下呈現給我以外，還一定要在範疇這些先驗純粹概念之條件下才能完成一個經驗，才能成立經驗知識即客觀知識。假如不在範疇之條件下，經驗可以不代表客觀知識，如心理上的經驗。如問你對一件事有何觀感，你說我昨天晚上作夢，夢見了地球要崩潰，這是我對於地球的經驗，你這類經驗純粹是心理的（psychological），不能代表客觀知識。還有些心理的經驗，如問你你看到了上帝沒有？有，我昨天晚上看到，這種經驗是心理經驗，此不能代表客觀知識。康德說經驗即經驗知識，而經

驗知識就是科學知識，一說知識就有客觀意義，而知識之所以能有客觀性一定要靠這些純粹概念（範疇）所代表的形式條件。

簡言之，問題就是這些形式條件如何落實？答覆是：必須把這些形式概念視為經驗可能之條件。當說經驗可能性之條件的時候，康德還加上一句話，「經驗可能性之條件同時就是經驗對象可能性之條件」，此兩者是拆不開的、合在一起的，即這些條件主觀地講，形成我們的知識之條件，同時客觀地講，也是經驗所知道的對象之成其為對象之條件，這條件是兩頭通的。這句話一般人聽起來不很高興。我們可以先把其分開，經驗可能性之條件不一定是經驗對象可能性之條件，但康德卻不分開，所以這句話，若不完全了解其全部的意義，你馬上就起懷疑，說這句話成問題，我不能贊成，因為這句話也是我們平常說「康德的主張是主觀主義」之根據，所以憑空孤立地看這句話是不行的。

我前說知性有兩套概念，一套是邏輯中的形式概念，也就是邏輯字，另一套就是存有論的概念，就是範疇。康德說經驗可能性之條件即經驗對象可能性之條件，就是指這些存有論的概念講。假定講形而上的推證的時候，我們由知性直接所首先發現的是純粹邏輯中的形式概念，此不同於存有論概念即範疇，那麼就是說我們發現不到範疇。而邏輯中的形式概念只可以說是經驗可能性之條件，並非經驗對象可能性之條件。這一點需注意。如 all, some, or, if ……then, is, is not 等這些邏輯字是造成邏輯句法的虛字。但本體屬性、因果、真實、虛無等這些是存有論性的概念，這些是涉及存在的。所以當該有兩套。依邏輯字那一套講就是實在論，經驗可能性之條件不是經驗對象可能性之條件，這是可以拉開的。我的《認

識心的批判》就是充分說明這一義。當時我不能了解知性之存有論性格。知性有兩種性格，康德所講的是知性之存有論性格。假定只照邏輯字講，是知性之邏輯性格（logical character of understanding）。我依照邏輯字，我才能作邏輯的思考活動。我之思考活動本身之條件並不一定是我所思考的對象之可能性之條件，這兩者不是分開了嗎？我的思考活動要遵守同一律、矛盾律、排中律，這些都是邏輯法則，不管我是思考什麼東西。但我總不能說我思考活動本身可能性之條件同時就是我所思考的對象底可能性之條件，這兩者不一樣，所以知性有這樣的兩種性格。知性的邏輯性格容易了解，存有論性格不好了解。但這是康德建立其全部系統的「關鍵」，而這個「關鍵」一般人都把握不住，所以覺得他每一句話都成問題。事實上若完全通透了解這個「關鍵」，那麼他的每一句話一點問題都沒有。

範疇既然是存有論的概念，而從知性本身發，那麼知性具有存有論的性格這是很自然的，問題是此存有論性格如何來了解？如何使我們信服？既然有此性格，則經驗可能性之條件同時即是經驗對象可能性之條件，這是可以說的。換言之，我們要完成經驗知識，固然要在這些條件之下，而經驗知識的對象也要同樣在這些條件之下才能成其為對象。這個主張背後實有一個「識見」在支持。但是這個識見，只是從康德本人的一大部書裡不容易看出來。全部內容通透了以後，自然可以看出，但在其辯說的過程中很難看出，好像是服人之口不能服人之心，所以康德之哲學很難了解的原因就在這裡。康德哲學在這兩百多年間，沒有人不念他的哲學，但完全了解他的人究竟很少，最後的關鍵就在這個地方，就是在這個「識

見」。初看，經驗可能性之條件與經驗對象可能性之條件，本來是不同的，但在他是相同的。這種條件一定是必要的條件（necessary condition）、不可缺少的（indespensible）。此必要的條件不同於充足的條件。「無之必不然」此指必要的條件。「有之即然」是指充足的條件。有了它就行，並不表示沒有它不行，沒有它不行亦不表示有它就行。我們說經驗時，就有些條件在那裡使之可能；說經驗知識的對象時，這些條件亦在這裡使之可能。知識可能之條件即是知識對象可能之條件，這是超越的推證之最後的結論。知性是高一層的，感性是低一層的。感性與知性之活動完全不同，感性呈現給我東西是在時間、空間的條件下呈現之，並不在範疇之條件下呈現之，也不需要在範疇之條件下呈現之。這樣就拉開了。開始時是爲了說明爲什麼需要超越的推證這一步工作，所以才這樣拉開，這拉開似乎煞有介事。拉開的時候，知識與知識對象底條件很可不同一。因此，知性概念亦不必能落實而爲知識對象之條件，因而就可以有如何落實之問題。既有此問題，就需要解決，需要我作推證的說明。爲了要說明問題，爲了需要這個推證，所以才有這樣的拉開之表達上的工巧。他這樣說這個問題是完全客觀地講，即知性的這些概念如何能落實？他的答覆是它們是經驗可能性之條件，這是就這問題的客觀面講。但他要使這答覆眞正可理解，只有這樣客觀地講，形式地講是太抽象，故需具體一點講。具體地講，由知性本身的活動底可能性以及其還要靠旁的認知機能之幫助，才能做到那個最後的答覆所說的主張：經驗可能性之條件就是經驗對象可能性之條件。那麼知性本身的作用是思考（thought），所使用的是概念，故知性作用的思考都有客觀的意義。假定不使用概念來思，就

是胡思亂想，不是思想（ thought ），就沒有客觀的意義。知性底
作用是思，思考底可能性還要靠別的認知機能來幫助才能逐步落
實。這樣進一步具體地說，康德稱之爲推證之主觀面的工作，這面
也是必然的工作，但因牽涉到心理學的成份，故容許有不同意見的
表達，儘管有不同意見的表達，大體也非如此不可。知性是我們認
知的機能，知性之「思」嚴格講是統思。它有概括性，它拿這些概
念不只思考這個而且可以用來思全部現象界，故康德一轉就稱爲統
覺底綜和作用。說知性（ understanding ）是一般的說法，而知性之
特殊作用就是統覺（ apperception ）。一說統覺，就有綜和作用。
知性以法則性的概念去思考對象，就是把一切現象綜和在這些概念
之下。這樣去思考就是統覺，所以統覺就是知性之殊用。此稱爲統
覺之綜和統一之作用。由統覺之綜和統一作用，康德就引出笛卡兒
之「我思故我在」（ I think therefore I am. ）。此「我」又稱超越
的我（ transcendental ego ）。統覺又稱超越的統覺（ transcendental
apperception ）。那個超越的我即邏輯的我。笛卡兒說：「我思故
我在」，康德說通過我思而引出的「我在」（我之存在），這個
「在」只是「存有」（ being ），不是具體性的存在。所謂具體性
的在，是現象性的在呢？物自身性的在呢？假如是現象性的
「在」，要靠感性的直覺，如是，這個我是現象意義的我。假如這
個我是物自身性的我，這個存在也是具體的存在，這就必靠智的直
覺（ intellectural or non-sensible intuition ）。故此種「在」不在知
識範圍之內，雖然不在知識範圍內，但與現象性的我同樣是具體
的，不是抽象的。而笛卡兒之「我思故我在」，我之「在」是通過
思而說的，不是通過直覺而說的，故既不是現象身份的在，亦不是

物自身身份的在。他這個「我在」，依康德，只是「在」於知性，不是「在」於直覺。這個在不是「存在」（existence）之意義，而是「存有」（being）之意義。「存有」是很抽象的。數學上的「零」、幾何上的「點」，皆只可說「有」，而不可說「存在」。「我思」之「我」是一個邏輯的我、形式的我，因而「我在」也只是形式意義的在，或邏輯意義的在，即「存有」意義的在。這樣的我之思即是統思，故即相當於康德所說的超越的統覺。而超越的統覺即是知性之作用。這個知性之作用是統思，其統思所依據的概念就是本體、屬性、因果……等這些範疇，就是以這些範疇來統思一切現象，把一切現象綜和在這些概念之下。這樣就可達到「知識可能之條件即知識對象可能之條件」這一斷定，因而概念亦可落實。

但光只是由知性之統思來說，這太抽象。要具體化便需要有旁的東西來幫助，這就要歸到超越的推證之主觀面。主觀面使知性之統思具體化的便是想像，故康德在這個地方很重視想像。想像的作用是什麼呢？它可使感性給我們的那些東西可以重現出來。因感性都是當下的，它剎那間就過去了。假如不能由想像重現於我們心中，我們就沒有知識。所以必須通過想像的能力，把它們重現起來，雖然不在眼前，仍可存在於心中並把它們弄在一起，此謂想像之綜和作用。綜和的作用都是綜持，是把一些東西綜持在一起（holding together）。綜持也可譯執持，故依佛教唯識宗看，凡是康德所言之綜和作用都是一種綜持、執持。執持是一種執著。我們平常不太注意到綜和是一種執著的作用，其實就是一種執著，著於某些東西把它們聚集在一起。如果不抓在一起，綜和的作用就沒有了。抓住就是一種識的執著作用，說它是識之執著作用是有不好的

意味，是有價值性的判斷。那麼不執著者是什麼？是智，不是識。
知性之統思，統覺之綜和統一，是以概念去執著，這是最高層。其
次是想像層的重現之綜和作用，也是一種執著，所執的東西是通過
感性直接地當下呈現在我們眼前者，所以康德言感性給我的東西對
著綜和統一而言爲雜多（manifold）。綜和就是把雜多綜集統一起
來。

　　所以最底層的感性所給的是雜多，而雜多之所以能成爲雜多，
後面也有綜攝的作用，此作用爲直覺上之綜攝作用。其實一言直覺
就有綜攝的作用，只是其綜攝的作用的層次較低，故不易顯。而想
像、知性則層層提高，提高時其綜和作用就顯明了。在直覺上的綜
攝作用康德名爲攝取之綜和（synthesis of apprehension）。直覺一
個東西就是抓攝一個東西，所以攝取之綜和是由直覺層來講。重現
是由想像層講的，統思是由知性層講的，故有三層的綜和。最低層
攝取之綜和，所攝取的東西本來就是雜多，但雜多之成其爲雜多，
必須歷過才行，一個個歷過而把它抓在一起才能意識其爲雜多；假
如沒有歷過的作用，雜多的意識（consciousness of manifold），也
就沒有了；雜多的意識沒有了，雜多亦不能成其爲雜多。假如每一
雜多只是當下的，那麼這個雜多只是絕對的單一（absolute
unity），每一剎那所呈現的都是絕對的單一，只是絕對的單一，
就沒有雜多。──歷過就是攝取之綜和，又言綜攝。絕對的單一就
是絕對的孤零仃，其實零仃也不能講，雜多也不能講。所以直覺還
是有綜攝的作用，就是攝取，這是最基層的綜攝作用。綜攝作用層
之雜多，再通過想像把其重現出來；由想像重現出來的雜多，再往
上通過概念底概括作用就把雜多進一步綜和統一起來，這才成客觀

的知識，到此綜和才停止，故有三層的綜和。三層綜和明，則範疇之超越的推證即完成。

為何到統覺的綜和作用就停止呢？為何不能再層層無窮地往後追溯？須知這與客觀方面的因果關係可以作無窮地向後追問不同。我們的認知作用最後停在知性處，不能再往後追問，因我們在這裡使用的是概念，概念都是先驗地由知性發生之法則性的概念，如本體、屬性、因果……這些可以作為形式條件的概念。假如再問知性從那裡來？知性何以能發出這些先驗的概念？依康德，到此不能再追問了，這就好像追問我們為什麼以時間、空間為感性直覺之形式條件，這也不能再追問。因為人類的心靈，人類的知性就是如此。為什麼到知性處可以停止，而在感性層想像層皆不能停止，此乃因知性層是使用概念，使用概念就可以站起來，此如孔子所言之「立於禮」一樣。我們生活中的人格，要能站起來，就需要禮。禮從那裡來呢？依孟子此乃來自人之本心（依荀子則由聖人造成，這就成了一循環 circle）。禮是些架子，發自於本心表示它是最後的、終極的，故曰立於禮，人到此可以挺立而站起來，否則永遠往後靠。在知識處講，康德就說到知性（統覺）為止，不能再問，此如追問人的知性為什麼要用範疇（先驗概念）來思考，此也不能追問，因為人的心靈就是如此。感性為何要以時間、空間為其形式，這也不能再問。旁的其他有限存有也許可不用這些，但人類事實上必須如此。照康德之說法，知性之統覺的綜和統一是用先驗的概念來綜和，故講知識機能到此就停止，不能再無窮地往後追問。雖然不能無窮地往後追問，而知性的統思作用所表現的我是形式的我，這個我是個形式的存有，不能當現象看也不能當物自身看，它不存在於

直覺而存在於知性，到此不能再往後追問，但我們可以追問這一個邏輯的我，後面是不是還有一個預設，這一個邏輯的我是不是一個終極（ultimate）？對於前問，答曰它後面是有一個預設；對於後問，答曰它不是一個終極的我。它是一個因著知性之統思——以純粹概念而統思，而被撐架起來的形式的我。它雖屬於現象界而在現象界內呈用，但它本身不是一個現象，它不是可用感觸直覺去覺到的；同時它亦不是物自身身份的我，因為物自身身份的我是實法，是可以用智的直覺去覺到的，雖然我們人類無智的直覺。因此說到「我」，有三個意義的我：現象意義的我、物自身意義的我、邏輯意義的我——形式的我。物自身與現象是同一物之兩面觀，就「我」說，前一意義的我是「真我」，後一意義的我是假我、是虛構；而形式的我則是由知性之思而凸起的。因此，邏輯意義的我當有一個預設，此即物自身意義的我，此我當該是屬於 noumena。noumena 多得很，上帝、靈魂不滅、意志自由、物自身等都是noumena。「物自身」一詞可以是單數也可以是多數。每一個東西，如一杯子，也有一個物自身的身分。這樣，此邏輯意義的我與物自身意義的我（即以 noumena 看的我），有什麼關係呢？我們不能說知性拿一個概念去思，後面又還有一個條件。就知識機能講，到此為止。但是物自身意義的我如何轉成邏輯的我呢？在知識範圍內，這個邏輯的我是最後的。過此以往，則非知識所能及。

　　依中國的傳統來了解，良知不是現象。依康德，良知應屬noumena，也不是邏輯的我，也不是現象意義的我。假如邏輯的我在知識範圍之內可是最後的，到此可以停止，則邏輯的我後面的預設是良知的我，此我應就是康德之物自身性的我，那就是中國人所

說的眞我（ real self ），眞實的我，依佛教言，是涅槃法身、眞常
我，眞常我不能當現象看，也不是邏輯的我，那麼它當然是物自身
意義的我。在知識範圍內，此邏輯的我可以停住，但它與其所預設
的物自身性的我以及其與現象性的我，關係如何？這是可以說明
的，這裡的問題是很微妙很複雜的，但康德都沒有說明。詳見我的
《現象與物自身》一書。

　　上說的三層綜和可使開始客觀地講的答覆更具體一點，可以使
人有更具體的了解。由感性起層層往上綜和，直至最後的統覺，即
以純粹概念而成的綜和統一，而後止。這樣，這些範疇就是經驗可
能性之條件，同時也就是經驗對象可能性之條件。那麼在知識這個
地方，這樣說就夠了，這就是知性之存有論的性格。但一個對象呈
現給我們是靠時間、空間爲條件，而不是靠範疇，這樣一來對象要
可能，只靠時間、空間而不一定靠十二範疇，故馬上又要加上說
明。因爲依康德，感性靠時間、空間呈現給我們的對象是「未決定
的對象」，沒有通過概念而爲「決定了的對象」，只是通過感性呈
現給我們。所謂「未決定」就是沒有通過範疇而成爲客觀的對象。
那麼這個對象還是只有主觀意義的對象，還不是有客觀意義而爲決
定了的對象。當他說經驗對象可能性之條件，此對象是就客觀決定
的對象而言的。開始說對象只靠時間、空間條件呈現給我們，不必
靠範疇，那爲什麼現在又說範疇是經驗對象可能性之條件，這不是
有衝突嗎？所以這個地方馬上對對象要有個了解，經由時間、空間
之感性形式條件而呈現給我們的對象是尚未決定的對象，只有主觀
意義的對象，而這些範疇就是使它成爲客觀意義的決定了的對象之
條件。這樣，一個對象雖在感性中呈現，而吾人仍可說範疇是知識

可能性之條件，同時亦是知識對象可能性之條件。超越的推證，這個推證不要靠經驗。再進一步，不管是未決定或決定了的對象，這個對象是現象意義的對象，不是物自身意義的對象。物自身永遠不在知識範圍之內，而物自身也不能成爲一決定的對象，因爲一成爲決定的對象就不是物自身。到這個地方就是說明知識如何能客觀化，如何能有客觀的知識，而知識的對象是現象意義的對象。到此，客觀化的問題得到充分的說明。

客觀化之問題開始於呈現給我們的都是主觀的現象，主觀的現象如何能通過主體發出之形式而客觀化，此好像有點弔詭。主觀的東西所以能客觀化是要靠主觀的東西而非靠客觀的東西，這不是很古怪嗎？主觀的東西是指時間、空間的形式與範疇之純粹概念。這些都是普遍性的，靠這些由主體發而有普遍性的條件把呈現於我們感性的主觀性的表象客觀化，這是很可思議的。如人立於禮，禮非出於天，亦非出自地，而出於人的本心，由主體而發，此似是主觀性的；主觀性的東西使人成爲頂天立地的客觀實有（objective being），而不再是東倒西歪，像浮萍一樣，乃實是可以站起來，這是很合理的。這一層懂得了，則範疇使對象客觀化也就無難了。下面我們須說明「知性爲自然立法」一義。康德所說的立法與普通所謂自然法則不一樣。在此有三個問題要說明：1.知性爲自然立法。2.現象與物自身。3.感性直覺與智的直覺之對比，辨解知性與直覺知性之對比。這三個問題都弄清楚了，就可以除去對康德系統之反感、懷疑與不信任感。

知性爲自然立法，此所立的法則與平常所謂的自然法則是不是一樣？知性怎麼能爲自然立法呢？我們平常的自然法則（natural

law）不管是物理的或化學的法則，皆由自然發現出來的，而言知性為自然立法，此豈不是純粹的主觀主義嗎？這需要說明，他說為自然立法所立的是十二範疇，而範疇為經驗知識底可能性之條件，也即經驗知識所知道的對象底可能性之條件。我們平常以為為自然立法所立的法則是經驗知識所知道的特殊法則（ particular law ）。我們平常所說的法則都是這樣意義的法則。其實康德所立的法則是這些法則之條件，也就是我們心目中的法則底可能性之條件。就是說，它們是那些自然現象之特殊的法則如物理法則、化學法則或社會現象之特殊的法則之所以為可能之基本條件。而這些特殊法則應相當於政治上立法院所立之法，範疇則相當於憲法之法。立法院所立之法是一般的民事法、刑事法、訴訟法。這些都是法院審判所根據的法，這就是我們一般所謂的法則之意義。而憲法的法不是我們一般所謂的法則之意義。知性為自然立法所立的法就如憲法之法，是成功政府一切的組織、政府辦事、社會上一切活動所遵守的法則之根據。它是高一層，嚴格講，在此不能言法則，言法則意義太廣泛。知性為自然立法是立自然法則所以可能之條件，但康德籠統地說為自然立法，這便引起人的反感。其實這個話是可以通的，這不是主觀主義。有特定內容的法則還是由經驗來，立法院所立的法，為法院審判所依據者，還是由社會上的事宜而來，這些都是特殊法則，即所謂民事法、刑事法，法院審判所根據的法則。而「知性為自然立法」所立之法類乎憲法，是開國民大會來創訂的，不是本來有的，那是更高一層的東西。

　　第二個問題現象與物自身，此須特別說明。康德之說法與平常之說法不一樣，我們平常所了解的分別，大體都是洛克意義的，即

他把物性分為第一性、第二性。第一性是客觀的，屬於物本身，第二性是主觀的。但康德說這還是經驗的分別，而現象與物自身的分別是很重要的，為康德哲學所依以成立的特別識見（insight）。他建立這個大系統完全靠這個識見，在此識見之下遂有第三個問題。此即人類的感觸直覺與智的直覺相對比。我們的直覺總是感觸的，但在我們的直覺之外他另想一個智的直覺（intellectual intuition）。關於智的直覺，他也可以說得很恰當，可是他是根據邏輯推理（logical inference）與邏輯思考上的比較（logical comparison）而來，他實在是沒有見到的，因為他沒有這個傳統，但他都想得很合理，但有時說得不太恰當。但中國有這麼個傳統，中國的學問就單講智的直覺，儘管無此詞語。但西方人所說的這種智的直覺之意義與道理，儒、釋、道三家都有之，且其重點都落在這裡，故中國人了解得很明確，而不是靠邏輯的推理。康德就說得不明確，因他沒有這個傳統，但是他有基督教的宗教傳統，在宗教傳統之下，智的直覺是屬於上帝。

這樣就有兩種直覺之對比，也有兩種知性的對比。人類的直覺是感性的直覺，而上帝是智的直覺。人類的知性是思想，在康德於知識上講知性的作用就是思想，對對象下判斷，這種知性在西方稱辨解的知性（discursive understanding），曲曲折折地有論點有討論，這樣就需要有一些條件、一些手續，故為辨解的知性。這種知性就要靠邏輯概念、遵守邏輯手續，這樣才能成功知的活動，這就表示人的知性不是「直覺的知性」，因直覺是直而無曲，直而無曲就不是辨解的，既是知性而又是直覺的，這種知性康德以為人類是沒有的。

　　至於直覺，一說直覺就是有某種東西刺激我，我對之就有一個反應，此即直覺，故直覺都是感性的。可是就有另一種直覺不受感性的影響，即發一個直覺是純智地（pure intellectually）發之。康德又以為人類沒有這一種直覺，上帝才有。可是中國人就專門講這一種直覺。

　　知性在人類的科學知識的範圍內是辨解的，但在上帝則是直覺的，即所謂「直覺的知性」。既是知性又是直覺，就是不經過概念等一些手續條件就可以直接地達到對象之知：知之等於直覺之，直覺之等於創造之。這個很難，故康德以為只有上帝才能如此。在上帝，直覺的知性（intuitive understanding）就等於智的直覺（intellectual intuition）。由直覺講，就是祂的直覺是智的，不是感性的。由知性講，就是祂的知性是直覺的，不是辨解的。所以在上帝，直覺與知性這兩者為同一。可是在人類是不同的，直覺就是直覺，知性就是知性，這兩個不同作用的認知機能要合作才能成功知識，可是在上帝就是一個。康德這種講法是西方宗教傳統下的講法，由中世紀就是這樣的講法，這是對於上帝的體會，對此聖多瑪做得最好，中國的傳統就不從上帝那裡講。下講講現象與物自身的意義與區別，由此乃能完成康德在知識範圍內所講的經驗實在論與超越觀念論。對此，東方人持什麼看法？儒家、道家、佛教各持什麼看法？

第十三講

「知性為自然立法」之意義：此是否主觀主義？

今天我們來說康德之「知性為自然立法」這句話之意義。「知性為自然立法」，這句話我們怎麼樣去了解它呢？如只從表面看，則人們覺得這句話聽起來非常刺耳，令人起反感，因為這主觀主義太強。但是我們一層一層地去了解它，了解康德講這句話的背景，講這句話的分際，那麼這句話應該是可以說的。

第一步我們先要了解康德說「知性為自然立法」之「自然」是什麼意思？康德說的自然應該是等於現象的全體。用康德的詞語來說，自然等於現象之總集（sum），即所有的現象總起來、加起來，也就是我們平常所說的自然界（natural world）。

在這裡，他心目中所想的自然與我們一般所想的自然，很明顯地就有距離了。我們平常所說的自然是天造地設的大自然。說自然界不同於社會界，說自然科學是研究自然界的學問，這所說的自然都是天造地設的，自然如此擺在那裡。但康德所說的自然，就不是這個意思。正好自然不是天造地設的，跟我們平常心中所想的大大不同；既然不是天造地設的，那麼是什麼意思呢？

一般人去了解康德在這裡就發生問題了，因為大家都用平常所

了解的自然去了解康德所說的自然。如果說自然是天造地設的，那麼我們又說「知性為自然立法」，這句話就不通了。但是如果說自然就是現象，這樣的自然不是天造地設的，那麼說「知性為自然立法」這句話就不那麼令人起反感了。

假如現象不是天造地設的，那麼我們也可以問什麼才是天造地設的呢？這樣問，康德應當說「物自身」，「物自身」才是天造地設的。

「物自身」或譯為「物如」。物如之如來自佛教，人或可以為這個字有點玄妙，但說實了，這個字是可以用的。照原文的字義或英文的翻譯，嚴格講當該是「物之在其自己」，「在」字不能去掉。光說個「物自身」，那意義就模稜有歧義。譬如眼前這個粉筆當現象看，我也可以說粉筆這個現象本身。於粉筆說本身，即其後面加上 itself 也是可以的，但這卻是就現象說的本身或自身。就粉筆這個現象說粉筆自身。其他如說人本身、桌子本身等等；於任何現象，「本身」這個字樣都可加上去。那麼這樣雖然加上本身還是個現象，現象本身就是客觀地說這現象自己。

但是「物之在其自己」其意思就不同，它不能當現象看，它永遠不是現象。「物之在其自己」之英譯為"in-itself"，前面加"in"是很有意義的。有"in-itself"就有"for-itself"，所以後來黑格爾就根據這個意義之"in-itself"，再進一步講"for-itself"。

說"in-itself"是說物之純粹在其自己與任何其他東西不發生關係，與任何人與我也不發生關係。那麼因此它是個什麼東西我們完全不知道。可以說"in-itself"什麼也不是，純粹是一個很空洞的東西。依照黑格爾之辯證法，辯證的發展是要預設"in-itself"

為底據的，這「在其自己」是就絕對存有說，或就精神主體說，不泛指任何物。

精神主體若想有所呈現而為人所知，則它除「在其自己」之外，它還要「對其自己」（for-itself）。它若只在其自己，則他就是純粹內斂於它本身，或者內縮於它本身。「在其自己」之「在」，好像一個東西絕對內斂於它自己或內縮於它自己，它沒有任何顯現。它不顯現，你知道它什麼？你不顯現，我怎麼知道呢？你不顯現，你是個什麼？你什麼也不是！顯的時候，才能知道你是什麼。

"for-itself"，自己對自己，這個 for 當譯為「對」，有人譯為「為」而成為「為其自己」，這是不對的。「對其自己」與「在其自己」相反，精神主體對其自己，它本身就有分裂。它對其自己是把自己當作對象。我可以把我自己推出去作為主體我所默想或所觀察的對象。這時候其自己內部有個分裂，即有 subject-object 之分裂，一有此分裂，一有能所之對立，就有所顯，有所顯就轉成現象。此即形成黑格爾辯證法中之三動相，即："in-itself"、"for-itself"，再綜和起來而為 "in and for itself"，這三步動相。康德只從知識上泛講任何物之 "in-itself"，不能再講 "for-itself" 以及 "in-and for-itself"。但黑格爾就精神發展講，則可以加上這後兩步動相。後兩步動相所預設之 "in-itself"，就是從康德所泛講的「物之在其自己」之在其自己而來。物之在其自己，就是平常所簡言之的物自身，這與我們平常說粉筆本身，這個本身 "itself" 是隨便加上去的不一樣。

物之在其自己是一個東西絕對地內縮內斂於其自己。這個時候就等於我們日常生活中所謂一點朕兆也沒有。一點朕兆不露，這就

是人所謂莫測高深。法家就喜歡用這一套，做皇帝就要這一套，雍
正皇帝很有這一套本事。你一露朕兆就有端倪，一有端倪我就可以
把你抓住，我就可以猜測你喜歡什麼東西；你喜歡什麼東西我就投
你之所好，你討厭時我就逃避一下子，這是官場的情形，所以大皇
帝在這裡一定要在其自己。這是我們從日常生活中體會的，我這個
意思可以幫助你們了解這一個詞語之實義。

　　所以康德說物之在其自己，我們對之完全無所知，知識所不能
及。而我們知識的條件也不能向它那裡應用。那麼這個東西是什麼
東西？什麼東西也不是。你可以說它是無限的秘藏，用佛教的詞語
講，是絕對的秘密、無限的秘藏。照康德的意思，這個意義的物之
在其自己，才是天造地設的，對任何其他東西沒有發生關係，因而
也不現任何面相，它也不內部起風波，它純粹在其自己，是純粹地
自在獨化（獨化無化相），默默地密勿自運，這才是天造地設的。

　　你一旦與其他東西發生關係，就有一個「他」（otherness）與
你相對。有一個「他」與你相對，這時你這個東西就不是你之在其
自己，那麼這時的你就不是天造地設的，照中國人之詞語講，這純
粹是後天之學。當一個東西與其周圍的其他東西一發生關係就落在
後天。對某一個東西顯一個面相，對另一個東西顯另一個面相，有
好多是歪曲的面相，也有好多曲折的面相。這些面相就叫做現象。
這當然不是先天的，天造地設的本身，這照邵堯夫講就純粹是後天
之學。

　　為什麼物之在其自己才是天造地設的呢？天造地設是我們的詞
語，依康德在西方基督教傳統下來講，天造地設是上帝所創造的，
上帝所創造的才是天造地設的。照康德之說法，上帝之創造只創造

物自身，只創造物之在其自己，不創造現象，所以在上帝面前沒有
現象，也沒有我們所說之自然界，即並無我們平常所理解之天造地
設之自然界。你所說的眞正意義的天造地設，當是指「物之在其自
己」之物講，此「物之在其自己」之物我們對之一無所知，在這個
立場我們沒有自然科學，自然科學不能從「物之在其自己」之物建
立起來，不能從研究「物之在其自己」之物發出來。所以假如你知
道依照西方傳統，依康德所講，上帝所創造的是「物之在其自己」
之物的時候，那麼你就知道「物之在其自己」之物才是天造地設
的。

　　既然「物之在其自己」之物是天造地設的，那麼現象就不是天
造地設的了。自然就是現象之總集。我們所謂自然界，所謂研究自
然科學之自然，那個自然只是一大堆現象，這不是上帝所創造的，
不是在上帝面前的對象。旣不是天造地設的，「知性爲自然立法」
這一句話的意思就可思量了。你開始時那強烈的反感與反對，現在
就轉成輕鬆一點了。一開始你以爲是替天造地設的自然立法，現在
你知道不是替天造地設的自然立法，乃是替現象立法，那麼「知性
爲自然立法」就可思量，可思量就好辦了。現在且把現象與物之在
其自己放在下次仔細講，現在只先這樣提一提。

　　自然是現象的總集，不是天造地設的。再進一步我們來了解立
法之意義。「知性爲自然立法」，如何立法呢？開始我們本來說知
性本身能提供一些概念，這些概念就是範疇，範疇是存有論的概
念。它們不是純粹邏輯中的形式概念。假定它們是純粹邏輯中的形
式概念，則這些形式概念不能成爲自然界的法則。是故我們開始就
分別成兩套概念。假如我們能了解知性可以提供一些先驗的概念，

又假使知性所提供的這些先驗的概念只是純粹邏輯中的形式概念，那麼你還是普通的實在論，康德所說的現象的意義就沒有了。像羅素這些人只了解邏輯中的形式概念（虛概念，邏輯字），所以他們都是實在論。

假定你站在康德的立場問：你所謂實在論是什麼意義之實在論，他也不必答覆。反正站在羅素的立場，康德之物自身與現象之分別，他是不承認的，或至少可以說他沒有康德現象與物自身之分別，他所了解的只是純粹邏輯概念。邏輯概念對於存在沒有擔負，這就是實在論了。

這些邏輯概念不能控制存在、不能決定存在。我只能根據我的邏輯概念、邏輯手續來發現自然法則，這些純粹概念不能代表自然法則，這當然是實在論。這樣第一步假如我用的是純粹邏輯概念，而以為我們就可以把現象自然界由知性之控制中解放出來，這樣的講法大體都自以為是實在論者。凡是不滿意康德之主觀主義，大體都想由知性把現象、把自然解脫出來，儘管這個現象不是康德意義之現象，只是我們普通所說的現象。這種解脫出來的思想，不但是英、美的實在論有之，德國式的實在論也有之。不滿意康德傳統所成的主觀主義，這在德國也是有的，這便成德國式的實在論者。這些實在論者的路線，如胡塞爾、海德格便是。胡塞爾講他的自以為可以自康德的知性主體解脫出來的現象學——客體解放的現象學，而海德格則講他的德國式的存有論，所以他們都沒有康德的現象與物自身之分別，也沒有思辨理性與實踐理性之分別，以及智思物與感觸物（nomena 與 phenomena）之分別。

沒有這一套架子，你說你已經把現象從知性主體中解脫出來

了。你究竟有沒有把它解脫出來呢？這是很有問題的。光只是掩耳
盜鈴，把眼閉起來，這些我不提，反正這樣我就把客體解脫出來，
這眞能解脫出來嗎？例如只講邏輯概念，眞能把客體解脫出來嗎？
這是很難說的。譬如我寫《認識心之批判》的時候，我只能了解知
性可提供一些純粹邏輯概念，這個也可以說出一大套，這裡也自含
有實在論，我也認爲可以把自然現象從知性主體中解脫出來。是不
是眞能從康德之「知性之存有論性格」裡解脫出來，還是有問題。
這個時候問題是懸而未決的。問題還沒有解決而是敞開而沒有決定
的。我們常把敞開而未決的東西當成決定的，好多人都是這樣的，
英美式的實在論也大體是這樣。

　　這只是一時的方便，暫時的客觀主義、暫時的實在論。假如康
德在這個地方明明告訴我們，知性所提供的不是純粹的邏輯概念，
邏輯概念只是線索。我們的目的不在發現這些邏輯概念，這些邏輯
概念已經有了，這一步很容易了解。從這一步線索要引到存有論的
概念，要想發現範疇。他所發現的範疇即是存有論的概念。這些存
有論的概念，不是客觀地從存有論之立場獨斷地講，而是從知性之
超越的分解之立場批判地來講。那麼既然是由知性之超越的分解之
立場講，由此進一步就要承認知性之存有論的性格。假定知性所發
出的是純粹邏輯概念，那就是知性之邏輯性格（logical character of
understanding），知性之邏輯性格很容易了解。

　　由知性之邏輯性格這一層講，就沒有知性爲自然立法這個觀
念，現象與物自身之分別也不一定有。假如有，也是像洛克之分
別，第一性、第二性之分別，這種分別不是康德所謂現象與物自身
之分別，所以康德說洛克之分別爲屬於經驗之分別（empirical

distinction）。要不，就是來布尼茲的分別，這也不是康德所說的
現象與物自身間的分別。康德說來布尼茲的分別只是邏輯的分別。
這也不能有爲自然立法之義。因此，要想有現象與物自身之超越的
分別，並因而有爲自然立法之義，則在知性之邏輯性格以外，還要
承認知性之存有論性格。

　　可是這個問題說到這個地方又是一個癥結。假如你能承認知性
之存有論性格，再說「知性爲自然立法」，那麼你當初對「知性爲
自然立法」之強烈反感又減少一步了。既然承認知性有存有論之性
格，那「知性爲自然立法」也很容易了解，不是很困難的了。

　　因爲存有論之概念，本來就是決定對象之概念，本來就與對象
有關係，邏輯概念就與對象沒有什麼關係。所以 all, some, is, is
not, or, and, if……then 等邏輯概念，對於對象不能有所控制，只
能根據這種思考的程序去發現自然法則。由 all, some 轉成量的範
疇，由 is, is not 轉成質的範疇，由 if……then, or, and 等轉成關
係範疇的時候，那就完全不一樣了。那就對對象有所決定、有所事
事。所以這一部份康德稱爲超越的邏輯（ transcendental logic ）。
假如講的只是知性之邏輯性格，則只表示我們平常的邏輯程序在知
性中的形式作用，對對象無所事事、無所決定。康德之超越邏輯唯
一之差別點在對對象有所關涉與決定。所以若承認知性之存有論性
格，則對「知性爲自然立法」更又接近了一步，開始的強烈反感更
又鬆了一步。這樣一步一步接近，終於完全承認「知性爲自然立
法」之不可移，這是第二層的了解。

　　至於說到知性之存有論性格，這並不容易了解。雖然你可承認
知性之存有論概念，但你對知性之存有論性格仍可完全不能承認，

完全不能了解，覺得知性何以能有此性格，這說起來很不容易，最後的關鍵就在這個地方。

要了解知性之存有論性格，這當然還是與現象有關係。因為現象不是天造地設的，天造地設的是物自身。而存有論之概念與對象或存在有所關涉，所關涉及的對象或存在還是現象而不是物自身，這個時候的存有論還是屬於現象範圍內，即知識範圍內的存有論，但我們平常講存有論也不一定如此。所以最後知性之存有論性格還要慢慢再往裡深入，這不太容易了解。這個地方佛教對我們的幫助很大，使我們對於知性之存有論性格容易了解。照西方哲學，甚至照康德本身之思辨，很不容易使我們信服。

我們需要有兩步了解：第一步康德所謂自然是現象之綜集，不是天造地設的，天造地設的照康德講當該是物自身。了解到這一步，則「知性為自然立法」就可以接近了。這一步還不夠，再有第二步，在第二步時我們了解範疇這些概念是存有論的概念。假如這些概念是存有論的，則知性即具有存有論性格，如是，則「知性為自然立法」就更可理解了。最後之癥結落在知性之存有論性格可理解不可理解，能說得通說不通。最後是這個問題，這個問題後面將可徹底明白，現在暫時停一下。

知性之存有論概念，與自然現象有關係。照康德之想法，現象是對人而顯。假如一物不和任何主體發生關係，絕對地內斂內縮於其自己，不露任何朕兆，則它什麼也不是。我們對它一無所知。所以康德說現象不是天造地設的，不是在上帝面前者，不是對上帝講者，單單是對人講者。對人是籠統的說法，對人的什麼認知機能而顯現成為現象呢？第一步對人之感性而顯現。光對人之感性還不

夠,還不能完成其爲現象,第二步是對人的知性。對人之感性而顯現稱爲現象 appearance,此時,所顯現成的是未決定的對象,只是把一個東西給與於我。第二步對人之知性,如是,則所顯現的即成爲一決定的對象。

對人類才有如此這般的現象。對上帝而言,無所謂現象。對人,不管對人之感性或知性講,人是有限的存有(finite being)。照西方的傳統,人是被上帝所創造的,凡是上帝所創造的都是有限的,只有上帝才是無限的存有(infinite being)。在上帝面前,沒有現象,都是物自身,只在有限的存有面前才可說現象。我們所知道的現象,我們所知道的自然界,單單是對人這個有限的存有而顯現成者,單單是對人這個有限存有而顯現爲如此這般的現象、如此這般的自然。那麼這一句話就表示除人之外還有其他有限的存有。

粉筆沒有感性,也沒有知性,但卻也是有限物。粉筆這有限存有,照佛教講,不是衆生,不是有情。照佛教講,衆生都是有情,有情就是有情識的作用。有此作用的存在,才叫做衆生。草木瓦石不能成爲衆生。草木瓦石雖然也是上帝創造的,但草木瓦石卻不是有情衆生(living being)。所以所謂顯現是單對有限的有情衆生而顯現。人類只是有情衆生之一,六道衆生,人是六道衆生之一類。六道是人、天、阿修羅、地獄、餓鬼、畜生。動物也是有生命、有情識,但是其情識差得遠。人是指居於這陸地上的人類而言,天是指天堂上的有情識者而言,阿修羅的意思是不端正、好鬥爭好打架,阿修羅雖不端正,但也是高級的衆生。在佛教中,人、天、阿修羅稱爲三善途,地獄、餓鬼、畜生則稱爲三惡途。不管是三善途、三惡途,佛教言一切衆生皆可成佛。不過三惡途慢一點,三善

途快一點，其中最好的是人。所謂最好其標準是什麼？是就成佛之難易而言。人成佛最容易，天堂的眾生當然是好，但因享福享得太多，也不容易成佛，地獄餓鬼太受苦，受苦太多也不容易成佛，畜生雖有情識，然稟氣太混濁，心竅不開，成佛也很困難，但它總可以成佛，慢慢來。因為人最容易成佛所以最好，故佛教說：人身難得，中國難生，佛法難聞，生死難了，有這四難。生而為人是不容易的，生而為中國人更不容易。可是佛教說的中國不一定是我們中國，依照佛教印度才是天下之中。

六道眾生統統是有限的存有，都有它自己的如此這般的現象，所以我們所說的現象是對人講，我們所了解之自然界、所有的科學知識，是就人之感性與知性而言的。我們人類有如此這般的感性，有如此這般的知性。其他的有限眾生，只要是有限，它一定也有感性，但它們的感性不一定同乎我們的感性。有限之所以為有限，就是因為它有感性。照西方傳統，有限不是籠統地說的，有一定的講法，有限之所以為有限，首先是因為它是個組合物，由兩個異質成份組合起來的，此兩種成份是什麼成份？

此思路是由亞里士多德開始的，依亞氏言 form 與 matter，有限的存有一定有 form 一面，也有 matter 一面，就是由這兩面組合成的。matter 是物質性，廣義說材料，以物質性做材料，這是廣義的籠統的原則性的決定。而講到人類，物質性就是人的感性，感性就是代表物質性。人一定要有感性，一定是組合的，這才是有限。無限存有如上帝不是組合物，因上帝無物質性，我們不能說上帝有感性。我們有耳、目、口、鼻，上帝無耳、目、口、鼻，不能有感性，所以這個無限的存有 pure form，不是一個組合物。我們

了解有限無限要通過是否是一組合物這個觀念來了解，不是隨便籠統說的。這個無限依黑格爾稱為質的無限（qualitative infinite），還有量的無限（quantitative or mathematical infinite），此乃數學所說的無限。量的無限與質的無限不同，量的無限與 form, matter 無關。上帝、道體、本心、性體等之無限皆為質之無限。

人是有限存有，因為有身體一面，此代表物質（matter），但也有理性這一面，此代表人之形式（form）。因有身體才有感性，我們的感性與其他有限存有之感性不一定相同。我們有五官，假定在頭上再長一個眼，如封神榜的聞太師有三個眼，那他的感性形態，就不一定與我們相同了，那麼在他眼前的現象與我眼前的現象就不一定一樣了。我們是靠五官，在五官這個機體之下呈現現象，而且在時間、空間內。我們的感性有時間、空間之形式，其他的有限存有就不一定是這樣的時間、這樣的空間。感性不同，現象在他們的眼前也就不同了。所以現象不是天造地設的，若是天造地設的，那裡有這麼多不同呢？應該到處都一樣。到處都一樣那就是「如」，那就是與任何感性主體都沒有發生關係，那就是絕對意義的「物如」。

這個意思很深遠。儘管在康德的哲學裡是這樣分開了，但大家不一定了解。如照洛克的分法來了解，或來布尼茲的分法來了解，那都是不對的。如照康德的恰當意義來了解，這個意義深遠得很。在上帝面前是「物如」，沒有現象，這個「物如」，在上帝面前是什麼相呢？沒有相，說什麼也不是。關於物如這方面的玄談，中國人很行，康德還談不到，他只把它擺在那裡就是。

現象只是對有情眾生而顯現，有不同之有情眾生就有不同之現

象、不同系統的現象。我們所了解的這樣系統的現象是在我們人類的感性與知性面前的現象。

我們的感性一定要有時間、空間為其形式。我們的知性,當它去決定感性所呈現給我們的現象的時候,它一定要用些基本的概念,這就是知性所提供的那些存有論的概念,就是範疇。所以現象是由感性而顯現,而為知性所決定。言至此,知性之存有論性格與現象之成其為現象一起呈現。假如現象不是在時間、空間裡它就不是現象,所以一說現象它就有時間、空間性。而時間、空間性這個形式是由主體而發,這個主體是隨感性而表現的心靈主體。時間、空間是由心靈之隨感性而發因而遂客觀地被擺在現象上面,那麼現象之有時間性與空間性就是感性的執性、感性的執著性。你先分解的說是心靈隨感性而供給時間、空間這形式,因此說這形式是主觀的。可是感性把一個東西給與於我們而成為一個現象,乃實是因落在時間、空間這個形式裡而成為一個現象。所以這個時候現象之時間性、空間性與感性在時間、空間形式下去呈現現象,這兩者完全是一回事。我們不能說有一個現象擺在那裡,暫時離開時間、空間我們還能夠想現象;離開時間、空間就不能想現象。那麼感性依時間、空間之形式以成其為感性與感性所呈現給我們的現象之有時間性與空間性,這兩者完全是一回事。故康德云:感性之形式同時即是現象之形式。我們一定先要建立起這一義。

時間、空間與現象拆不開,拆開的時候,你說我可以暫時離開時間、空間想一個現象,這樣的現象就沒有實在性,就成空觀念。我們不能離開時間、空間這個形式,光從知性或理性去想一個沒有時間、空間的現象。假如這樣就稱為現象的觀念性,而這觀念性就

是超越的觀念性（transcendental ideality）。超越的觀念性意謂這時的現象是一無所有，什麼也不是，只是個觀念。所以當說現象時，感性上的形式，與感性所呈現的現象之形式，一定是同一的。

那麼由我們的感性主觀分解地講，說時間、空間之形式是心靈之主觀建構，這是我們了解時間與空間之根源是由主體而發，這是分解的表示。可是這個由主體而發出的時間、空間要落實而為現象之形式，不能空空地擺在那裡而無用。它是我的直覺之形式，同時也就是現象之形式。它既然是現象之形式，就與現象拆不開、離不開，這個時候永遠是個相即的關係，它與現象合一。

當我們的感取主觀地執著時間、空間的時候，就是執著有時間性、空間性的現象。因此，你要先了解這兩者相即的同一化，了解相即的同一化的時候，就可以了解感性的執性。現象之成其為現象，以及現象之形式時間、空間從主體發，嚴格講都是我們的識心之隨感性而起執之執性。識心若沒有隨感性而起執之時間、空間的執，也沒有現象。當它有這一執的時候，現象就在你這一執中成其為現象。這是感性心中時間、空間之執性，以及現象之時間性、空間性之執性。

先說感性心中時間、空間之執性。時間、空間之執性，就表示時間、空間的根源發自於心靈，隨感性而執現。這個是指著時間、空間之形式之根源說。但這個形式同時就是現象之形式，所以進一步當心靈隨感性執著時間、空間的時候，就是執著現象之時間性、空間性。執著時間、空間是說時間、空間之根源，根源於何處？根源於心靈主體的執性。由心執而發為感性之形式，同時也就是現象之形式。

所以進一步言現象之時間性、空間性也就是感性心之執性。感性心之執性，嚴格講就是心靈隨著官覺主體而呈現。這種心靈主體的執性是隨著官覺機體而起，因此就叫做感性心。這感性心就是佛教所說的前五識，眼、耳、鼻、舌、身識。識是屬於心靈活動，前五識是心靈隨著五官而表現，五官是官覺之機體。感性這一層了解了，下面知性這一層就容易了解。

感性把時間性、空間性的現象呈現給我的知性，我的知性就根據其自己所提供的存有論的概念來決定這個現象，決定之使之成為決定了的對象。什麼是決定了的對象？一對象之量相、質相、關係相，一切都能概念地決定出來，就成了決定了的對象，因而也就是客觀化了的對象。它之量相、質相、關係相等不是主觀的幻想，有客觀的意義。不是主觀的就是由於客觀的概念。感性所呈現的時間、空間中的現象的量相（性）、質相（性）或關係相（性），即《法華經》所說的「如是相，如是性，如是體，如是力，如是作，如是因，如果緣，如是果，如是報，如果本末究竟等」十如之前九如。此十如中之前九如都沒有離開十二範疇的範圍。現象之量性、質性、關係性如能夠客觀地被決定，此現象豈不就成了一個客觀的對象？豈不就成為真正知識的對象？假如它的量性、質性、關係性完全不能決定，那麼它在你的眼前是模糊的，不是真實客觀的對象，不是知識底客觀對象。

那麼在知性面前，當一物為知性存有論概念所決定，成了一個決定了的對象時，這就表示它的量性、質性、關係性統統可以成為客觀的呈現，說實了，這也就是知性的執性。執性是佛教的詞語，西方人聽起來不順耳，覺得很奇怪。知性之所以為執在那裡表現

呢？在康德的系統中，康德的什麼詞語可以表示這個意思？理性、
先驗那些詞語都不能。知性底什麼作用能表示這個執性？我們首先
問知性用其所提供的概念來成功一個什麼作用呢？以康德的詞語
說，當該是「綜和」。綜和有三層，感性、想像、知性都有其各自
的綜和作用。感性層為攝取之綜和，這是使雜多成其為雜多者。我
要知道雜多之為雜多，須把雜多一個個歷過，然後執持之於一起
（holding together），此就是攝取底統攝作用，此即感性層的綜和
作用。

　　再往上就是想像層的綜和，這是使感性所給者可以重現。想像
底作用是重現。感性是眼前的、當下的，我們不能停於當下，一剎
那就過去了，過去了就在我的腦子裡邊，但我可通過想像、記憶
（memory），把它重新浮現起來，如浮現不出來把它忘掉就沒有
知識可言。所以想像中含有記憶、聯想（association）等作用，表
示過去者可以重現。

　　知性層表示什麼綜和呢？答：是統覺（apperception）之綜
和。不管是感性、想像，抑或知性，它們都有綜和或總持的作用，
此即佛教所謂的執。認知的基本作用是執，就是抓在一起。再進一
步有黏著、繫縛不解等，這些是心靈的癡迷膠著、拖泥帶水，那是
後來加上去的，也都是執著，執著是煩惱之源。

　　在佛教，執的意義多得很。有從根本上說，有從枝末處說，有
依心理學的意義說，有依邏輯的意義說，都是執。康德所說的三種
認知機能底綜和就是執。為什麼依佛教可以說它們是執，而西方人
不用這個名詞呢？西方人聽起來似乎很刺耳，講客觀知識為什麼說
執呢？這個執並不一定是心理學意義的執著之煩惱。佛教在這裡，

不管感性也好、知性也好，當他說識的時候，他心目中有一個與識相對反的智。可是當西方人講感性、知性時就當事實來看。我們人類就是這樣，人類就有如此這般之感性，如此這般之知性，如此這般之理性。但依佛教的立場言，由感性、知性說至理性，就是理性也是識啊！那理性根本是從邏輯推理（logical inference）那裡講，邏輯推理還是識。西方人說這是事實上就是這樣，定然如此，無價值的意義，沒有給它價值性的判斷。可是當佛弟子一說識的時候，他心目中想些什麼呢？他又想還當有什麼與識相對反呢？他們想「智」與之相對反。所以一說識就有價值性的判斷，識有不好的意思，是煩惱之源，是執著之源，是不清淨之源，毛病多得很。不管是那一識，前五識或背後的第六識、第七識與最後的阿賴耶識，統統都是識。佛教意義的識是與智相對反的。但一般意義或梵文的原義，「識」的意義是了別，明了、分別、辨識，這些作用都在內。所以有人翻唯識論為唯了論，這當然很怪。識是了別，從這個意義來講，識是中性的，沒有什麼一定好或一定壞。西方人的understanding也就是了別的意義。我們有感性上的了別、想像的了別、知性上的了別，了別就是認知，這些都是認知的能力（cognitive faculty）。了別就是明了分別，分析、綜和那些邏輯性的思考都在裡邊。但當一說智時，智的作用是無分別，所以名為無分別智。

　　識中的分別，唯識宗又馬上給你加上價值性的判斷，虛妄分別，一說分別就是虛妄性的分別，就是科學中的分別也不能免於虛妄分別。既是虛妄分別，就當去掉。去掉虛妄分別，就轉識成智了。

剛才說就是科學也不能免於虛妄分別，這當如何去說明呢？須知科學的眞理不是絕對的眞理，都是經過某種程序與手術而成的眞理，不是由純智的直覺而成的眞理。它有一種根本性的手術作用，這也概括在虛妄分別中。沒有這種根本性的手術作用（從具體特殊者中抽出其普遍性者，因而有殊相、共相之分別），你也不能成就科學。這種根本性的手術作用（連帶其後的分別），開始的時候，我們可以想它沒有顏色，這就是懷德海所謂的「抽象」以及「單純定位」。懷德海的哲學就是如何建立抽象、如何批判抽象。科學不能沒有抽象，沒有抽象就不能成科學知識，但若停在抽象中，就有相當程度的虛幻性，所以你不能了解眞實。抽象在科學中是不可缺少的，是一種必然的笨手笨腳的步驟活動之一。有抽象就有單純定位（simple location），單純的定位可以確定量的知識、質的知識。單純的定位依懷德海就是妨礙我們了解具體眞實的障礙。具體的眞實並不是那樣可以用單純定位單純地定在那裡。但是科學不能離開單純的定位，所以科學所了解的都是抽象性的道理，眞實的道理科學就達不到了。抽象性的單純定位就是所謂基本的手術。這種基本的手術，站在科學知識的立場是中性的，很難說它好，也難說它壞。懷德海說到最後，雖然是中性，但因達不到眞實，所以這種知識是粗略得很。

最顯明的例子就是量子論中的不決定原則（principle of indeterminate）。平常一般不了解科學本性的人，都是瞎想。他們認爲不決定原則就是表示科學沒有一定的機械法則，這樣量子論也表示了意志自由。但不決定原則與意志自由毫無關係。此原則的意思是說：你要知道量子的速度知道得很明確，你對量子的位置就不

能有確定的知識；相反地，你要想對量子的位置有確定的知識，你對它的速度就不能有明確的知識。為什麼呢？我要知道這一面，我要經過一些手術以固定之，這面定了那面就不能定了。對速度要確定，就需要些手術，這一來，位置就不能定了。對位置亦復如是。這就叫做不決定原則。這根本表示我們的經驗知識是笨手笨腳，沒有辦法直達真實，這就是科學的限度。這並不是自由不自由的問題，這與此類問題根本不相干；也不表示一般的機械法則完全無效，它只表示在某種特殊的情況之下，我們的知識不能兼顧，顧這一面那一面就不行，顧那面這一面就不行。這是懷德海經由單純定位與抽象這兩個原則所了解的科學知識的本性。這也表示在科學知識層次以上有更高一層的境界。這更高一層的境界，在佛教叫做智，就是唯識宗所講的無分別智。

當佛教一說識的時候就這樣看，它有智與它相對反，智是無分別，識一定有分別，分別一定有相當程度的虛幻性或虛妄性，這是避免不了的。儘管有些科學知識是經過試驗已證實了的，但這樣的虛幻性一樣還是有，你達不到絕對的真實。

那麼你可以想一想，無分別智是個什麼作用？這個地方是東方學問玄談的地方，好多妙理都在這裡出現。那麼在康德的系統裡，按照基督教的傳統，有沒有與人類的感性及人類的知性相對反的智？有，但卻是放在上帝那裡。我們人類這裡沒有這種智，所以康德沒有像中國傳統那樣的學問傳統。對上帝的智，西方的哲學家也可以推想一些，如就之說直覺，那麼祂的直覺是純智的，而不是感觸的；如就之說知性，那麼祂的知性是直覺的，而不是辨解的。這都是根據邏輯推理而推想到的。他們沒有中國那樣的傳統，故不能

瞭如指掌。

在中國，佛教不把智擺在上帝那裡，而是擺在我們這裡。識是在無明中，不覺悟就是識，故要「轉識成智」。但一旦覺悟就轉成智，是故智就在我這裡。眾生無始以來就在識中，但我們也有轉識成智之可能。在西方沒有這個問題。你若問康德說我們這個感性與知性什麼時候能轉？康德聞之必說你這話，我聞所未聞。因為他沒有這個問題。但佛教天天講這個問題，假如你說「轉識成智」不可能，根本是妄想，他非和你打架不可。「轉識成智」不可能，如何能成佛呢？那麼我講佛教為的是什麼呢？這就表示中西學問的傳統完全不一樣。不惟佛教肯定有智，即儒、道兩家也是這樣，惟不若佛教那麼明確地擺出就是了。

當這樣了解的時候，我們就可以了解到我們的感性、知性有基本的執性，就是康德所說的綜和性。感性有攝取的綜和，想像有重現的綜和，知性有統覺的綜和。知性的統覺綜和是靠存有論的概念來綜和起來的。當說知性提供存有論的概念，這是分解地說這些概念底來源或根源。這樣來源的概念有什麼用呢？它就是預備決定這些現象，決定感性所給你的現象。這個決定通過什麼方式呢？就是通過綜和的方式來決定的。這時候就是說範疇所代表的那些定相，與客觀意義的現象、客觀地決定了的現象，完全同一化。這與作為感性之形式的時間、空間之與現象的時間性、空間性完全同一化一樣。由這一個同一化就可了解知性之存有論性格。

對於知性之存有論的性格若能了解明白，那麼「知性為自然立法」這句話就更容易了解了。你開始時對於這句話非常起反感，現在經由一層一層的恰當解釋，你覺得這並非不可理解。但這裡仍有

一點疙瘩，這是最後一個疙瘩，是什麼呢？答曰：即立法一詞之歧義。

　　意志為行為立道德法則曰立法。但在這裡說知性為自然立法，這立法似乎不那麼顯明。在這裡，嚴格講，不是立法，乃是定立自然法則所依以可能的那些條件。知性不是替自然立法，乃是替自然法則底可能性建立條件。我們一聽立法以為自然法則都是知性所建立的，那就糟糕了。那就完全成了主觀主義。所以他這立法嚴格講，與政治上立法院的立法不同。立法院所立的法是民事法、刑事法、訴訟法，乃至處理特種事件中各種特殊的法則，這些法則都是經過立法院來審查與通過，這是立法院的立法。但是知性為自然立法，其所立之法不是各種特殊的法則，乃是憲法那樣的法；它好像國民大會立憲法一樣。憲法之立不是立法院的事。是故憲法亦與各種特殊法則不同層次。憲法是政府組織法及各種處事法之最高條件。康德說範疇是經驗知識底可能性之條件，同時也就是經驗知識底對象底可能性之條件。這是由知性之存有論的性格而來者。知性為自然立法就是立這些最高的條件——使經驗知識中的各種特殊法則為可能者。我們平常所意謂的自然法則就是經驗知識中各種特殊的自然法則，這些法則之獲得或其是什麼是有待於經驗的，否則經驗知識一詞並無意義。又，假若我們只知知性之邏輯性格，則經驗知識底可能性之條件不必即是經驗知識底對象底可能性之條件。這樣便成普通的實在論，知性為自然立法亦不能說，現象與物自身之超越的分別亦不能有。可是康德一定要說：經驗知識底可能性之條件，就是經驗知識底對象底可能性之條件。他所說的範疇是存有論的概念，不是邏輯概念，因此他不只說知性之邏輯性格，且進而說

知性之存有論性格。因此,他一定要說:經驗知識底可能性之條件,就是經驗知識底對象底可能性之條件。對象就是作為現象的對象,就是有那些定相的現象。這個現象意義的對象,它要成為現象,它一定在量相、質相、關係相中成為現象,成為客觀的現象。你不能把這些定相拿掉,單想那光禿禿的現象,那只是空觀念,什麼也不是。

這樣,那麼所謂「知性為自然立法」,立法是立的那些使對象可能的基本條件,對象是在這些條件中成為對象。我們平常所說的自然法則是對象在特殊情況下所有的各種特殊法則。例如研究化學現象而得化學法則。這些特殊法則是要靠經驗來發現的。對象可能,對象所有的那些特殊法則亦可能。因此,使對象可能的條件就是使對象的那些特殊法則可能的條件。知性立法是立的憲法式的最高條件,不是立的那些特殊法則。

這些最高條件,先從感性之形式說起,如通過時間、空間決定現象之時間相、空間相。我們平常並不把時間、空間相認為是自然法則。這算是什麼法則呢?這只是使自然之特殊法則成為可能的條件。當然一切東西都在時間、空間中,你不能說我了解了時間相、空間相就了解了自然法則,這個話也不成話了。

再進一步從知性方面講也如此。量範疇決定對象之量性,量性有一性、多性、綜性。這一性、多性、綜性是成功任何特殊自然法則的條件,也沒有人拿一性、多性、綜性等量性當作自然法則。為自然立法是立憲法,是立自然(全部現象)底可能性之條件,也就等於說立自然中各特殊法則底可能性之條件。各特殊法則底發現還要靠經驗。這樣講不是主觀主義就沒有了嗎?這就可以解除誤會

了。

對象之質性也是如此，質性也有實在性、虛無性、限制性等，也沒有人拿這些質性作為自然法則，這算個什麼法則？我根據這些法則能做什麼事情？這一些是成就任何特殊自然法則之基本條件。關係性也是如此，常體、屬性、因性、果性，以及共在性，這些亦只是成就特殊法則之基本條件。我們平常也不是把這些相當作自然法則。我們平常說研究自然以得自然之因果法則，這所謂的因果法則就是各特殊的因果法則，例如「某種物理現象在某種條件下發生」這類的法則。但這必靠因性、果性已被建立起才可能。

特殊因果法則所以可能就是靠原因這個概念。原因這個概念乃存有論之概念。原因這個概念不可能，自然之因果法則也不可能。因性、果性，這兩個概念是知性之存有論的概念，而且是知性之執著（由統覺之綜和作用而成者），由於這一種執著，特殊的因果法則，見之於緣起事中者，才能夠成立，那就是說，緣起事之因果關係才可理解。假如像休謨所講，原因這個概念根本不可能，那麼因果法則就沒有根據了。休謨說原因結果這個概念不可能，完全是主觀的虛構。那麼康德怎麼說它可能呢？他也不以為這是從經驗來。不是從經驗來，而看成是先驗範疇，那麼這豈不是等於說它是執著？說它是執著，這與休謨之說法說穿了也差不多。不過他說綜和，知性之先驗綜和，說得莊嚴一點，煞有介事。休謨是英國人的態度，英國人有幽默，說得輕鬆一點，說這是聯想與習慣，這便成了心理主義的純主觀主義。說它是先驗的綜和，所謂的先驗，先驗於何處？先驗於知性。

照佛教講，知性本身就有一種執，這叫本執。感性、知性皆有

其本執，感性的本執就是先驗形式，知性的本執就是範疇。這樣了解一通透的時候，就表示這個東西可以化解，化解了就沒有，沒有了就表示它原來是執。若不是執，焉得可化解而歸於無？

所以在這個地方康德說得很對。他說這些概念只能應用於現象，不能應用於物自身，所以它們所成功的只是現象底知識。既然如此，這就好辦了。現象不是天造地設的，知性之存有論性格源於知性之本執。這樣，所謂為自然立法，嚴格講，乃是為自然立憲法，立自然法則底可能性之條件，不是立那些特殊的自然法則，這樣講就沒有問題了。

第十四講

現象與物自身之超越的區分：感觸直覺與智的直覺之對比以及直覺的知性與辨解的知性之對比：中國哲學肯定人可以有智的直覺

康德系統中，「現象與物自身」之分別，是通貫其《純理批判》之全書以及其他所有的作品的，是他整個系統之基本重要概念。但說到了解他的「現象與物自身」之分別，一般常不能做到恰當的了解。依康德本人之表示，他首先說「現象與物自身」之區別不是有兩種不同之對象，乃是同一對象之兩種不同的表象。

那麼這「同一對象」的意思要如何來了解呢？就是從「物」來看，即是這同一物，也就是這同一對象，即對此同一對象有兩種不同之表象。一種表象為此物之「在其自己」之表象，另一種表象是此物之作為現象之表象。此即他說「同一對象之兩種不同的表象」之意思。

開始說同一物是籠統說，虛說、虛提。意即先虛提一個物。對這一個同一物有兩種不同之表象，這是實說，實說它有兩種不同之身份。一個是作現象看的身份，另一個是在其自己之身份。這就是實說，這就是物通過兩種不同之表象，而有兩種不同之身份，此即對物之實說。開始是虛提，然後是實說。

這一實說，嚴格講，能真正成為知識之對象的乃是作為現象身

份的物。物成爲現象，才能成爲知識之對象，此對象之意義乃爲實說中之實說，實說中之對象，這是眞實的對象。

至於他之在其自己之身份，嚴格講不能爲我們知識之對象，由此意義嚴格講，它根本就不能有對象之意義。所以若把同一物說爲同一對象，進而說對於同一對象有兩種不同的表象，則此同一對象之現象身份的表象才是實說的對象，此對象的意義乃是實說中之實說，至於其在其自己之身份之表象是虛說的對象。此對象之意義乃爲實說中之虛說。

第二點康德又說「現象與物自身」之區別爲主觀之區別，這乃根據前一句而來。不是說客觀方面有兩種不同的對象，所以這個區別完全是由主觀方面講。這個區別是依待於主體的。假若說客觀方面擺有兩種不同之東西，那麼這兩種就成爲客觀的分別。客觀的分別是依待於客體。而客體方面是同一物，這個物有兩種不同之表象，一言表象就不能離開主體，不能離開主體方面之活動，所以他第二句話就說這個分別爲主觀的分別。主觀的分別這句話很有意義，這句話是根據前一句話而來的。

主觀的分別，依我們的了解，同一物或成爲現象，或成爲「物之在其自己」，完全是依待於主體來決定。就它成爲現象之身份而言，依待於主體有兩個層次。第一層是感性，第二層是知性。這個東西若與感性相接觸，在感性之形式條件之下被表象，就是說在時間、空間之中被表象，則它就成爲現象，即依靠感性主體之接觸而成爲現象。此物與我們之感性主體相接觸而呈現在我的眼前，在感性之形式條件下呈現，也就是在時間、空間之條件下呈現，它就是現象。離開時間、空間就沒有現象。故言現象依待於感性之主體，

此乃就現象之為一呈現講。一個對象要呈現到我的眼前，必須通過感性，若無感性則不能呈現到我的眼前。假若通過感性之主體而呈現到我的眼前就成為現象，則它就不是「物之在其自己」。此為依待於感性主體之意義。

第二層再往上高一層依待於知性，依待於知性以為垷象，這一層之分際是就現象之決定而說的。依待於感性乃就現象之呈現而說，依待於知性乃就現象之決定而說。這個決定就是康德所說的determination，或單數或多數。這個決定一方面通過知性主體之決定活動（動詞意義之決定），一方面亦通現象之樣相——由決定活動而成之現象之樣相。此樣相就是現象之定相。有一個決定就有一個相，就是定相，此定相恰當地合乎康德 determination 之意義。這些定相，就知性層而言，以其能成為客觀之知識，乃是現象之客觀定相（objective determination）。這些客觀定相是那些定相呢？此不能籠統說，就是十二範疇所決定的那些定相，每一個範疇就是現象之一個定相，有十二範疇就有十二個定相。

十二個定相，其中前九個為實定相，後三個為虛定相。十二個算是綱領，在此綱領之下，可以引出好多。但不管怎麼多，都是在此綱領系統之下，不能隨便舉的，此有原則性而成系統。前九個是實定相，譬如就量相講也就是量性，性比較根本一點，表現於外面就是量相。此即《法華經》所言之如是性如是相，其實性相兩個字是同一個意思。就量性講乃現象之量之定相，說量性也可，說量性之定相（quantitative forms or modes）也可，量性之定相有三個，有一性、有多性、有綜體性。說一相、多相、綜體相也可以，此乃性相通而為一說。《法華經》說：「如是相，如是性，如是體，如

是力，如是作，如是因，如是緣，如是果，如是報，如是本末究竟
等。」前九如以康德的詞語說，就是現象之決定相，所以以名詞講
決定爲定相。

從這個定相馬上就想到誰來決定現象之定相，來決定現象使之
有如此這般的定相呢？由名詞之決定馬上就想到動詞之決定。此動
詞之決定就是由知性（understanding）來決定的，主體就是知性，
知性通過統覺之綜和統一，以範疇來決定現象，就成爲現象之定
相。

如量有三種，質有三種，關係也有三種。質方面的定相有實在
性（reality）、虛無性（negation）、限制性（limitation）。此三
個也是現象客觀方面之定相。關係方面呢？本體屬性之常體性決定
現象之常住相。儘管現象在時間裡不斷地在變，刹那刹那地變，但
一旦依常體以決定之，則它就有常住相。常住相有常住相之根據，
其根據就是常體，那就是關係範疇中本體那個範疇。那個本體範疇
並不是理學家所說的本體工夫的那個本體，完全乃就現象之常體性
說的。所以 substance 一定要通過 permanence 來了解。permanence
即常住不變，有常住性常住相，還有隸屬於常住相之屬性
（attribute），所以本體屬性也是現象之客觀定相。還有因相果相
（causality），我們也可以決定現象之原因性，這一個現象可以做
爲某某現象之原因（cause），原因爲範疇。原因依休謨之分析，
乃由我們的主觀加上去的，現象界沒有一個東西叫原因，原因指表
一種狀況，是我們對某一種狀況以我們主觀的聯想、主觀的想像加
上去的。依康德的說法乃由我們之依綜和而加上去的，或通過綜和
而以原因範疇決定成的，因爲現象在物理世界裡，如吃砒霜就死，

吃砒霜是一個活動、一種情況。你現在把砒霜吞下去，這一個物質
進到你的胃腸，它在你的胃腸中就有一種情況出現。這種情況與你
的胃腸相合或不相合，這些只是狀況。因此，並沒有什麼東西叫做
原因，什麼東西叫做結果。故原因結果這個概念是加上去的。它的
底子實在是對狀況的描寫。

這種理論可以幫助我們去了解康德所說的範疇。若憑空說「原
因」是一個範疇，是沒有人懂的，義理的底子一定要這樣了解。沒
有一個東西叫做原因，只是某種現象配合在某種情況裡就產生另一
種情況。那麼我們就把前面的某種情況綜和起來名之爲原因。這樣
原因這個概念是由我們加上去的。依休謨言，此完全是我們的主觀
聯想、主觀虛構（fiction）。休謨的說法是心理學的
（psychological）講法。由主觀之聯想虛構一轉而爲康德由知性之
思想上講，我們就可把此詞語不說是主觀的虛構，而說是一種先驗
的綜和（a priori synthesis）。在此，由中國人看來，康德費那麼
大的力氣來批駁休謨，其實結果似乎差不多。

一個是純主觀的說法，由主觀的聯想憑藉感覺經驗而成的虛
構，毫無實在性。此當然主觀的意味太強，心理學的意味太強，是
經驗主義的說法。康德把原因這個意思由知性上講，知性之作用是
思想（thought），思想一定要使用概念才是客觀的思想，這樣一
來客觀意義就呈現出來；這樣就不大好意思說它是虛構，一轉詞語
就是 a priori synthesis，說穿了不是差不多一樣嗎？也許中國人之
差不多，依西方人看或許差得遠。我們順著他們的習慣，康德說這
是先驗的綜和，有客觀性、普遍性，因而也有必然性，這不是經驗
主義的說法。

原因就是代表一種綜和，綜和是就感性所呈現的現象系列而說的，它表示不是由此系列中的某一分子概念本身可以分析出來的，而是在此分子概念以外加上去的，但不是經驗的聯想加上去的，而是由知性概念先驗地加上去的。是故原因結果這個關係之綜和為先驗的綜和（a priori synthesis）。我們的知性就通過 causality 這個範疇，把現象綜和起來。在此我們把吃砒霜稱為原因，把死稱為結果，把吃砒霜與死這兩種不同之情況結合起來，說是天下之事情一定有原因與結果這種因果關係，這不是由感覺經驗從外面得來的。在感覺經驗上只有吃砒霜與胃腸合在一起，而有一種狀況出現。並沒有一個東西叫做「原因」，「結果」也是如此。這樣一來，這樣的綜和一定是先驗的綜和，一定是由知性發的，不是從外邊來的。這樣，原因一定客觀地在結果之先，一定客觀地有力量產生結果，而不是心理學意義的主觀虛構。這樣的因果綜和是一切經驗知識之立法性的形式條件。

這層意思我們還可以從另一種說法表示之。吃砒霜與死這兩種狀況，這可以說是對現象狀況的一種描寫。用這種詞語也有一套理論，大家要注意當你了解這一套理論時，你便可了解康德為什麼要把因果性等看做是先驗的概念。不但因果性，本體、屬性這些等等，質與量等等都是。其實這客觀的底子用羅素方法，可使你心中明白，可以心中通得過。否則只服人之口不能服人之心。說那些概念是範疇、是先驗概念，其實也沒有人能懂。我們想把這一點克服。

我們可以這樣想，即：原因與結果，還有佛教所說的生、滅、常、斷等這些觀念都可用羅素的摹狀說（theory of description）來

說明。摹狀說是羅素《數學原理》（ *Principia Mathematica* ）中很重要的理論。他說屬於摹狀的東西是描寫一種情況、境況。這情況、境況不是一個個體物。個體物可用符號如 a, b, c 等來表示，此名曰完整符（ complete symbol ），如粉筆。但摹狀中的符號如這一個作春秋的聖人，又如某某是原因，是可以解消的，這稱爲个完整符號（ incomplete symbol ）。這個名詞也很有啓發性。羅素這一套理論很可以幫助我們，儘管羅素不用康德之詞語說是範疇決定的、是先驗的綜和。但可以把這一套理論用來使我們了解康德爲什麼名因果等曰範疇，範疇由知性發，爲什麼由範疇說先驗綜和（ a priori synthesis ）。

假定是完整符、是客觀的，假定客觀世界有一個東西叫做原因、結果、生、死，這些都是完整符，那麼它們都是由經驗來。康德說這些東西是由乎範疇，是先驗綜和，因爲這是對現象說。假如把現象看做是物自身，一切東西都是從經驗來。如何能有先驗綜和呢？（ 就物自身說經驗，這經驗也不是普通意義的經驗。 ）

範疇是就現象講，知性所對的是現象。範疇之爲範疇只能應用於現象。先驗綜和的綜和，綜和的是現象。所以當康德說現象時，有他特別的想法，不是我們一般心目中所想的現象。我們通常所想的現象都把它當做是天造地設，這樣你所說的現象，嚴格講就是物自身。這並不是康德的意思，所以康德講假如把現象都看成物自身，那麼一切東西都從外來，只有由經驗而來，如何能有先驗綜和判斷呢？先驗綜和判斷的思想根本不可能。作爲一個思想家康德是很一貫的。但他堅持一定有先驗綜和判斷。那麼先驗綜和判斷所判斷的東西一定是現象而非物自身。

　　我們以爲是由經驗來，這是由於我們把現象視爲物自身，這是我們自己的錯誤。假定是就現象講，在現象的層次上不把現象看成物自身，則利用羅素那套摹狀論，先在心中了解那些生、滅、常、斷、一、異、來、去，乃至量性、質性、關係性等都是摹狀論下的不完整符。這些都是可解消的，因爲不是有一個一定的東西叫做生、死，就如 a，b，c，所指表的個體東西那樣的完整符。因爲若是如此，則那是客觀的、由外面來的，不是屬於先驗綜和的。這樣可以幫助你了解康德的意思。

　　通過羅素的摹狀說中的不完整符，你才可以了解佛教《中觀論》的那種八不緣起，那種就緣生法而說的不生、不滅、不常、不斷、不一、不異、不來、不去。本來言緣生而又言不生不滅、不一不異、不常不斷、不來不去，這豈不是自相矛盾的嗎？那麼第一步我們先叫它不生矛盾。順緣生法而言有生有滅有常有斷，這在佛教也是可以說的，並不必是矛盾的。順俗而言生滅常斷，這乃是佛教所說之識之執相。順緣生法而言生、滅、常、斷、一、異、來、去，此嚴格講，是屬於識的執著；執著的相就是定相。但是康德在這裡說決定（ determination ），不說執著。康德說知性的決定，但佛教說你所說的決定就是知性的執著。綜和就是執著，康德說的三層綜和，由感性、想像、知性說的綜和就是代表執著。

　　但西方哲學家不說執著，而說綜和、定相、決定。雖不說執著其意思一樣。所以不說執著乃是因西方講客觀的知識，故不喜用有顏色的詞語，執著是有顏色的。講知識若如理而客觀地講之，是沒有顏色的，是理上就應如此的。

　　廣義地說，不管是感性也好，知性也好，理性也好，在佛教言

都是屬於識。但在西方哲學的傳統講純粹的客觀知識，也沒有這個顏色，也不說其是識。依西方人言，人類本來就有這些認知機能。一說「識」，大都是對「智」而言，識與智相對翻。但對西方人言，我們就只有這樣的感性、知性與理性，沒有其他東西與之相對翻，故也沒有「執著」這種有顏色的詞語。

但佛教言識就有智與之相對，因此就可以加上顏色。為什麼呢？智的方面沒有執著也沒有定相，也沒有所謂的綜和。但康德也有與人類的感性、知性、理性相對翻者，此即神的直覺、神的知性、神的理性，只在人類本身無識智之對翻。假如像佛教所說「轉識成智」，成一切智、道種智、一切種智，在此智的立場上所講的，康德一看就知道，在這裡不能有綜和可言，也沒有概念可言。因為綜和就要靠概念，沒有概念就沒有綜和，而綜和只能應用於現象，不能應用於物自身，只能應用於感觸直覺，不能應用於智的直覺。佛教說識智之對翻，說智之妙用，這是很玄的。西方人無「轉識成智」之義。康德雖知道綜和不能應用於物自身，不能應用於智的直覺，但因為他堅持人無智的直覺，所以他雖大體可以知道，但他不能瞭如指掌。所以我講這些東西，是要幫助你們了解中國哲學，而且你若真正了解中國哲學，對康德那一套一下都能了解，而且了解的分寸很恰當。儘管佛教說執，說定相、執相，康德不說這些，你也能了解康德所說的一切。你若了解了康德，你也自能了解中國哲學。

你只有在存在方面、客觀方面，把因果常體等先看成不完整符，你始能把它們瓦解掉。若把它們看成是完整符，就不能把它們瓦解掉。看成完整符、天造地設，怎麼能隨便解消呢？這樣一來只

有訴諸於經驗，我了解它們要靠經驗，這樣先驗綜和就根本不能有。但事實上我們是有先驗的綜和，先驗綜和的命題到處都有，康德一定要堅持這些東西。數學中要靠先驗的綜和，形而上學中有先驗綜和，科學知識中有先驗綜和，道德中也有先驗綜和。這是不能抹殺的，不能曲解的。你若一定要否認先驗綜和，只承認純概念的分析命題才有必然性，如是，則你當知分析不能給我們什麼東西，分析命題沒有用的。你若看綜和都是經驗的綜和，則經驗綜和沒有必然性。如是，則流入懷疑論，科學知識沒有其可能性底先驗根據。是故康德一定說先驗綜和。

這些詞語並不容易懂。現在的人大體不能承認康德所說的先驗綜和判斷。英、美人始終不能了解。他們一言綜和就是經驗綜和，那裡有先驗綜和呢？光康德的說明是不夠的。人們不能懂，尤其中國人看見這些名詞更面生（不熟習），所以需要說明。

摹狀論是一種說明的方便，這樣可以使你真正了解何以說先驗綜和之故。這樣你當初頑固的抗議性、心中的不安性不是解消了嗎？這可幫助你了解。說它是不完整符號可以瓦解，這是邏輯分析中的說法。

這在佛教是怎麼說呢？說它是什麼呢？用什麼詞語來說呢？佛教本來就緣生法而說因緣生起，而又說不生不滅，這不是自相矛盾嗎？結果為什麼說「不生不滅，不常不斷，不一不異，不來不去」、「諸法不自生，亦不自他生，不共不無因，是故知無生」？在佛教為什麼講「無生法忍」？為什麼要把「生」這個觀念拉掉？「生」這個觀念怎麼能拉掉呢？在佛教怎麼說法呢？怎麼能看成不完整符呢？不完整符就可以瓦解掉，在佛教沒有這個名詞。「諸法

不自生，亦不自他生，不共不無因，是故知無生。」雖無生，而又說生相宛然。如幻如化的生，佛教是不反對的。生相宛然，宛然就是 as if，宛然的生就是 as if 的生，宛然的生就是如幻如化如夢如影如泡等等，如《金剛經》所說的，結果這一句話是什麼意思呢？「生無自性」。所以依他起性是說一切法依他而起，為什麼依他而起呢？就表示「生無自性」，即唯識宗所講的三性、三無性。依他起性是生無自性性。假如生有自性呢？它就是完整符（complete symbol），這是不能去掉的。生無自性就表示生是不完整符，它指表一種狀況之描寫，它根本沒有自性。沒有一個東西叫做生、叫做原因、叫做結果。在這裡佛教也可幫助我們。

生無自性，所以說依他起，所以才說一切是依他而起。既然依他起，就沒有一個東西有自性，此即生無自性性。在識的執著的範圍內，就有生、有滅、有常、有斷、有一、有異、有來、有去。既然是執著，執著就可以化掉。把執著化掉，在般若智的層次講就是「不生不滅，不常不斷，不一不異，不來不去」，所以「不生不滅，不常不斷，不一不異，不來不去」是在般若智之智照下說的話。

佛教說實相般若、不生不滅等，我們不可把這些詞語看成是邏輯命題（logical proposition）。「不生」不是一個否定命題，否定了現象的存在。「不滅」也不是一個否定命題，否定了消逝之可能。因為若這樣它就是一個知識命題，成了一個陳述──否定的陳述。可是不生它也不滅，說不滅它也不生。你說不生應該滅，但它也不滅；不滅應該生，但它也不生。所以這些每一句話都不是邏輯命題，不是邏輯的陳述（logical statement），所以它才能代表實

相般若。所以你看不生，以爲不生就是一切東西都沒有起現、沒有存在；看不滅就是一切東西都停在那個地方而不消逝，這樣你便錯了。你看不生就是滅，看不滅就是生，你又錯了。又，你若看不生不滅是意指一個永恆常在的東西如上帝或常理等，那你更是誤解。

這種頭腦就不能了解佛教。本來我們的傳統不重視邏輯性的思考，不喜歡運用肯定否定的邏輯辭語，訓練訓練西方的邏輯也很好，但訓練不好而死在這裡，以爲到處都可以用這個辦法來處理，這又壞了。扶得東來西又倒，這很麻煩。譬如《般若經》說「般若非般若，是之謂般若」，這是詭辭（paradox）。但是若眞存在地體現般若或實相般若，就必須用這類詭辭以暗示之。這在佛教名曰遮詮語。遮詮語不是對一肯定而作否定，因而成一否定的陳述。這裡沒有肯定否定的矛盾，亦沒有客觀地指說什麼或抹去什麼。它畢竟沒有說任何客觀的事。它只主觀地消融了一切黏滯，而結果是主觀地一無所有，是生命的絕對灑脫或解脫。這就是眞般若。這裡沒有矛盾或不矛盾，這即是超越了邏輯層。當然我的辯說過程仍須是邏輯的，我的邏輯的辯說中辯說到某分際而須出現這弔詭語，這弔詭語我們須名之曰「辯證的詭辭」，而不名之曰「邏輯的陳述」，這也是邏輯陳述層次以外的。

般若不是一個東西而可以對之作肯定或否定的陳述。假若你說：般若是什麼什麼，這是肯定命題；可是般若非般若，這又是否定命題。前一句是在什麼情形下的肯定命題，後一句是在另一種情況下之否定命題，這兩句是在不同情況下之兩句話，所以不矛盾，不矛盾就是合邏輯。你若是這樣解說，那就完全不相應。你是在詞語之意義中打轉，永遠貼合不上般若。

「般若非般若」這一整跌宕是不准分開為兩種不同的客觀陳述。它是一種弔詭,藉這種弔詭(表面詞語上有矛盾相的弔詭)來主觀地消解一切黏滯。這就是「玄」。這些也需要語意分析以明其意。假如你真正做語意分析,這些都需要分析。但一般學習語意分析的都沒有這個能力,連舉一個例都不會,英國人舉的例他們照樣拿來用,自己也不能找到例,沒有分析的頭腦。

分析也不是容易的。分析本是一種方法,但現在一般講分析的卻成了一種主張,而且只限於經驗知識,只在此層次上進行分析。我們的語言可以到處應用,因此,當有不同層次不同範圍的分析,但是現在講分析的卻只定在知識範圍內,離開那個範圍他們就不會了。所以他們一看黑格爾的話,分析的結果都是無意義的,因為他們把分析只限於一定範圍之內,只限於經驗知識(empirical knowledge)範圍內。而在經驗知識範圍以外的,如「道可道,非常道」,就分析不了,沒有辦法分析了。譬如說「般若非般若,是之謂般若」,分析的結果是兩個不同意義的邏輯命題,不矛盾,還是在邏輯控制之下的。這便沒有把這句話分析明白。這不是分析,而是取消,把這句話分析得沒了。所以你要講分析,也需要訓練,先訓練知道有各層次各範圍的分析。若訓練的結果,把「般若非般若是名般若」看不出是 paradox,而以為是兩個不同意義的邏輯命題,而不矛盾。這樣拆開便是分析得不對。

佛教說無自性,生無自性。生無自性,滅無自性,常也無自性,那八個均是無自性的。若總起來單就一切法之依他起性說,便是「生無自性性」。但是一般在緣起法上有種種的執著,既執著有生,復亦執著有滅、有常、有斷、有一異、有來去,乃至種種其他

執著。這便成了「遍計執」。遍計執講的是「相無自性性」。生也是相之一，故此八個相也都有「無自性性」。每一個相是由計執而成的，故計執就是相的特性。既是由計執而成，故知相之計執性就是以無自性爲性，就表示其本身是站不住的、可以瓦解的。爲什麼可以瓦解呢？因爲是我們的執著，既然是執著就可以化掉，這就是所謂的「相無自性性」。

所以康德所言之定相，依佛教看，就是屬於遍計執，因而就是相無自性性，故羅素可以把它看爲摹狀論下的不完整符，康德則看爲先驗的綜和。假定有自性，你怎麼能說先驗的綜和呢？康德也知道我們若把現象看成物自身，物自身就是天造地設地擺在那裡，那就是佛教說的自性。假若看成物自身時，如何能有先驗綜和呢？一切都只有訴諸經驗，這不是很一貫嗎？一般人不了解康德這種辯論。所以不了解是因爲不了解他的現象與物自身之分別之殊特。康德實在很了不起，他是眞有識見的。

所以在這裡康德言先驗綜和與羅素在摹狀論中說不完整符，是相通而不相敵對的，可以相消相融。這要靠自己的思考、高度的思考。但沒有人能看出來由摹狀論中的不完整符可以想到先驗綜和，沒有人能往這方面想。兩個完全不同的世界怎麼能拉在一起呢？但你看久了就是這樣。

所以從「決定」當動詞看，是誰來決定呢？是知性來決定。知性如何決定而使現象有如此這般的定相呢？答覆是：通過統覺的綜和統一，拿著範疇去決定。拿一個範疇去決定便決定成一個相，拿十二個範疇去決定便決定成十二個相。在佛教的《中觀論》就是八相，其實不只八相，多得很呢！《法華經》的前九如都是這些定

相。如是相，如是性，如是體，如是力，如是作，如是因，如是緣，如是果，如是報，這前九如都是屬於定相，都是屬於「相無自性性」的。

所以現象成其為現象，現象與物自身的分別，康德說是主觀的。主觀的意思就是依待於主體的，就現象講，依待於主體有兩層。在感性主體前，現象在時間、空間中呈現到我的眼前來。知性主體把感性所呈現的現象通過範疇來決定它，使它有定相，所以依待於知性主體是現象之決定。通過範疇以及通過知性統覺之綜和統一的時候，現象就成為決定了的對象（determined object）。當感性呈現之的時候還不是決定的，康德名之曰「未被決定的對象」（undetermined object）。

以上由現象與物自身之分別、現象之呈現、現象之決定，說到佛教的八不緣起、相無自性性（遍計執），並方便地以羅素之摹狀說中的「不完整符」疏通之。這三者的說統各有原委。佛教說八不緣起，說三性、三無性，為的說空、說般若、說實相、說執、說煩惱、說解脫。羅素的摹狀說是邏輯分析中的理論。康德的超越的分解為的說經驗知識底可能性之根據，並明知識之所及與所不及，明知解知性之限度，並為實踐理性留餘地，規模弘大，識見超卓而中正。三者原委不同，故詞語有異，亦有周備不周備。然有一點須注意，即：不管是從那個角度，總要一致，貫徹到底，說話說到什麼程度是有分寸的，都有一定的。在現象之決定這一面，話就要這樣說，所謂「異地則皆然」，這是中國人的頭腦。

現象之所以為現象是依待於主體，那麼物自身呢？這個分別是主觀的分別。根據前面，這個分別是「同一物之兩種表象」，不是

有兩種對象。假如有兩種對象,那麼這個分別是客觀的分別,不是主觀的。但這個分別是主觀的分別。

那麼「物自身」或「物之在其自己」這個身份,它依待於什麼主體呢?依待於什麼主體來表象它呢?現象與物自身之區別是主觀的。康德說了這麼一句漂亮的話,很有意義的話。但「物之在其自己」之身份之表象卻落空,沒有表象,不能有表象。而且假如在這裡有表象可以推想,譬如說「物之在其自己」不是知識底對象,我們的知識達不到,不只是感性達不到,知性也達不到,因此時間、空間不能向它應用,範疇也不能向它應用,這些表象都是消極的(negative)。那麼「物之在其自己」究竟是什麼?這「是什麼」的正面表象卻一個也沒有,這不是落空了嗎?

對現象那方面有表象,這個表象是正面的、積極的。現象在時間、空間中呈現,在十二範疇之應用下被決定,說得頭頭是道,都擺在你的眼前。但「物之在其自己」則沒有表象,我們只能說它不是什麼、不是什麼。光說不是什麼、不是什麼,究竟不能告訴我們是什麼,這樣就沒有正面的表象。假如康德說有進一步的表象,這表象依待於主體。所依待的主體是什麼?康德說依待於「非感性的直覺」,這也是主體啊!假如要依待於主體而有正面的表象,而不只是不是什麼、不是什麼,則就要依待於一獨特的主體。那麼這獨特的主體是什麼?他說那是「非感性的直覺」(non-sensible intuition),正面地說就是「智的直覺」(intellectural intuition)。

但是這種直覺我們人這裡沒有,我們所有的直覺只是感性的直覺。我們人除感性直覺以外沒有其他的直覺,沒有這種智的直覺。

沒有這種直覺而又說這個分別是主觀的,那麼這個主體只一端有效,另一端沒有效,一端落空了,成了一個蹺蹺板,這一邊蹺起來,那一邊就落下去了,永遠不會亭亭當當地兩端都挺立起來。

所以康德說現象與物自身的分別是主觀的,這句話雖甚好,但康德並沒有充分證成之。在這個地方東方人的思想可以充分證成之。兩端都可以給你亭當地挺立起來,這樣你說這分別是主觀的才可以真做到,否則只做到於現象這一面,表象的很明白,真可以說對之有表象,而那另一面卻落空,對之實無所表象。為什麼落空?因為人沒有智的直覺這個主體。那麼這個主體放在那裡?放在上帝那裡。

「現象與物自身」之分別依待於主體,在中國這兩端所依待的主體都在我這裡。依靠這一主體就是現象,依靠那一主體就是物自身,清清楚楚兩端都有表象,同時都從正面講,都是充分地被證成了的。康德則不然,這一端所依待的主體在人,另一端所依待的主體在上帝,此等於把主體錯開。所以他雖說這句話,但他並不能充分地證成之。

康德說「現象與物自身」之分別是主觀的,是同一對象之兩種不同表象,並不是有兩種對象擺在那裡。這種說法很有意義,中國人很能承認這個說法。譬如王陽明與佛教大德聽到這種話,他們必會認為這句話說得很有道理。但若聽到康德的那一套說明,他們必會覺得這句話雖然說得不錯,但他卻沒有充分地證成之。為什麼緣故呢?正是由於他把主體錯開。

中國人一看就知道了,了不起。你不能瞧不起中國哲學,中國哲學比他們高明多了。你放在上帝那裡,上帝是上帝,人是人,上

帝的事我怎能知道呢？只是推測而已。所以結果「物自身」這個概念是個消極的概念，是一個有限制作用的概念（只用來限制我們的知性概念之隨便氾濫──只可應用於現象）。而其本身我們不能說什麼，一無所知。既然如此，物自身這個概念在康德的系統裡成了一個累贅，一般人都想把它去掉，以爲「物自身」沒有什麼道理。但這在康德實在是不能去掉的。西方人很不能了解康德這一套。但中國人很能首肯，一下子就能承認，而且能充分地證成之。所以我說他這個分別有特殊的意義。我們很可以充分地說明之。

現象依待於感性主體而成，即當一個東西和感性相接觸，就成爲現象，現象是感性所挑起或所縐起的。縐是「吹縐一池春水」之縐。我認爲這很能表示康德的意思，而且能表示得很美，而且很容易使人了解。本來就只是春水，春水本身並無所謂波浪，波浪是靠風吹起來的，風一停就是一面平靜的鏡子，並沒有波浪。波浪就是現象，此不是很容易懂嗎？此就是同一物之兩種不同表象。

現象是爲感性所縐起所挑起，一縐起便有紋路。知性就是通過思想之功能，追隨著感性所縐起的紋路，而以概念去決定之。通過以知性概念決定之，那些紋路就成了定相。所以一物爲感性所縐起，爲知性所決定的就是現象。假定一物不對人之感性之縐起而呈現，也不爲知性所決定，而退回到其自己，這就是「物之在其自己」。

這個時候，「物之在其自己」一無所有，這樣就沒有紋路可言。現象是在紋路裡成其爲現象。在量、質、關係中成其爲現象。但量的紋路、質的紋路、關係的紋路，都是靠感性在挑起時就隱伏在那裡，不挑起就沒有這些紋路。沒有這些紋路，一物就回歸於其

自己。這時它什麼也不是，這就是康德所說它不是知識之對象，不在時間、空間中，不在範疇之下；它是什麼東西我們不知道，它是沒有「是什麼」。

就是說到上帝的智的直覺時，也不能說出有什麼紋路，正面不能說什麼。但就智的直覺講的時候，智的直覺為創造性的直覺，與感性的直覺不同。感性直覺只把東西呈現給我們，智的直覺是創造這個東西。上帝直覺一個東西就創造一個東西，所以智的直覺都是創造性的直覺。儘管用的同是直覺這個字，感性之直覺是呈現之原則（principle of presentaion），而智的直覺是現實化之原則（principle of actualization），它本身代表創造性，故亦是創造性之原則。此兩種直覺之義用完全不同。一個是認識論的（epistemological），一個是本體宇宙論的（onto-cosmological）。

康德也知道他是創造性的，但是他常常用我們說明感性直覺之方式來說智的直覺，其實是不能用的，所以有些詞語是不妥當的。這不去管他，你只要把大體脈絡弄清楚，與中國人的思想一比較，就很容易了解。所以假定說一物回歸於其自己，不在時間、空間中，不在十二範疇下，則它什麼也不是。

就直覺而言，我們只能說智的直覺是創造的，其所創造的東西是物自身，對之不能說為有質、有量、有關係，蓋因這樣一說又把它現象化。這是你這樣說的，上帝沒有說這些話。所以上帝智的直覺所創造的每個東西都是純一。上帝所造的是個體，而且是在其自己的個體。創造之後有些什麼量性、質性、關係性，這是人的事情，在上帝是沒有的；在上帝面前粉筆只是純一的粉筆，說話只能說到這裡，這就是最真實的了。假若以為在這裡說成純一還不過

癮，一定要了解它的量性、質性、關係性才過癮，這一動手術就壞了，一動手術最眞實的粉筆跑走了、沒有了。這一點康德已見到，所以他說上帝只創造物自身，不創造現象。

現象是一物對人而現者，在上帝面前一物是純一，是最眞實的純一，它沒有雜多，亦沒任何的虛幻，因爲一加上時間、空間就有雜多，一加上概念，概念底綜和就是綜和雜多。因此，當然你知道了很多。但你需要知道，通過綜和、分析、抽象這些手術，就有虛幻，就不眞實了。這當然不是說它是完全虛妄，但我客氣一點可說它是現象。這樣了解很好，所以紋路就在春風一吹縐起的，風一吹有紋路才有這個可說、那個可說，光是純淨平舖的一面鏡子什麼也不能說。你只能說些籠統的話，如「淸如水，明似鏡。」「淸如水，明似鏡」，你對它的量性、質性、關係性一點也沒有說，而且它也根本不能有這些。

康德有時候，說話也不小心，他說我們所了解現象的關係是怎樣怎樣，是在時間、空間的關係中，是在十二範疇的決定之下，至於這「物自身」本身的關係是不是如此，我們完全不能知道。這句話本身就有問題。物自身本身是沒有一套關係的。不是說：我們所了解的一套關係是怎麼樣、怎麼樣，至於物自身的那一套關係是不是如此我們不知道。這說法是不對的。實則不但我們不知道，乃是它根本沒有。所以當他說「物自身的關係是不是如其呈現於我眼前者那樣，我們不知道」，他說這些話時，他心中就不明透。他所以不明透的緣故並不是他不行，而是由於他沒有像中國學問傳統那樣的傳統，所以他常常出毛病。

假如叫中國人一看，叫王陽明一看，他就知道你這個話有問

題。又假如叫龍樹菩薩一看，他定會說你這話是不對的。為什麼不對呢？依龍樹菩薩，當該怎麼說呢？當該說物自身沒有紋路，也沒有自己一套關係擺在那裡。在《般若經》中怎麼說呢？用什麼來表示這個意思，表示什麼都沒有呢？答曰：用實相般若來表示。什麼是實相呢？「實相一相所謂無相，即是如相。」如相那裡有紋路呢？所以龍樹菩薩一看你這句話就知道你不明澈。這些紋路是縐起來的。實相就是物之在其自己。照佛教講，實相就是般若智所照之「諸法實相」之實相。《般若經》所說之「實相一相所謂無相，即是如相」，這是《般若經》中最漂亮的話。《般若經》說了那麼一大堆，說來說去只是這一句話。什麼叫做實相？實相就是一相。這個一相不是一、多、綜那個量相中之一相。這個「實相一相」的一相就是「無」這個相，也就是沒有相之一無所有，這個一是這個意思的一，不是量方面的一。假如你認為是量相中的一、多、綜中的一，那你又了解錯了。實相一相所謂無相即是如相，那麼紋路自然就沒有了。這個很漂亮，這個就是《法華經》裡所說的實相。「如是本末究竟等」，十如中最後這一個如就是實相。前九如是定相，是現象中的定相。十如前九如與最後一個如層次不同，此即康德所說的現象與物自身之分別之本意。此與我們平常所了解的完全不一樣。

我們平常所了解的，大體都是洛克的那種說法。物性之區分，依洛克有第一性、第二性。第一性是屬於物，客觀的，第二性是主觀的。但康德說你這個分別是經驗的（empirical），你這個客觀也不是物自身，仍是現象。你的第一性、第二性之分都只是經驗上的。

要不然就是來布尼茲的那種區別,這種區別是感性無獨立的意義。來布尼茲是理性主義者,完全以邏輯思考中的態度來看這個物,一說物就是對知性而爲對象。嚴格講,對象是具體的對象,感性才能使其具體,但來布尼茲認爲對象是對純知性而爲對象,感性無獨立的作用,那麼這個對象就在抽象狀態中,是思想中的對象、理智化了的對象。由我們邏輯分析地把它分析,分析得非常清楚明確,以至於完全可以符號把它表達出來,這時我們的知識就叫做清明的知覺(clear perception)。所謂清明的知覺意即你能把對象分析窮盡,而且能完全符號化,都變成數學。但若有感性成份參加在裡面,這個感性的成分,把人的邏輯分析常弄成混闇,使人模糊而分析不清楚,而不能完全以符號表達,那麼這時,就是混闇了的知覺(confused perception)。科學的知識就是混闇了的知覺。來布尼茲能說這種話也不得了啊!現在的人崇拜科學,怎麼科學是混闇的呢?可是來布尼茲說它就是混闇的知覺。爲什麼呢?因爲我們的自然科學有感性參加在內,不能離開感性,但感性又對我們的邏輯分析構成一種障礙、一種騷擾,使你頭腦不清楚。因感性內有物質性,這個物質性是麻煩的,它使經驗知識不能像數學中純形式那麼清明。物質性有昏暗、暗濁性,物質性參加在內的地方都會暗濁,暗濁就不能以邏輯分析把它窮盡地分析明白,不能窮盡地分析明白就不能完全符號化。

所以來布尼茲有這樣的兩種知識,嚴格講,其實只有一種,感性參加的沒有獨立的意義。因爲他一開始說對象就對知性而爲對象,所以康德說你這種對知識的分別,分成 clear perception 與confused perception 是邏輯的分別(logical distinction),把一切東

西理智化。洛克的那種分別都是起自感性，一層一層經過反省
（reflection）而至抽象的概念，其實都是受制於經驗。而來布尼茲
的說法，感性無獨立的意義。此兩種說法完全是相反的。沒有人了
解來布尼茲能達到康德這樣程度。

我們平常所了解的關於對象的分別，大體不是取洛克的分別，
就是取來布尼茲的分別，沒有康德意義的分別。洛克的分別是經驗
的（empirical），來布尼茲的分別是邏輯的（logical）。康德這種
「現象與物自身」的分別是超越的（transcendental），稱爲超越
的分別。超越的分別爲超越哲學中的分別。超越哲學中的分別就是
物自身根本不能被認知，不是說感性參加進來把我們騷擾，把頭腦
弄糊塗了，而了解得不明白、有明有暗。而是你根本不能知道，你
就是最清明得了不起，完全數學化，你所知的還是現象而不是物自
身。所以物自身是超越的（transcendental），因此，這個分別就
叫做超越的分別。

超越的分別是不容易了解的。我以上根據康德所說的兩句話，
第一句：「不是有兩種不同的對象，而是同一對象的兩種不同表
象」，第二句：「這個分別是主觀的（subjective）」，詳細地加
以說明。這裡頭含有好多意義，你把這些觀念都得記得。在康德看
起來，現象不是天造地設的，是一物之對人的主體而現，是人之感
性主體所綰起來的。一物若不對人的感性主體而現，而回歸到其自
己就成了物自身、物之在其自己。這豈不是同一物而有兩種不同的
表象嗎？康德又說上帝只創造物自身，不創造現象，在上帝面前無
現象。這話也很有啓發性，其中義蘊無邊。這些思想，依據中國的
智慧傳統，都是很容易了解的。

我們今天講到這個地方暫時做一個結束。假如諸位想往裡進一步了解，要好好了解中國哲學。中國哲學那麼一大堆，一時念也念不懂。給你一個方便，可以看看我那部《現象與物自身》，那比較整理得有眉目，可以稍作幫助。中西雙方面都要緊，對中國方面、對西方哲學方面，都要下功夫，仔細用功的。所牽涉的每一概念都要了解，一步一步弄清楚。

所以西方哲學與東方哲學之相會通，只有通過康德的這一個間架才可能，其他都是不相干的。康德這個間架合乎《大乘起信論》所說的「一心開二門」。古今中外的哲學都是「一心開二門」。這一句話所表示的哲學間架（philosophical frame）有共同性。不過在人的思考過程中，有開得好與不好，有開出來有未開出來，有開得充分有開得不充分。其中或輕或重都繫於個人的哲學識見（philosophical insight），亦繫於民族的文化傳統。我們的這個課就講到這裡為止。

牟宗三先生全集㉚

宋明儒學綜述

牟宗三　著

《宋明儒學綜述》全集本編校說明

盧雪崑

　　《宋明儒學綜述》是牟宗三先生於1963年爲香港大學校外課程部講授「宋明儒學」課程之講辭。據文前的〈小序〉可知,當時牟先生已計畫撰寫《心體與性體》,而以此作爲該書之引論。此一講辭原分爲十二講。前六講由王煜記錄、整理,經牟先生校訂後,在香港《人生》雜誌連載,由第25卷第12期至第26卷第4期(1963年5月1日至7月1日)分五期刊出。

　　在發表了前六講之後,牟先生又親自撰成〈寂感眞幾之生化之理與「道德的形上學」之完成〉一文,刊載於《民主評論》第14卷第16期(1963年8月20日)。據牟先生在文前之說明,此文應爲《宋明儒學綜述》之第七、八講,其內容原定爲六節,篇目如下:

　　第一節　對於前講之回顧
　　第二節　實現之理與形成之理之區別
　　第三節　實現之理與科學歸納所得之理之區別
　　第四節　道德性的實理天理與實然自然之契合
　　第五節　康德所以只有「道德的神學」而無「道德的形上學」
　　　　　　之故

第六節　「道德的形上學」之完成

但實際上，此文僅包含前三節，而且牟先生爲此三節加上一標題：「第七講　寂感眞幾之生化之理（實現之理）與邏輯定義之形成之理及科學歸納所得之理之區別」。後三節則分別獨立成文，亦刊於《民主評論》。其篇目及出處如下：

〈道德性的實理、天理與實然自然之契合——兼論道德理性三義〉

第14卷第17期　1963年9月5日

〈康德所以只有「道德的神學」而無「道德的形上學」之故〉

第14卷第18/19期　1963年9月20日/10月5日

〈「道德的形上學」之完成〉

第14卷第20期　1963年10月20日

其後，於1968年出版之《心體與性體》第一冊收入以上三篇論文，成爲第一部〈綜論〉第三章之三節。

根據以上的事實，我們可作如下的推斷：牟先生在1963年在香港大學講授「宋明儒學」課程時已構思撰寫《心體與性體》一書，最初擬以講授內容之十二講作爲該書之引論，前六講由王煜整理成稿，發表於《人生》雜誌。其後，牟先生親撰〈寂感眞幾之生化之理與「道德的形上學」之完成〉一文時，又改變計畫，擬將後六講合併爲兩講，每講包括三節，前三節爲第七講，後三節爲第八講。但實際上，此文僅包含第七講之內容，第八講原定包含的三節則分別獨立成文。迨牟先生撰寫《心體與性體》一書時，乃重寫〈綜論〉部，原先之〈綜述〉僅保留最後撰成之〈道德性的實理、天理與實然自然之契合——兼論道德理性三義〉、〈康德所以只有「道

德的神學」而無「道德的形上學」之故〉、〈「道德的形上學」之
完成〉三篇論文，前此之七講均割捨不用。故此七講可視爲《心體
與性體》最初形式的〈綜論〉，對研究牟先生思想之發展極具參考
價值。

小　序

　　余去年爲港大校外課程部講《中國哲學之特質》，此已印成一單行冊。今年復應其約，爲之講宋明之儒學，顏曰《宋明儒學綜述》，即此講辭是也。凡看本講辭之讀者，如能取該單行冊參閱合觀，則於了解上當不無助益。

　　本講辭仍由王煜同學記錄。第三講中所牽涉之原料大抵皆由王君檢原文錄出，增加該講完整性不小。蓋講時只能約略提及，未能詳引原文也。

　　本講辭仍爲十二講。但講時只能說大義，而見諸文字，則必期其完整。故每講皆必徵引幾段原文以作根據。凡所徵引皆具有代表性，讀者由此或可得一肯要之線索。蓋宋明儒之義理系統並非容易把握者，其語錄中諸話頭，東一句西一句，時而說此，時而說彼，極不易見其條貫；而各家之觀念辭語復有許多極其相似，語意含混，可上下其解，亦極不易簡別其同異與輕重。是以解者惑焉，而不明其本質義理究何在也；誤引迷謬、似是而非，亦不知其眞實問題究爲何也。時至今日，學術多方，觀念紛披，若不得當，益增迷亂。故民國以來講宋明學者，所在多有，而大都東抄西掠，不成義理，即或稍有理路，亦誤解歧出，極不相應。如不眞懂先秦儒家孔

孟立敎之精神，固不易鑒察宋明儒者所發之當否，如或進而不能會通魏晉玄學及南北朝隋唐佛敎而觀之，則亦不知其中心義理，重點所在，何以必若此也。宋明儒之弘揚儒敎是發之於眞實生命，並以宗敎精神出之，非今之所謂「研究」態度者。今之人無此眞實生命，亦無講此學之性情，而於思想義理又無精湛之訓練，則其浮泛不切，固亦宜矣。

　　余茲十二講只是一綜括之簡述。至若深入其內部而作詳細之疏導與展現，則俟將來《心體與性體》之一書。此講辭即作爲該書之引論可也。

目　次

第一講　正名

　　宋明儒學的通用英文名為 Neo-Confucianism，此名即「新儒學」或「新儒家思想」之意。如此，「宋明儒」的英譯可為 Neo-Confucianist 或 Neo-Confucian。其實「新儒學」一名勝於「理學」。嚴格地說：理學一名實非恰當。因為「理」字在中國哲學史上的涵義極為廣泛。首先應當明瞭「理」字的廣義與狹義：

　　一、廣義。理字可以包括數理、物理、名理、玄學、空理等，這些都不同宋明儒的學問，可見理學一名過分籠統，不能使人顧其名思其義，而立知此種學問與先秦儒家的關係。反觀英文名「新儒學」一義，卻一語道破了宋明儒學與先秦儒家的血緣關係！

　　二、狹義。宋明儒向來被分割為兩大派系。程、朱一系言「理」，可稱「理學」；陸、王一系言「心」，可稱「心學」。如照「理」的狹義，「理學」只能局限於程、朱一系，陸、王一系竟不入圍，而以「心學」一名與之相對。所以狹義的「理學」僅代表了宋明儒學的一系，便又難免太狹之嫌了。

　　廣義嫌太廣，狹義嫌太狹，這就是理字的不妥之處。用其廣義，令人不能顧名而知此學的範圍，更不能知它與先秦儒家的關係。用其狹義，又不能涵蓋宋明儒的全部。總之，理學一名未能表

示本身爲儒家學問，代表儒家精神的思想。然而，我們可不取理學的廣義或狹義，而說此學爲宋明「性理」之學，或者乾脆連「之」字亦放棄，說「性理學」。這名顯然較佳，因爲它已有準確的內容，直指宋明儒學的二系，不太廣泛也不太狹隘。進一步，我們也可用「心性之學」一名。這又由於程朱一系講「性即理」，著重「性」；陸王一系講「心即理」，著重心，「心性之學」恰好代表了這兩系。但如只說「理學」，理字便難免含混不清了。

先秦典籍對講「理」的學問，未作區分。開始作此區分的，是漢末魏初劉劭的《人物志》。《人物志》第四篇〈材理〉說：

> 夫建事立義，莫不須理而定。〔……〕夫理有四部，〔……〕若夫天地氣化，盈虛損益，道之理也。法制正事，事之理也。禮敎宜適，義之理也。人情樞機，情之理也。〔……〕是故質性平淡，思心玄微，能通自然，道理之家也。質性警徹，權略機捷，能理煩速，事理之家也。質性和平，能論禮敎，辯其得失，義禮之家也。質性機解，推情原意，能適其變，情理之家也。〔……〕

可見劉劭分「理」爲四種：

一、「道」理。即陰陽變化之理，所謂「氣化」之理，相當於西方的形而上學（metaphysics），詳細點說：此形上學是偏於宇宙論（cosmology）一面的。形上學家在劉劭眼中，便是「思心玄微，能通自然」的「道理之家」。須知此「道理」是狹義的「道理」，並非俗語「講道理」此廣義的道理，這乃是宇宙論的道理。

二、「事」理。「法制正〔政者正也〕事」，即政事之理。政事可包括政治的制度與政治的措施兩面，因此用今日的話說：「事」理即政治制度與政治措施之理。當日最高的政治措施的道理，集中於宰相一身，所以產生了「宰相肚裡可撐船」的俗語。劉劭所言的「事理」，還是橫的、靜態的，等於今語的政治哲學。但事理可不只從橫的、靜態的這方面看去，亦可從縱的、動態的方面看去，如是觀看事理的學問，用今語言之，便不是政治哲學，而是歷史哲學了。劉劭的「事理」，只有政治哲學一面，而缺乏歷史哲學一面。中國古代最擅長於歷史哲學的，就是明末清初的大儒王夫之（船山），他的《讀通鑑論》、《宋論》等皆可謂歷史哲學，歷代大儒甚至明智典實如朱子，亦不能講出歷史哲學來。朱子的《資治通鑑綱目》，究竟是經而非史。

三、「義」理。「禮教宜適」，就是人倫教化方面的問題，故「義禮之家」（劉劭雖不說「義理之家」，但「禮者理也」，「義禮之家」亦即「義理之家」。）「能論禮教，辯其得失」。《人物志》所用的「義」字是狹義的，即指「禮教」之適宜問題的義，屬於道德方面。至魏末，才有人開始應用「義」字的廣義，「義」的最廣義，等於思想（thought）、原則（principle）、學說（theory）與概念（concept）等詞。狹義的「義」，即道德方面的「義」，可有內外之分。如劉劭所言的「禮教宜適」，是從外面觀看的「義」，宋、明儒不從外面觀看，而從道德的內面觀看。宜適的禮教，不外內在道德性合理的、外在的具體表現，即道德的客觀化而已。故此，劉劭所說的「義理」，是從外面觀道德而得的禮教，不是宋、明儒從內面觀道德而得的心性之學。

　　四、「情」理。「人情樞機」就是情理，這原是屬於政治與歷史方面的，即客觀的人群活動之理，與「事理」最近。「推情原意，能適其變」，以今日俗語言之，便是能「懂人情」，進一步言之，更有所謂「富人情味」之語。不懂人情，沒有半點人情味的人，是注定不能過家庭生活的。西方哲學家，多重純理智的思辨，而致疏略於人情，可謂不通「情理」，故多失意於婚姻與家庭生活。「事理」是很具體的 concrete，「情理」也很具體，懂事理、情理所須的智慧是東方之長，亦西方之短。「理」字極難譯成英文，一般譯爲 reason，即「理性」，由此而生的形容認爲 rational，即「合理」，再由此而生的名詞 rationalism，中國人向來譯爲「理性主義」，但日本譯作「合理主義」，此譯不如「理性主義」。西方人說 rational，大體是就某人的思想合 1. 邏輯 2. 科學 3. 數學，即說他的思想方法是邏輯的（logical），是科學的（scientific），或是數學的（mathematical），如此說合理，是抽象的（abstract）、非人情的、無人情味可言的。西方人鮮能懂情理與事理，故此開創了邏輯、數學與科學，卻開創不出情理之學。情理之學不單就客觀的人群活動講事理，更可就主觀的個人的活動講具體的人情，這是中國人特長的學問。二十世紀前半段最偉大的哲學家懷悌海（A. N. Whitehead），最能了解中國人的「情理」。抗日期間，張君勱先生曾赴美探訪懷氏，當時懷氏臥病在床，對張先生說中國人生活得很 reasonable，即指中國人懂人情，明事理，但他沒有用 rational 一字。我們須知：中國人雖最懂人情，最能享受生活的情趣，然而此與國勢的強弱並無關係。一個國家可有極高的物質文明，與極低的精神生活，反之亦然。

　　劉劭的四分法，至佛教傳入中國後，便嫌粗疏不足了。友人唐君毅先生有〈論中國哲學思想史中「理」之六義〉一文（原載《新亞學報》第1卷第1期），重新整理了數千年來「理」字的一切涵義，把它分爲下述六種：

　　一、名理。主要是先秦名家之流所談的，相當於邏輯。名理的內容大抵爲名實之間的關係。「實」就是對象（object）。但「名理」一詞起於魏晉。魏晉使用名理，其義甚廣，已超出先秦名家、《墨辯》、荀子〈正名篇〉等之所講。拙作《才性與玄理》中〈魏晉名理正名〉一章，可以參考。

　　二、物理。屬形而下的理，即今日的科學。中國以前雖沒有發展出嚴整的科學，然「物理」一詞卻是有的。故在今日最好以科學代表「物理」。

　　三、玄理。首先由道家開出，老子《道德經》首章已言「玄之又玄，衆妙之門。」魏晉南北朝時代，一方面先秦的道家玄理發展到高峰，同時另一方面，又在攝受佛教。因此魏晉南北朝的學問，以玄學爲最高。此時的佛教大師，都極喜用玄字。而且道家思想如從道教方面說，亦可稱爲「玄教」。「玄教」或「玄學」，在當時是包括道、佛二教的。然而，嚴格地說：道家玄理與佛家玄理有著迥異的特殊意義。我們可把佛家玄理，另外名爲「空理」。

　　四、空理。佛學家較魏晉玄學家更喜用理字。僧肇與竺道生已言理，後來發展的法相、天臺、華嚴三宗更常用理字。例如華嚴宗所講的「事」與「理」，實爲兩個概念，與《人物志》的「事理」大異。「事」爲「緣起」，即因緣生起。「理」爲「空性」，從事物之性空，即無自性而言。空理一名，可由此而有。但是佛家的

「空」不同道家的「無」。道家從「無」談玄，《道德經》首章說有與無「此兩者同出而異名，同謂之玄，玄之又玄，眾妙之門。」此即表示有與無是由同一根源分發出來的，「同謂之玄」即是說「玄」指「有」、「無」的渾一，有、無的渾一是辯證的融合。佛教談「般若」一系的，把道家的「玄」義發展得最爲深透。從印度傳來的佛教，對固有的中國文化產生了極大的補足與刺激，佛學部分的思想可與儒、道二家相通相契，而且佛學本身亦開闢了學問的新境界。在佛學的對照之下，儒學的特色是不得不顯揚的，沒有他方的比照，己方的特徵便難突顯。經過佛學的對照，新儒學便產生了。《人物志》對「理」的分法，大致是依儒家而說的，其中事理與情理雖然重要，儒家雖然必須表現於事、情二理方面，然而必須再透進一步，才可顯出本身的勝場。宋儒把儒學的「性」，特別提出來深究，用以對抗佛學的「性空」，於是宋明儒的學問，可稱爲「性理」。

　　五、性理。佛道二教在魏晉南北朝隋唐大盛以後，儒教顯得黯淡了，無精打采了，此時假若再如昔日只談劉劭所言的道、事、義、情四理，便無能與佛教的空理對抗。而且此四理亦非儒家獨有，譬如「道理」，儒家以外，陰陽家也曾大講特講，所以此四種不足以顯露儒家的眞本色。用佛家的語言來說，此時的儒學僅有「世間」的眞理，而無「出世間」的眞理。佛家的眞理，是有三個層次的：

　　1.「世間」，即俗諦。

　　2.「出世間」，即眞諦。

　　3.「世出世間」，即眞諦與俗諦的圓融爲一。

　　由此可見宋代以前的儒學，未有出世間的眞諦，更談不上眞俗二諦的圓融了。未有眞諦，即未有超世間的學問，如此，正如天主教徒眼中所見，儒學只是世間的學問，未能超脫凡塵。不過天主教徒不用「超世間」一詞，而用「超越性」或「超越界」一詞，他們可說當日的儒學是無「超越界」的。無超越界、或無出世間的學問，而只局限於人倫日用 ethical 一方面，儒學絕對不能抵抗道佛二教。事實上，先秦儒學並非限於塵世，先秦儒家早已表現了儒學可以超出人倫日用的性命天道了，最可惜的是：兩漢四百多年的經生，未能了解先秦儒學超越凡塵一面的深奧意義，致令儒學的奧義長期隱晦而不彰。人倫日用一面的意義還是顯淺的，其上的宗教的（religious）一面、即性命天道一面的意義才是深奧的，只有把這意義昭顯，才可衝破或解除道、佛二教的威脅。而且，不單要顯出儒學本身的超越義，更要顯出儒學可以講得比道、佛二教更爲圓融通透。儒學的可以更爲圓融，絕非牽強附會後來的佛教而生的，而是先秦固有，「由來久矣」的。「性命天道」向來爲儒家思想的中心問題，把這問題的意義確定，把儒學超越的奧義大大地昭彰，就是宋明儒大談「性理」的功績。因此，儘管他們未能把全部儒學彰著得好，但他們的「性理之學」在宏揚儒教上，卻佔著極高的位置。

　　六、事理。正如《人物志》所言的，事理代表政治哲學與歷史哲學，後者尤爲王船山的特長。

　　嚴格地說：情理可蘊含於事理。在儒家思想裡，事理與情理必融合爲一。事、情二理爲肯定世間的學問，但是所謂「肯定」，有幾個層次，不能混淆。佛教與耶教，在表面的層次，彷彿亦肯定現

世，但在較深一層言之，佛、耶二敎均不眞能肯定現世。尤其是佛敎，只是「隨緣」，沒有儒敎嚴謹的「義」之精神。「義」所代表的儒家精神，道、佛二敎比耶敎對它更難了解。仁義是「能」方面的，即主體性 subjectivity 方面的學問，是儒家的特色。至於「所」一方面，即客體（觀）性 objectivity 方面的學問，邪是西方哲學的勝場，如柏拉圖與近代德哲胡塞爾 Husserl 等人講「存有」（ being ），就是「所」的學問，至近世西方哲學邁進了一步，即是康德、黑格爾一系的哲學，可謂從「所」轉向「能」，或者通過「能」去了解「所」。西方哲學還有萊布尼茲、羅素的一系，講最客觀、最抽象的邏輯數學，對「能」的學問更無能了解。因此康德、黑格爾一系的哲學，是西方哲學的高峰。重「能」的學問，不但柏拉圖式的心靈不易了解，基督敎徒也不易。我常說基督敎「證所不證能，泯能而歸所」，即說基督敎也是偏重「所」的。佛敎的頭腦亦不易了解儒學，性空固是要者，然從某方面說，佛敎亦偏重於「所」。唯識宗一派是重「所」的，它講的「眞如空性」代表客觀性。「般若智」才是「能」，才是觀照「眞如空性」的主體。唯識宗在中國不能盛行，便是由於偏重於「所」，不合中國人傳統的心態。也正因此，中國本身開創的佛敎宗派，不停留於唯識宗與空宗的階段，而將「眞如空性」的客觀性之意義統於心來講，心是代表主體性的。此爲中國人的靈魂，對印度佛學的消化與轉進。近代熊十力先生與歐陽竟無先生的爭論，其主要問題便在此。

　　總之，儒家的「性理」，是亦主觀亦客觀的。從「天理」言，即性命所上通的天道，是客觀的；這是《中庸》、《易傳》所代表的儒學。從內在道德性而言，「性理」是主觀的，這是孟子所代表

的儒學（參考去年講的《中國哲學的特質》）。儒學的圓融，便在這兩方面，即主客觀性二面的統一。佛家眼中，一切事物皆緣起而性空，皆如幻如化，因此不能眞正肯定世間，儒家從「性理」去肯定現世，才眞正比起其他一切宗教，對現世最能肯定得住。在這基礎之上，我們可以認爲：儒教所言的主客觀性的統一，是確比其他任何宗教，更爲圓融通透的。

第二講　新之所以為新

　　宋明理學之爲新儒學，理由在那裡？這一講便是爲了解決這問題。宋代以前，一向是周公與孔子並稱爲周、孔的，自宋開始，才以孟子與孔子並稱爲孔、孟。這是思想世界裡面一個極爲重要的分水嶺。中國上古三代的聖哲，以周公爲最顯赫，三代之中周朝爲期八百多年，在文化方面遠較夏、商二代爲特出。周公在周朝，奠定了儒家禮樂的基礎，他在政治上建立了典章制度，在社會上建立了人倫敎化，然而這些都是外延的、廣度的，並非內容的、深度的。周公創建的政敎，究竟屬外王而非內聖的，所以當宋儒爲了對抗佛敎，而深論「性理」的奧義之時，他們必須標出講「內聖」之學的代表思想家，於是放棄了周公，而代以講內聖之學的孟子，這是中國哲學史上的一個大關鍵。

　　孔、孟二人均未曾得意於政治活動，他們的心思大抵用於立敎。但其所立之敎之眞精神與其敎之所以爲敎之眞實形態與最內在的內容，在原始儒家，就自身說，是夾雜在儒家所傳承的經典文獻中，就社會上的觀聽說，是當作「子」的形態而被看待的。兩漢雖推尊儒聖，然因爲忙於傳經，並未眞能了解孔、孟立敎之眞精神、眞形態以及其眞實內容的。魏晉南北朝隋唐又不是儒家思想發揚的

時代。所以孔、孟立敎之眞精神，在漫長的歲月中，一直沒有得到機會來弘揚與提煉。至宋儒，始把儒家原有的眞精神弘揚提煉出來，而成爲一純粹的「內聖」之敎。就社會階層而言，它是一純粹的「士」的宗敎，士即士農、工、商之士。如作進一步的規定，可不說士的宗敎，而說「人的德行完成之敎」，簡稱爲「成德之敎」，成德便須作內聖的工夫，所以又可稱爲「內聖之敎」。這都是外部地言之，若是內部地言其義理之內容，那便是「天道性命相貫通」之敎。宋儒由於對抗佛敎，而把儒家內聖、成德的內在義理特別提出來，發揮與錘鍊，這就是新之所以新了。然而此義並非宋儒無中生有，原始儒家思想早有此義，不過未至彰顯罷了。現在我們順次先考察孔子、曾子、孟子、荀子與《易傳》：

一、孔子。孔子敎人作仁者，「仁者」爲最高的人格，「仁」爲道德踐履所要體現完成的最高之道。仁道是人道，亦是天道。所以未見孔子稱讚某人爲仁者。《論語》中的「仁者」，無疑就是「聖人」。就連孔子自己也不敢自居爲聖人。故曰：「若聖與仁，則吾豈敢？」但是我們可不從人格的最高境界看起，而先從最低限度看起。孔子說：「志士仁人，無求生以害仁，有殺身以成仁。」志士之爲士，一個人可稱爲「士」而無愧色，便在乎此。

二、曾子。傳播聖人之道的孔門第一個大弟子，就是曾子。他說：「士不可以不弘毅，任重而道遠。仁以爲己任，不亦重乎？死而後已，不亦遠乎？」「仁」的擔負，是無窮無盡的，士之以仁爲己任，怎能不弘毅？

三、孟子。可觀以下四段：

1.孟子說：「士尙志。」士可不限於讀書人，農工商亦可成

仁，但必須從「尚志」表現士應有的本質。農人如只懂得以田地等
物質條件為生活的憑藉，而沒有自覺地開發出建立其道德人格之
志，那末他就只是農人而未成為士。孟子以尚志規定士人一格的本
質，就是說士人的生命，應建立於心志的基礎之上，絕不是建立於
任何的物質憑藉之上。

2.《孟子‧告子》章說：「養其小者為小人，養其大者為大
人。」大是從「心之官」來決定，小是從「耳目之官」來決定。所
以說：「思則得之，不思則不得也。」此思所得就是理義，就是孟
子所謂「悅我心」的「理義」。大人、小人之別，在於尚志與否，
不在政治上、社會上地位的高低。

3.《孟子‧盡心》章又說：「君子所性，雖大行不加焉，雖窮
居不損焉。分定故也。」「所性」，便是「作為本性的東西」，大
行與窮居對言，是飛黃騰達、富貴榮華之意。君子自有其志氣與操
守，當然外在的職務與其本質無關。君子縱使作了大總統，於他的
本質亦並無增益。那麼，就是窮居陋巷，也於他的本質並無減損
了。「分定」之「分」，是從「所性」規定的。所以

4.孟子進而指出「所性」的內容：「君子所性，仁、義、禮、
智根於心，其生色也，睟然見於面，盎於背，施於四體，四體不言
而喻。」這是儒家對君子人格具體而生動的精采描繪。「生色」便
是表現於外。由於生命內部有仁義禮智之心性，生命外部便自然產
生不平凡的威儀與氣象。四體的活動，也因具有內在的仁義禮智之
心性之周流貫徹，所以甚至能夠「不言而喻」。有人認為此段最後
一句「四體不言而喻」的「四體」是重複了的衍辭，但是如此仍不
影響原文的涵義。

　　四、荀子。〈勸學篇〉說：「學惡乎始？惡乎終？曰：其數，則始乎誦經，終乎讀禮；其義，則始乎爲士，終乎爲聖人。」「數」指爲學的次序途徑，「經」指《詩》、《書》。「義」是目的、宗旨，荀子以士、君子、聖人爲人格的三等，故以士爲修身的初始目的，以聖人爲修身的最高目的。古代中國人所謂爲學與修養，著重整個人格的圓滿，而不重成爲專家或爭取博士學位。士爲達到人格圓滿的最初階段。因此荀子在〈儒效篇〉又說：「言志意之求，不下於士」。可見荀子認爲：人的志向或意向，絕不應低下於士人，即爲士之志是最低限度應有的。

　　五、《易・乾・文言》。孔子所言的最高人格爲「仁者」，孟、荀所言的最高人格均爲「聖人」，其實仁者、聖人，與《易・乾・文言》所謂的大人均異名同實，〈乾文言〉有很著名的幾句：「夫大人者，與天地合其德，與日月合其明，與四時合其序，與鬼神合其吉凶。」天地、日月、四時、鬼神均代表了宇宙的秩序 cosmic order，與它們相合的「大人」的一切活動，無不合乎宇宙的本質、秩序與節奏。天地的本質，《易經》是從乾、坤了解的。乾代表生生不息的創造性，坤代表永恆的順成。與天地合德表示與宇宙同有不斷創造與順成的本質。與日月合明表示與宇宙的本體同有內在的光明和朗照。與四時合序表示與宇宙的變化同節奏、共韻律。與鬼神合吉凶表示與宇宙的幽明或隱顯兩面息息相通。總之，大人的個人生命可與整個宇宙打成一片而渾然無間。大人由於與家人、國人而至全人類、全宇宙層層向外感通，於是以「與天地萬物爲一體」爲終極。「大人」的最高標準就是與宇宙和諧地打成一片，此中道理極爲深奧。宋儒緊握這奧義而且把它大大地發揮了。這成

聖、成大人的奧義，是以成士爲起點的，所以宋明儒所發揚的儒敎
就是「士的宗敎」或成德之敎。宋明新儒學之所以爲新，便在於昭
著了由士成聖的奧義。兩漢至隋唐的人由於種種時代的局限，以致
長期未能發揮先秦儒家內聖的深義。宋儒卻因佛敎的刺激，而把先
秦儒學發展爲一純粹的「士的宗敎」、「成德的宗敎」。

　　宋學的開山祖是周濂溪，我們現在從他談起，經過張橫渠、程
明道、程伊川、朱元晦而談到陸象山、王陽明：

　　一、周濂溪在《通書》說：「聖可學乎？曰：可。」「可學」
等於「可學而至」，並非簡單的模做。兩漢的經生一般認爲聖人具
有天縱之資，是不可學而至的。所以在他們眼中，儒家的聖人好比
道敎的神仙一樣，一般人只可修煉神仙的法術而得點好處，然而要
成仙卻不是單純地學所能達到的，這要看有沒有天縱的異稟。如
此，儒家的聖人，亦好比耶敎的基督耶穌，雖可以學習與模做，但
卻不是修行所能至的。他是天縱，或是神的差遣。作爲宋學開山祖
的周子，首先衝破了這第一關，呼應了孟子的精神，顯明地肯定聖
人可學而至。他又指出聖人的大本，說：「誠者，聖人之本。」誠
是道德人格的直接根據，而且是本質的根據。人雖通曉百家衆技，
沒有「誠」，便不足以語入德，更不要說聖人。聖不從「無所不
知、無所不能」或「全知全能」去規定，而是從道德的眞誠去規
定。具有此眞誠，生命才可得到純化或淨化（purification），才可
如友人唐君毅先生所言：「從根上消化非理性的東西」，即掃除內
心的一切污穢。這個「誠」字的意義很深奧，周子說此字是根據
《中庸》而說的。「天地之道，可一言而盡也，其爲物不貳，則其
生物不測」，也只是一個「誠」。所以周子又說：「聖，誠而已

矣。」又說：「誠、神、幾，曰聖人。」這是對聖人的深刻而內在
的界說。上引《易・乾・文言》對大人「與天地合德」云云的說法，
尚是較為外延與廣度的說法，因為它畢竟未接觸到「誠」的內心境
界，而僅從生命的廣大著手形容一番。

　　二、張橫渠。張子未有如周子《通書》及大程子〈識仁〉篇一
般，顯明地表達他的嚮往，而較為隱含地在〈西銘〉說：「乾稱
父，坤稱母，予茲藐焉，乃渾然中處。故天地之塞吾其體，天地之
帥吾其性。民吾同胞，物吾與也。」儒家「士的宗敎」，立足於所
謂乾坤大父母，即是宇宙，不是家庭中的父母。張子從乾坤大父母
論起，顯然屬宇宙論的思想進路。孟子的「士尚志」，卻不是宇宙
論的說法，而是道德的說法。張子所言的「藐焉」（焉通然）表示
人類形軀的藐小，「渾然中處」即居天地之中，承天順地，與宇宙
的生命息息相通。這合下也就是「大人」的規格了。至於「天地」
二句，在標點方面有問題。如依朱子開始的傳統解法，應作「天地
之塞，吾其體；天地之帥，吾其性」，此時塞指充塞宇宙的大氣，
帥是統率之意，來自孟子「志，氣之帥也」一語。「吾其體」與
「吾其性」的其字，作「之」字解，古文常有，不足為奇，這樣
那兩句等於「充塞天地的大氣就是我的形體，統率天地萬物的那創
造性，健德天道，就是我的本性。」但亦可標點為「天地之塞吾，
其體；天地之帥吾，其性。」這樣，意思是說：「天地以其氣充塞
吾，便形成吾之體（孟子：「氣，體之充也」）。天地以其道或理
統帥我，便形成吾之性（孟子：「志，氣之帥也」）。文意未變，
然而此時「吾」字作賓詞（受詞，object）用，似未見於中國古
籍。張子為文作風獨特，他有否不自覺地或不合常軌地以「吾」為

賓詞的可能，後人無法得知。不過今日看來，朱子所代表的傳統讀法，亦確可從，雖然亦有點別扭。好事之人，如有暇考證此二句的斷句問題，當亦不無價值。

三、程明道。大程子在〈識仁〉篇說：「學者須先識仁。仁者，渾然與物同體；義、禮、智、信，皆仁也。」即言仁者的生命與宇宙的大生命混融無間，文學地說：仁者與宇宙「不隔」。仁者的境界即是聖人的境界。

四、程伊川。少年時代的小程子，受胡安定的考察而作〈顏子所好何學論〉，文成而胡氏大爲驚異。文中有言「學以至聖人之道也」，一下子點出他要學要講的，便是成聖的學問。其中繼續說：「聖人可學而至與？曰：然。」此語與周子《通書》「聖可學乎？口：可」相同。

五、朱元晦。集北宋儒學大成的朱子，說得最爲精闢：「格物致知是夢覺關，誠意是聖凡關。」可見一個人假如未能格物致知，那末他的生活彷如作夢；一個人假如不能誠意，那末他到底總是凡人，不能超凡入聖。他說：「某嘗謂，物格、知至後，雖有不善，亦是白地上黑點；物未格，知未至，縱有善，也只是黑地上白點。」（《朱子語類》卷第十五）這就表示人要自覺地作清澈自己生命的工夫，不要在不自覺的習慣中只是混沌地順俗而行。

六、陸象山。象山的思路不同以上五人，但在「成德之教」之最高的嚮往上還是同的。他比張子「民胞物與」的思想更進一步說：「宇宙內事，乃己分內事；己分內事，乃宇宙內事。」驟觀之下，這話好像是空泛不著邊際的「大話」，但其中含有深義，這與「大人者與天地合德」並無兩樣。亦與「仁者與天地萬物爲一體」

同其旨趣。他又說：「宇宙便是吾心，吾心即是宇宙。」由此他進一步而言「心即理」與「心外無物」。這些話頭與孟子的「萬物皆備於我」亦無二致。象山認爲人與宇宙本應合一，只是利欲之私障蔽了，遂不合一。故說：「一念警策，便與天地相似。」「大人」生命之爲大，便在於與宇宙爲一。在宋儒成德的宗敎裏，對大人、仁者、聖人作這樣的規定，可謂最佳的規定。

七、王陽明。早在孩提時代，他已說要作「第一等人」了。他的老師聽到這話，告他將來可考狀元，可見這老師庸俗，天資遠遜於陽明。「第一等人」的等，不是政治上、社會上地位的等級，而是道德人格上的最高境界──仁者、大人與聖。故他在〈大學問〉裡亦說：「大人者與天地萬物爲一體者也。」「明明德乃所以立其一體之體，親民乃所以達其一體之用。」陽明到底於三十七歲時，在龍場驛開出了「作第一等人」的學問，那就是「致良知」之敎了。

由上述七子的要語，我們大致可以了解，新儒學的新在那裡，即是宋明的新儒家，怎樣提煉與昭彰先秦儒家成德的敎義，以抵抗盛極一時的佛敎。

我們可以綜起來說：成德之敎的最高目標是聖、仁者或大人。

聖、仁者或大人的規定，外延地說是與天地萬物爲一體，內容地說是從根上消化自家生命中那些非理性的東西，就是徹底清澈自家的生命，而使之歸於純。孟子「大而化之之謂聖」一語是最好的表示。化就是化那些執著、界限、封域、固蔽、以及生命中那些非理性的渣滓。「聖而不可知之之謂神。」聖、神是一。

孟子說：「充實之謂美，充實而有光輝之謂大。」所充實的是

什麼呢？那必是「天道性命相貫通」這個立體的骨幹。張橫渠云：
「天所性者，通極於道，氣之昏明不足以蔽之。天所命者，通極於
性，遇之吉凶不足以戕之。」（《正蒙‧誠明篇》）這幾句話是
「天道性命相貫通」之最好而又最恰當的表示。如何去充實呢？那
就是踐仁，或說至誠以盡性。《中庸》說：「肫肫其仁，淵淵其
淵，浩浩其天。」這就表示出踐仁（肫肫其仁）所至的深遠廣大的
境界了。在通過踐仁的健行過程中以「充實而有光輝」，以至「大
而化之」之境，那必無一毫意、必、固、我之私，亦必無任何執
著、界限、封域、固蔽，即動靜、有無、內外、將迎之偏滯，而同
時仁心誠體如春風之化，如時雨之潤，必遍潤一切而無有窮極，必
感通一切而靡有所遺，此即仁體之「體物而不遺」，故潤一切即成
就一切也。在這裡，自必以「與天地萬物一體」爲終極，此就是仁
者的生命，大人的生命了。「與天地萬物爲一體」的「一」是由無
執無滯之化與仁體之通與潤而定。所以這個「一」決不是操縱把持
攬歸於己的「一」，若如此，那正是固執自私而不一。故陸象山所
說的「宇宙內事，乃己分內事」，這不是說一切事皆由我自己來
辦，若如此，那正是極權專制，「藏天下於筐篋」。其意乃是：宇
宙內事，皆是一天心仁體之所函攝，無一而能外。此天心仁體即是
眞我也。故「己分內事」之己不是私己、小己、意見之己。此只表
示無私而敞開。從天心仁體之「體物而不遺」言，皆屬於己分而不
隔，隔則不通。從「無私而敞開」言，則一體平舖，皆各歸其自
己，此方是天地氣象。幾曾見天地把持任何物來？都是讓它自適其
性，自遂其生。故一體之「一」實不是封閉孤總之「一」，而乃是
通而不隔，化而不滯之散成之「一」。此「一」是虛位，而實者則

在天心仁體也。故真能體現天心仁體者皆是天地氣象也。故孔子之
「老者安之，朋友信之，少者懷之」，程子贊之爲「分明是天地氣
象」，這正是無心而成化，讓開散開而成全一切也。這是聖人「大
而化之」的境界。至於要處理人間事情，雖就是聖人，亦要守分
際，明界限，順事理之自然與當然，物各付物，而成全之，不是操
縱把持皆攬歸於己也。這在以前如象山那種話頭，決不至生誤會。
現在到處生疑，故須略解如上。

　　道家雖無天心仁體之遍潤，然從無執無滯之化境言，亦有「天
地與我並生，萬物與我爲一」之境（《莊子·齊物論》）。莊子說
真人曰：「其一也一，其不一也一。其一，與天爲徒。其不一，與
人爲徒。天與人不相勝也，是之謂真人。」（〈大宗師〉）此是道
家真人之圓境。佛家天臺宗「一念三千，圓具一切」，亦是一體之
境，教義之內容雖不同，而最高境界之圓教之「一」，則同也。

　　就儒家言，在體現「天道性命相貫通」這個立體的骨幹而達到
化境之時，則以下諸辭語皆同時成立：

　　1.道外無性，性外無道。

　　2.道外無物，物外無道。

　　3.心即是理，心外無理。

　　4.無心外之物，無物外之心。（此不是西方的認識論與本體論
之所說）

　　此亦猶佛家所謂色心不二、智如不二、因果不二、性修不二等
等也。

　　以上諸義總提於此，以下諸講隨時明之。

第三講　興起之機緣及與佛教之關係

　　第一講說明宋明儒者所講的學問是「性理」之學，第二講則明宋明儒學被稱為新儒學，其新之所以為新乃在自覺地發揮與錘鍊｜內聖之教」，「人的德行完成之教」，其最高目標是「成聖」。宋明儒學之內部義理即在此兩綱領的範圍下而被展開。但是說到它的內部義理是並不容易講的，頭緒紛繁，大有不知從何說起之感。為了使我們易於契入與把握它的內蘊，我想先從外部對它的迷惑說起，從辯惑中逐步展露它的內部義理。外部來的迷惑大體不外三端：

　　一、說它是襲取佛、老，雜揉而成；或說它是「陽儒陰釋」，並非孔門的真面目。

　　二、著重事功者說它無用。「無事袖手談心性，臨難一死報君王。」

　　三、文人的輕薄與譏諷，說它是「偽學」，惟酒色風流、軟塌恣肆，方是率真：「率吾性即道也，任吾情即性也。」

　　本講先從第一端說起。第二、第三端兩端則留在末後再講。

　　宋儒的興起當然與佛教有關係，其內部的義理與關於境界的話頭亦自有與佛、老相同處，但不能因此就說新儒學是襲取佛、老或陽儒陰釋。它自有它的基幹，本質地不同於佛、老處；而宋明儒者亦確有他們的眞切感受處，確有實見諦見，與自家的眞實生命，決不是學無根柢、東拉西湊的。這裡先講它興起的機緣，藉以明它與佛教的關係。

　　說到它興起的機緣，可從兩方面來看：

　　㈠唐末五代社會上的無廉恥。這個時代可說是中國歷史上最不成話的時代，人道掃地無餘。其中最顯明的例子便是馮道。這位「五朝元老」眞可謂厚顏無恥了。其實這還是後人的說法，最可憐的是他身處那個時代竟無恥不恥這個觀念，而當時人亦不以無恥責之。馮道字可道，一生竟事唐、晉、漢、周四姓六帝，不但不以爲恥，而且自鳴得意，自號「長樂老」，更著〈長樂老自叙〉以述經歷，似視喪君亡國爲家常便飯。馮道只是無恥的最高典型罷了，如果僅有幾人如此，社會尙無大問題，然而，當時整個社會風氣如此，所以一般人亦不會視馮道爲無恥之尤。爲甚麼當時人心衰敗至全無道德觀念，不知「人道」、「人性」爲何物？大唐的餘波何以竟至如此悲慘的境地？這雖不無歷史發展上的理由可說，但無論如何這是事實。承接先秦儒學的新儒家，立刻抓緊這個問題，發揚人道、人性以挽救如狂瀾般可怕的社會墮落。因此宋明儒學最低限度能使人了解人道、人性的尊嚴，單就這點來說，宋明儒家已有不可泯滅的豐功偉績。熊十力先生常說宋明儒學「卓然立人道之尊」，這話極好。儒家的精粹正在人的道德性之豎立，即在人性、人道的尊嚴之挺拔堅貞的豎立。回顧先秦與宋之間，曾有漢、唐兩代爲盛

世，國勢強大，典章制度亦甚多可取之處，但於道德性方面正視人道、人性的學問，偏無所用心。宋儒深感唐末五代社會的墮落，與人道的掃地，因而以其強烈的道德意識復甦了先秦的儒學。歷史運會演變至此，正該是正視道德意識的時候，因而道德意識中的內容以及其所涵蘊的諸般義理亦容易被契悟。宋儒是眞能淸澈而透澈地立於道德意識上而用其誠的，因而亦眞能把握儒聖立敎之本質。新儒學的興起，五代的墮落是直接喚醒其道德意識的機緣；但其興起的機緣還不止此，還有另一方面，就是對佛敎的抵禦，間接地因佛敎之刺激而益顯其「道德性的性理」之骨幹之不同於佛、老。因此我們再說第二點：

㈡佛敎方面的刺激。當時所謂佛敎，大抵指禪宗而言。禪宗自唐代六祖慧能往下流傳演變，開出了五宗，即五個宗派。五宗均頂盛於唐末五代。此時社會大亂，而佛敎大盛，可見佛敎對世道人心並無多大關係，換句話說，佛敎對救治世道人心的墮落衰敗，簡直是無關宏旨的。宋初儒學，就把握這點來鬪佛。佛敎不能建國治世，不能起治國平天下的作用，表示它的核心敎義必有所不足。宋初儒家鬪佛，是就人生觀、宇宙觀的根本處而發，並且積極地宏揚前二講所說的先秦儒家思想中本有的心性奧義，以抵禦與排斥佛敎。宋明儒都懂得不能只從表面去分辨儒、佛，必須從根源上、從心性的奧義上去分辨。問題演變至此，必須透至最核心處方能立住自己而不搖動。儒、佛二敎心性奧義的歧異，是必須先弄淸楚的，不要以爲談這些奧義是沒有緊要的，尤其不要以爲談這些虛玄的奧義，便流入佛、老的窠臼。孟子早已說過，「生於其心，害於其政。」根源處一念之差是與現實大有關係的。許多誤解思想問題的

人，認為談思想義理是多餘而無謂，這是大錯。人間的災殃禍患大都根源於思想的、觀念的災禍；要對治那思想的偏差，便先要全幅地了解它，疏導它，以明其蔽。不能認為一接觸它，便是替它宣傳。蓋如此，無異掩耳盜鈴，乃是可笑的逃避。例如要對治為禍的辯證唯物論與唯物史觀，便不得不首先了解它，攻破它的悖謬。在宋初，新儒家為了對治佛教而接觸到心性的根本問題，同時受它的影響與刺激而闡發儒家的真義，這些事實都不足以推出新儒家為「陽儒陰釋」的結論。佛徒如是說，往往由於門戶之見；社會人士如是說，那是懵然無知。我們應再次申明：宋儒受佛教的影響與刺激，是不言而喻的鐵一般的事實。為有應運而生的學術，可以不接上時代？然而萬不能說他們是「陽儒陰釋」。北宋的程明道，有感於士大夫的天天談禪，而發慨嘆（詳下第五講），想到此時有誰真能堂堂正正地站得住？有誰能負起救治與領導時代的大使命？這是新儒家受佛教刺激的一例。宋儒出來對治佛教而大談儒學，可謂站於儒家聖教的穩定立場，接得上時代，因此亦能使儒學放射光芒，以領導時代。

因受佛教的影響與刺激，又因要從心性的奧義上來辨別，所以浮光掠影之輩便以為新儒學「陽儒陰釋」。這是最簡單而淺薄的頭腦。但使他們有這淺薄之見，亦並非無因。然則在接觸心性的奧義上，儒、佛間必有些相同的風光。這毫不足為奇。任何問題，見地無論如何不同，討論起來不能不有共通的辭語，否則兩不相干，就不成為問題。現在的問題就是：

（甲）從何處能表現出這相同的風光？

（乙）相同之處是否為佛教所專有？

　　為了解答這兩個問題，必須兼看新儒學外部與內部的指責。外部的指責主要來自功業之士之實用主義與經生考據之淺薄的理智主義，所謂俗學。至於內部的互相指責，則大都根源於朱子，這形成內部無謂的禁忌。許多不同的宗教都有相同的地方，或者共通的地方，但不必是誰襲取誰的，更不必是某一教所專有的。思想方法與最高的境界不是財富，不能壟斷與囤積居奇，你可應用，我亦可應用，你能達至，我也能達至，你能說出，我也能自動地契悟到而自行說出。在這裏很難說是誰所專有，亦不能視他人一應用便為竊取。相同相通的思想方法與境界，如用佛教的名詞來表達，可以說是「共法」。例如黑格爾的辯證法，誰都可用。凡是接觸到精神生活的昇進與超化的，誰都會自然地表現出來。（唯物辯證法不在內）。道家和佛教在玄智與般若方面所表現的那些詭辭都是辯證的詭辭，雖然那時並沒有「辯證法」這個名詞。我們當然不能說佛、老竊取自黑格爾，亦不能說黑格爾竊取自佛、老。黑格爾所以能顯著地表現出辯證法，正因他能精察體悟精神的發展。只有無真實生命、對真理無真實契悟的人，才專著眼於詞語，說這是發自誰，那是取自誰，此即所謂浮光掠影，指手畫腳數他人家珍也。外部對新儒學的指責，往往由於誤認儒、佛之間的「共法」為佛教的「私法」，又認為聖人之教根本不應接觸到這心性的奧義，只應拖下來完全限於現實。本講先舉出幾個最重要的例子，以明來自外部的斥責。至於內部的指責，則留待下次再講。

　　㈠葉水心（適）《習學記言》批評程明道〈定性書〉云：

　　按程氏答張載論定性：「動亦定，靜亦定，無將迎，無內

外」、「當在外時，何者為內？」、「天地普萬物而無心，
聖人順萬事而無情。」、「廓然而大公，物來而順應。」、
「有為為應迹，明覺為自然。」、「內外兩忘，無事則定，
定則明。」、「喜怒不繫於心，而繫於物。」：皆老、佛、
莊、列常語也。程、張攻斥老、佛至深，然盡用其學而不能
知者，以《易·大傳》〔即《易·繫辭傳》〕〕語之，而又自
於《易》誤解也。子思雖漸失古人本統，然猶未至此。孟子
稍萌芽。其後儒者則無不然矣。

葉水心的可取之處，不在對宋儒思想的批評，而在對宋代政制的批
評，例如他的〈法度總論〉，對宋立國的格局，作了精闢肯要的分
析與洞察（詳《政道與治道》第九章），熊十力先生說他聰明而器
小，最是恰當。我們須知：上引明道〈定性書〉諸語，乃是說人生
修養的境界。決不能說它們「皆老、佛語」，尤其不能說「盡用其
學而不知」。定性實即定心。明道認為定無分動靜，方是真定；而
且定心無出入，定心亦無所謂內外，即既不封限於內，亦不紛馳於
外。至於「無將迎」，「將」是送之意，將迎就是迎送，語出《莊
子·知北遊》「無有所將，無有所迎。」成玄英疏：「夫聖人如
鏡，不送不迎。」迎為逆，為億，即《論語·先進》載孔子說子貢
「億則屢中」的「億」，是預想之意。修養到定的境界，自然「發
而皆中節」，「不勉而中，不思而得，從容中道。」不須在事物未
來時因亂作預想而張惶失措，亦不須在事物過去時因瞻前顧後而追
憶悔恨。道家的理想人格是如鏡般地不迎不送，即莊子所謂「無有
所將，無有所迎。」儒家的理想人格，也是不迎不送，即孟子「大

而化之之謂聖」中「化」的境界，也就是孔子毋意、必、固、我的
境界。將迎絕非道家專有的詞語。儒、道二家的最高人格都是無執
著的，王弼所說的「聖人體無」即「大而化之」之「化」的境界。
這是二家所共同可用之詞語，不是儒家取自道家的。明道所說的
「天地之常，以其心普萬物而無心，聖人之常，以其情順萬物而無
情」，前一句表示天道的遍在性，也表示了明道另一語「天地無心
而成化」之意。「無心」就是「不是有意」的意思。儒家認爲天道
生萬物是「無心」的。天道以生物爲心，而其生又是「無心」之
生。耶教說上帝有意以七日造世界，便是「天地普萬物而有心」，
便是「天地有心而成化」，從此可見儒、耶不同的一面。至於後一
句「聖人之常，以其情順萬物而無情」，表示聖人的思想感情，依
順於天理，物各付物，不容心喜怒於其間，而喜怒好惡自得其正，
故此「廓然而大公，物來而順應」。此即是有情而無情了。明道
說：「有爲爲應迹，明覺爲自然」表面上似爲佛、老之語。嚴格言
之，儒家似不應用「應迹」字樣。作義理上所當然應作之事，不是
道家的因應，亦不是佛家的權現（方便）。故明道用「應迹」字眼
實易引起誤會。應會、應迹，這都是魏晉王弼郭象之「迹本論」中
之詞語。但表面上雖沿用了魏晉玄學中之詞語，而其言之之基本精
神卻仍是儒家的。他說「以有爲爲應迹」，只在表示我們的凡百作
爲皆是順天理之大公，是對遮「自私」而發的。迹與本，本是形式
名詞，亦猶言本末，或體用。同言體用，而所以言體用者則不同。
名是公器，不能悉自我造。一時造不出來，沿用亦不妨。魏晉人雖
造了「迹本」之詞（源於《莊子》），然若取其形式意義，他人亦
未始絕對不可用。要者在能明其言之之基本精神。儒、道二家均肯

定現實生活，但所以肯定不同。佛家亦在某一層次的意義上肯定現
實生活，如謂挑水砍柴無非妙道，不毀世間而證菩提等，但此等只
表示現實生活可以不妨礙修道，並非從義理上眞正肯定現實生活。
至於「以明覺爲自然」，這是對遮「用智」（穿鑿）而發的。「明
覺」雖是佛家語，「自然」雖是道家語，然儒家講到虛靈不昧之本
心，亦未始不可用「明覺」，講到此本心之呈現，就其不穿鑿言，
亦未始不可用「自然」。豈是一用明覺、自然，便是「盡用其學」
耶？又佛教所談的「有爲」、「無爲」就翻譯說，顯然從道家而
來，但其義並不相同。儒家的「自然」義是從「大而化之」與「無
心而成化」諸語顯現的。「自然」一詞雖早見於道家的老子，但並
非道家所可專有。儒家的程明道，當然亦可說儒家聖人的「定」之
境界，是「內外兩忘」的、「無爲」的、「自然」的。孔子曰：
「無爲而治者，其舜也與？」《易傳》曰：「易，無思也，無爲
也。」「無爲」豈是道家所可專用？「喜怒不繫於心，而繫於
物」，這更不能說是老、佛語。它的原意爲：聖人的喜怒哀樂均依
順天理，發於性情之正，而不陷溺於情，即不純爲情感的
（ emotional ），換句話說：聖人的行爲不由主觀的私情決定，而
是全順於客觀的天理的。即上文所謂物各付物，不容心喜怒於其
間。明道曰：「萬物皆只是一個天理，己何與爲？至如言天討有
罪，五刑五用哉，天命有德，五服五章哉，此都只是天理自然當如
此，人幾時與？與則便是私意。有善有惡，善則理當喜，如五服自
有一箇次第以彰顯之。惡則理當惡（一作怒），彼自絕於理，故五
刑五用。曷嘗容心喜怒於其間哉？」（《二程全書》，〈遺書第二
上〉）。此即是此處「喜怒不繫於心，而繫於物」之意。此與佛、

老有何關係？簡言之，聖人是仁義雙彰的。如果不能達至「天理流行」的境地，行動便不免乖舛，此時如喜愛某人便不免過分地獎賞他，憎惡某人又不免過分地懲罰他，那就是私而不公了。葉水心不但反對程、張，而且牽連到先秦的子思與孟子，亂作指責，可見他的思想在這方面實在淺妄。他認爲程、張不了解《易傳》。他又以爲子思（傳統以爲是《中庸》的作者）雖不似明道的悖謬，但已「漸失古人體統」。其實葉水心認爲「皆老、佛語」的明道諸語所示之函義與境界，都是來自《易傳》與《中庸》的，水心竟因責罵張、程而連帶怨及《易傳》與《中庸》，可見他根本不明《易傳》、《中庸》的奧義，因此亦不明理解這些奧義的程明道之所說，他把這些都歸給佛、老，這是何等的淺妄自貶與自愚！他似乎想把《中庸》、《易傳》與《孟子》都燒掉。近人亦復有想把這些都從儒家裡抹去，把孔子之教盡量往下拖，這與葉適同一淺妄。當年歐陽竟無痛罵宋明理學，以爲理學不死，孔子之道不彰。但是他還沒有怨恨《中庸》、《易傳》與《孟子》，他卻用偷天換日的手法，拿佛教來解釋《中庸》。他亦不好意思罵孔子，只把他貶抑到七地菩薩的地位。我以爲這都是動機不純正的。宏揚自家教義不是這樣宏揚的，傳教不是這樣傳的，學問不是這樣講的。平心而論，儒家從「化」的境界言心，其中亦實可蘊藏著許多「辯證的詭辭」（dialectical paradox），它們玄妙詭譎，不易領悟。老子《道德經》謂「正言若反」，詭辭便是若反的正言了。而且，詭辭的智慧是曲線型的，不是直線型的。明道所說的「動亦定，靜亦定」已含藏詭辭的意味。至於辯證的精義，就在通過一個否定的過程而統一正反兩面，最後達到破除正反兩面的表面分際而超越正反兩面的境

界。佛教最重視破執著，從破執著而出現的玄談即是「般若」的理
論，參考《金剛經》便可知。般若智的表現是去除執著，即以般若
照空。道家亦重破執著，但不用空字，而用無字。儒家從德性的境
界立論，當然亦藏有從「大而化之」「毋意、必、固、我」所表現
的不執著之境界，不過儒家沒有正面的應用空、無一類的字眼而
已。先秦儒家從正面論道德的最高境界，很少從反面去論破執著，
因此先秦儒家的詭辭不多亦不顯。然而儒家如要運用詭辭，一樣可
以，問題在於儒家不必運用詭辭罷了。宋儒中程朱一系從「性即
理」立論，詭辭不多，陸王一系從「心」立論，詭辭亦頗稀少。總
之，儒家講到「心」一方面在義理上與老、佛不無相通相契之處。
儒家罕用詭辭，但詭辭可謂藏於儒家詞句的背後，並非只老、佛才
可擁有，而是儒、釋、道三教的共法。由此可知：葉適對程顥的批
評完全不行，它消滅了《易傳》、《中庸》、《孟子》的廣大精微
的深遠意義，把儒學壓縮到日常生活的事物，純現實世界裏去。否
定了孔、孟等儒家之形而上的要求，等於否定了儒家的高明的智
慧，也等於自我貶抑，把心靈之光壓抑至原始的狀態，因而開闢不
出高級的智慧。須知：智慧便是心靈之光的開闢與放射，智慧高的
人必有形而上的要求。叔本華觀察一個人氣質的清濁，就從有無形
而上的要求這一點著眼。

　㈡李習之（翱）的〈復性書〉。李氏在唐代，本不屬於宋明儒
的範圍，然其〈復性書〉與宋明儒學為同類。這是處於佛學鼎盛的
唐代出來弘揚儒家「性命」之奧義的，可謂鳳毛麟角。然一般耳食
恍惚之輩，亦以為其思想是來自佛學。故亦列於此，一併論之。他
的〈復性書〉無疑未臻程明道〈定性書〉的圓熟之境，但在唐代能

寫出此文已甚難得，而且〈復性書〉的境界是勝於他的老師韓昌黎之〈原道〉的。〈復性書〉主要講心性的寂然不動，如說：「性者，天之命也。聖人得之不惑者也。情者，性之動也。百姓溺之而不能知其本者也。聖人者，豈其無情邪？聖人者，寂然不動，不往而到，不言而神，不耀而光。制作參乎天地，變化合乎陰陽，雖有情也，未嘗有情也。」這已與王弼聖人有情而不累於物，同其旨趣。亦與明道「夫天地之常，以其心普萬物而無心，聖人之常，以其情順萬物而無情」並無二致。這可謂前後同揆。同對於聖人的化境有所了悟。你可以說李習之之能言此，是受了佛教的刺激。然而，絕不能說〈復性書〉的思想與文辭皆來自佛老。因為「寂然不動」顯然源於儒家《易‧繫辭傳》的「寂然不動，感而遂通天下之故。」從天道的寂感說到心性的寂感，這是先秦儒家論「性」的《易傳》、《中庸》一路，與佛、老完全無關。論及修養成聖的工夫之時，〈復性書〉又說：「弗慮弗思，情則不生。情既不生，乃為正思。正思者，無慮無思也。《易》曰：『天下何思何慮哉？』」其中「弗慮弗思」及「天下何思何慮」的思想，皆出《易傳》。後來又引《易傳》的「易無思也，無為也，寂然不動，感而遂通天下之故，非天下之至神，其孰能與於此？」《易傳》以外，儒家經典裡亦常有「弗慮弗思」的思想，如《論語》載孔子之語：「天何言哉？四時行焉，百物生焉。天何言哉？」與及《中庸》所謂「誠者，不勉而中，不思而得，從容中道，聖人也。」可見以為〈復性書〉取自佛教，實為大謬。〈復性書〉復曰：「嗚乎！性命之書雖存，學者莫能明，是故皆入於莊、列、老、釋。不知者謂夫子之徒不足以究性命之道。信之者皆是也。有問於我，我

以吾之所知而傳焉。遂書於書，以開誠明之源，而缺絕廢棄不揚之
道，幾可以傳於時，命曰〈復性書〉。」此本是弘揚儒聖固有之
義。人淡忘既久，遂以爲一涉此域，便是取自佛、老。此豈足謂爲
得學術之眞者？馮友蘭《中國哲學史》第十章，講韓愈與李翱，標
題爲「道學之初興及道學中『二氏』之成分」，此中二氏指佛、
老。他在此章中以李翱〈復性書〉爲滲雜佛學成分的儒學。他說：
「此雖仍用韓愈〈原性〉中所用之性、情二名詞，然其意義中所含
之佛學的分子，灼然可見。性當佛學中所說之本心，情當佛學中所
說之無明煩惱。」像這樣的拉扯，眞不知學問爲何物。你說「灼然
可見」，實則只表示你「瞑然無知」而已。

　　㈡清代的顏習齋（元）、李恕谷（塨）、戴東原（震）。顏李
師生攻擊程朱，可謂不遺餘力，他們拚命反對宋、明的新儒學，好
像葉水心一般，以爲上古三代的聖王與孔子才是正統派，才是「古
人體統」，一切宋明理學家都是異端。（其實照他們所說，孔子已
不是「古人體統」了）。顏元說：

　　　　自漢、晉氾濫於章句，不知章句所以傳聖賢之道，而非聖賢
　　　之道也；競尚乎清談，不知清談所以闢聖賢之學，而非聖賢
　　　之學也。因之虛浮日盛。而堯、舜三事六府之道，周公、孔
　　　子六德、六行、六藝之學，所以實位天地，實育萬物者，幾
　　　不見於乾坤中矣。迨於佛老昌熾，或取天地萬物而盡空之，
　　　一歸於寂滅；或取天地萬物而盡無之，一歸於陞脫。
　　　〔……〕奈何趙氏運中〔指宋代〕紛紛躋孔子廟庭者，皆修
　　　輯註解之士，猶然章句也；皆高坐講論之人，猶然清談也。

甚至言孝弟忠信如何教，氣稟本有惡，其與老氏以禮義爲忠信之薄，佛氏以耳目口鼻爲六賊者，相去幾何也？故僕妄論宋儒，謂是集漢、晉、釋、老之大成者則可，謂是堯、舜、周、孔之正派則不可。〔……〕某爲此懼，著〈存學〉一篇，明堯、舜、周、孔三事六府六德六行六藝之道。大旨明道不在詩書章句，學不在穎悟誦讀，而期如孔門博文約禮，身實學之，身實習之，終身不懈者。（〈存學〉篇卷一，〈上太倉陸桴亭先生書〉）

可見習齋竟誤宋學爲「集漢、晉、釋、老之大成」而非「堯、舜、周、孔之正派」。他自以爲可代表正派，然而他不解儒學形而上的要求，不解儒家內聖外王的全部智慧。他的心思只落在原始生活的事物，正如墨子一般，只可算是狹隘的功利主義者，原始的體力主義者。照他所說，孔子亦不能算是正派，祇有原始素樸的野人才算是正派。他最重視的「三事六府」，語出僞《古文尚書·大禹謨》。「水、火、金、木、土、穀」，謂之六府；「正德、利用、厚生」，謂之三事。六府不外人生所依賴的六種物質，三事就是教人好好地利用這些物質。列于「三事、六府」之下的，是「六德、六行、六藝」。六德在《周禮》有兩種相似的名目，大司徒說是知、仁、聖、義、忠、和，大司樂說是中、和、祇、庸、孝、友。《周禮·大司徒》說：「以鄉三物教萬民而賓興之。一曰六德：知、仁、聖、義、忠、和。二曰六行：孝、友、睦、婣、任、恤。三曰六藝：禮、樂、射、御、書、數。」習齋喜好列舉先秦儒家的德目，可是完全不懂先秦儒家「致廣大而盡精微，極高明而道中

庸，尊德性而道問學」的通透心靈。戴東原更接不上儒家的學問，他一如顏、李的攻擊宋明新儒學：「宋以前，孔孟自孔孟，老釋自老釋。談老釋者，高妙其言，不依附孔孟。宋以來，孔、孟之書，盡失其解，儒者雜襲老、釋之言以解之。」（《戴東原集》卷八，〈答彭進士允初書〉）可見戴東原對儒學是何等「外行」！他也不問問自己究竟對于孔、孟與釋、老知道有多少，也要妄肆論列！其實顏、李的思想雖非全無可取，但一陷於庸俗的功利主義，便開創不出高深宏大的學問。儒家並非不講正德利用厚生，亦非不貴水火金木土穀，人皆知這是人生最基本的物質條件；然而單講這些，絕不足成立高深的學問，亦不足開擴仁智的心靈，亦決不能創闢出光明燦爛的文運。儒家固重視躬行實踐，然祇是騎馬射箭，學習珠算，如顏、李之狹隘的實用主義，原始之體力主義，便真能開出科學、數學嗎？儒家固重視敦品勵行，然試問顏、李個人之踐履，以及其移風易俗之影響，真能有超過程、朱者乎？程、朱豈不更重視六德、六行、六藝之真實而有深度的踐履嗎？於以知顏、李亦祇是急於另立說法，罔顧學脈之承傳與開發，結果亦祇是一場鄉氣的閒議論，其用又何在？至於戴東原妄談孟子，心靈根本不相及，而又力攻程、朱以理殺人，正是不知天高地厚癡兒之見。熊先生謂戴東原「有聰明，而根器太薄。」（《讀經示要》上冊，頁145）薄就薄在這裡了。

㈣顧亭林（炎武）。亭林為明末之大儒，與黃梨洲、王船山並稱。顧、黃、王之志業本自不同，既與顏、李不可同日而語，亦與滿清考據學風基本有異。詳見吾《政道與治道》一書。吾所以把他列在這裡，是因為他亦不能正視「內聖之學」之價值，而反對談性

命與天道。他與黃梨洲、王船山同處於明末亡國之時，對於時代俱
有深深的感觸，因此他們的基本精神同有一種從內聖向外開的要
求。但是既向外開，外王固重要，內聖仍是本，不可忽。梨洲與船
山俱不反對談性命天道之心性之學，這方是能接得上儒家學脈傳承
之整全的通識，但顧亭林在此便接不上，這就不免落於偏了。這偏
固是有激而然，但擔當時代使命，徹底反省文化發展的癥結以開前
進之坦途，決不可停在那原初之偏激上。這是亭林之不足處。但他
不說宋儒是雜取佛、老，他祇反王學及其末流，不反程、朱。這是
他勝過一般口耳妄談之輩處。但他雖不反程、朱，卻亦並不正視
程、朱的學問，這就不能無弊。因此，故把他列於此一併說說。

　　亭林深感於王學末流的「束書不觀，游談無根」，故此激烈地
反對陸、王；然而從踐履與博學兩方面來說，程、朱的作風比較合
乎亭林的胃口，所以他不大反對程、朱。事實上，程、朱在篤行方
面，誰敢非議？在實踐與博學方面，程、朱是多受後人的接受與肯
定的。亭林總不愧為大儒，他懇切敦篤，志節堅貞。他鑑於亡國之
禍，故志切實用。這本是對應時代所可有亦是應有的態度。但其思
想並不夠廣大精深。他主張經學即理學，捨經學無理學。這本也是
可以說的。因為宋、明儒講學也是就先秦儒家的經典講的，不過是
偏重在提煉其內聖一面而已。但若經學一詞祇就兩漢傳統說，則
「經學即理學」一語便函對於宋明儒學之不滿。後來章實齋說六經
皆史，這又是把經學吞於史學裡去。六經中本有些文物制度，屬於
史學的範圍。但若說孔子祇是史學家，則顯然非是。毋寧宋、明儒
的發揚才真是相應孔、孟立教的精神的。這是不可隨便歪曲與抹殺
的。故經學即理學，捨經學無理學，「經學」一詞有歧義，包括的

亦太廣,這便不能彰顯出儒家教義的特殊精神。亭林如此說,實表示其不能正視宋明儒學的價值,亦不能正視孔、孟立教的精神,其心思祇落在「散學」與經驗知識上而已。他不能見出「性命天道」的意義與作用,他以為這一切都是空談而已。他說:

> 竊歎夫百餘年以來之為學者,往往言心言性,而茫乎不得其解也。命與仁,夫子之所罕言也。性與天道,子貢之所未得聞也。〔……〕其答問士也,則曰行己有恥。其為學則曰好古敏求。〔……〕聖人之所以為學者,何其平易而可循也。〔……〕今之君子則不然,聚賓客門人之學者數十百人,譬諸草木,區以別矣。而一皆與之言心言性。舍多學而識以求一貫之方,置四海之困窮不言而終日講危微精一之說,是必其道之高於夫子,而其門弟子之賢於子貢,〔……〕我弗敢知也。〔……〕愚所謂聖人之道者如之何?曰博學於文,曰行己有恥。自一身以至於天下國家,皆學之事也;自子臣弟友以至出入往來,辭受取與之間,皆有恥之事也。〔……〕士而不先言恥,則為無本之人;非好古而多聞,則為空虛之學。以無本之人,而講空虛之學,吾見其日從事於聖人,而去之彌遠也。(《亭林文集》卷三,〈與友人論學書〉)

亭林鑑於王學末流的空疏虛浮,因而主張平實的「博學於文」與「行己有恥」,這當然不錯,然而這亦表示他不能深明儒學中「心性」一面的切義與真實義。他說「古之清談談老、莊,今之清談談

孔孟」。清談固有流弊，王學末流固有流弊。然魏晉玄學家之弘揚
老莊，宋、明儒者之弘揚孔、孟，亦不可因清談流弊，王學流弊，
而一律予以堵絕。聖人固平易，但聖人之平實、平易，決不只是平
面的「散學」，亦不只是原始本能的「有恥」。焉能以聖人之俯
就，隨機指點，便執著一二語以為定本，而抹殺其他？人若真想作
到「行己有恥」，在德性上能徹底站得住，則「心性之學」之講習
仍是不可少的。不然，何以孔子不輕許人以仁？亭林說：「命與
仁，夫子所罕言。」這句話在《論語》本有不同的讀法，它本是
「子罕言利，與命與仁。」不是「命與仁」連同「利」一起不言。
《論語》不是到處言仁嗎？「五十而知天命」，「畏天命」，「道
之將行也與？命也！道之將廢也與？命也！」不是常言命嗎？孟子
亦言「立命」，亦「性也命也」對言。《易傳》亦言「窮理盡性以
至於命。」焉有一個偉大的生命，真實的德性人格，而不知命的？
而亭林在這裡卻說「命與仁，夫子所罕言」，誤讀原句，以湮沒
《論語》之事實，泯滅聖人立教之精神。亦由於心境不平正，故對
於德性生命亦無真實痛切深遠之諦見也。至於「性與天道」固不見
於《論語》，但卻見於《易傳》與《中庸》。子貢「不可得而聞」
不表示聖人不言，亦不表示就此為界，不准言。你能說《中庸》與
《易傳》，皆非聖門之教嗎？於以知只限於下，而不准通於上，只
限於散學，而不准通於高明，只限於習慣、社會之踐履，而不准通
過自己之自覺以求深度的內在之體悟，皆非能得聖人立教之精神
者。王學末流之弊自是末流之弊，焉可逆而連其根而拔之？故亭林
雖不反對程、朱，而卻反對談「性命」，則其不反程、朱者亦只是
由於習慣，或權威，或停滯於程朱之末果，而不能真及其精神。

程、朱之踐履與篤實，並非不自覺之冥行，正是由於其天天講性命天道而來者。其重博學，亦是由其講格物窮理正心誠意貫通性命天道而來者，豈是堵截上面裡面而只重散學乎？要知程、朱的篤行踐履必須通過道德的自覺，並以此爲根，否則僅爲冥行與習慣而已。道德實踐的目標是成聖成賢，絕非作一個庸俗的「老好人」就完了。章太炎不懂儒學，竟視程、朱爲「曲謹的好人」，進而稱他們爲「鄉愿」。鄉愿是孔子之所深惡，孟子也明說鄉愿爲「德之賊」。章氏當然知道此詞的原義，卻要對此詞加上一點一滴的好意義，成爲「曲謹的好人」。他以爲孔子曾稱讚狂狷，而狂狷如表現不佳，即出毛病，即一旦爲假狂狷，反不如曲謹的好人。故他要「思鄉愿」，以宋儒爲鄉愿式的曲謹好人。這是章太炎繞圈罵人的文人惡習，正是肆無忌憚。亦是顧亭林不能正視「道德自覺之學爲踐履根源」的必然流弊。故凡只重散學而反對談「性命天道」之內聖之學者，此固已非儒家內聖外王之教之全，而其散學結果亦祇是專家知識之學，其篤行亦祇是習慣之冥行，至多是曲謹之好人，決不足語於創造之道德。

　　㈤惠士奇與惠棟。惠棟與戴震齊名，是三世治經學的考據大家，以易學尤爲著名。但他受時風影響，隨乃父惠士奇（天牧）棄宋易而治漢易，以漢學相標榜。熊先生說：

> 士奇自題〈紅豆山齋楹帖〉云：「六經尊服、鄭，百行法程、朱。」（皮錫瑞《經學歷史》引此帖，作「六經宗孔孟」，殊誤。）是直以經學當宗服、鄭，而於行誼不必有關。程、朱行誼可法，而其行誼又不本於經學。惠氏三世爲

學，蓋全不知經學果爲何學，而直以考據之業當之。宜其視程、朱爲「曲謹好人」，而不見其有何學術也。生而瞽者，不知日月之明，蟻旋大磨，自以爲世界更無有大於此者，非惠氏之謂歟？（江藩《宋學淵源記》，即本惠氏見解。）昔南宋之亡也，其時大儒，眞誦法程、朱者，皆畢志林壑，不肯仕元，許衡家世陷寇已久，垂死猶念仕胡之恥。惠氏當中夏正朔猶存海外之日（永明絕於緬，而鄭氏康熙二十二年始亡）。便已晏然仕清，稱天頌聖，無絲毫不安於心者，其異於禽獸之幾希，尚有存乎？法程、朱者如是乎？清人之業，本無可托於宋學。其終以漢學自標榜，固其宜也。（《讀經示要》卷二，頁144）

惠士奇的「六經尊服、鄭，百行法程、朱」，表面好像不錯，服虔鄭玄代表漢學，程、朱代表宋學，這二句似乎表示了對漢、宋兩學的兼顧不偏。然而觀深一層便知：鄭玄祇是以傳經爲務的經生，擅長從文物訓詁方面解經，而不懂經裡的大義奧義，「六經尊服、鄭」表示尊崇服虔、鄭康成的解詁，不說「六經尊程、朱」，是表示對六經的研究走漢學路徑而不走宋學路徑。至於「百行法程、朱」，熊先生已作嚴正的指斥。其實惠士奇那能懂程、朱篤行的所以然的來歷。惠氏父子但取程、朱的篤行，即暗示了不取程、朱的學問，這是清代一般考據家宗漢反宋的共同特徵。其「法程、朱」者亦祇是順俗勉強承認而已，焉能說是眞法程、朱？篤行之於程、朱是「溥博淵泉而時出之」，有本有源，有光有熱，是通過自覺而來的德性生命之開發，有艱苦的感受與奮鬥，有企向高明而又歸於

平實的眞實性惰作支持，這其中有一套學問，就是聖賢之學、心性
之學。自亭林以來，不反程、朱，甚至法程、朱者，不講此種學
問，甚至反對此種學問，則其「取」與「法」豈非成爲無意義之廢
辭？故所謂取者法者，實祇是順俗之浮說。而撤離其學問，祇取其
篤行，則程、朱之篤行成爲無源之水，成爲陳列品之木乃伊，只好
放在博物館，尙何足法？亭林一時之偏激，盡量向「散學」方面
拖，不期而有滿淸之陋風，此亦非其所始料也。

　　總之，自葉水心對明道〈定性書〉發那無知之讕言以來，凡重
視知識、實用之學，而反對德性生命之學者，皆不能了解儒聖立教
之核心本質的意義。眞諦、俗諦原不相礙。儒聖立教亦重視知識、
實用之學。內聖外王在儒家立場本爲本質地相連結，然有本有末，
而核心之本質要在德性生命之開發，決不能停滯於知識、實用之學
而割截堵塞其本源。人之才力資質俱有所偏適。偏適於知識、實用
之學者，即於此而用其力，於己所不適之德性之學，則讓他人講而
不必反對，或己雖不能而心存嚮往之敬意，如是方是尊崇聖道者。
若必自原則上劃一立場，成一門戶，割截堵塞其所不適不知之德性
之學而抹殺之，以爲惟此知識、實用之學方是聖道，惟考據訓詁方
是通聖道之門，則此種態度極爲淺陋而又自卑，此是中國知識分子
中最大不幸之惡習。何以說淺陋？不識聖人立教核心之本質，割截
堵塞德性生命之本源，便是淺陋。何以說自卑？知識、實用之學，
亦有其本身之價值，如只適於此者，以畢生之精力鑽研於其中亦並
非不值得，如此，即知識、實用之學而已矣，又何必依託聖道爭取
門戶？西方研究科學者，即科學而已矣，亦未以此爲通神學之途
徑。而惟中國以前之倡知識、實用之學者，則有此陋習，此其所以

為自卑。宋、明儒開發德性之學之最核心之本質，而不抹殺忽視知識、實用之學，於踐履篤行又能「溥博淵泉而時出之」，即此相較，即可見出心量器識之高下，重知識實用之學者又何曉曉為？夫真知聖道者，內聖必通外王，外王亦必本於內聖。今重知識、實用之學者，而必割截堵塞德性之學之本源，則如何能謂之為真知聖道、真崇聖道者？其假託聖道以爭門戶，又何所取義哉？今日之知識分子如能免於淺陋，祛除自卑，革除以往之陋習，則中國之學術文化始可走上現代化之健康坦途焉。

第四講　與佛教之關係㈡

　　上一講評論了新儒學來自外部的指責，此講再評論內部的互相指責。宋、明儒皆自稱「出入佛、老」，「佛」主要是指禪宗。北宋緊接唐末五代，禪宗可說在當時是天下的顯學，亦即天下人聰明才智的匯聚所在，是時代上最活動而凸顯的靈魂。北宋諸儒承風接響，受其影響與刺激是不可免的。這在前講已經說過。但理學家之出入佛老，並不曾深入內部作過細密的研究，接觸的經典亦並不多。而何況禪宗就是教外別傳，本不是從經論下手的。但理學家似乎從外部總能把握它的基本精神，覺得總有不能相契處。對禪宗亦似能嗅到它的大體氣氛，覺得到一個大體的輪廓。但既有所宗主，便不想作積極的研究，是以凡有談論與批評亦只是消極地涉及，不是眞對它負責的。宋儒的互相指責，便是斥對方爲禪，但亦僅爲籠統的說法。宋儒內部的互責，以發自朱子的爲最多，他自命爲正統派，陸象山的精神與他迥異，於是成爲他的對方。朱子方面的攻擊性極爲猛烈與凌厲，自然陸象山也可反擊，但朱子的牽連總較多較猛。朱子最尊崇二程，其實主要乃是伊川，因爲他對明道的境界接不上，可是他對明道，比對象山是客氣得多了。他不好意思直接指責，所以另以一些話頭表達他對明道的不滿與批評。現在就從此開

始，逐段疏解朱子對其他類禪或他所認爲不妥者所作的指責之意
義。

一、朱子謂：「明道說話渾淪，然太高，學者難看。」又謂：
「程門高弟，如謝上蔡、游定夫、楊龜山，下梢皆入禪學去。必是
程先生當初說得高了。他們只瞭見上一截，少下面著實功夫，故流
弊至此。」渾淪即圓融，這是明道學問的特徵，所以黃梨洲以「其
語言流轉如彈丸」形容明道，確極生動恰當。它表示了兩面的意
義：

㈠不採分解的方式。我們參看橫渠、伊川、元晦的作品與話
頭，可知他們都採分解方式說理。從此方式表達的義理，明道亦未
必反對，不過他自己不喜用這方式。

㈡破執著所呈現的境界。中國古典中採用分解說法的，例如
《易·繫》的「形而上者謂之道，形而下者謂之器」，便是以分解
的方式，表示道、器的意義。伊川與朱子常以分解的方式說心、
性、情等字的確義。然而，明道卻不喜歡這方式，只喜歡從渾圓的
境界上說，以免僵死在語言的分解上。明道破除了對語言的執著，
換言之，破除了分解上所顯的分崩離析，進而把中心義理統統圓融
起來，表現出渾淪的狀態。破執著才可到達最高的境界，如果心境
停滯於分解所建立的抽象概念之上，便是執著了。因爲道是具體
的、渾淪的，即是超乎抽象概念的限制的。籠統地說，破執著要從
生活上作工夫。嚴格地說，破執著要從心上作工夫。此工夫必須化
掉概念、觀念的停滯或一偏，故如以語言陳說，便是「其語言流轉
如彈丸。」如果你執著於「形而上者謂之道」一語，明道可說「道
亦在形而下者」以破你的執著。明道以「無將迎，無內外」形容破

了執著的心境。但是這種通過破執著而顯的渾圓境界，是完全取自佛、老嗎？在先秦儒家中有沒有根據呢？曰：有。孟子說「大而化之之謂聖」的「化」就是無執著的境界了。孔子言「毋意、毋必、毋固、毋我」就是「無將迎，無內外」的化的境界了。「天何言哉？四時行焉，百物生焉，天何言哉？」這就是內外兩忘，無言之教了。若以此為禪或類禪，而造成禁忌，則孔子已是禪了！孔子亦取自佛、老嗎？禪不禪並不能在這裡分別。明道說：「禪學者，總是強生事。至如山河大地之說，是他山河大地，又干你何事？至如孔子，道如日星之明，猶患門人未能盡曉，故曰：予欲無言。如顏子，則便默識，其他未免疑問，故曰：小子何述？又曰：天何言哉？四時行焉，百物生焉。可謂明白矣。若能於此言上看得破，便信是會禪也。」（《二程全書》，〈遺書第一〉）山河大地為幻妄，這是佛教的根本教義問題，儒者自不贊成。明道「強生事」之語即表明了儒佛的基本不同。至如「天何言哉」，則明道說：「若能於此言上看得破，便信是會禪」。可見這並不能造成禁忌，全推給佛教的禪宗。這裡看得破，便是會禪，這種境界不能說是從禪家來，亦非禪家所可獨佔。聖是最高的德性人格，這人格從化掉執著顯。哲學家一般不是聖人，極其量可謂賢人或智者，因為他們縱使思想深刻精闢，仍然不免執著於名言與思想，即未臻化境。哲學家通過分解的方式可以建立宏偉壯大的思想體系，如西方康德、黑格爾二哲，都有無所不包的壯偉體系，然而一旦是體系或系統，便不是天地本身，便不免體系的嚴格限制。大人或聖人不限制於思想體系，而得「與天地合德，與日月合明，與四時合序，與鬼神合吉凶。」體系界限的化掉，好比投石於水時，掀起由內向外的層層漣

漪，造成水面層層圓圈的界限，等到水面復歸平靜如鏡，漣漪消散
得無影無蹤，水面一切界限都被化掉渾融爲一了。在東方的哲學
中，人格的最高境界都要「化」，當然，儒家講破執著的方式未曾
像佛家那樣顯著與著力，也未有那麼多的詭辭。這也許就是儒家比
較平實之故。但不能說儒家沒有或不知這境界。只是無許多詭辭而
已。明道有充分的聰明智慧來表達這無執著的化境，這決非抄襲禪
宗的。禪宗甚至整個佛教很易被中國人了解與接受，因爲他的詭辭
爲用，在中國老傳統的道家思想中早已多著呢！因此文人名士之流
亦能談禪，不是有所謂名士禪與野狐禪嗎？所以單從圓轉活潑的境
界看，不可說明道思想得自佛教。朱子對這點解悟未透，而致造成
一種禁忌，表示了深深的厭惡。他說「明道說話渾淪，然太高」，
「太高」就是禁忌與厭惡的表示，我們須知：聖人「大而化之」的
境界當然最高，此境界無論多高，亦有理路可循，亦可用說話講出
來或暗示出來，不應視它爲禁忌而閉口不談。當然無切實根底而隨
意妄談，也令人生厭。但如要講成聖的路數，自然要講到聖人的境
界，不必認爲這是「太高」而故意避免，以致不敢正視而漸失其的
義，把它全讓於佛老，以爲非儒聖所固有。道理有深有淺，對最深
最高的道理，便須作最高最深的理解，不必逃避不講不理。佛教的
義理，亦有高低深淺之分劃。如小乘較低，大乘較高。中國佛徒中
的天臺、華嚴兩宗，均有判教，即對一切佛學作出高低層次的判
別。天臺宗的高低次序是藏、通、別、圓，一共四教，所謂化法四
教。華嚴宗更判成五教：小、始、終、頓、圓。由於天臺宗所判的
圓教亦可包含頓教，所以二宗所判成的，雖然名目與數目不盡同，
其實一般無異。儒學的道理中也有這高低、深淺、分圓之不同。都

要切實正視，不可造成忌諱。朱子偏重下面的部份，即較低較淺的部份。明道卻喜談徹上徹下「極高明而道中庸」的渾化境界，即較高較深的部份。朱子討厭明道講最高的義理，可見他對最高境界了解不夠，至少不能正視。由於對明道比較尊重，所以只說他「太高」，否則朱子會進一步，直斥之為禪。如此，朱子認為程門的謝、游、楊三人的末流（下梢）「皆入禪學去」，意即謂這三人講論的聖人之道均似是而非，已入於佛而非儒家本色。朱子又猜想個中因由，說：「必是程先生當初說得高了。他們〔那三人〕只瞵見上一截，少下面著實工夫。」平心而論，說這三人的學問仍未夠紮實穩當，這是可以的；但如說他們已入於禪，那就不對。

　　二、朱子反對明道〈識仁〉篇以「仁者渾然與物同體」一語說仁，認為它不著邊際。其實明道此語最為實際，他是從仁之感通性而言的。孔子說的仁是恻惻之感，是要對宇宙萬物感痛癢。感通有差別與層次，孟子言「親親而仁民，仁民而愛物」，親、民、物便是由親及疏的層次了。感通無限制，無一定的界限為標準，它應是無停滯地以「與萬物渾然同體」為終極。仁者是聖人的別稱，作仁者談何容易！朱子對恻惻之感把握不著，故嫌明道此語籠統不實，對人無益。朱子論仁從「生意」著眼，不是錯，但不夠（其實這也是從明道來）。因為仁的第一義是道德方面的，言「生意」落於第二義，即重宇宙論方面的意義，而削弱了道德的意義。孔子當年論仁是始於道德性的恻惻之感之真實生命之覺與健，而非始於宇宙論的「生意」，雖然因感通之無限可以與萬物為一體，所謂「體物而不遺」，因而可以證實此義，亦因而函蘊此義。所以明道該語大有根據，他從感通了解仁，極為恰當。

三、朱子非難謝上蔡的從「覺」論仁。覺是不麻木、知痛癢。
此意，顯然是得自其師明道。上蔡說：「心者何也？仁是已。仁者
何也？活者爲仁，死者爲不仁。今人身體麻痹不知痛癢謂之不仁。
桃杏之核可種而生者謂之仁，言有生之意。推此，仁可見矣。」
（《宋元學案》〈上蔡學案・語錄〉）。此皆明道所已言者。從
「覺」說仁，當然沒錯。「覺」與「生意」扣在一起說，這覺當然
是惻隱之感，生意亦直接從這裡說，這純粹是具體的道德心靈的。
然而朱子卻把這「覺」視爲「知覺運動」之覺，從仁提出來而謂屬
於智之事。這是把覺從惻隱之感中孤離起來，而單屬於智。朱子
說：「仁固有知覺，喚知覺做仁卻不得。以名義言之，仁自是愛之
體，覺自是智之用。」（《朱子語類》卷六，〈性理三〉，仁義禮
智等名義）。智固有覺了之用，但仁亦有覺感之性。這兩個覺的意
思根本不同。一是覺了辨別，一是痛癢關切。朱子劃而一之，槪屬
於智，只准於智說覺，不准於仁說覺，顯然非是。《朱子語類》卷
六中復有一條云：「問：先生答湖湘學者書以『愛』字說仁，如
何？曰：緣上蔡說得『覺』字太重，便相似說禪。」這就是朱子特
別不喜歡以「覺」言仁的緣故了。禪宗名詞有「靈知」、「本覺」
之類。《大乘起信論》有本覺、始覺、不覺之說。圭峰宗密分別靈
知與般若（智），云：「知之一字，衆妙之門。」這靈知與本覺是
基於「如來藏自性清淨心」而言的，與上蔡之以覺言仁根本不同。
上蔡言覺是從「麻木不仁」反顯，顯然是指具體的道德的心靈而
言，代表惻隱之感。從這裡說，可以說得很高。但無論如何高，總
是有惻隱之感在後面定著，總是儒家的仁心，不會變成佛家的「如
來藏自性清淨心」，或禪宗的靈知、本覺之類。朱子認爲一說

「覺」，就是禪，這禁忌是多餘的。

　　茲引朱子〈仁說〉之語以明其對於明道與上蔡之說之不滿。
〈仁說〉云：

> 或曰：程氏之徒言仁多矣。蓋有謂愛非仁，而以「萬物與我
> 爲一」爲仁之體者矣。〔案：此指龜山說〕亦有謂愛非仁，
> 而以「心有知覺」釋仁之名者矣。今子之言若是，然則彼皆
> 非與？曰：彼謂「物我爲一」者，可以見仁之無不愛矣，而
> 非仁之所以爲體之眞也。彼謂「心有知覺」者，可以見仁之
> 包乎智矣，而非仁之所以得名之實也。觀孔子答子貢博施濟
> 眾之問，與程子〔伊川〕所謂「覺不可以訓仁」者，則可見
> 矣。子尚安得復以此而論仁哉？抑泛言「同體」者，使人含
> 糊昏緩，而無警切之功，其弊或至於認物爲己者有之矣。專
> 言「知覺」者，使人張皇迫躁，而無沈潛之味，其弊或至於
> 認欲爲理者有之矣。一忘一助，二者蓋胥失之。而知覺之云
> 者，於聖門所示樂山能守之氣象，尤不相似。子尚安得以此
> 而論仁哉？

案：這些批評都是多餘的，甚至是根本不相應的臆測。只是作文
章，誠有如象山所說只是閒議論。以悱惻之感之無限制而說與物同
體，此正是精神生命（仁體本心）之「體物而不遺」，何至想到
「使人含糊昏緩，而無警切之功，其弊或至於認物爲己」？此豈
是昏沈物化之同體？朱子此評雖指龜山說，而龜山之意是來自明
道。所以實是不滿明道。此義之線索，朱子並非不知。然則其所以

對此義不能予以同情之理解者，亦正見其對此義無眞切體會也。復次，悱惻之感即是覺，此覺是由「不麻木」而顯，由「知痛癢，相關切」而顯。悱惻不麻木之仁覺何至「使人張遑迫躁，而無沈潛之味，其弊或至於認欲爲理」？以上蔡之仁覺爲了別之知覺，屬於智之事，這已是乖謬了。又以爲「心有知覺，可以見仁之包乎智，而非仁之所以得名之實。」此豈是名義問題耶？以「物我爲一，可以見仁之無不愛，而非仁之所以爲體之眞。」即是說，此只是「仁之量」，而非「仁之體」。（《朱子語類》卷第六）在感通之無限量上，仁之量即是仁之體。故吾曾云：「仁以感通爲性，以潤物爲用。」此豈是字義之事耶？

〈仁說〉開頭云：「天地以生物爲心者也，而人物之生又各得夫天地之心以爲心者也。」又云：「此心何心也？在天地則坱然生物之心，在人則溫然愛人利物之心，包四德而貫四端者也。」這是從天地生物之心說下來，是宇宙論的路數。再加上程伊川以仁爲性，以愛爲情，而有朱子的「仁者心之德愛之理」的說法。這些說法，雖都是可以的，然都不比明道、上蔡所說諸義更爲妥貼。仁固有溫潤之意，仁者固有「樂山、能守」氣象，然仁亦有覺義、悱惻義、感通義、創生義、健行義。若眞會得，這些俱不相礙。只因伊川說「覺不可以訓仁」，此在伊川已經是滯了，到了朱子手裡，則根據伊川之語，益成滯礙。此誠象山所說「定本」之弊。在定本之拘礙限制之中，以此遮彼，則反見從宇宙論說下來，以及「心之德愛之理」之格局，不但不比明道、上蔡所說之義更爲妥貼，且更爲不妥貼，益喪失仁之生動活潑義、周匝眞實義、精誠惻怛義。其所以不滿明道、上蔡之說者，只因有一禪之禁忌橫梗心

中，故多方避諱，不能弘通，反成滯礙。

　　由以上朱子對明道、龜山、上蔡之不滿，而謂其是禪或類禪，我們可以總起來點醒一下，即凡可以令朱子聯想到是禪或類禪者，大抵是在涉及以下兩面時：

　　㈠涉及最高的渾化境界時。

　　㈡涉及「本心」的自然呈現與破執著時。

　　關於第㈠點，說最高的渾化境界是就工夫的體現說，不是就客觀地講一最高之理說。若是分解地、客觀地講一最後之實有、實理，那不會讓人聯想到是禪。只有當從工夫的體現上說最高的渾化境界、圓融境界時，方可令人聯想到禪。這是主觀修證上的事，不是客觀實理上的事。但是講這種學問，不能不講主觀的修證。講修證，不能不以渾化境界為終極。光是講修證，也不必就是禪。因為朱子也講工夫、講修證，不但是講，而且是艱苦的實踐。但他卻不至令人想到是禪。所以禪，必是就最高的渾化境界說，就聖果上說。在此聖果的渾化境界上，一切是一、一切是圓：沒有內外、彼此、上下的分別；一切是頓，當下即是：沒有分解的次第、系統的起訖、前因後果的邏輯聯索。在這圓頓的姿態上，就含有灑脫一切封域、界限等的執著。在灑脫一切執著上，就函蘊著種種奇詭的姿態，窮高極遠的玄論。這就是禪了。在這方面，佛、老本是擅長。到了禪宗，更是奇特詭譎。這是六祖慧能所說的「無心為道」的一面，用佛家的詞語說，也就是「般若為用」的一面，依道家的「正言若反」說，也就是「詭辭為用」的一面。這些奇詭的姿態，窮高極遠的玄論，是朱子所最不喜歡的。所以凡一涉到這境界，他便認為是禪了。因此，凡是說得渾淪太高，他便認為有禪的嫌疑。他是

喜歡平實。但是「平實」從下學到上達，都是可以說的。在圓頓的
境界上，也可以說平實。「默而識之，不言而信」是平實。「聖人
懷之，衆人辯之以相示也。」從「聖人懷之」方面說，亦是平實。
但是聖人的「懷之」與「不言」是化的境界，要把達到這「化」的
經過說出來，不能不灑脫一切執著，這其中亦必然有奇詭。聖人之
化不必自覺到經過這些奇詭，他也許是無聲無臭地自然就化了。但
是要了解它，明其所以而說出來，指示一義理之路，即這其中亦有
個訣竅，亦有路可循，莊子所謂「辯之以相示」，便自然有這些奇
詭的姿態，窮高極遠的玄論。把這些講出來，亦未必無好處。奇詭
是「明其所以」中的波浪，「化」便是消融這些波浪，連這些姿態
一起化掉。此即所謂「平平」。但化境的「平平」必然函著一個圓
頓。一說圓頓，便必然有這奇詭的姿態。莊子所謂「恢詭譎怪，道
通爲一」也。奇詭與平實一也，兩不相礙。奇詭乃所以支持而充實
這平實者。這也表示聖人的平平與化境也不是容易的，是有一個過
程的，有一番經歷的。堯夫詩所謂「出入幾重雲水身」也。但是朱
子只知道涵養察識的經歷，讀書格物的經歷，而不知這化境的達到
也有一種灑脫一切的破執著的經歷。在這經歷裡，說奇詭就奇詭，
說平實就平實，你若說渾淪太高，而明道卻說平平，如無事一般。
你若只從奇詭說象山是禪，而象山卻說他只是平平，是實事實理，
並無許多閒議論、空意見。這就可以看出奇詭必有道理，不能只作
不近人情的奇詭看。

　　第㈡點，就「涉及本心的自然呈現與破執著時」說，只有當講
本心、天心的自然呈現，全體朗現時，才有這些奇詭。光講理是沒
有奇詭可言的。理都是一定的，是沒有姿態波浪可言的。從工夫體

現上講化境，必然要涉及破執著。心才有執著，所以必然要涉及心。明道〈定性書〉，實在講的是心。心是主觀性原則，理是客觀性原則。而主觀性原則就是實現原則：必須通過心覺才能說到理之體現。而這種體現不是認識心之認知科學真理，而是道德心之實現道德的理，這是內容的、強度的、深度的、無窮無盡的：理如此，心亦如此。從心方面說，它要達到體現天理之化境，它必須要在無窮無盡的破執著之經歷中到達。這就是「無心爲道」一語之所示。心之體現天理而至化境，是心而要無心，這就是一個詭辭。通過心的潤澤、貫徹與覺了，天理才是真實的、具體的。但心的活動覺了，因形限之私，卻又最容易沾滯、偏著、陷溺。從這沾滯、偏著、陷溺中覺醒過來，超拔出來，而消化掉它的沾滯等，這就是無心。這無心就是心之自然、渾化，沒有一毫意、必、固、我之滯相。在這消化滯相之經歷中必然有奇詭的姿態出現。這奇詭是翻過滯相而顯的。若無滯相，亦無奇詭，那就是平平了。所以涉及心而聯想到禪，不是分解地講心時令人想到禪，不是在分解地了解心之本義時（不管是經驗的心或超越的本心）想到禪，而是在辯證地消化滯相以達體現天理之化境上才令人想到禪。當然，當肯認一實體性、宇宙性的本心天心，而說「心即理」，而直悟頓現此本心天心時，則更容易想到禪。這點俟看下面朱子斥象山爲禪時便知。朱子說某某是禪，不是就他講的心之本義，而加以檢察，說他是佛家的，不是儒家的。若是這樣分別，是無問題的，而且是必須的，若有混擾，當該指出。但他不是如此，他只就那些奇詭說某某是禪。這就有問題。他不知道這圓頓的渾化之境固是佛、老所喜說，也是儒聖所已至。連王弼都知「聖人體無」，老、莊只是言之而未能至

（參看《才性與玄理》）。他也不知消化滯相而至化境中所函的奇
詭，這固是佛、老所喜說，也是儒聖所必函。宋儒既從心性的奧義
開發聖敎，若以其眞實生命之眞實體悟，而至鞭辟入裡，則這是必
然地自發地要接觸到的。這是一切道德宗敎之修證學問之所共。並
不是誰所特有的，亦不是某敎之所以爲某敎之特異處。若必謂此是
學自禪，這無異於否認了自家的眞實生命之鞭辟入裡的眞實體悟。
若必謂這是禪，而不是聖敎之所應有、所固有，甚至是一切敎之所
共有，這就表示其對於心性之奧義並未透，並未充其極，亦無異於
自我貶抑。這只應說喜講或只適於講某方面道理的人不喜這些奇
詭，或不易接觸這些奇詭，而喜講或適於講某方面道理的人，則自
然就有這些奇詭。焉能以自己之所不喜或不適或未悟至者，便劃歸
於禪？明道、象山、陽明皆已眞實地體悟到這方面，豈能謂他們皆
是禪，而非開發儒聖之敎之儒者？所以在這裡造成禁忌，實是多餘
的。這只表示朱子對於聖人化境沒有眞實的體悟，對於心了解的不
夠而已。

　　以上是原則性的解說，根據這解說可以了解朱子說某某是禪其
究竟意義何在。

　　㈣朱子斥陸象山爲禪。朱子責斥某某爲禪，最後是集中於陸象
山。依他說某某是禪的聯想，象山可說是儒者中禪風的集大成者，
是一個典型。

　　朱子說：「上蔡說仁說覺，分明是禪。」又曰：「上蔡說孝弟
非仁也。孔門只說爲仁，上蔡卻說知仁。只要見得此心，便以爲
仁。上蔡之說，一轉而爲張子韶，子韶一轉而爲陸子靜〔象山〕。
上蔡所不敢衝突者，子韶盡衝突。子韶所不敢衝突者，子靜盡衝

突。」（《宋元學案》〈上蔡學案‧附錄〉中引）。這是說從上蔡
到子靜，一切藩籬都衝破。禪的奇詭完全都顯出了。

又說：「湖南學者說仁，舊來都是深空說出一片。頃見王日休
解《孟子》云：麒麟者，獅子也。仁本是惻隱溫厚底物事，卻被他
們說得抬虛打險，瞠眉弩眼，卻似說麒麟做獅子，有吞伏百獸之
狀。蓋自知覺之說起之。」（《朱子語類》卷第六，〈性理三〉，
仁義禮智等名義）。

案：從悱惻之感之覺與健來說這仁體本心，本亦可有些奇詭出
現。上蔡以及後來受其影響的湖南諸公，亦可能有偏差處，不甚的
當處，但不會完全無意義，亦不能簡單地就說他們是禪。朱子對這
些奇詭，不能明其所以，他根據「平實」的標準，一概漫畫式的具
像為「抬虛打險，瞠眉弩眼」，「深空說出一片」，「有吞伏百獸
之狀」：這當然就是禪的姿態了。朱子批評陸象山為禪的話很多。
茲根據王懋竑《朱子年譜》選六段如下：

1. 子靜寄得對語來，語意圓轉渾浩，無凝滯處，亦是渠所得
效驗。但不免些禪底意思。昨答書戲之云：這些子恐是蔥
嶺帶來。渠定不伏。然實是如此，諱不得也。（《朱子年
譜》，五十六歲〈辨陸學之非〉，〈答劉子澄書〉）

2. 子靜舊日規模終在。其論為學之弊病，多說：如此即只是
意見，如此即只是議論，如此即只是定本。熹因與說：既
是思索，即不容無意見；既是講學，即不容無議論；統論
為學規模，亦豈無定本？但隨人材質病痛而救藥之，即不

可有定本耳。渠卻云：正爲多是邪意見、閒議論，故爲學者之病。熹云：如此卻是自家呵叱亦過分了！須著邪字閒字，方始分明，不教人作禪會耳。又教人恐須先立定本，卻就上面整頓，方始說得無定本底道理。今如此一概揮斥，其不爲禪學者幾希矣！渠雖唯唯，終亦未竟窮也。子靜之病，恐未必是看人不看理，自是渠合下有些禪底意思，又自主張太過，須說我不是禪，而諸生錯會了，故其流至此。〔……〕大抵兩頭三緒，東出西沒，無提撮處。從上聖賢，無此樣轍。〔……〕然其好處，自不可掩覆，可敬服也。（《朱子年譜》，五十二歲白鹿洞會後，〈答呂伯恭書〉，選自《文集》）

3. 陸子靜之學，千般萬般病，只在不知有氣稟之雜。把許多粗惡底氣，都把做心之妙理，合當恁地自然做將去。向在鉛山得他書云：看見佛之所以與儒異者，止是他底全在利，吾儒止是全在義。某答他云：公亦只見得第二著。看他意只說儒者絕斷得許多利欲，便是千了百當，一向任意做出，都不妨。不知初自受得這氣稟不好，今纏任意發出許多不好底也，只都做好商量了，只道這是胸中流出自然天理，不知氣有不好底夾雜在裡，一齊滾將去，道害事不害事！看子靜書，只見他許多粗暴底意思，可畏。其徒都是這樣。纏說得幾句，便無大無小，無父無兄，只我胸中流出底是天理。全不著得些工夫。看來這錯處，只在不知有氣稟之性。（《朱子年譜》，五十六歲〈辨陸學之非〉，所

選〈語錄〉）

4.陸子靜之學，只管說一個心本來是好底物事，上面著不得一箇字。只是人被私欲遮了。若識得一箇心了，萬法流出，更都無許多事。他卻是實見得箇道理恁地，所以不怕天、不怕地，一向胡叫胡喊。又曰：如東萊便是如何云云，不似他見得恁地直拔俊偉，下梢東萊學者，一人自執一說，更無一人守其師說，亦不知其師緊要處是在那裡，都只恁地衰塌不起了。其害小。他學者，是見得箇物事，便都恁底胡叫胡說，實是卒動他不得。一齊恁地無大無小。便是天上地下，惟我獨尊。若我見得，我父不見得，便是父不似我。兄不見得，便是兄不似我。更無大小，其害甚大。不待後世，即今便是！（同上）

5.或說象山說克己復禮，不但只是欲克去那利欲忿懥之私，只是有一念要做聖賢便不可。曰：此等議論，卻如小兒則劇一般，只管要高去。聖門何嘗有這般說話！人要去學聖賢，此是好底念慮，有何不可？若以爲不得，則堯舜之兢兢業業，周公之思兼三王，孔子之好古敏求，顏子之有爲若是，孟子之願學孔子之念，皆當克去矣。看他意思只是禪。誌公云：「不起纖毫修學心，無相光中常自在。」他只是要如此。然豈有此理？只如孔子答顏子克己復禮爲仁，據他說時，只這一句已多了！又況有下頭一落索？只是顏子才問仁，便與打出方是！及至恁地說他，他又卻

諱。某嘗謂人要學禪時，不如分明去學他禪和，一棒一喝
便了。今乃以聖賢之言夾雜了說。道是龍又無角，道是蛇
又有足。子靜舊年也不如此，後來弄得直恁地差異！如今
都教壞了後生，箇箇不肯去讀書，一味顢頇，沒理會處。
可惜可惜！〔……〕又曰：子靜說話，常是兩頭明，中間
暗。或問暗是如何？曰：他是那不說破處。他所以不說
破，便是禪。所謂鴛鴦繡出從君看，莫把金針度與人。他
禪家自愛如此。（同上）

6.一，便如一條索，那貫底物事，便如許多散錢。須是積得
這許多散錢了，卻將那一條索來一串穿，這便是一貫。若
陸氏之學，只是要尋這一條索，卻不知道都無可得穿。且
其為說，喫緊是不肯教人讀書，只恁地摸索悟處。譬如前
面有一箇關，纔跳得過這一箇關便是了。此煞壞學者。某
老矣！日月無多。方待不說破來，又恐後人錯以某之學，
亦與他相似。今不奈何，苦口說破。某道他斷然是異端，
斷然是曲學，斷然非聖人之道。但學者稍肯低心向平實處
下工夫，那病痛亦不難見。（同上）

案：以上六條都表示象山是禪。這六條也烘托出一個完整的意思，
凡令人聯想到是禪的重要關節都具備在這裡。朱子並非看不出，所
以他自負能說破。若就破除心之滯相而直悟仁體本心之圓頓化境
言，則佛家禪宗所表現的那些奇詭姿態也都可以在這裡表現。明道
的「渾淪、太高」也函著這一些。雖隱而不發，亦躍如也。發與不

發都無關，只看函著不函著。朱子說象山「合下有些禪底意思」
（上引第2條），這表示說：象山的生命本質上就有這味道，所以
自然就流露出來。但這還不只是氣質的事。人之易於把握或表現某
方面的道理，固常由於性之所近，但道理是客觀的，這道理一呈
現，便定然函著這一切。又，這「合下有禪底意思」，也不是偶然
的靈感，隨便觸及。若只是偶然的靈感，沒有一點道理，不表示一
個客觀的塗轍，則可有可無，隨時可以撥轉掉。朱子亦承認：「他
卻是實見得箇道理恁地」，「實是卒動他不得」。（上引第4
條）。這可見這「合下有禪底意思」是有義理之必然性，它代表一
個道路，他實有所見。但對於這點，朱子卻不能鄭重正視，仔細消
化一下，何以有這道路出現。所以你說他完全「是葱嶺帶來」，是
外鑠的，是義襲而取的，他當然「不伏」（上引第1條）。你道他
「斷然是異端，斷然是曲學，斷然非聖人之道」（上引第6條），
這尤其不行。如果見到這實代表一個道路，則朱子那些對答、批
駁，都是不對應的。這裡須要有一種判教式的消化、融和與承認。
這樣就可以無諍了。若只是直接地堵絕，則不但表示自己不透，而
且亦有礙於聖教之開發。

　　重視主體性、重視主觀修證的東方宗敎，在其修學的發展上，
是必然要開發出一順一逆的兩條路來。一條是順取，下學而上達。
這是朱子所走的路徑。一條是逆顯，承體起用，即本體便是工夫。
這是象山所走的路徑。現在就說說這條路徑。這逆顯之路之「逆」
是就聖果上說，是逆於「下學而上達」之順取的。它是先就聖果之
化境而肯定一超越之本心，聖人就是這超越的本心之全體呈現而至
化境者。如是吾人當下即以聖人爲準的，聖人所親證而體現之仁體

本心，人人皆有。聖人有，可體現至化境，我亦有，亦可體現至化
境。此即孟子所說的人人皆可以為堯舜之根據。我即從這超越的仁
體本心之開悟起，一開悟了，便承體起用，即本體便是工夫。從這
「承體起用」說，亦可以說「順」，但這是「順之則生天生地」之
順。天地造化只有這一順，而人之修證以成聖，則承體起用之順必
須經過逆顯之開悟，此即所謂「逆之則成聖成賢」也。此路是革命
式的「逆取（逆顯）順守」之路。這和朱子的順取（下學）而逆顯
（上達）之路不同。朱子的順取、下學，不是成科學知識的一往順
取。一往順取無所謂上達。他這順取的目的就在步步反顯天理，同
時亦步步體證之於經驗──現實生活中。這是順著經驗而逆顯天
道，故重道問學，重客觀性之天理，以天理駕御心。但象山則正逆
反此道，他是以直悟「超越本心」為準。這就是他的「尊德性」、
「先立其大」了。依象山看來，這聖人所體現而至化境的超越本
心，依經驗順取是永遠達不到的，在經驗中反顯而體證永遠是分
證，甚至連分證亦不可得，而容易歧出與誤引。這就是他所以斥朱
子為「支離」之故了。若以聖人之化境為準，直對這超越本心而
言，這「先立其大」若不是一個空洞的抽象概念，則似乎必然要函
著一個頓悟，即撥開一切經驗、滯相而顯的一個頓悟，這就是直下
要「截斷眾流」了，也就是禪宗所說的「直指本心」了。這所指的
本心之本質的意義，當然儒、佛不同，這是由教義規定的，這是根
本立場不同。但這不妨礙體悟的方式有相同。在這方式的相同上說
是禪，亦無所謂，因為禪宗也確表現這方式；但說這是禪而非儒則
非是，說這是從「蔥嶺帶來」亦非是。因為佛教中亦有不取這方式
的，譬如唯識宗。所以若因此便說他是異端、是曲學、非聖人之

道，這是很不足以服人的。

　　而且這路也就是孟子的路。象山說他的學問無所師承，是讀孟子而自得之。這話是可信的。這不是朱子所責斥的「今乃以聖賢之言夾雜了說」（上引第5條）。乃是真實生命之自動的契合，主動的開發。前聖後聖，其揆一也。在這裡，重複即是創新。孟子肯定性善，這性就是成聖之性。從這善性擴而充之，足以保四海，仁不可勝用，義不可勝用，這就是無限量的圓熟化境，這就是「大而化之謂聖」了。「擴而充之」就是後來所說的「承體起用」。對於這成聖之「性」，不只是一個肯定，當然亦可由理論的論辨而證明它，而且亦不只是由理論的論辨而證明，這是須要在踐履上直本自家的惻隱羞惡之心而存在地、主體地肯認的，這肯認不是理論的肯認，而實在亦就是頓悟。這裡除了這存在地、主體地肯認與頓悟，還有甚麼辦法能湊泊到？存在地、主體地肯認與頓悟實即就是自家惻隱羞惡之心之直接地、存在地呈現，這裡是定然的，無理由可說，無曲折途徑可走。從體悟上說，也只好說直指頓悟了。其實說直指頓悟並不是很好的表示法，因為這容易落在主客的分裂上，單單成為認知上的頓悟——直覺。若換一個說法，說是在道德踐履上自家惻隱羞惡之心之直接地存在地定然地呈現，這便較好。若只說直指頓悟，人們容易想到：這渺茫得很，指個甚麼？悟個甚麼？這不是望風捕影嗎？朱子就因此說是「深空說出一片」。但是在儒家的立場，這直指、頓悟，是自家惻隱、羞惡、恭敬、是非之心之直接呈現的頓悟，定然呈現的直指，這比禪家直指頓悟那「如來藏自性清淨心」還更直接而有據。在這仁體本心之存在地直接呈現、定然呈現上，當然這「上面著不得一箇字」（上引第4條）。所有的

「意見、議論、定本」這些外部浮現的滯相都要消化掉。這仁體本心不是個觀念，也不是「意見、議論」所可猜度的，這裡亦無「定本」可資以湊泊。它是須要存在地呈現的，它是貼體如實地展現、朗現，這裡是要拆穿一切光景的。這只能指點、啓發、暗示，遮撥一切念慮、意見、議論，而令人自己直承自家悱惻羞惡恭敬辭讓之心而存在地呈現的。在這裡說是「兩頭明，中間暗」（上引第5條），也是可以的。在這裡漫畫式地描畫爲「兩頭三緒，東出西沒，無提撮處」（上引第2條），也是可以的。在這裡，就是「要做聖賢」的念也要融化掉，融化掉方是眞聖賢。這與其初立志不同，這是進一步、深一層說。朱子那些指責都是不相干的。（參看上引第5條）。孟子說：「萬物皆備於我矣，反身而誠，樂莫大焉。」這就是圓頓之敎的基礎。孟子更不說頓悟，只說「反身而誠」。這誠就是眞實心（仁體本心）之眞實呈現。在這眞實心的眞實呈現上，不能容納任何「念」（「念」是經驗的、心理的「象」）。眞實心呈現，「溥博淵泉而時出之」，「若決江河，沛然莫之能禦」，以至於「大而化之之謂聖」，皆不能容任何念。這就是「即本體便是工夫」，所謂先天之學也。

當然孟子當初只是直接從承當性善開出這一條大路，並未發出像象山所說的「意見、議論、定本」這些遮撥的話頭，但是後人發出來也並無妨礙。並不能說這是從「葱嶺帶來」。禪宗可以發，我們也可以發。若一定說這是來自禪，我們也可以說佛家的竺道生與慧能實是孟子靈魂的表現。不過其敎義是佛家的而已。然則儒家有個陸象山與王陽明出來表現孟子一路不是更直接而當行嗎？焉可因那點表現方式與奇詭姿態之故，便予以堵絕，盡歸之於禪？

　　我這裡的疏導只表示朱子那些指責與禁忌純然是多餘的。陽明承象山而進，更歸於切實，那些程、朱系的後學說陽明爲禪，更不相干。我這裡也不必一一檢查了。本講只是想藉朱子之指責，指示出在宋、明儒家的學問上令人想到禪的關節在何處。至於他們的內部義理，以後各講陸續講出。

第五講　性理的確定意義

　　我們從前第四講可知：儒、道、佛的相似處只在㈠講直悟頓現本心，㈡講最高的渾化境界，㈢講破執著，此三方面。朱子說明道「太高」，說象山是禪，大體也指這幾方面說。但三教的相同處只是「共法」（法即道理或概念），並非儒家取自佛、老。共法當然未能表出任何一教的特殊性。如要了解儒教的特殊性，必須暫時撇開本心、境界與破執著不談，而須要正面說明性理的確定涵義。

　　性理是很抽象的名詞，性理的內在而確切的意義在那裡？如要明白這一點，我們當然可以從思想發展的淵源去了解。先秦儒家極喜討論人性，說法紛紜，如果弄清先秦正宗儒家對性的見解，大致上已可了解性理的確定意義了。這是一條從頭講起的路徑，當然可取，但它太費時間，就本講演說，是不適宜的。因此我們試看另一路徑，那就是通過《中庸》的「天命之謂性」與《易傳》的天道性命相貫通與「窮神知化」去了解性理，然而這亦很麻煩，因為《易傳》、《中庸》都很「玄」。如今我們不走這兩條路徑，試從一切近易入之路說起。宋儒對性理有著共同的意識，也具備著把握性理的一個切近易入的起點。

　　試看程明道的話。明道曾經不勝感慨地嘆道：「立人之道曰仁

與義。據今日合人道廢則是，今尙不廢者，猶只是有那些秉彝，卒殄滅不得。以此思之，天壞間可謂孤立！其將誰告耶？」（《二程全書》，〈遺書〉，二先生語，呂與叔記，未明誰語。當係明道。）這是他與朋友談天之時，聽到他們人人談禪以後的慨嘆。他感到：此時眞不爲禪所籠罩，眞能在思想上義理上站得住的，究竟有幾人呢？於是他想到：如果人道要廢棄了，那就無話可說，但如今人道仍然未廢，彷彿世間總應有起碼的人道，而且它將會永恆不滅。「不廢」表示定然性或必然性。人道不廢，表示不管社會人心怎樣壞透，人道總不會消滅。「不廢」的定然性以「那些秉彝」爲根據。「那些」猶言「這些子」或「一點子」。意同孟子「人之異於禽獸者幾希」的「幾希」，這是宋人的白話文。宋人語體文一方面新鮮，一方面深刻。因此當我們讀到明道、伊川，以及朱子的語錄時，必應憑藉創造的心靈與眞切的感受，不可懷抱迂腐俗套的三家村學究氣。事實上，周、程、張、朱等人確具創造的心靈與眞切的感受，所以才能創出清新而深刻的義理。例如「孝悌」，自先秦至宋朝，已講了千多年，爲甚麼至宋人才可講得深刻而新鮮？無他，由於時代的環境，逼出了宋儒的創造心靈與眞切感受。因此他們不僅未把昔日的德目講成迂腐，而且講得令人眼睛一亮！至於「秉彝」一詞，可謂由來久矣。《詩經·大雅·烝民》最著名的開首四句就是：「天生烝民，有物有則。民之秉彝，好是懿德。」（參看《中國哲學的特質》，頁22）這是了解儒家思想所應必知的詩句。《孟子·告子上》說：「詩曰：『天生蒸民，有物有則。民之秉彝，好是懿德。』孔子曰：『爲此詩者，其知「道」乎？』故有物，必有則。民之秉彝也，故好是懿德。」孟子引此詩，正爲了證

明性善以駁告子。須知正宗儒家性善論的「性」有著獨特的意義，不同西方從生物學、心理學、人類學、社會學等等而了解的人性（human nature）。孔、孟均以為性與道勾連甚緊，《中庸》「天命之謂性，率性之謂道」，更明顯地表示了性與道的密切關係。「秉彝」一詞的正面意義是持有常性。秉是執持，彝的原義是置於宗廟用於祭祀典禮的一種常用禮器，由於常用，於是漸漸地從常器的本義引伸而為「常性」。「好是懿德」就是愛好這美德，代表好善，也代表惡惡，好善惡惡的根源是一，不過表現於積極方面稱為好善，表現於消極方面稱為惡惡。這好善惡惡之心即孟子所說的「悅理義」之心。這就是我們的「常性」了。一切道德、倫常之理皆從此常性表現。人心具有好善惡惡的常性，此義自《詩經》、孔孟以後，竟在千餘年的漫長歲月裡無人能講得深透，直至宋代，才因佛教講「空」的刺激，而彰顯了這「性理」。宋儒對此確有真切的感受，用現代的話說，那是存在的感受，因而有此存在的直下肯定。假如像當日一般人一樣，覺得信信佛教無所謂，那麼當然不會感到佛教流行的嚴重性與威脅性。事實上，就個人信仰而言，信佛亦並不見得不好，真正信佛的人起碼懷有慈悲心，不會殺人放火。然而，一旦站在中國傳統文化的穩定立場，便不能不痛切地感到佛教的不足。在我們現在說是「不足」，在當時宋儒以宗教肯斷的態度（不是今日所謂研究的態度）講聖道，便感覺到它的威脅性，而斥之為異端了。宋代的一般文人，如北宋的歐陽修、蘇軾、司馬光，如南宋的葉適，大都不懂此理。蘇東坡是純粹的浪漫文人，對中國歷聖相承的文化生命缺乏責任感，所以他最反對程伊川，視伊川為偽君子、死對頭。就人格的型態而言，當時的理學家與文學家

是無法合得來的。然而，客觀地說：浪漫文人旣然不能擔負歷史文
化的重任，那就必須有比較嚴肅的理學家奮起來擔負它。理學家一
旦對時代社會有了眞切的感觸，便能一下子把握儒家的「性理」
了。

　　反觀佛敎的「空理」，「緣起性空」（諸行無常，諸法無
我），這無論如何，是佛家的根本敎義，是他們一切宗派所共許
的。但就單是這一點，便是從「秉彝」把握「性理」的宋明儒者所
不能承認的。一切事物由因緣和合而成，均依待條件而生而現而
起，這本不錯，沒有人能反對。但普通所想的「緣起」與佛敎所想
的並不相同。釋迦牟尼佛當初說十二緣生，是直就「自然生命」而
說，而自然生命之生滅流轉，即步步依緣而起之緣生，其緣生之根
乃是「無明」。故曰緣無明有行，緣行有識，乃至生、老、病、死
等等。因此而有「無常」、「苦」之感受。本來自然生命只是自然
現象，其本身亦說不上好壞。但釋迦依其慧眼而賦予它一種價值上
的意義，說它的根是無明，是愚癡，自然生命與心理的貪、瞋、癡
三毒完全同一化，因此生命本質上就是一個無明、一個癡迷，因此
它自然是不眞實的，虛妄的。這不眞實的生命所緣起的一切現象，
亦當然是不眞實的，虛妄的。如果轉無明爲明，那就自然「無生」
了。這就是從無明一系所翻上來的「寂滅」。後來的大乘佛敎，如
空宗之所宣揚，則是把釋迦佛就自然生命所說的緣起擴大化，普觀
一切現象皆是「緣起性空」。普通說緣起是積極的意義，佛敎說緣
起是消極的意義。它是要拆散一切現象。主要地是撤銷其自體。所
謂「性空」，就是「無自性」、「無自體」的意思，即一切現象
（法）其本性就是空寂：一切法無自性，唯以空寂爲性。「性空」

之空，一、是空卻那自性、自體，此是遮；二、即以空寂爲性，此
是表。怕人執有「空寂」，即不說此「表」意亦得。空卻自性自體
所顯的「空寂」不是一個法、一個現象。此只是抒意詞，不是指事
詞。故龍樹《中論》云：「大聖說空法，爲離諸見故。若復見有
空，諸佛所不化。」一切現象旣無自性無自體，而又緣起早現，這
緣起所現的一切現象實根本是不可理解的，根本是無明，是迷妄，
所以說如幻如化。一切是假名而已。故《中論》云：「因緣所生
法，我說即是空。亦爲是假名，亦是中道義。」「性空」，換一個
說法，就是「諸法無我」：分言之，就是「人無我」與「法無
我」。對這基本敎義，佛家一切宗派都是無異辭的。這種撤銷自性
自體的思想是佛家特有的一種空慧。西方哲學往往追求事物的本體
或自性。佛敎不但不如此追求，而且斷然肯定一切自性自體的觀念
都是執著。所以它走著「流轉還滅」的路：無明就是流轉，轉無明
爲明就是還滅。這是「生死」、「涅槃」的截然相翻。追求本體或
自性的，亦並非全無道理。它是爲的成就現象，爲的使現象爲可理
解。哲學的思考、路數不一，其中容或有諦有不諦，但不能說一切
自性自體的觀念都是執著。儒家的敎義不是西方哲學的路數。它也
是直就「生命」而說。但自然生命是自然生命，它是直就德性生命
而說。它是直下把人作人看，把個體生命看成是個「人格」。這倒
是直下承當的態度。並不把自己站在旁邊，把自然生命推出去對之
作一個無明緣生的觀察。自然生命本身，若站在高一層看，固是盲
目衝動，固有污濁，但我們可直下把它統之於人、人格，即德性生
命，而由道德實踐以逐步淨化之。這是儒家的路數。說到「人
格」，亦須有根據，否則亦如幻如化。這人格的根據便是「性理」

了。禪宗教人「看父母未生前面目」，其實父母未生之前，那有面目？因此這話頭不外表示生命之爲空寂、爲無明、爲盲目衝動而已。儒家不從父母未生前說起，而從「赤子啞啼一聲」說起，赤子代表一個個體，一個人格，潛存的人格，此爲儒佛的分際所在。明儒泰州派的羅近溪喜言「赤子落地，啞啼一聲」，這話饒有意義。儒家肯定自己的人格——我，佛教要人破我執、我見，認爲「我」亦如幻如化，爲無自性的「假我」。程明道說的「秉彝」，便是肯定「我」之人格的根據，指出人格、人道不可用緣起性空來了解，指出「秉彝」不能視爲執著來破除。彝是常道，是實理，斷非幻化的緣起事。所以伊川曾說：「天下無實於理者。」（《二程全書》，〈遺書〉卷三，謝顯道記。）這講法顯然是對抗佛教的「空理」的。從實理開始，進一步而言，就是天理。「天」表示定然如此之意，即無疑問與無條件地眞確之意。明道有名句：「吾學雖有所受，『天理』二字卻是自家體貼出來。」（《二程全書》，〈外書〉卷十二，見上蔡語錄。）此語與伊川「天下無實於理者」之語，雖甚簡潔，但正是對了解性理之確定意義最爲扼要有力的兩條。

明道如何去體貼出這天理來？有一段話很可以幫助我們去了解：

> 萬物皆只是一個天理，己何與焉？至如言「天討有罪，五刑五用哉，天命有德，五服五章哉！」此都只是天理，自然當如此。人幾時與？與則便是私意。有善有惡，善則理當喜。如五服自有一個次第以彰顯之。惡則理當惡〔一作怒〕。彼

自絕於理，故五刑五用。曷嘗容心喜怒於其間哉？舜舉十六相，堯豈不知？只以他善未著，故不自舉。舜誅四凶，堯豈不察？只爲他惡未著，那誅得他？舉與誅，曷嘗有毫髮廁於其間哉？只有一個義理，義之與比。（《二程全書》，〈遺書〉卷二十，二先生語。未注明誰語。當係明道語。）

觀這段話，便可知明道體貼「天理」的來歷了。不過是天秩、天序、天命、天討、天倫、天德：這總起來便只是一個天理，是義理之當然。這直下是道德意識、德性生命之所肯認。這天理亭亭當當，平鋪放著，並不容許我們有任何歧出的念頭去想它。故當我們體貼這天理時，直下是一個純淨的道德意識（德性生命）之呈現。這是儒家徹頭徹尾是一道德意識所貫注之道德的莊嚴，這是至眞至實的。伊川亦有類似的話：

《書》言天敍、天秩。天有是理，聖人循而行之，所謂道也。
聖人本天，釋氏本心。（《二程全書》卷二十一下，〈遺書〉，伊川先生語。）

「聖人本天」即是本這種客觀性的實理、天理，這是支　天地、綱維萬物的擎天柱，立體性的實體。「釋氏本心」當是就唯識宗的識心（阿賴耶）緣起說，或是推進一步就《起信論》的如來藏自性淸淨心說。禪宗的「即心是佛」也還是承這「自性淸淨心」而來的。天臺宗的「一念三千」也還是「心具」一切法的。故說「釋氏本

心」並不算錯。但儒家亦並非只本天,不本心。孔子講仁,是天亦
是心。孟子講盡心知性知天,是天亦是心。後來發展至陸象山出來
講實體性的、宇宙性的心,講心即理,心外無理,這亦是天亦是
心,心的地位已是很彰顯、很立得起來了。這發展,很像佛教由空
宗、唯識宗發展至講如來藏自性清淨心的圓覺性宗。故伊川說「聖
人本天」而與「釋氏本心」相對顯,這只說著了一半,先道著客觀
性一面,這亦因北宋諸儒下屆朱子只較偏重發揮性天一面,對於心
尚未十分挺得起。然這客觀的性天一面也確是儒家教義最重要、最
莊嚴,亦最具關鍵性的一面。即陸、王講心即理,特別彰顯主觀性
一面,然他們所講的亦不是佛家「如來藏自性清淨心」的心。這是
由教義不同所規定的。故聖人本天亦本心,而陸、王本心亦本天,
不能因其本心,即說他們是禪。陸、王所講之心仍是道德性的天
心,中有道德之實理,這不過是以心攝理,以主觀性原則統攝客觀
性原則而已。不只重天理、實理之自存自在,而且重天理、實理之
實現。故天理、實理仍是具重要之關鍵性,說「聖人本天」仍是中
肯之語。這就是儒家「性理」之教之所以為「性理」者。

　　本講所注意的,就是這天理、實理、秉彝所表示之性理,決不
是緣起法,不能用「緣起性空」之說去拆散它。沒有了這天理、實
理,儒學便沒有基礎。儒家肯定這實理也不是盲目地或只是順俗地
來肯定它。這是一個清澈的徹頭徹尾的道德意識所體證的。天理、
實理本身是一個「實有」。人是要面對這「實有」始能站起來的。
實理所貫徹的一切事,就其為「事」言,自是緣起的。但因其為天
理所貫,那就不是無明緣生了,也不是如幻如化本性空寂了。故理
皆「實理」,事皆「實事」。故儒家將生死轉為終始,將生滅流轉

轉爲生成過程。這是一理之所貫，故不講緣起性空。這亦不能看成
是執著。我們體現天理、實理的時候，若有固執不通處，那是「執
著」，但天理、實理本身不是一個執著，不是一個假名。《易・繫
辭傳》曰：「乾知大始，坤作成物。」又曰：「原始要終，故知死
生之說。」〈乾・彖〉曰：「大明終始，六位時成。」又曰：「乾
道變化，各正性命。」這些句子都表示天理、實理所貫澈的一個終
始過程或生成過程。這個過程是實現價值的過程，是一個「意義」
的過程。故「君子曰終，小人曰死。」（《禮記・檀弓》）。這是
在純事象的緣起性空中樹立起一個「立體性的實體」而成就一切，
把一切都帶著站起來了，都成爲眞實的了。故《中庸》曰：「誠者
物之終始，不誠無物。」這是誠體（代表天道實理）之直貫，故能
成始而成終。把這誠體撤銷了，根本什麼事也不能有，豈但如幻如
化而已哉？故周濂溪贊〈乾・彖〉「大哉乾元，萬物資始」曰：
「誠之源也」。贊「乾道變化，各正性命」曰：「誠斯立焉。」又
曰：「元亨，誠之通，利貞，誠之復。」（見《通書・誠上第
一》）。這是儒家的基本靈魂，也是宋明儒之所共契，而特別予以
彰顯的。雖語辭有變換，而不能背此根本之義理。那位亂來的國學
大師章太炎，他因爲要宣揚他所見的那點佛學知識，他便出來要把
乾元與誠看成是無明。這不但是心術問題，簡直有點是罪惡了。

　　以上所說稍爲玄遠。茲舉個例來說明。譬如五倫中的父子一
倫，這是屬於「天倫」。這天倫不應以社會學的眼光來看它。社會
學中無所謂「天」，即無所謂定然、必然、應然之理；而天倫亦決
非只社會學中的「社會關係」；亦非只生物學中的生物關係。它是
一個道德性的天倫，有道德性的實理、天理以實之、定之，使其必

然如此。這不是科學所能接觸到的。科學的觀點是描述經驗事實，是不過問價值、意義、定然不定然的問題的，它是純事實的實然觀。如果我們從生物學觀點出發，視父親爲生產兒子的生物，早生一點，活久一點，吃多一點，睡多一點，則父慈子孝毫無意義，這根本無所謂天理。共黨視天倫爲小資產階級的溫情，所以在流血鬥爭中，它要鼓動兒子殺老子。這是滔天的罪惡。我懷疑，如果認爲父子間的天倫亦爲執著，這觀點的本身亦難免「瞋」、「癡」之譏！正因我國傳統重視倫理關係，特別是父子、兄弟等天倫，這傳統觀念已在中國人的心靈中根深蒂固，所以中國佛徒總避免不談父子天倫的拆散，儘管他們未能對天倫作出令人滿意的解釋。客觀而言，佛教根本不可能解通這嚴重的倫理問題。今天世人最愛從社會學與歷史發展的觀點談「倫理學」（ethics），此種談法與天倫實不相干。儒家由天理、實理肯定天倫，這純粹是一個精誠的道德意識在貫注。這是要直下承當肯認，毫無條件曲折可言的。這裡不能有任何歧出的理由來解說它或解消它。它是最後的。儒家言性理，這教義可稱爲「實有型態」的教義，這儒學骨幹是不可拆掉的。如果我們試不站於任何宗教的立場，亦可以明白：佛教光說緣起性空，在某方面雖不必錯，但必不夠。宋儒當時就看準了這一點。因爲他們講學是出之以宗教肯斷的態度，不是今日所謂研究，所以斥佛、老爲異端。這本是以前弘揚宗教者所共有的徵象。佛教在印度亦斥他教爲外道。基督教方面在以前尤其凶猛。進入近代，究竟比較開明一點了。我們現在覺得任何大教俱有其眞理，但比較同異，相觀而善，是最可取的態度。

第六講 道德性的實理、天理之普遍化與深邃化

從上一講我們已明白：佛教與中國傳統精神不合的原因，就在佛教只有空理而沒有實理、天理。儒家認為人之超越的道德心性是天理、實理之所從出，並認為萬事萬物皆有實理、天理以貫之，故理皆實理，事皆實事。我們上一講是由《詩・大雅・烝民》的㈠「民之秉彝，好是懿德」說進去。後一句可與孟子說的「理義之悅我心」互相發明。所謂懿德，就是理義。今講再看二程愛引用的最有代表性的語句：㈡《易・坤文言》：「直，其正也；方，其義也。君子敬以直內，義以方外。」二程特別喜用此語，因為它最能顯出儒、佛的差異。這亦表示「合內外之道」，並從此可以表現出道德性的實理、天理之實有或存有。佛教只有「敬以直內」的意義，但沒有「義以方外」的意義。明道云：「敬以直內，義以方外。合內外之道也。（注云：釋氏內外之道不備者也。）」（《二程全書》，〈遺書第十一〉。）又曰：「〔……〕他有一箇覺之理，可以敬以直內矣，然無義以方外。其直內者，要之其本亦不是。」（《二程全書》，〈遺書第二上〉。）當然佛教根本不用敬、直一

類的字，因此如謂佛教可說「敬以直內」，也只是聯想地比對著說而已。佛教的禪定工夫要人經歷戒、定、慧的過程，以體現「清淨心」，這裡似乎含有「敬以直內」的意味。但所直之內，不，所清淨之內，乃是「自性清淨心」，故曰：「其直內者，要之其本亦不是。」這「不是」二字，我們現在至少可以說，是表示「不同」，即不同於儒家之義。儒家之「直內」即是「率性」，乃是通過敬的工夫以復其天理、實理之性，是直其真實生命，「溥博淵泉而時出之。」孔子曰：「人之生也直，罔之生也幸而免。」朱子曰：「聖人應萬事，天地生萬物，直而已矣。」（七十一歲臨終時語。參看王懋竑《朱子年譜》）。能直其曲而復其直，則自能廣生大生，天理流行，且亦自必函「義以方外」。此自非佛教之內。為什麼佛教不能說「義以方外」？因為「義」是道德的實理、天理，純然發自道德心。分辨義與不義，等於分別什麼事應當做，什麼事不應當做。義道極為重要，它是人生不可或缺的。凡吾人所涉及之事，皆有義理以規矩而方正之，此即所謂「方外」。有義以方正之，故事是實事，不是如幻如化，而是有天理貫注於其中。義不義的分別也不是識心的虛妄分別與執著。這是羞惡是非之心之當然。佛教不言天理、實理，只言緣起性空，或只言生滅無常與本性空寂，故以「無分別智」為根本。凡是緣起的都是幻化不真實的。凡是生滅無常的都是識心之虛妄分別的，是雜染不清淨的。一言分別，便是執著與虛妄。這樣在事上，便不能有義之應當與不應當。道德意識放不進去。佛教在菩薩道，亦可過現實生活，但其不捨離現實生活是表現於「方便」、「權假」與「應迹」諸語，可見佛教並未真能肯定現實生活。其肯定至多是「權假」的肯定，不是「義理」的肯

定。大乘佛教主張生死涅槃兩不住著，表示不住著於涅槃，亦可過現實生活，過現實生活而不迷執（住著）於生死，而其過現實生活則是爲渡他人出離生死海而過現實生活。例如你沉溺於扭腰舞，他爲了渡你，首先也得陪你大扭一番，在凡夫是迷執，在菩薩是權假與方便。如此，現實生活只在渡人之時，具有工具價值，並未能在理義上得到肯定。不毀世間而證菩提，亦是如此。挑水砍柴，無非妙道，亦是如此。這只是「不礙」而已。《維摩詰經》言：只去病不去法，亦只是不去而已，並未能在義理上肯定而爲實事實法，法仍是幻妄。有人說佛教有體無用，這話並不妥當，因爲佛教在無住涅槃上確可過現實生活。雖然宗旨是無餘涅槃，無住涅槃只是過渡，但此過渡之用卻可無限地拉長下去，佛教在此有其說法。他是可以永遠現用成用的。但無論如何，現或成是權假的現、方便的成，則可斷言。這便是儒佛基本精神不同處。宋儒說他無「義以方外」，實是把握住了這一要點。朱子解析《大學》的明德說：「明德者，人之所得乎天，而虛靈不昧，以具衆理而應萬事者也。」在《語類》裡，接著此解析而說：「禪家則但以虛靈不昧者爲性，而無以具衆理以下之事。」（《朱子語類》卷第十四）這也是很中肯的分別。根本是在儒家自道德意識出發，故直下承當此道德意識，並直下肯認此道德意識中之天理、實理爲不可移。由此中心展開，故一切皆不同於佛。說他們是「陽儒陰釋」者，根本是懵懂的瞎說。他們繼承孔、孟之敎而弘揚實理天理之深義，自是要從根上挺得起立得住，這自是一個道德性的「實有形態」之敎義。他們確能表現了儒家性理之道德的莊嚴。這是一個陽剛的宗敎。西方哲學中的實理，如柏拉圖的 idea，乃是由認識論的進路而把握，與儒家的

性理自不同。這也是根本不同的兩個系統。這裡須先記住這一點。詳細簡別，見下講。

　　今講的內容是道德性的實理、天理的普遍化與深邃化。普遍化是指實理不只限於人生道德，而且擴大及於宇宙萬物。講道德難免要講人與宇宙的貫通，因爲道德心量與道德實理本質上就是無有窮極的。因此講道德不能不通至絕對而達至宗教的境界。儒教從仁心誠體講天道性命相貫通，這是道德的，同時又是宗教的。這兩者不隔，非如西方那樣分成兩個階段。其次，如從哲學上講，天理是否可以概括宇宙萬物，而爲其本體？宋明儒認爲：天理在哲學上說，是道德的，同時亦是形而上的；是人生的，同時亦是宇宙的；道德的秩序同時即是宇宙的秩序。如此，天理的意義便已普遍化，概括了宇宙一切，而且必作爲宇宙一切的本體。

　　至於天理的深邃化，表示它已不單指仁、義、禮、智一類的德目了。它是要通極於天道性命之源的，即仁、義、禮、智也要通極於這天道性命之源的。西方的倫理學大多限於對德目（moral virtues）的分析，不免瑣碎而無統，無法顯出道德的莊嚴。我向來不喜歡這種倫理學。馬克思當年早已輕視它，因此立志要革它的命，創出一套階級道德來。這不免陷於魔道。現在只有把儒家所直下肯認的天理、實理徹底透顯出來，始能爲人生宇宙建體立極，進而始可消解那魔道。天理的普遍化與深邃化，可以通過程明道的話語去窺探。下面徵引的明道語，均見於《河南程氏遺書》及《宋元學案》的〈明道學案〉。讓我們先看三段吧：

　　　1.天理云者，這一箇道理，更有甚窮已？不爲堯存，不爲桀

亡。人得之者，故大行不加，窮居不損。這上頭來更怎生
說得存亡加減？是他原無少欠，百理具備。（《二程全
書》，〈遺書第二上〉，二先生語。未定誰語。當係明道語。）

明道所用的白話似不大容易了解，所以近代人對〈二程語錄〉的標
點，謬誤屢見。明道此段直接說天理，「不爲堯存，不爲桀亡」，
這是說天理客觀地永恆自在。「人得之者，故大行不加，窮居不
損。」這顯然源於《孟子・盡心上》：「君子所性，雖大行不加
焉，雖窮居不損焉，分定故也。」這是說人得此天理而爲性，雖大
行不增加一點，雖窮居也不減損一點。這天理之性元是先天地本來
如此，人不能使它「存亡」或「加減」。蓋「他原無少欠，百理具
備。」「百理」即是萬理或衆理。它是無窮無盡，非人所能限制
的。這整段的表意是如此：一、它表示這是靜態地默識天理之爲本
體論的實有；二、它表示這天理總持地說雖是一， 就人得之而爲
性言，亦是一，但卻中含萬理，亦有多相。靜態的默識便容易顯這
天理「平鋪放著」（見下）之意，亦容易顯「百理具備」這理之
「多相」義。這「多相」之多，不是「類概念」之多，亦不是柏拉
圖的理型之爲多，乃是對應萬事萬物皆有其當然而不容已，定然而
不可移而言，就人得之而爲性言，則凡人所感應之事事物物上之當
然定然之理皆從性分中出，如表現在這裡是仁，表現在那裡是義等
等，即仁亦有各種的表現，義亦有各種的表現，皆都是一定如此
的，皆所謂天也。靜態地言之，雖有多相，而此種多相卻不礙其是
一。試看下一段：

2.所以謂萬物一體者，皆有此理。只爲從那裡來。「生生之謂易。」生則一時生，皆完此理。人則能推，物則氣昏，推不得；不可道他物不與有也。人只爲自私，將自家軀殼上頭起意，故看得道理小了佗底。放這身來都在萬物中一例看，大小大快活！（同上）

案：首句「萬物一體」與明道〈識仁〉篇：「學者須先識仁，仁者渾然與物同體」，意境相似。但有一點不同，即：「仁者渾然與物同體」是說能體現仁道的「仁者」渾然無隔閡而與萬物爲一體，此是從「仁者」感通渾化之境界上說。此句中之「同體」實在是「一體」，即同屬一體，一體相關之「一體」，並不是說同一本體。而此段所謂「萬物一體」則是從本源上說，即：何以能說「萬物一體」？因爲「皆有此理」。何以說「皆有此理」？因爲「皆從那裡來」。「那裡」即指示一本源。這是由本源之一說明「萬物一體」，猶如一家族子孫皆從一祖來，故其子孫皆是一家一體也。這「一體」也不是同一本體之意，乃是由於同一本體，故相連屬而爲一體。

「只爲從那裡來」，如果「從」字上補一「皆」字，說「只爲皆從那裡來」，則比較清楚。「皆從那裡來」，這句中的「那裡」，剛才說即指示一「本源」。對於這本源，如何了解呢？明道從「生生之謂易」說起。「生生之謂易」是《易‧繫辭傳》中語。「那裡」即指「生生之謂易」之「生道」或「易道」說，即指生化之源說。萬物皆由此源頭來，不只是來了就算了，而且來時便皆具有此源頭之理。此源頭是創生之眞幾，是神，也是理。萬物「生則

一時生，皆完此理」，即皆完具此「生理」，表示此「神用無方」之生理（此也是天理）之遍在性，即是此理普在於宇宙萬物而為每一物所完具：人具備，物亦具備，不可小看了它。只因為人常自私，從自家軀殼上起意，「故看得道理小了佗底」，即覺得只有自己這方面具備的道理多，物方面便具備的少，甚至不具備，這就是小看了它；從道理方面說，便是「看得道理小了佗底」，好像它不具備一樣。實則物也是完具，只是因為「氣昏」，不能推擴罷了。若把「這身」放「在萬物中一例看」，便無這種自私的計較了。這樣有多少灑脫快活！「大小大快活」即今語「有多少快活！」或「有多快活！」

　　因此，人可從宇宙間個別的微小事物而領悟到天理之全，領悟普遍於全宇宙的天理。佛教的「一華〔即花〕一法界，一葉一如來」，也是這同一形態的思維。在西歐的十八、九世紀，作為神秘主義者的天才英國詩人威廉・布萊克（William Blake, 1757-1827）曾經創造了不朽的動人詩句：

> To see a world in a grain of sand,
> And a heaven in a wild flower；
> Hold infinity in the palm of your hand,
> And eternity in an hour.

意為：

> 從一粒細沙看世界，

從一朵野花窺天堂；

以你的手掌執持無限，

以一個小時把握恆常。

爲什麼一花、一葉、一粒沙能夠表現宇宙？無他，因爲天理具有創
生萬物而又內在於萬物的遍在性。所以在儒家立場，朱子亦說「物
物一太極，統體一太極」；而明道則說「生則一時生，皆完此
理。」至於能推不能推，就是人禽之別。只有人能夠推擴天理，禽
獸草木瓦石通通不能。可見儒家一方面可講人與物同體（同一本
體），另一方面又嚴於人禽之辨。這能推不能推，雖對於客觀的天
理本身無增減，然對於天理的隱顯卻很重要。能推不能推的關鍵在
心。我們可由「推」逼出「心」這個觀念。草木瓦石不能推，由於
「氣昏」，其實因爲它們無心覺。禽獸亦不能推，因爲牠們僅有動
物心，而無道德的自覺心。

　　以上是這段文的句語疏解。現在再總起來看此段文的表意。㈠
前段是靜態地看天理之爲本體論的實有，此段則是動態地看天理之
爲宇宙論的生化之幾。㈡前段是靜態地散看「百理具備」、「平舖
放着」，此顯天理之「多」相，此段是動態地會觀百理之根源而見
天理之「一」相。天理之爲「本體論的實有」與天理之爲宇宙論
的生化之幾，這兩者是同一的，合而觀之，我們便可曰這是一個生
化的眞幾，創造的實體（creative reality）以前名曰「生化之
理」，現在亦可名之曰「實現之理」。這實現之理不同於亞里士多
德的「形式」。當然旣曰理，亦自有形式義，尤其在靜態地看時是
如此。但這生化之理不只是這形式。亞氏的形式代表一物之「實現

性」（actuality），但卻只是靜的，而無動義、創生義，故另立一「因致因」（efficient cause）以明動義、生機義。宋儒的天理或天道所表示的生化之理或實現之理則同時是實有，亦是活動，它創生或實現萬物而又內在於每一物而定然其為如此如此者。它與由分解入手而平立的「形式」（亞氏），或由定義入手而逆顯的「理型」（柏拉圖）不屬於同一層次，它是高一層次的。它是形上的，同時也是道德的，是道德的，同時也是形上的。它是最後的實在，最後的根源。

因此，它由靜態散看而顯的「多」相並不是「類概念」的定多，也不是柏氏的理型或亞氏的形式的定多（此見前段之疏解），而是不礙其是「一」的。故本段便是動態地會觀百理之根源而見天理之「一」相。其多相只是對應事事物物之「當然而不容已，定然而不可移」者而見。其本身實不是逐庭的定多。蓋當然定然之理直下是直屬於那創生之真幾，事事物物之當然而定然者是直接由此創生之真幾而然之者。故不是低一層之類概念或理型或形式之定多。在天則使之清，在地則使之寧，在此表現為仁，在彼表現為義，這是多相，然而都由那生化真幾而然，故實是一。因為「皆從那裡來」。此即宋明儒所謂一理。這「皆從那裡來」是宇宙論地說。這也可以從能推的人說「皆從這裡出」。此是道德實踐地說。試看下一段：

3.萬物皆備於我，不獨人爾，物皆然。都自這裡出去。只是物不能推，人則能推之。雖能推之，幾時添得一分？不能推之，幾時減得一分？百理具在，平鋪放著。幾時道堯盡

> 君道，添得些君道多？舜盡子道，添得些孝道多？元來依
> 舊。（同上）

西方的形上學只講客觀的普遍原理之存在。儒家不只如此，更說天
理，作爲客觀的普遍的原理，是具備於一切個體的。而且，又說這
些個體中最顯著地具備天理的，就是人了。「人能推」，從「推」
便可證實（verify）天理的眞實性。明道說的「萬物皆備於我」，
源於孟子的「萬物皆備於我矣，反身而誠，樂莫大焉。」所謂「萬
物」，斷然不是那些具體的個體物，而是萬物之理，理照上段去了
解，不是類概念的定多之理具備於我。否則我便淪爲收藏一切物質
的垃圾箱了。孟子說盡心知性則知天，也表示從「推」以印證天
理。至於人的不能增減天理，孟子未曾如明道一般直說出來，然而
孟子的意思實已涵蘊此意，最低限度他不會反對它。「都自這裡出
去」的「這裡」，當指「我」，即每個個體的主體。就人說，萬物
之理皆備於我，就物說，萬物之理亦皆備於它。故曰：「不獨人
爾，物皆然。」每一個體是宇宙生化之理之中心，一切皆由此中心
出。惟人能實現地生化出去，此即所謂「能推」。物則只是潛存地
具備一切，而不能實現出來，此即所謂「不能推」。能推不能推的
關鍵在心。張橫渠說：「心能盡性，人能弘道也。性不知檢其心，
非道弘人也。」（《正蒙·誠明篇》）。天理必須表現，不表現只
是潛存。因此「推」是極其重要的。但明道這段話以及前兩段，都
不是正視這方面而發揮它。他卻只偏重在「元來依舊」，不增不
減，「百理具在，平鋪放著。」他偏重在說明：縱使你能推得好，
甚至到達聖的境界，亦不能從本體上增加天理；另一方面，縱使你

不能推，你亦不能從本體上減卻天理。「幾時添得一分？」「幾時減得一分？」都是生動有力的反問。天理、天道是超時空的遍在，是永恆不變的，根本無增減存亡之可言，這只是從體上說。如果從用上說，天道一旦表現了出來，可說它在功用上添增了，天道不能表現，可說它在功用上減削了。天理在人的「能推」上表現出來，才是具體而眞實的，這是它自己彰顯它自己的關鍵，也是它在功用上豐富它自己的關鍵。但明道卻喜偏重在彰顯道體的實有，靜態的「元來依舊」。至於道德實踐上之動態地彰顯此天理，卻不十分能正視。故貞定、默識的意味重，而健行、創生的意味輕。這也是北宋諸儒尚未至十分正視心，使心挺立起的原故。這要陸、王的心學才轉到這面來。

　　由上述三段可知明道把天理的普遍化與深邃化兩面一同了解。我們如要對它作完全的解悟，必須再看明道兩段話：

　　4.寂然不動，感而遂通者，天理具備，元〔即原〕無少
　　　欠。不爲堯存，不爲桀亡。父子君臣，常理不易。何曾動
　　　來？因不動，故言寂然。雖不動，感便通。感非自外也。
　　　（同上）

此段涵義不出前三段，但是換了另一個開端來說。前第二段我們說是會觀百理之根源而見天理之「一」相。由這根源，我們說這天理是生化之理，是生化的眞幾、創造的實體。根源是個籠統的形式字，我們現在再進一步了解其實義。生化的眞幾、創造的實體也還是籠統的形式的說法，我們必須進一步作一種較具體的陳述。天理

的最後根源，明道認爲應當從寂感去作了解。寂感之語源於《易·
繫辭傳》：「易，無思也，無爲也。寂然不動，感而遂通天下之
故。非天下之至神，其孰能與於此？」其中「無思」、「無爲」
「至神」一類的話，本來都是講「易」的。如何能成功這樣的
「易」（生化，生生之謂易）？說實了，就是「寂然不動，感而遂
通」兩語。這寂感就是百理的眞實根源，所以這根源也可以具體地
定爲「寂感眞幾」。明道把天理通到「寂感眞幾」去，表示天理是
動態的（dynamic），不是死靜的（static）。寂感眞幾就是生化之
理之實義，它同時是寂同時就是感。感就是咸卦之「咸」。〈咸
卦·彖傳〉曰：「天地感而萬物化生，聖人感人心而天下和平。觀
其所感，而天地萬物之情可見矣。」這「感」是一個形而上的詞
語，當然亦有道德的涵義。這寂感眞幾（creative feeling）就是最
後的實體（ultimate reality），百理皆由此出。這寂感眞幾是誠，
也是神。故明道云：「蓋『上天之載，無聲無臭』。其體則謂之
易，其理則謂之道，其用則謂之神，其命於人則謂之性。率性則謂
之道，修道則謂之教。孟子去其中又發揮出浩然之氣，可謂盡矣。
故說神如在其上，如在其左右。大小大事，而只曰誠之不可揜如此
夫！徹上徹下，不過如此。形而上爲道，形而下爲器。須著如此
說。〔此言：也只好如此說。這是分解地說〕。器亦道，道亦器。
〔此言：實則器亦道，道亦器。此是圓融地說〕。但得道在，不繫
今與後，己與人。」（《二程全書》，〈遺書第一〉，二先生
語，端伯傳師說，未注誰言。自屬明道語無疑）。這一段話十分完
備。朱子亦甚重視此段話，但他那分解的鑽研，思之過著，故多不
合原意。我們現在以爲這就是說的寂感眞幾。「上天之載，無聲無

臭」，是籠統地說，此是先標題，即言天道也。這天道它是即寂即感，即理即道，即是誠，也即是神。「其體則謂之易」，「神無方而易無體」，即以無形體之「易」為實體，此是標天道之「體」。即總而言其實體自體便是「易」。（朱子把這「體」解為形體、體質、骨子，是形而下者，屬氣。完全非是）。「易」是實體，即「於穆不已」之真幾。它是「動而無動，靜而無靜，神也」（濂溪《通書》語）。它是誠，也是理。故曰：「其理則謂之道，其用則謂之神」。這些字合起來渾一不分即表示那寂感真幾、上天之載。不能分拆而分屬。（朱子把它分拆而分屬，如神屬於氣，理屬於道等。）這整個便是形而上者。若與其所創生實現之萬事萬物（器）圓融地合一觀之，則「器亦道，道亦器。」此是靜態的默識，當下放平。但卻是以道來提著，攝器於道，渾不見有器在。故曰：「但得道在，不繫今與後，己與人。」這是全體冥於道，直下是永恆。若從器著眼，當然有「今與後」，有「己與人」。此最高之圓融是明道所最喜言之境。但我們現在須回來仍注意明道所言之天理不只是散開平鋪之百理，亦不是分解所顯的那「只是理」之理，而實是那「於穆不已」之寂感真幾。這個真幾，若靜觀之，是本體論的實有，是「百理具在，平鋪放著」。若動態地觀之，則是宇宙論的生化之幾，是「動而無動，靜而無靜」之神用無方，而一切之當然、定然者（即由此說「理」義）皆由此出。故此 4.段云：「寂然不動，感而遂通者，天理具備，元無少欠。」寂則俱隱，感則俱顯，然無論隱或顯，皆是具備而無少欠。「不為堯存，不為桀亡」也。惟下句：「父子君臣，常理不易。何曾動來？因不動，故言寂然。」此記錄語意有混。我們很容易想到：「常理不易」之不動並

非「寂然」之不動。若剋就不易之常理本身說，則無所謂寂然不寂然。以「寂然」說此「不易」（不變動），是語意之滑轉混擾。「寂感眞幾」方能說「寂然不動，感而遂通。」此「不動」不是「不易」之不動，只是不感而已。乃實是「動而無動，靜而無靜」之神用。故這幾句之意實當是：父子君臣之常理，永恆常在，當其未感（就「人得之而爲性」言），則寂而不顯，而實潛隱具在，並無少欠。當其感也，則通而不隱，而定然如此，亦無增添。此在宇宙論，則說爲道體之神化；在人則說爲性體之眞用。故寂感眞幾就「人得之而爲性」言，實即心理合一之「性體」也。故此「性體」（亦曰「性理」），不能如朱子之分解的想法只是「理」，把心屬於氣，爲形而下者。在道體之神化處，神亦不能屬於氣。若如朱子之分解，只是理，則不能言寂感。寂感只好從氣說。（在人則從心說，故曰心氣）。濂溪、橫渠、明道，皆尙不如此。達到朱子之說法，其關鍵在伊川（此將在下第八講明之）。此往而不返也。在明道，若靜態地觀當然、定然之百理平鋪，好像只是理，但此理，若動態地觀之，則通於寂感眞幾，此亦是理，但此理也就是神。神不能分拆之屬於氣。即此寂感眞幾本身也。其所以是理，一由其動態地創生實現萬物而見，此即是萬物之動態的「所以然」；一由其所實現之萬物皆有其當然而定然者而見，此即是靜態之「所以然」。兩者實是一，不能割截。一是落實於萬物逗住說，一是提起來就創生說。朱子原也是說這個，但分來分去，往而不返，遂只剩下那靜態的所以然。此形成問題而開出象山之心學之關鍵也。

5.得此義理在此，甚事不盡？更有甚事出得？視世之功名事

業，眞譬如閑！視世之仁義者，眞煦煦孑孑，如匹夫匹婦
之爲諒也！自是天來大事〔「是」當作「視」〕，處以此
理，又曾何足論？若知得這箇義理，便有進處。若不知
得，則何緣仰高鑽堅，在前在後也？竭吾才，則又見其卓
爾！」（同上）

這段話再總起來言天理、實理、義理之尊嚴與崇高。明道認爲存養
人心的天道、天理才是首要的事，人有天理的貫注，人又能表現天
理，這才最要緊。故曰：「得此義理在此，甚事不盡？更有甚事出
得？」言無有一事能離乎此義理，義理賅盡天下一切事。此是直下
是義理之挺立，義理是絕對之尊嚴。以義理爲準，看「世之功名事
業」，眞好比等閑事耳。明道云：「太山爲高矣，然太山頂上已不
屬太山。雖堯舜之事亦只是如太虛中一點浮雲過目。」（《二程全
書》，〈遺書第三〉）。此條與此處所言相發明。又以此義理爲
準，再看「世之仁義者」，「眞煦煦孑孑，如匹夫匹婦之爲諒
也！」言只是取悅於愚衆之小仁小義而已，亦只是匹夫匹婦之小信
而已。「煦煦」即是溫和之貌，如老嫗然，噓寒問暖，俗語所謂婆
婆媽媽的。「孑孑」語出《詩·鄘風·干旄》，是形容干旄的特出之
貌，此即是矜持以爲高，孤高以爲清，廉嘛以爲義，此即所謂「硜
硜然小人哉」！因此「煦煦孑孑」語意實爲：世之爲仁義者，比起
那崇高之義理來，眞是小仁小義也，亦誠是匹夫匹婦之小信也。
「如匹夫匹婦之爲諒也」語出《論語·憲問》：「豈若匹夫匹婦之
爲諒也。」「諒」字在《詩經》一般作「信」解，如在〈小雅·何
人斯〉的「諒不我知」，與〈鄘風·柏舟〉的「不諒人只」之類。

但是《論語‧衛靈公》載孔子語：「君子貞而不諒」，這即表示出比諒更高一層的道理，即是貞正。與貞正相比，諒的涵義即不單是「信」，倒顯出是固執於信，或執著於小信。「貞而不諒」與「無適也，無莫也，義之與比」同，也與孟子所謂「大人者，言不必信，行不必果，唯義所在」同。「匹夫匹婦之爲諒」，就是普通老百姓的執著於小信，而不懂仁義所表示的崇高而尊嚴的天理、實理或義理。明道進一步復說：「自視天來大事，處以此理，又曾何足論？」這只是教人撥開世情之較量，直下以義理爲準。我們理解明道「視世之功名事業，眞譬如閑」，也應該這樣去了解。千萬不要誤會宋儒輕視人間的功業。顏習齋之流以爲宋儒的聖人之道不切實用，所以無能挽救宋代的國運，其實這是庸俗的見解。宋儒認爲人生活動應有義理的貫注，不然縱使爲王爲帝，建立豐功偉業亦無意義。功業就是義理的客觀體現，宋儒怎會輕視它？事實上，宋儒非但不輕視功業，而且宋儒的道德，是與建功立業的豪傑氣概結合的。聖人是最高的人格，在實際的功業上往往未能有大成就，因爲儒教究竟是立教，重點在立眞理之標準。我們不能由此而說聖人輕視功業。程、朱的篤實踐履，也表示了宋儒的不輕視功業。話得轉回來，明道認爲功業的意義與價值，關鍵全在有無天理的貫注。若就道德踐履說，人「若知得這箇義理，便有進處」，即言方可說有道德人格之發展與進步。人如果不知這義理，便無從「仰高鑽堅，在前在後」了。明道此處一連四句話都出於《論語‧子罕》：「顏淵喟然嘆曰：仰之彌高，鑽之彌堅，瞻之在前，忽焉在後。夫子循循然善誘人。博我以文，約我以禮。欲罷不能，既竭吾才，如有所立，卓爾。雖欲從之，末由也已。」（《皇疏》：卓，高遠貌。

末，無也。）顏淵以高度形象化的手法，讚歎了聖人之道的高深莫測，亦等於讚嘆了天道的高深莫測，所以明道說「竭吾才，則又見其卓爾！」這表示竭盡我的能力，亦未能測其涯岸，以為及了，而仍有未及者在，那道仍好像是高深玄遠地卓立在那裡，而不可企及。故曰：「雖欲從之，末由也已！」此即表示顏淵知得這道理，故他有進處，他知有無限發展的前途而不能自罷。整段來看，可知明道儘管曾把天理從寂感眞幾方面談得何等玄奧（見上文 4.段），如今又回復了宋儒的道德精神。恢復天理的尊嚴，才可恢復道德的尊嚴，換句話說：先立天道之尊，人道之尊才得以立。因此，我們不應視新儒學為純粹的哲學，例如近人論朱子必分列朱子的宇宙論、朱子的人生論等條目，其實都不相干。這學問實就是內聖之教，成德之教。它同時是道德的，同時亦是宗教的，並非西方哲學中一般的形而上學。他們講天理、實理是直下由其精誠的道德意識而肯認的，是直下就聖人之德化而充其極的，故其講天理、實理雖講得那麼深遠玄奧，而其實也是徹上徹下而又那麼平實的。也只由於他們眞能相契孔、孟立教之精神，故能默識心通而徹發其蘊。必須把這天理、實理的立體骨幹澈至其源底，它始能挺立得起而不搖動。先秦的原始典型儒家——孔、孟，建立了這成德之教的規模，在飽經印度傳來的佛教的刺激以後，終於在宋代，獲得新生命新覺醒。天理、實理的普遍化與深邃化就是「天道性命的相貫通」，這是儒家成德之教所蘊含義理的骨幹——立體的義理骨幹，而為宋明儒者所彰顯，這是道地的儒家的精神。若必以為這是陽儒陰釋，雜取佛、老而混合成，那是根本不知佛教為何物，道家為何物，儒教為何物之輕薄的讕言，亦是不識眞實生命之契接眞理之自本自根處

與其接上時代之眞實使命處者之浮薄的妄言。

第七講　寂感真幾之生化之理（實現之理）與邏輯定義之形成之理及科學歸納所得之理之區別

第一節　對於前講之回顧

　　這一講的題目共三十多個字，看來是囉嗦一點，不過這是難免的。因為宋儒所講的道德性的天理、實理，在以前，大家在不言而喻中有個共許的意指，即不必加分辨，亦不至有誤解。這道德性的天理、實理大家一看便知道是環繞兩組概念而說的：一是上帝、天、天命、天道，二是仁、性善、天命之謂性，以及中、誠與明德。決不會離開這兩組概念而別有誤引。但是現在卻不同了。從西方來的科學與哲學開出了各層面的理境，在在皆可令人援引比附，亦在在皆可產生誤會。尤其當我們忘記了道德性的天理、實理，而

單說「理」字時，更易誤會重重、糾纏不清。所以我們現在必須首先嚴格地分辨清楚題目中所舉的兩種理，這是現在講述宋明儒學所必然要遭遇而亦必須要正視的問題。因此這一講不是內在於宋明儒學本身而對之作內在的敘述，而是跳出來作一反省，以期對於他們所說的道德性的天理、實理，在比較限制之下，可有一更確定的了解。

現在我們可先回顧前一講所徵引的明道的四段話，我們可知其中每段均蘊含一個中心思想，我們可就那四段話中的每一段直取其中最要緊的幾個字去代表它。

1.「百理具備，元無少欠。」這是說天理、實理之本體論的存有或實有，是屬於靜態的講法。

2.「萬物一體，皆從那裡來。」這是承繼上段而說「生生之謂易」，屬於動態的講法。

上段「百理具備」的百理，即是衆理或萬理，表示天理是散開的，是多元的（pluralistic），即論天理的「多元義」（plurality）。這段說「萬物一體，皆從那裡來」，表示天理雖表現爲散開與衆多的樣子，然而又可往裡收攝於一個根源，換句話說，這段的中心在天理的「統於一元義」，說明了天理是一元的（monistic）。但是多元與一元均爲翻譯西方哲學名詞而得的名詞。如果要避免一切可能的混淆與誤會，最好說多相與一相。一相與多相，依照中國人的傳統思想，是毫無衝突可言的。一相指天理的本源，多相指天理的表現，同一本源之一可以表現得多采多姿，所以二者不會衝突。正如「月印萬川」的比喻中，以唯一的月亮表示一相，衆川流的月影表示多相。一相與多相，是如程子解《中庸》所言：「放之則彌

六合，卷之則退藏於密。」「放」呈現多相，「卷」呈現一相。既然只有體與相的區別，所以嚴格地說，一相不與多相衝突。中國哲學中的天理，與柏拉圖的理型（idea）截然不同，因爲後者只是靜態的定多，而無動態的「卷」與「放」。

3.「萬物皆備於我，都自這裡出去。」這是屬於道德實踐的講法，即「盡性」的講法。

上段「萬物一體」是屬宇宙論的講法。此段「皆備於我」是道德實踐（盡性）的講法，這是從我說起。每一個體皆是一中心，天理皆具備在裡面。「不獨人爾，物皆然」。「只是物不能推，人則能推之」。從「能推」方面說，便是盡性，所謂道德的實踐。從「盡性」處所表現的天理、實理、或道，是與從宇宙論處「皆從那裡來」所說的天理、實理或道爲同一的。儒家自始即不分別宇宙論的進路與道德的進路所表現的道有什麼不同，這原是一個道的兩面說，這裡有一種道德意識所貫注的原始而通透的直悟。這和西方由以「知識」或「知解」爲中心所成的理論辨解的形上學不同，在他們那裡須經過康德的批判哲學而嚴格分辨出宇宙論的進路與道德的進路兩者所至之不同。然而在中國儒家，則不須有此批判哲學所成的進路之分別，這是因爲儒家的形而上的心靈或智慧根本是環繞天命天道而由清澈而通透的道德意識所貫注所支持，根本沒有西方那種經由客觀的分解辨解而成的積極而建構的形上學（包含本體論與宇宙論）；同時儒家的嚴整而透徹的道德意識是由踐仁盡性而開出，它直下就具有一種宇宙的情懷（cosmic feeling），故其道德意識中的實理、天理因而亦直下通天命、天道而爲宇宙論的，這就是其形而上的心靈與智慧之所在了，故是道德的，同時就是形而上的

（宇宙論的），兩者根本頓時一起呈現，並無間隔齟齬處，並不像西方哲學那樣，其初先有對於知識與自然的分析，忽而又有德目之不同，因而再作德目之分析，如亞里士多德那樣，其次再進而由實有之圓滿規定善，由本質之系統規定人的道德行為，如中世紀聖多瑪那樣，再其次進而始由絕對的善意、自由意志的自律正式接觸到道德的當身，如康德那樣，最後始注意到道德的決斷都是存在的決斷，都是有歷史性的、獨一無二的，如近時海德格的存在哲學之所說。在形而上（宇宙論）方面與在道德方面都是根據踐仁盡性，或更具體一點說，都是對應一個聖者的生命或人格而一起頓時即接觸到「道德當身」之嚴整而純粹的意義（此是第一義），同時亦充其極，因宇宙的情懷，而達至其形而上的意義（此是第二義），復同時即在踐仁盡性之工夫中而為具體的表現，自函凡道德的決斷皆是存在的、具有歷史性的、獨一無二的決斷，亦是異地則皆然的決斷，此即「無適無莫，義之與比」，「執中無權，猶執一也」，「君子貞而不諒」，「春秋無達例」，以及王陽明講良知之決斷並無典要定本可供參考，諸義之所示。因而儒者講仁義之具體表現，必曰仁精義熟，由「敬以直內，義以方外」而達至「圓而神」的境地，方是真實而具體的道德（此是第三義）。（海德格的「存在的決斷」、「存在的倫理」即已含在儒者此第三義中）。以上三義是儒家根據踐仁盡性或對應一個聖者的生命或人格而言道德性的實理、天理所同時一起具備的，這是有一個道德意識所貫注的原始而通透開朗的直悟在內的，故不須如西方哲學那樣須經過批判哲學的簡別而裁定出宇宙論的進路與道德的進路之結果上的差別。這是根據那原始而通透的直悟一下子即貫天人、合內外，而直言天道性命

相貫通的。就道德一面說，康德只是形式地建立起道德當身之純粹而嚴整的意義，上而尚未達至根據那具體的「宇宙的情懷」而契悟到天理、實理之具體的形而上（宇宙論）的意義，雖然他已由實踐理性而契接了超越領域，因而亦給予了上帝以客觀的妥實性，下而他亦未能貫通著工夫而言道德之具體表現，而達至圓而神之境，因而始有今日海德格存在倫理之補充。其故即在西方哲學傳統所表現的智思與強力自始即無那道德意識所貫注的原始而通透的直悟，而其一切哲學活動皆是就特定的現象或概念，如知識、自然、道德等，而予以反省，施以步步之分解而步步建立起來的。故知識止於知識，道德止於道德，宇宙（自然）止於宇宙，推之其他等等皆然，即或有通識者爲融合而奮鬥，如黑格爾之所爲，然亦未能達至儒者圓熟而通透的境地。以上所說當然是就道德性的實理、天理之道德的意義與形而上的意義而說。就此而言，儒家二千年來的奮鬥實已達圓熟而通透的境地，實非西方哲學所能及。當然西方哲學的分解工作自有其價值。然就此一套而言，其價值只在於辨解上有補充與清楚的作用，而不能於本質的內容上有新提供或改變。然亦只就此一套而言，是如此。並非說儒家哲學已全備了一切。譬如環繞邏輯、數學、科學那一套便是中國所不具備的。是以中國哲學還須有進一步的開闢與融攝。本講所以要分別題目中所標舉的那兩種理也就是要想對於儒家的道德性的天理、實理之本分與限度作一確定的釐清。

　　4.「寂感眞幾」。這是通過《易‧繫辭傳》「寂然不動，感而遂通天下之故」來了解天道（天理、實理）的根源，這是對於 2.段「皆從那裡來」一語所示之「根源」之進一步的規定，規定而爲較

具體的「寂感眞幾」。

　　說「根源」，是純形式的詞語，說「寂感眞幾」，便已接觸到「形而上的眞實」了。所以說這是比較具體的說法。寂感眞幾是「神化」之源，它具有不測的、神妙的生化作用。「生化」本是中國的老名詞，用今日的語言說：生化就是創造（creation）。「眞幾」一詞是中國所特有的，所以很難譯爲完全恰當的英文字，假如必定要譯，可以勉強譯爲「眞實」（reality）。這「眞實」是通過「即寂即感」之「動而無動，靜而無靜，神也」來了解的。如此「生化眞幾」可譯爲「creative reality」，即創造的眞實。而「寂感眞幾」則可譯爲「creative feeling」。在西方哲學裡，可有各種方式去了解 reality，譬如通過形式（form）與物質（matter），有與變化（being and becoming），原子與虛空（atom and void）之類的方式便是。儒家的 reality，卻是通過「寂感」而了解的。寂感是內通，是無限制的，當然絕異于心理學的刺激（stimulus）與反應（response），因爲後者的刺激是來自外界的，無內通可言，而且反應必有一定程度，即必有限制，不能認爲某一刺激對人產生無窮的反應，所以這是生理的、機械的。儒家的寂感眞幾是無窮盡的，是神用無方，所以它必意許爲精神的、超越的。自其爲寂言，它是無聲無臭、絕對的冥寂、絕對的空無；自其爲感言，它是雲蒸霞蔚，繁興大用，它是「不疾而速，不行而至」，它如時雨之潤，遍體萬物而不遺。寂感不是分成兩階段，它是同時是寂，同時即是感的，所以它是「動而無動，靜而無靜」的神用。寂感眞幾是很「玄」的妙理，若通過一分解之表象，把它說成「只是理」（「但理」mere reason），則它便喪失其寂感的妙意。因爲「只是理」

是無所謂寂不寂的，當然更無所謂感不感。甚至可以說根本不能說感。所以宋明儒學發展到最具體、最眞切的階段，必然要從心（宇宙心）去了解它。心才能說寂感。後於程、朱一系的陸、王一系，便直接從心講，這是必須的思想行程。朱子把這寂感眞幾之生化之理只理解成本體論的實有義，即靜態的「理」義，至於其動態的神用義，卻因他的分解思考而脫掉了。朱子不知上引 1.至 4.四段明道的話所表示的意義是同時成立的，在先秦儒家思想裡，也是同時成立的。他繼承了伊川分析的精神，把寂感眞幾中的神用生化的動態意義，歸屬到「氣」方面去，而「動而無動，靜而無靜」的神妙之理卻只剩下了靜態的「只是理」。這樣，朱子之學便成了一個呆滯的定型，而不能返到寂感眞幾這生化之理之原意。朱子停滯於理的靜態，影響其心性方面之思想甚大。陸、王一系便針對這毛病而樹立起來。我們須知：寂感眞幾同時是理，同時也是神，而這神是不能歸屬于「氣」的，如此才可恢復它的本義。而且必須通過心去了解它，才能定住而且具體化這「寂感眞幾」之爲生化之理之眞實的意義——同時是道德的，同時又是宇宙論的生化之源。這道理在此先爲提出，將來當有詳解。

第二節　實現之理與形成之理之區別

以上是回顧前講所引明道的四段話，分別反省其意義，最後是歸結到「寂感眞幾」一語所表示的生化之理。宋儒所說的道德性的天理、實理最後都是歸宿到這個寂感眞幾上，無論從宇宙論方面說，或是從道德方面說，都是如此。這寂感眞幾是神也是理。從其

所表現之多相方面說，固是理，從其根源之一相方面說，也是理。
這合起來的整個便是「天道」一語之所示。現在再進而說，所謂
「生化之理」，亦可叫做「實現之理」（principle of
actualization）。實現（actualize）是動詞，現實（actual）是形容
詞。實現了的東西，即是經過實現之理所推動的實現過程或生化過
程而成為現實的。實現過程或生化過程是落在生化之物之本身上
說，而實現之理、寂感真幾則是能生能實能現之道。實現之理與其
所實現之物雖然是密切連繫，然卻是不同層次。從它們之密切連繫
方面說，實現之理必通著所實現之物說。實現了的物是自然而實
然，簡單地說，就是一個「然」，而實現之理則是這個「然」之
「超越的所以然」、「動態的所以然」。由這「超越而動態的所以
然」以觀這實現了的「然」，則見出它不但是實然而自然，亦且是
當然而定然：「當然而不容已，定然而不可移。」那麼這實現之理
亦可以簡單地說就是「然」之理，但必須知道這「然」之理是指那
「超越而動態的所以然」說，不是「然」的物本身所具有的種種特
殊的內容。一個實現了的物，自然有其種種現實的「相」，這就是
其所具有的種種特殊的內容，這一切都是「然」。面對這些特殊內
容的「然」，種種相的「然」，而發見其通則的便是科學。所以在
某一意義上，亦可以說科學是研究「然」之理，但這決不可與宋儒
所說的寂感真幾這個「然之理」相混。剋實言之，科學並不真是研
究「然之理」，而是研究「然之相」，它是不管那超越而動態的
「所以然」的。而宋明儒則是著力於天道、天理、實理，那超越的
動態的所以然，而並不著力於「然之相」，所以他們也不能成科
學。依這超越而動態的所以然以觀這實現了的「然」，不但是自然

而實然，亦是當然而定然，但是科學不管那超越的「所以然」，所以它所面對的「然之相」只是自然而實然，而且與偶然連在一起，而卻決無當然而定然之意。復次，那超越而動態的所以然所實現所規定的秩序（落在然上見）是宇宙的秩序，同時亦是道德的秩序，但是科學所面對的種種「然之相」卻無道德的意義。

　　科學所面對的種種「然之相」，如果歸納起來，便是憑藉之以下定義的種種特徵。定義的給予便是科學方法的第一步，下定義當然可以使人明白某物的特性（property）。此時定義亦可以表示某物之理。但這是純由它的特性去規定的。例如一個化學式所代表的某物之理，是從某物的特性中層層抽象化而得出的。你可按照某物的分子式去製造該物。但是可否從科學上定義的方式去把握宋儒寂感眞幾這生化之理或實現之理呢？不行！西方自柏拉圖、亞里士多德開始所講的理型、形式、共相、本質等，直至現代的科學所認知的外物之通則，均不可以拿來說明宋明儒所講的天理、實理。馮友蘭的錯誤，就在想以西方哲學中定義、本質的方式去了解朱子的「理」。他以柏、亞等人的哲學闡釋程、朱一系的理的傾向，最爲嚴重。他的代表作《中國哲學史》，比胡適的《中國哲學史大綱》邁進了一大步。此書與胡書代表兩個階段，對近時一般人的影響極爲廣泛。許多人談中國哲學，根本不成理路，馮書起碼還有個理路，可惜整個爲謬誤。對科學上定義所表示的理，我們可給它一個名字，叫它是「形成之理」（principle of formation）。在不發生誤會的情形下，「形成」一詞可用。但是中國人總愛把「形著」之形與「形成」之形連在一起看，即是通過「形著」的過程去了解「形成」的效果，如「誠於中形於外」之類便是。這樣「形成」便

是動態的，形成之理便與實現之理無以異了。這不是這裡說「形成」（formation）一詞之意。因此如要嚴格地說 formation，首先要分清形著與形成。因此，如其譯爲「形成」，不如把它譯作「形構」或「構成」，這是邏輯學上形式的、靜態的意義，不牽涉宇宙論上之實現或動態的意義。例如以化學上的分子式規定某物的特性，這只是死靜地、抽象地說明了該物所含的元素（element）之結構。這個結構本身，嚴格說是「非存在的」，所以它是抽象的。定義所表示的一物之理就是這種理。在傳統哲學裡，就叫它是「本質」，代表一物之「所以然」。人們由本質與所以然，很容易用上中國的「理」字。但這「理」決不是宋儒所講的生化之理，而此處的「所以然」也不是實現之理所表示的那「超越而動態的所以然」。因此，我們別立一名，名之曰「構成之理」。

又定義說明物體的結構，這構成之理是屬於類概念（class concept），是純抽象的。例如對人類下定義，就是要通過人的構成之理而形成「人類」這個類概念。宋儒所講的天理、實理不是類概念，是具體的，而且是宇宙論地眞實的，它是實現之理。馮友蘭在這方面的悖謬，就是他似乎根本不知道有這兩種理之不同，尤甚者似乎他根本沒有「實現之理」這個觀念，因而可以說他對於宋明儒講學的主題根本沒有懂，對於宋儒講天理、實理根本沒有眞切的理解，只是浮泛其辭，而於不自覺中只是順構成之理、定義所表示的本質之「所以然」去理解朱子的理。他根本不知兩種「所以然」之不同。他在講朱子時，人們看不出這微細的區別，所以也看不出他有什麼毛病。但當講他自己的「新理學」時，他全部用的是朱子的名詞，他完全順「類概念」之路，順定義之「所以然」之路去

講「理」，並把他認爲朱子中那些說不通的道理，如「統體一太極」之類，都取消了。這就可以看出他在講朱子時也是預定了定義中本質之所以然這個路數的，不過他只是順這個路數去解說朱子，並沒有去指摘罷了。實則他的解析只是順朱子話頭而浮說，並沒有眞懂得朱子講「理」的意義。爲什麼馮氏容易混擾那兩種理？就是因爲他不知道「所以然」有兩層意思的不同。科學中的理都是就「實然」而抽象，而宋儒所講的「生化之理」卻是就「實然」而推定其「所以然」──那宇宙論的超越而動態的所以然。並依此「所以然」而觀實然，則覺凡此實然皆是「當然而不容已，定然而不可移」。而「定然不可移」的背後，必有一個「所以然」的道理在。因此，從「實然」向後追溯事物的根源，便不能像科學一般只安心停滯于「實然」的了解，而是要通過「當然而不容已，定然而不可移」去肯認一最根本的「所以然」之根源，這個根源就是天命、天道、天理實理之所在，所以也乾脆叫做理。如果事物沒有「所以然」，那末「實然」等于「偶然」了。宋儒「寂感眞幾」的特徵正在于：通過「當然、定然」了解「所以然」。「當然、定然」是形容「實然」的。依那超越而動態的「所以然」，「當然、定然」與「實然」必須接頭，而「所以然」與「當然、定然、實然」亦必須直貫。朱子愛好從「所以然」去了解道或天理。我們先看下面兩段爲朱子所繼承的伊川的話語：

1. 一陰一陽之謂道，道非陰陽也。所以一陰一陽道也。如一闔一闢謂之變。（（《二程全書》，〈遺書第三〉，謝顯道記伊川先生語。））

2.離了陰陽更無道。所以陰陽者是道也，陰陽氣也。氣是形
而下者，道是形而上者。形而上者則是密也。（（《二程
全書》，〈遺書第十五〉，伊川先生語。））

這兩段話大致相同，都出于分解表示的方式。「一陰一陽之謂道」
語出《易・繫》。《易・繫》又說：「立天之道，曰陰與陽。」然而
「一陰一陽」的本身並不就是道，伊川說「所以一陰一陽，道
也」，這是從「所以」去了解道。「一陰一陽」如「一闔一闢」這
已表現了一個變化的過程，但只是這「實然的變化過程」，尚不能
就是道，必須有一個超越的所以然使之能成功這變化過程者方是
道。朱子把這意思提煉得更緊密一些，他對于這「一」字體會得很
妙，他即由這「一」字表示「所以」。他直說「陰陽不是道，所以
陰陽是道。」「一」代表動態的所以，如說「一闔一闢」，闔闢是
一扇門的開放與關閉，代表開與關的兩個動相。但只是這兩動相，
這只是分析地說，尚不能表示「一闔一闢謂之變」。必須闔了又
闢，闢了又闔，這就是一闔一闢，也就是所以能闔能闢，因而才能
成一變化過程。陰陽既然代表相反的兩種作用，于是一切動相與姿
態，都可取陰陽代表。因此陰陽可說是象徵性的（symbolic）詞
語，由此它亦可簡稱為「氣」。就陰陽本身而言，只是動靜與事
相，當然是屬形而下的。必須陰了又陽，陽了又陰，這就是「一陰
一陽」，也就是「所以陰陽」而使陰陽能成一具體之變化過程者，
這方是「道」。道是寄託在「一」字上見。故「一陰一陽」照朱子
的解析就是「所以陰陽」。這與伊川稍不同。然意思是一樣。所以
上引伊川第二段話，也乾脆說「所以陰陽者是道也，陰陽氣也。」

總之，從「所以陰陽」來明道總是確定的。陰陽旣是氣，是形而下者，則「所以陰陽」之理是道，便自然是形而上的。但這「所以然」旣是道，至少不會是定義所表示的「所以然」。伊川云：「形而上者則是密也。」定義所表示的一物之「本質」無所謂密不密。它只是一個抽象的概念。它是邏輯的「所以然」，不是形而上的（宇宙論的）「所以然」。即在柏拉圖以理型爲定義之標準，而且視理型爲眞實（reality），這理型似亦可說是形而上的，因而由它所表示的一物之「所以然」似不只是邏輯的，而且亦是形而上的，但即使如此，這種柏氏理型式的「形而上的所以然」亦不同于宋儒所說的道之爲「形而上的所以然」。第一、理型是定義之標準，還是照定義說，而宋儒所說的道則不是照定義說，它亦不是屬於定義中所表示的理，我們下一物之定義不能用宋儒所說的道。儘管朱子說磚有磚之理，椅子有椅子之理，一草一木皆有理，但他這理仍不能具形化或形構化而爲一物之定義。他這理仍是依超越的所以然而觀的一物之「當然而不容已，定然而不可移」這當然、定然之理，這是不能形構化而爲一物之定義的。他這理是很虛的，不像定義之理那麼著迹與著實。（關此，我在這裡只簡單如此說。詳細疏解見《心體與性體》，現在只說個大脈絡于此。）第二、理型是定多的，但在宋儒（朱子亦在內），天理有多相而仍不礙其是一。故朱子說「物物一太極，統體一太極」，這兩句同時成立。以此二故，即使柏拉圖的理型亦是形而上的所以然，但卻不是宋儒所講的道之爲形而上的所以然。宋儒的道之爲形而上的所以然，照上面所回顧的明道那四段話的意思看，我本說它是宇宙論的「超越而動態的所以然」，是寂感眞幾、生化之理，是多相亦是一相，是本體論的實

有，亦是宇宙論的生化之源：這些本是宋儒所共契，朱子原亦不能
背乎此，只因他順伊川的分解表示一路下去，弄得太著實了，只剩
下道之本體論的實有義，而忘其寂感之神化義，道成了「只是
理」，而神屬于氣，如是才形成了朱子系統中的許多麻煩，因而亦
使馮友蘭很容易想到柏拉圖，遂以柏拉圖的理型之路數去解說朱子
的理，實則這是完全不對應的。朱子的分解表示雖不能還原到寂感
之神化義，然而其餘諸義仍不喪失，仍是在那大界限內，這是決不
可忽略的。所以朱子分解表示中的理，我們仍說它是實現之理，其
為所以然，仍是屬於宇宙論的「超越而動態的所以然」（雖然他把
那「動態」義忘掉了）。

　　以上所說，暫綜結如下：宋儒所講的道德性的天理、實理，當
通到寂感眞幾時，我們即名之曰宇宙論的「實現之理」；而凡順定
義一路所講的理，不管對這理是如何講法，是唯名論的，還是唯實
論的，是經驗的、描述的，還是先天的、預定的，我們總名之曰邏
輯的「形構之理」。依此，「所以然」也有兩義：一是宇宙論的實
現之理所表示的那「超越而動態的所以然」，一是邏輯的形構之理
所表示的那「邏輯的所以然」。這兩者是不同層次的，而且是一縱
一橫，一平列、一直貫。我喜歡以下圖表示之：

　X

　X代表任何個體，其上之括弧表示「形構之理」，或類概念。
而實現之理則如下表示：

　⊥
　X

箭頭即表示直貫的實現之理。中國思想中是沒有那括弧一層的。我們在這裏也可以看出中國所以開不出邏輯與科學的理由。

以上是實現之理與形構之理的基本區別。現在再進而略明：在西方哲學中，順那括弧一層所表示的形構之理也可以逼出一個實現之理來。這關鍵是在他們在形構之理處首先認識了以下兩命題：

1.「有此物必有此物之本質，但有此物之本質，不必有此物。」例如：有人存在，必有人之所以為人的本質（定義所表示的）。但反過來，人的本質（不管對這本質如何講法）卻不函蘊人的存在。這即表示：

2.存在與本質分離。

例如要界定人類，可說人為「理性的動物」，「理性的動物」一語表示出人之所以為人的本質。這表示：如果有人類存在，那麼他們必定合乎「理性的動物」一語所示的本質。但是，說「人為理性動物」，絕不意味著就有具體的人存在。又如粉筆，從化學分析可知它的結構成分，並且以簡潔的分子式表明它，你亦可依據此分子式去配製粉筆，但是只這分子式，即分子式的實有，並不含有一具體的粉筆存在。分子式並不等於依此式構成的物體之具體的存在。這即表示「存在」是一回事，定義所表示的「本質」只是一個抽象的概念，這又是一回事。即，存在與本質分離。必須存在與本質結合了，才可有具體的個體物之存在。使他們「結合」而產生一具體存在物的，即西方哲學中所謂「實現之理」。但這實現之理卻不包含在「本質」的概念中，它是一個超越的觀念。人的本質不含人的存在，人的存在是要靠一個生物學的血統觀念，而此觀念卻不在人的定義中。依分子式去製造一枝粉筆，這「製造的活動」也不

包含在那分子式中。這例子很顯明地表示出「實現之理」是一個超越的觀念。實現之理之必然要引出就是宇宙論所以成立之關鍵。故實現之理是一個宇宙論的原理，它代表一個超越而絕對的眞實體，它使一物如是如是存在。在西方哲學裡，實現之理由神或上帝來充當。來布尼茲的「充足理由律」也是實現之理，他也是意指上帝而言的。柏拉圖的「造物主」也是實現之理，它把理型安置於物質上。這種製造者的思路一轉即爲中世紀的上帝從無中創造世界。實現之理也可以哲學地講爲「基本活動」，亞里士多德即是屬此類型的思路。不管如何講法，實現之理總是一個超越的觀念。我們當然不能把 God 置於定義之內！宋儒的「超越而動態的所以然」，不是定義中的所以然。它是寂感眞幾，是天道、天理、實理，是誠體，也是太極，太極即相當於西方的 God。太極當然不能包含在一物之定義中。從下定義至存在與本質之結合，實爲兩層，馮友蘭卻分它不淸。他只順柏拉圖的理型思路去想朱子。故吾謂其根本無實現之理一觀念。其實邏輯定義上的本質，責任只在描寫與說明，不在創造與實現。哲學的活動必徹法源底接觸到實現之理方算充其極。

　　以上是順西方哲學的思路而言實現之理之出現。由這種思路層層深入而建立起的形上學（包含本體論、宇宙論）即吾所謂由客觀的分解、辨解而建立起的積極而建構的形而上學。中國儒家的形而上的心靈與智慧不是經由這路數而表現的，因爲它沒有形構之理那一層。它之所以透至實現之理是由于踐仁盡性或對應一個聖者的生命與人格而透悟至的，這是一個道德意識所貫注的原始而通透的直悟。這條路自始即是踐履的、存在的，而非理論分解之「非存在

的」。這是成德之教所開發的，因此其中所透悟至的實現之理只能是寂感眞幾、天道天命、天理實理、誠體、太極這一類詞語之所示，它的涵義亦只能是道德的而又是形而上的，形而上的而又是道德的，決不能有其他的變換。因此，這也可說不是一個積極而建構的形上學（其意如上所定），而是根據道德踐履而來的透悟與觀照同時也就是肯認。如果說是形上學，則也是「道德的形上學」，或也可以說是消極意義的形上學。因爲它究竟是由踐仁盡性而開發，不是由以知識爲中心通過客觀分解而建立的獨立的形上學。這猶之乎宗教信仰中的上帝，只能由宗教信仰的意識與虔誠而肯認，不能由客觀的分解、辨解而達至。適言西方哲學順本質與存在的離合而達至實現之理是上帝的結論，其實這結論亦不過是順宗教傳統而如此接合而已，邏輯上並不必然是上帝，即使是上帝，亦不必是宗教信仰中的上帝，即使在概念上是宗教信仰中的上帝，亦如康德所批判的，這不過是理論理性的虛擬，並無「客觀的妥實性」。是以宗教信仰中的上帝，或由純粹的宗教意識與虔誠來肯認，或如康德的批判哲學那樣，由實踐理性來肯認。這樣肯認了，它自可充當創造萬物的實現之理，但由客觀的分解而達至的實現之理卻不必是上帝。復次，若眞如康德的批判哲學之所示，則如果實踐理性充其極，則即使是上帝罷，亦不必是基督教那個形態，很可以轉成中國儒家的形態。中國的儒家正是實踐理性之充其極的，康德的道德哲學尚未達至此境界，說明見上對於前講的回顧中。詳論則見後四、五、六三節。中國儒家本著實踐理性之充其極的通透智慧，正是由踐仁盡性而達至生化之源的。這生化之源之爲實現之理是定然而不可移的，稱理而談，是必然如此的，決不可能有其他的變換。這個

實踐理性之充其極的形態是基督教的上帝之柔化，因而亦成為更具體更真實，同時亦是西方哲學所企向的「超越形上學」（transcendent metaphysics）之淨化與圓熟化。依此而言，雖對西方哲學由客觀分解而建立起的積極而建構的獨立形上學而言，中國儒家的形上學似可說是消極的形上學，然即此消極形上學，如依康德的哲學說，卻正是最圓熟、最真實、定然而不可移的形上學。當然，西方的依客觀分解而建立的獨立的形上學，自有其價值，然對由實踐理性之充其極而達至的圓熟的形上學言，這種以知識為中心經由客觀分解而建立的形上學只不過是求接近於實踐理性之圓熟形上學的一些線索或接近迹而已，其本身永不能圓熟也。所謂「獨立」，所謂「積極、建構」，只在「接近」的過程上顯，並不是最後的、終極的。這個意思是說：推開一步，讓哲學有獨立的價值，而最後還是向裡收，消融於成德之教的形上學中。我們似乎可以這樣說：積極而建構的形上學以成德之教的形上學而得其真實，而成德之教的形上學則以積極而建構的形上學益增其充實。分解的以不分解的為真實，建構的以不建構的為理極。此是中國儒家的智慧而由宋明儒所盛發者。

第三節　實現之理與科學歸納所得之理之區別

　　現在再進而論實現之理與科學歸納所得之理之區別。

　　上面論實現之理與形構之理之區別，形構之理如從經驗的、描述的立場看，即已函蘊向科學歸納之路走。惟上文著重在由先天的、預定的立場看形構之理，期以與柏拉圖、亞里士多德之講理型

與本質相比較，以明宋明儒的實現之理不可以柏、亞的理型與本質之思路來解說。現在再從經驗的、描述的立場看形構之理，順之以看科學歸納所得之理與實現之理之不同，此而確定，則程、朱一系之所謂格物窮理之意亦可得而確定矣。

我們說寂感眞幾之爲實現之理必直貫至實然者而實現其爲如此如此之實然，且使此實然者具有當然而定然之意義。但實現其爲「實然」的那個超越之理並不是此「實然者」本身所具有的種種特殊的內容，雖然此種種特殊的內容，甚至一毛一孔，亦是由實現之理而實現其爲如此者。科學正是面對這些如此如此之種種特殊內容而描述地記錄地抽撰其通則者。如果這些「通則」亦可以說是理，則這些通則亦便是「實然者」之理。但這些「實然者」之理正是實然者本身之「物質的結構」所呈現，由實然者之種種徵象與關係即所謂種種特殊內容者而抽成。這些實然之理是內在於實然者之本身，而个是實現其爲「實然者」的那超越的實現之理。實現了以後成爲「然」。「然」有其「所以然」。如果「所以然」表示理，則然之「所以然」即是然之理——實然之理。但「所以然」有兩層意思，此見上辨。因此，實然之理亦必有兩層意思。而我們在行文措辭上則卻常皆用「實然之理」之辭句。人們不能細察「實然之理」一語之不同的意義，雖明知宋儒所講之理以及其格物窮理所得之理似與科學所得之理不同，然因不能分辨而常混擾不清。即在這裡知識的意義與德性的意義常糾纏不清。實則「實然之理」既有兩層意義，則其分別甚顯。一是指由「實然者」本身之實然的種種特殊內容而抽成的通則說，一是指實現此「實然者」的那超越的實現之理說。故宋明儒所講的實然之「理」（實然之所以然）乃是實然之

「超越的所以然」，而不是其「內在的、現象的所以然」。而他們所謂「德性之知」正是知那「超越的所以然」，他們所謂「見聞之知」（或云「麗物之知」）正是知那「現象的所以然」。他們講學的目標是在前者，不在後者，故其格物窮理並不能成科學。格物，即就朱子之「即物而窮其理」之定義說，也只是就實然之物而窮（理會）那「超越的所以然」之天理、實理，並不是窮（研究）那實然之物本身所自具的種種特殊內容因而成特殊的科學知識或經驗知識。朱子固是重視見聞，但其重視見聞，按照其講學的本質說，是只在藉見聞以多方啓發那超越的所以然，多開理會天理、實理之門徑，並不在研究見聞所接觸之外物之本身。天理、實理無所不在，自然不是非閉著眼睛不可，耳、目、口、鼻全敞開更能顯天理、實理之廣大。孔子說「非禮勿動」等，即在視、聽、言、動上亦可理會道德性之實理、天理也。著於物而單研究物本身之特殊內容，固不足以見天理，即封閉於內不聞不見，亦不必能見天理也。（封閉即是病。）踐仁盡性是要全部敞開的。是以朱子所說的「衆物之表裏精粗無不到，而吾心之全體大用無不明」兩語，如其有眞實意義，其意義必在吾心與外物全部爲天理、實理所貫徹；就心言，是全部明朗而無一毫之隱曲；就物言，雖一毛一孔，亦見其爲天理、實理所澈盡。此就是其「用力之久而一旦豁然貫通」之境。「用力之久」即是藉見聞以磨練。「表裏精粗無不到」即是一毛一孔亦見其爲天理、實理所澈盡而無一物之或遺。此即是那兩語之本質的意義。如不就理會天理說，而就著於物本身以研究其特殊內容說，則那兩語便無眞實的意義。因爲你並沒有研究出物理、化學乃至其他各種經驗科學的知識來，何能說「表裏精粗無不到」？是以

若對應科學之知言，那兩語是無意義的，簡直是廢話。人家可以說，你一生根本一事未作，一物未解，簡直是個懶漢，只說了那麼一句空話！也可以說，你一生的艱苦只是不相干的徒勞，不知你忙些什麼，根本是不對題！因爲如果眞對題了，何以沒研究出生物學、植物學來？明是一點都未到，何得侈言「表裏精粗無不到」？但是若就藉見聞以理會天理說，那兩語是有眞實意義的。如此疏解，則知宋明儒所講的天理、實理，以及就實然而講其「超越的所以然」以見實現之理皆與科學之知不相干，根本是兩會事。就「實然」而講其超越的所以然，亦不是憑空地只就見聞之「實然」就可以推至其心目中所意謂的「超越的所以然」，而乃是就踐仁盡性或對應一個聖者的生命與人格而開發出的一種原始而通透的直悟以見人生宇宙之本源實理爲如此。這個大前提是決不可一刻忘掉的。是由以這樣的一個大前提所確定的「超越的所以然」而貫至「實然」的，故「實然」不只是實然，而且是當然與定然。故其就「實然」而理會天理，決不是西方哲學中之「自然主義」也。

　　科 學 之 知 是 對 實 然 之 徵 象 與 關 係 作 出 抽 象 之 簡 化（ simplification ）與量化（ quantification ），故不能知且亦不問此徵象與關係是否是定然與當然以及是否有其超越的所以然。它只是定然與所以然的「象徵」（ symbol ），僅爲一虛層，即是不能具體地、如實地、直覺地獲得實然者之當然而定然如此之超越的所以然之理。科學知識所得之理，必須通過簡化與量化這兩大手術，量化的過程就是化質歸量的過程，簡化的過程就是抽象。宋儒的「天理」，卻是就實然而講其定然如此、當然如此的，違逆了它就是不合天理或「逆天理」了。例如說「服牛乘馬」，在宋儒眼中也是屬

於天理的。這不是自然主義。這種當然而定然如此之所以然的理由
是超越的。默識這天理，並不須要簡化與量化。故它是最具體、最
真實的。純粹的科學世界觀是自然與實然，最後又是偶然。自然、
實然、偶然此三觀念在科學中是相通的。科學只負責歸納徵象，並
不追問爲什麼必定如此（定然），亦不追問怎樣會如此（所以
然），亦不能見出何以必「當然而不容已」，所以只可說是一「虛
層」，它不能亦不必了解具體與真實的一面。譬如我們可從中醫、
西醫的區別，說明這個問題。中醫是不科學的，不視人爲物質之機
械組成，而視人爲有機體，如此中醫最能接觸人體最具體、最真實
的一面。西醫往往視人爲機械，純粹科學化的作風，使他們養成動
輒動手術的習慣，因爲簡化與量化的科學步驟對人體而言，必以開
刀爲終極。這沒有不對，人確有機械一面，因爲他有物質的身體，
所以在某方面他確可服從生理物理的法則，所以人體也的確可以經
過科學上簡化與量化的手術而被處理。然而科學知識的控制範圍，
只局限於物體物理的（ physical ）一面，西方醫生一詞，可作
physician，可謂意義深長。中醫雖不夠科學，缺乏開刀動手術之類
的科學處理，但亦有其長處，不能貿貿然視之爲迷信與可笑。而
且，中醫往往能憑直覺接觸到生命的命脈，而在無聲無臭中開方去
病。某些疾病，西醫束手無策，中醫卻能藥到回春，便是這個道
理。這只是一個例，尚不能就是宋儒所說「天理」的意義。言歸正
傳：科學知識的「虛層」之爲虛，就是浮現的意思，我愛說科學的
特質爲「以量御質，化質歸量」。唯物論便具有此特質，所以馬克
思的唯物史觀亦非全錯，它的錯在於只接觸到物質與量的一層，而
未接觸到精神與質的一層，因此馬克思的思想絕未接觸具體而真實

的人生。科學未達到「實然者」之爲定然與當然以及其超越的所以
然一層，故爲抽象的、量化的虛層。

復次科學知識爲歸納的，歸納預測是概然的。

科學上的預測僅爲歸納預測，例如太陽素來從東方出，我們便
因而預測明天太陽亦從東方出，這種預測只是概然的 probable（即
或然的），而非必然的，所以科學的歸納還是很粗淺、很浮面。西
方哲學中在講知識時，除歸納概然外，只有邏輯數學才有必然可
言，例如2 + 2 = 4是萬古不易的。但是邏輯數學只是抽象的空架
子，其中的必然只是「套套邏輯的必然」（tautological
necessity），這是不接觸眞實的。

在科學知識以外，還有一種知幾勢之知──接觸到實然之具體
而眞實處之知。

幾勢是實然的，但卻是具體的。觀察此種實然，是不依科學的
簡化與量化方式的。知幾勢之學源於《易經》，後來我國的醫卜星
相均順它而來，它們全非科學，但亦有其至理。它們要求具體地理
解事物的幾勢，此種「知」是具體的、如實的、直覺的，可謂「知
具體而特殊之知」。用舊話說，是知微妙；用今話說，是知具體而
特殊。它的對象不是「量的、抽象的普遍」，而是「具體的普
遍」。例如看人相亦是具體而微妙的，占卜是直覺的預測，不是歸
納的預測。天文台的天氣預測，如今日午間將有驟雨之類，都是根
據經驗而作的，是歸納的預測。中國的一套術數之學，是針對「特
殊的」而談言微中。因限於運用直覺、洞悟，故都是一定的，但亦
畢竟不能成科學。因爲它不走科學的路數，它是高於科學一層的。
這雖不是宋儒的德性之知，但卻由之可以通造化之源，亦是通寂感

眞幾之一路。宋儒所以不講術數之知，是因爲儒家畢竟以道德性的天理、實理爲主，人之出處進退應是「義之與比」，而不是取決於「知幾」的。故知幾勢（知微知彰）雖可以通造化之源，然儒家由寂感眞幾之實現之理貫至具體之實然，卻是提起來本著道德意識之莊嚴而觀此具體之實然唯是天理、實理之充塞，故只云德性之知，不云幾勢之知。其與科學之知更不相干，雖然開出科學之知則更好。

牟宗三先生全集⑳

宋明理學演講錄

牟宗三　主講

《宋明理學演講錄》全集本編校說明

盧雪崑

　　《宋明理學演講錄》記錄牟宗三先生於1986年在香港新亞研究所的授課內容，共分為九節。這一演講錄由編校者根據錄音及聽課筆記整理成初稿，後經牟先生親自修訂而成。稿成之後，在臺北《鵝湖月刊》連載，由第13卷第12期至第14卷第3期（1988年6月至9月）分四期刊出。此演講錄從未以單行本形式刊行。

目　次

一、北宋復興儒學的歷史文化背景

　　北宋恢復儒學的歷史文化背景是什麼？這是一般講中國哲學史需要講到的。要講思想史一定要前後聯貫，這是哲學史中的文章，是需要了解的。但講這些東西講太多了不行，講太多了，就是光講外圍話，眞正講到學問的本身就不懂了。這叫做滿天打雷不下雨。所以，我們講學的重心不放在這個地方。但我們也不能對儒學復興的歷史文化背景懵然無知。

　　宋儒出來爲什麼一定要求恢復儒學？我們如何理解宋儒興起的歷史背景？這不是邏輯的問題，不是義理的問題，而是一個歷史事實的問題。兩漢講經學，到魏晉，經學不能講了，道家復興。經過魏晉南北朝、隋唐，到宋儒出來，一定要講儒家的學問。講道家、佛敎都沒有用，不是社會所要求的。中國歷史發展有一個內部要求，這就叫文化精神。一個民族總有一個文化精神，才能有理想，才能往前進。

　　殘唐、五代是中國歷史上民族、社會、政治最衰落的時候，而當時知識份子的聰明才智都用在禪宗。禪宗那麼有光彩，但究竟於我們的政治社會、世道人心有什麼用呢？漢唐大帝國那麼興盛，不是靠佛敎，佛敎是乘大唐盛世發展起來的。五代的時候，禪宗發展

到高峰，但五代是最不成話的時代。到北宋一開國，知識份子思想
上就有一個覺悟。從魏晉以來經南北朝到隋唐，一直講道家、佛
教，所謂佛老對世道人心究竟有多大的作用？這是值得考慮的問
題。五代是中華民族最衰落的時候，在這個背景下，便有一個共同
的要求，即必須復興儒學。所以，宋儒講儒學都有生命。這是宋儒
興起的歷史背景。

　　殘唐、五代衰亂，世道人心敗壞。人無廉恥，這是最大的慘
局。在這個背景下才要求儒家的復興。宋、明儒家完全是道德的覺
醒。宋儒的興起就是對著殘唐五代的人無廉恥而來的一個道德意識
的覺醒。道德意識的覺醒就是一種存在的呼喚，存在的呼喚就是從
內部發出來的要求。

　　任何思潮學派總有它出現發展的原因。以前老先生不重視外部
義理。因為不重視外部義理，所以學問不能貫通。胡適之出來以
後，大家一下子知道凡是了解一種東西首先要做社會學的分析。先
了解家庭背景，然後了解階級背景、社會背景。但如此一來，講課
的時候關於內部問題一句話都不會講，光會講李白、杜甫的社會背
景。到共產黨就是講階級背景，李白、杜甫的詩好在那裡一點不
懂，這算什麼講文學呢？五四運動以來，知識份子的頭腦變成這樣
子，發展至極端，就是共產黨。共產黨看任何東西不從內部看，光
從外部看，先看你是什麼階級背景、什麼家庭背景，結果是罵一頓
封建反動就完了。分析朱夫子就是小地主封建思想，對朱子的一套
學問完全不了解。分析陸象山的結果是大地主，所以是唯心論，最
反動。直到現在，大陸上還是光講外圍話，內部的義理一點不懂。
糟蹋學問、糟蹋人心到如此地步。

　　我講書的時候，外圍話盡量少講，直接做內部義理的剖解。以前的人不大注意外圍的話，這也不對。外圍的話應當了解，但不能光停在那裡，外圍的話還未入題嘛！譬如講周濂溪，就要講周濂溪的義理結構，才是入正題。我的《心體與性體》不是哲學史，我們講學問直接作義理的分解。要寫哲學史，就要牽涉更多人物。譬如，邵康節就不能少。邵康節是宋代的大哲學家，與二程私交甚密。但邵康節的思想跟我書中所寫的周濂溪、張橫渠、二程、朱子、陸象山以及王陽明、劉蕺山等人的義理論題沒有關聯。我書中所寫的幾個人論題是相關的，或者贊成，或者反對。講學問一定要相關，說話要中肯。在《心體與性體》一書中，我把外圍的話省掉了，直接從周濂溪入手。濂溪以前的不講了，因為那還沒入題。到周濂溪才直接講儒家的學問，這就是入題了。講儒家的學問，籠統地說是道德意識的覺醒。以道德意識的覺醒說儒家是十分中肯的一句話。但這是籠統說，道德意識在先秦儒家怎麼表現呢？是像孔子那麼表現呢？還是像曾子那樣表現呢？像顏淵那樣表現呢？還是像孟子那樣表現呢？道德意識的覺醒為的是成仁成聖，這就是內聖之教。宋儒的內在義理就是如何成聖，如何發展完成道德人格。胡安定那個時候還未入這個正題，胡安定講《春秋》。《春秋》也是道德的，但它不是講如何發展完成道德人格，春秋大義大體是屬於外王方面，從整個社會文化、生活的道德標準講，屬客觀面。

　　宋儒復興儒家，第一階段是一個文化意識。文化意識完全對著佛教而發，牽連到道家。理學家對佛教有痛切之感。面對殘唐、五代的衰亂，佛教光講「空」，道家光講「無」。道家、佛教都是非道德的，不從人的「當然」處講，對世道人心一點好處也沒有。所

以我說，宋儒的興起是對著殘唐、五代的人無廉恥而來的一個道德意識的覺醒。

二、不同層次之「理」的簡別

「惻隱之心，仁也；羞惡之心，義也；恭敬之心，禮也；是非之心，智也。」孟子這幾句話就是「心即理」之意。「心即理」不是說心去合這個「理」，「心即理」的意思是：心就是理。照朱子的說法，心合這個理就是道心，不合這個理就是人心，這樣說的心不是孟子所言本心。了解「心即理」，你就能了解陸象山、王陽明。有人以為這是宋儒的特別主張，其實不然。陸象山、王陽明的主張就從孟子的義理來，只是朱夫子沒有了解孟子的這幾句話。光籠統地說心，照現代人的看法，心的意思很廣泛，有心理學意義的心，也有邏輯意義的心，也有形而上的心，也有認識論的心。孟子沒有這些考慮，直接的就說惻隱之心、羞惡之心、恭敬之心、是非之心。這四端之心是道德意義的心，性善從四端之心這個地方講。惻隱之心就是仁，羞惡之心就是義，恭敬之心就是禮，是非之心就是智。當孟子如此說本心的時候，這個心不光是一個心。這個心同時就給自己定一個方向。心理學意義的心不能定一個方向。孟子所言本心能給我們的生活、我們的生命定一個方向，定一個方向就是指導我們應當如何行。指導我們如何行動，為我們的行為立一個規範，這就是理。這個理不是物理的理，也不是科學研究之理。若說

物理的理，科學研究的理，怎麼能說心就是理呢？要是那麼理解「理」，永遠不能了解「心即理」的意思，不能了解陸象山、王陽明。現代人缺乏道德意識，說到道德律、道德法則，一般人沒有清楚的觀念，所以不能了解「心即理」的意義。要了解「心即理」不很容易，因為它不是知識論的範圍。一般人站在認識論的立場，這個心就不能是理，站在知識論立場，心是認知活動，不能說心就是理，只能說心了解理。以前的人不能了解「心即理」的「即」字，就是「理」的觀念沒有弄清楚。

當陸象山、王陽明說「心即理」的時候，就是根據孟子那幾句話來的。孟子言心就是性，從心了解性，從性那個地方說理。朱夫子說「性即理」，但他不說「心即理」。朱夫子了解性就是理，人有人的理，粉筆有粉筆的理。人有人的性，粉筆有粉筆的性。這個性就是本質的意義，是人之所以為人的所以然之理。「理」這個字很虛，它是就著一個東西的所以然而推過去的。荀子說：「不事而自然謂之性」，這裡所說的「性」是個描述詞（descriptive term）。依「生之謂性」的原則說性，一定落在自然之質上，這就是描述的說法。荀子還有一種說法。荀子說：「生之所以然者謂之性」，這就不是描述的說法。凡是說「所以然」就不是描述的。「然」、「所以然」是兩個說法。「然」解答是什麼的問題；「所以然」解答為什麼的問題。「所以然」就是從「然」推進一步，說明「然」的理。一個是從「然」了解性，一個是從「所以然」了解性。「然」代表自然，這個然就是實然。事實上如此，從「然」說性，是描述的說法。從「所以然」了解性，這個地方「性」是一個概念。這樣了解性不是描述的說法。「所以然」是對於「然」而發

的，就著這個「然」推進一步。沒有空說「所以然」的，說「所以然」得假定你對這個「然」有所了解，至少得假定你對這個「然」有一個概念。「然」是什麼？「然」就是描述的那些自然現象，「然」就是敘述語句。那麼，追問它的「所以然」，就是對於「然」這個事實有一個說明。因此，「所以然」是一個作用詞。

從「所以然」了解性，就是就著眼前呈現的這個實然，推進一步說明它的根據，說明它的道理。這個道理，中文習慣用「所以然」來表示。朱子的「性即理」就是從「所以然」了解性這個理路來。「所以然」解答的是為什麼的問題。「為什麼」就是理。

說到「所以然」，說到理，有好幾層意義。你說的是那一方面的「所以然」，說的是那一方面的理，這裡就有所不同。「所以然」就代表理，這在西方沒有。「所以然」之理，西方哲學用essence（本質）來表示。本質就是代表粉筆之所以為粉筆。亞里士多德說：要對一個東西下定義，就是把這個東西的本質說出來。把本質說出來，就是把這一個東西所以為這一個東西的要點（essential point）說出來。綱、目、差都是本質，本質的就是必然的。對人下定義，說「人是理性的動物」，「理性的動物」就是人的本質。在西方，就用本質（essence）代表一個個體的所以然。本質屬於形式（form），形式的東西不能描寫，不能呈現，形式是摸不著、看不見的。亞里士多德所謂「人是理性的動物」，這個所以然的理是代表下定義範圍內的理。朱子的理指太極說，屬於太極的這個所以然的理，應當是那一個層次的理呢？是不是可以跟人的定義中所說的那個理相同？就定義中的理說，人是理性的動物，理性是差，動物是綱，人是目。假定朱子的太極是定義中的理，那

麼，你把太極這個理放在什麼地方？就是說，在對人下定義的時候，這個太極之理能夠用得上用不上？人是理性的動物，綱跟差合起來的這個理，就是用來界定人。這個理只合於人，不能合於粉筆。要給粉筆下定義，就得有另一個定義，那個定義是要把粉筆的理說出來。每一個東西都有定義，這一個定義是這個東西的理，那一個定義是那個東西的理，這個理是多元的。柏拉圖的 idea 也是多元的，主要地亦是就定義而言。能把握感覺界的具體事例所依仿而成其為具體事例的理型（idea），即算把握一概念之確定意義。亞里士多德的本質（essence）、柏拉圖的理型（idea），皆是多而非一，當是「形構之理」。

朱子太極之理跟「人是理性的動物」那個定義中的理不同。朱子的「太極」只有一。朱子言「統體一太極，物物一太極。」馮友蘭對朱子這句話有誤解，他只承認「物物一太極」，把太極誤解為類似 idea，是多元的。這不是朱子的意思。朱子太極之理比柏拉圖的理進一層。朱子曰：「太極涵萬理」，其實義是一理有萬相，「月印萬川」。定義中的理，成類概念。太極這個理不是類概念，它是形而上的，相似西方文化傳統中的「上帝」。但「太極」不能創造，上帝的創造是宗教的。

朱子太極所言「所以然」之理是形而上的、超越的、本體論的、推證的、異質異層的「所以然之理」。此「所以然之理」即曰「存在之理」（principle of existence），亦曰「實現之理」（principle of actualization）。但在此曰「實現」與正統儒家處不同，此只是靜態地定然之之實現，不是創生地妙運之之實現。

孟子曰：「人之所以異於禽獸者幾希」，孟子這句話並不是給

人類下定義。下定義中的「人」是科學觀點中的人。譬如，人是理性的動物，這是給人下定義。下定義就是把概念分類。柏拉圖的idea 也是個類概念。從外延上說，「人」這個概念可應用於孔子、孟子，也可用於堯舜，凡是屬於人的構造的個體都可應用。這就是概念的普遍性。類概念的普遍性是相對的普遍性，有限制的普遍性。良知良能所表示的「幾希」不是給人下定義，也不是柏拉圖的idea，它是一個價值上的概念、實踐的概念，具有絕對的普遍性。

「本心」、「良知」具有絕對普遍性。絕對的普遍性就不是類概念，不是知識的概念。假如「良知」是一個類概念，則只能應用於人類。只能應用於人類，也就是說只能用於說明人類的當然。只有人類才有應當不應當，草木瓦石沒有應當不應當，上帝也沒有應當不應當。應當不應當不能應用於上帝，在上帝這個地方，應當是什麼就會是什麼。對於人來說，可以有應當如此，而事實上並不一定能如此。這個地方，事實與理想之間有一個距離。只有人類有這個特點：只有人有應當不應當的意識，而這個應當的意識發自良知。如此一來，良知只應用於人類，人類有良知的唯一作用是在說明「應當」，作為「應當」之可能性的基礎。要是沒有良知，「應當」表示不出來。「生之謂性」沒有應當。假若「良知」只是如此，這也不算壞，人是有這種特點：人有良知，使人能夠表現道德的應當，表現道德的實踐。良知使人成為一個道德的存在。良知是使人成為道德存在的根據，同時也是使人的道德實踐可能的根據。

「人」上不同於上帝，下不同於萬物，這顯出人這個存在的特別。但是，你要是了解孟子所言性善的「性」、「良知」，陸象山所言「良知」、「本心」，是不是這樣了解，只是為的使人成一個

道德存在？只是爲的說明人的應當不應當，其他的不管？這樣一
來，「良知」、「本心」還是類概念。只能說明道德現象，與天地
萬物不相干。假如良知只說明應當，不涉及存在，則良知還是個類
概念，這個類概念是人類所特有的一個本質。這樣說，良知是人的
本質（essence）。這樣說不一定算錯，但是這種說法不夠。孟子
所言性善的「性」，從四端之心說的「性」直接翻譯成 essence 不
很恰當。因爲從亞里士多德下來，essence 一定是分解的，所以我
不用 essence 來翻譯儒家性善的「性」字。假如良知只涉及應當而
不涉及存在，這不合孔孟儒家傳統，不合陸王的傳統。因爲按那種
說法，良知成一個類概念，絕對普遍性沒有了。不涉及存在，就是
你對存在方面不負責任，所過問的只是屬於「當然者」一類的現
象。但是，這是不是王陽明講良知的本義呢？是不是陸象山講本心
的本義呢？遠在《孟子》、《中庸》，「良知」、「本心」就不是
一個類概念，不光是說明「應當」。

　　從那些文獻可看出《孟子》、《中庸》、王陽明、陸象山說
「良知」、「本心」不限於「應當」，也涉及存在呢？王陽明說：
「無聲無臭獨知時，此是乾坤萬有基。」陸象山說：「吾心就是宇
宙，宇宙就是吾心」，又說：「萬物森然於方寸之中，滿心而發，
充塞宇宙無非斯理。」《中庸》拿「誠體」來表示「良知」、「本
心」。《中庸》曰：「誠者物之終始，不誠無物。」「唯天下至誠
爲能化。」這個「誠體」既是道德的基礎，又是天地萬物的基礎。
天地萬物的基礎就是本體宇宙論的。這是儒家的共識。「誠者物之
終始，不誠無物」，就是說物發展成爲一個物，後面有一個誠體在
貫徹。也可以說，「誠體」是使物所以成其爲物的一個支持者。

「終始」表示每一個物的完成是一個發展的過程。假若把「誠體」撤掉,一切的存在(being)都變成非存在(non-being)。所以說「不誠無物」。這個很容易了解。中西方的聖人都是如此了解。在西方,從宗教的立場來講,一切都在上帝的存在中存在。離開上帝就沒有存在了。在孟子,這個意思不明顯、不透出,但並不是沒有。孟子證明性善,這個性就是本心。這個「本心」如何進一步引申發展,孟子還沒有說明。孟子說人有「本心」,「本心」就是人的性,是人之異於禽獸的「幾希」一點。道德意識很真切。孟子把道德意識彰顯出來,至於「本心」的絕對普遍性還沒有完全透出。但孟子也說:「萬物皆備於我矣,反身而誠,樂莫大焉。」孟子是要從「誠體」這個地方證明「萬物皆備於我」。後來《中庸》說「誠者物之始終,不誠無物。」「不誠無物」就是「萬物皆備於我矣,反身而誠,樂莫大焉」的一個翻版。「萬物皆備於我」是什麼意思?陸象山說:「萬物森然於方寸之中」,這句話也是孟子「萬物皆備於我」的一個翻版。兩句話一個意思。若拿《中庸》的意思來確定「備」字,就是說,萬物都備存於我之本心誠體之中,離開本心誠體,一切東西都歸於不存在。本心誠體本來就是道德創造的實體,也就是說,萬物不能離開道德的創造性而有獨立的存在。上帝創造是宗教家的說法。儒家講「天命不已」、「大哉乾元,萬物資始」,這是客觀地講,主觀地講是本心誠體。萬物不能離開本心誠體而有獨立的存在,這應當是對「萬物皆備於我」的一個確切理解。但另有一種講法,就是勞思光的說法。他說:「萬物皆備於我」只是萬物之理備於我,並非萬物之存在備於我。這個說法是勞思光的一貫論點,也就是心性論只涉及應當,不涉及存在。你們看

這個說法通不通？「萬物之理」與「萬物之存在」分開有沒有意義？假若心不涉及存在，存在交給誰呢？在西方，存在交給上帝；儒家沒有上帝，就是交給心體、仁體、誠體、性體，這是一樣的東西，你怎麼能把它看成是類概念？假若說「萬物之理」備於我，不是「萬物之存在」備於我。那麼，這個時候，「理」能不能存在？與「存在」分離的「理」是什麼意義的「理」？「理」與「存在」分離，而這個「理」仍能備於我，這種說法通不通？萬物的抽象之理只是理的抽象概念，抽象概念不能備於我。什麼叫抽象之理？譬如，粉筆有粉筆的抽象之理，粉筆的抽象之理就是粉筆的抽象概念。粉筆的抽象概念不能說備於我，只能說通過我的思考把它抽象出來。這是唯名論所說的理，唯名論所說的理就是純粹的抽象概念。但唯名論所說的理怎麼能備於萬物的存在之中呢？這個不可思議。

　　唯名論只是說抽象之理沒有實在性，並不是說抽象之理完全是憑空造成的，沒根據的。那麼，照唯名論講，什麼是真實的呢？特殊性（particularity）是真實的，普遍性（universality）是唯名的。普遍的名是經過思想的製造作用由特殊的個體存在抽象出來的。這種意義的「理」可以跟「存在」分離，但從這個層次說的「理」不能備於我。那麼，可以說備於我的那個「理」一定不是對萬物的抽象之理說，不是唯名論所說的抽象之理。既然不是這種意義的「理」，那麼，「萬物皆備於我」的那個「理」是什麼意義的理？勞思光說萬物之理皆備於我的「理」是什麼意義的「理」？唯名論的抽象之理可以跟存在分開，但那個「理」是共理，對我們沒有意義，孟子不是這個意思。實在的東西是特殊的，我們說這是孔

子、孟子，沒有光說這是一個人。「人」是一個抽象的概念，具體
真實的是孔子、孟子。「人」不是實在的，但「人」這個名也不是
憑空造出來，是從孔子、孟子這些特殊的個體存在抽象出來的。這
種抽象出來的名，譬如說「人」，我們不能說備於我。這種層次上
說的「理」，所謂共理，對我們沒有意義。孟子不是這個意思。勞
思光說萬物之理備於我的「理」是不是這個層次上的「理」呢？

　　抽象之理都是從實在的東西抽象出來，這個「理」不能創造實
在的東西，不能使實在的東西有其存在。不能涉及存在的這種
「理」不能備於我。你想要說只是理備於我，而不是存在備於我。
那麼，這個「理」一定是從存在抽象出來，不能反過來使存在成其
為存在。就是說，不能創造存在。可是，沒有人會說這種抽象之理
備於我。這種說法沒有意義，而且，這種意義的「理」不能備於
我。可以備於我，而且對我們有意義的「理」，一定不是從存在抽
象出來，它一定反過來使存在成其存在，就是擔負存在的實現的責
任。這樣的「理」才可以備於我，這個層次上說的「理」就不能夠
對存在沒有擔負。因為它擔負存在的實現的責任，這個「理」是實
現之理。假定它是個實現之理，它使萬物成其為萬物，就是對存在
有責任，就是要涉及存在，也就是乾坤萬有之基。

　　良知使乾坤萬有成其為乾坤萬有，使天成為天，地成為地，萬
物成為萬物。這個「成」就是實現。這樣一來，這個「理」等於上
帝的理。上帝創造萬物，萬物離開上帝就沒有存在，這是宗教家的
講法。儒家不是宗教，儒家講天道、天命、良知、心性，都是一個
東西，相等於上帝的理。這種意義的理叫做實現之理。

　　實現之理備於我，就是擔負存在。在這個層次上說「萬物皆備

於我」，萬物之理跟萬物之存在不能分開。這種「理」不是一個知識上的「理」，這種「理」是本體宇宙論的理。這個層次上的理備於我，就是萬物備於我。因為有這理才有萬物。萬物離開這個「理」就不成其為萬物。這個「理」就是「誠體」。在這個地方，怎麼能說只是萬物之理備於我，而不是萬物的存在備於我呢？這種說法不通嘛！

要真正分析明白，就是區別兩種「理」：一種是形構之理；一種是實現之理。要清楚這兩種「理」的區分，你們可以讀我的《心體與性體》（第1冊〈綜論〉部分）。

知識上的理可以跟存在分開，知識上的理是形構之理。譬如，按粉筆的化學公式造粉筆，化學公式是知識，是一個形式。那是一個「理」，是一個形構之理。按照這個公式可以製造一枝粉筆，但這個公式（形構之理）不能創生一枝粉筆。創生這枝粉筆，使這枝粉筆存在的是上帝。柏拉圖是製造說，宗教是上帝創造說。創造和製造不一樣，創造是從無到有。儒家是另一種意義的創造，儒家講天命不已，創生萬物。「大哉乾元，萬物資始」，那也是使萬物存在的。道體、良知、本心、誠體，都叫做實現之理。儒家道體創生說，跟宗教家講的上帝創造意思一樣，而說法不同。儒家講的創生，是根據道德的創造性而來。「誠者物之終始，不誠無物」，離開「誠體」，萬物就沒有了。這個「誠體」就叫做創造性的本體。道家也講生，但它那個「生」不是創生，道生是不生之生。佛教講涅槃、法身、般若。涅槃、法身、般若都不是創造性的本體，沒有創造性。沒有創造性，萬法怎麼出來呢？靠識變。識所變現，當下寂滅，沒有任何執著煩惱，就是涅槃法身。所以，涅槃法身不是創

生性的本體。這些道理在我的《中國哲學十九講》講得很清楚。諸位可以參考。

我們再歸到描述的詞語和所以然的詞語這個問題上。描述的詞語是現象的詞語，所以然的詞語則說明理由。自然之質所說的性就是「食色性也」。「食色性也」這個性是描述詞（descriptive term）。從自然之質一定要進一步說出所以有如此自然之質的理由，那個才叫做性。

荀子曰：「不事而自然謂之性」，又說「生之所以然者謂之性」。儘管荀子也說所以然之理，但荀子的所以然之理是屬於那個層次呢？荀子有沒有「太極」這個觀念？有沒有傳統儒家道體的觀念？荀子也講天道，他那個天道是什麼意思呢？荀子講的天道是自然，就是自然之質。但正宗儒家講的天道很神秘，不只是自然現象。既然荀子沒有正宗儒家天的意義，他所說的「所以然」只落在形構之理（principle of formation）的層次上。形構之理就是把實然的現象總起來，以一個理由說明之。這個理由是內在的。內在的所以然也叫現象學的所以然，描述層的所以然。天道、太極是超越意義的所以然。所以，荀子不是先秦儒家的正宗。從人文主義方面說，從跟隨孔子「郁郁乎文哉，吾從周」，法後王、重禮儀這些地方說，荀子可說是儒家。但從形而上意義、超越意義上說，荀子則不能算正宗儒家，後來宋明儒發展的是正宗儒家思想。

三、宋明儒學的經典根據

　　正宗儒家的經典根據是什麼？就是《論語》、《孟子》、《中庸》、《大學》、《易傳》五部書。

　　《論語》講仁，《孟子》講心性，以心說性。本心就是理。惻隱固然是心，但不只是心，且也給你的行為指定一個方向，這個就是理。這個理不是在別的什麼地方，就在心中自定。恰當的說，就是康德所說的自律、自立法則。理就是法則。《論》、《孟》是從主體方面講，這個地方，就是教你徹底理解「心即理」這個概念。陸象山、王陽明沒有康德那個詞語，但陸王對「心即理」的了解就合乎康德意志自律的說法。朱子的講法則不相合，朱子沒有了解孟子的意思。我們現在講孟子是要把康德意志自律的意思加進去，「心即理」就是意志自律。道理畢竟相通。只要成一個道理，成一個概念，不管用的什麼詞語，道理是相通的。假如西方哲學永遠是西方哲學，中國哲學永遠是中國哲學，兩者不能相通，人就不能成一類了。中國人與西方人成了兩類，那怎麼可以呢？

　　《論》、《孟》是一系，著重從主體方面講。從主體方面講仁、講心性、講心即理，主要的是說明道德，說明道德的可能性。加上《中庸》、《易傳》、《論語》、《孟子》四部書合起來看，

就不光是從主體講仁、講心性，不光是直接說明道德的可能性，也牽涉到「存在」，也說明存在。存在就是天地萬物的存在，說明天地萬物的存在就是形而上學。那麼，那一個觀念擔負這個形而上學的責任呢？就是「天道」這個觀念。這個「天道」不是荀子所說的那個意思，而是超越意義的天道。所以，又名曰「道體」。道體見之於《易傳》，就是「大哉乾元，萬物資始」，見之於《中庸》就是「誠」。誠不只是現在所說的「誠其意」的誠，那是從人的生活上說，屬於道德的。誠除了這一面意義之外，誠還是「合內外之道」。《中庸》的地位很重要。主觀方面講仁、心、性；客觀方面講天道、道體，從主觀方面過渡到客觀方面，兩方面通而爲一，這就是儒家的道德形而上學。

《論語》的精義：踐仁知天。《孟子》的精義：盡心知性知天。《中庸》的主要觀念是「誠」。《中庸》曰：「誠者，自成也；而道，自道也。誠者，物之終始；不誠，無物。是故君子誠之爲貴。誠者，非自成己而已也，所以成物也。成己，仁也；成物，知也；性之德也，合外內之道也，故時措之宜也。」《中庸》一個「誠」字，把主觀面、客觀面通而爲一。對古人來說，主觀面、客觀面通而爲一不是很困難。但是，這個對現代人來說就很困難。講主觀面就不能講客觀面，講客觀面就不能講主觀面。這是可悲的現象。

《中庸》曰：「誠則形，形則著，著則明，明則動，動則變，變則化。」「誠」是一個道德詞語，但是，這個道德詞語是在存有論的意義上說，是在形而上的意義上說。所以說：「形則著，著則明，明則動，動則變，變則化。」形、著、明、動、變、化六個字

表現一個存有論的過程（ontological process）、本體宇宙論的過程（onto-cosmological process）。「誠」是體，是一個存有論義的實體（ontological reality），或者說是一個形而上的實體（metaphysical reality）。有體作本，就可以形。本是內在的，有諸中者，必形於外。內部充實，一定往外表現。形是往外表現，著就是彰著明朗，著才能明，明就能動，能動才能變，變才能化。形、著、明、動、變、化，這是最漂亮的宇宙觀，光明俊偉的宇宙觀。以往的哲學家只是解釋世界，馬克思不但要解釋世界，還要改變世界。這句話儒家並不反對，儒家講參天地贊化育嘛！參天地贊化育就是改變世界。哲學家不但要解釋世界，也要說明行動的原理，行動就要改變。但是，改變要有根據，不能亂改變。馬克思唯物辯證法就是亂改變，唯物辯證法說遺傳律是小資產階級的，他們不承認遺傳律，要搞唯物辯證法的生物學。一畝小麥要出產多少萬斤，毛澤東當年不是這樣幹嗎？現在鄧小平也說要翻幾翻，都是一樣的論調。這都是神話。結果是亂來，這是馬克思的所謂改變世界。改變世界要有根據，要根據誠來改變。這是《中庸》所說：「參天地、贊化育。」改變要有道理，要一步一步實現。「誠則形，形則著，著則明，明則動，動則變，變則化」這是通過實踐而來的存有論的過程，統攝在實踐理性下的一個本體宇宙論的過程。所以，《中庸》通過「誠」把主觀面、客觀面通而爲一。主觀面、客觀面本來就是一回事，這就是《中庸》的境界。《中庸》往前發展就是《易傳》，《易傳》跟《中庸》是同一個境界。

主觀方面講的仁、心、性固然很重要，但我們不能把客觀方面講的天道割斷。可以以主觀面爲主而通至客觀面，但不能把客觀面

割掉。勞思光想把天道拉掉，這是不成的。有文獻明擺著，不能鬧意氣。客觀方面的道體，由《中庸》、《易傳》提出來，道體這個觀念跟主觀面的仁、心、性是相通的。在《孟子》那裡，主觀面的心性就往客觀面的天相通，只是還未直接講出來。《中庸》、《易傳》直接提出天道、道體，要了解《中庸》、《易傳》所提出的客觀面的天道，一定要對主觀面的心性把握得很清楚。朱夫子就是主觀面的心性把握不住，一下子往客觀面轉，所以道德意義減殺。朱夫子講心性道德意義不夠。朱夫子本人道德意識那麼強，怎麼說他減殺了道德意義呢？這就是他的義理形而上學的意味重而道德意義不夠。就真正的道德意識說，陸王是正宗，但歷來以為陸王並非正宗，這是顛倒了。從教化上講的那個道德意識，程朱是正宗；從傳承先秦儒家內聖之學方面講，陸王是正宗。朱夫子那套理論把這方面講掉了，這就是朱夫子出毛病的地方，就是宋明儒程朱一系的一個癥結。現在的人多不了解。

宋、明儒開始講學問不從《論》、《孟》入手，而以《中庸》、《易傳》為主，從客觀面入手。先秦儒學從《論語》、《孟子》、《中庸》、《易傳》一根而發，《論語》、《孟子》先出現，《中庸》、《易傳》從《論》、《孟》而發展，四部書是一個系統，《大學》是外插進去的。《大學》就著當時的大學教義講，教人做道德實踐，至於道德實踐的義理基礎，《大學》講得不清楚。這方面要靠《論語》、《孟子》。到北宋周濂溪、張橫渠、程明道這三個人出來講學問，都是先從《中庸》、《易傳》客觀方面的天道說起，他們的興趣都在這方面，就是先立客觀方面的大道理。北宋前三家先從客觀面講，但也不割斷主觀面，而且是從客觀

面講的天道一步一步回歸《論》、《孟》。先秦儒家本來是從
《論》、《孟》一步一步地向《中庸》、《易傳》發展，這是先秦
儒家的發展。北宋三家先從客觀方面講，也知道光從客觀面講不
成，不能落實，所以必須一步一步回歸《論》、《孟》。這個運思
的方向，發展的度向，北宋幾百年直至朱夫子，到明朝，完全忘掉
了。北宋前三家的發展度向跟先秦儒家的方向剛好相反。先秦儒家
是從《論》、《孟》向前發展，一根而發至《中庸》、《易傳》，
這叫「調適上遂」。北宋三家出來講學問，先秦儒學已成大家的共
識。所以，他們直接從最高面說，從客觀面的天道說起。但他們也
知道不能光停在客觀面的天道，還是要回歸到《論》、《孟》，不
回歸《論》、《孟》就不能落實。儘管先秦儒家是春秋戰國，北宋
儒學出現是一千年之後，中間隔了兩漢四百年，及南北朝、隋唐。
南北朝講的是佛教、道家，到宋朝才恢復儒學。孟子講性善，以心
說性，心即理，這是孟子的切義；但儒家還有天道這面，先秦儒
家就有。所以，我先講兩個層次的「所以然」，講《論》、
《孟》、《中庸》、《易傳》一根而發，把這個問題引出來。下
次，我正式給你們解釋，說明宋、明六百年儒家學問的義理的輾轉
引申，把六百年儒學的綱領脈絡告訴你們。

四、「性體」義疏解

　　對於性、天，你首先了解它是客觀面的、超越的。在宗教的意義之外，進一步從哲學了解，性、天根本就是存有意義的一個概念。理學家講到「性體」，就是一個東西的自性，就是一個在時間、空間中的東西所以存在的理。朱夫子就是這樣了解，所以，朱夫子所說的「性」是泛存有論意義的概念。性通太極，通天道，這樣一來，天道也成了一個存有意義的理。不過這個「理」不是多元的，而是一個無限性的存有意義的概念，是一而非多。這是如何要一步一步去了解呢？你要了解理學家是如何去理解的，朱夫子是如何去理解的，二程是如何去理解的。集中到一起，就是「道體」的問題，這是一步一步慢慢接觸到的。「道體」跟「性體」是不是一？或是永遠分開呢？這也是在發展中逐步解答的。

　　孔子沒有討論人性的問題。「性與天道不可得而聞」，在孔子心目中，性是哪一個層面所說的性呢？是告子所說「生之謂性」之性呢？還是孟子所言性善的性呢？這在《論語》沒有清楚表示。孔子心目中的「性」不會是告子所言之性，因為告子所言「生之謂性」的「性」沒有什麼奧秘，那不是「性」字的全部意義。到荀子說：「生之所以然者謂之性」，這雖然是就著眼前的自然生命說，

但自然生命也不是一個簡單的東西。荀子所言「所以然」不是超越意義的，還是內在的生命本身。但生命本身就有奧秘，生命本身就很複雜。不管從自然生命方面看，還是上升到理性的生命，像孟子那樣從道德性的生命看，都是無限的奧秘，都是屬於存有意義的概念。存有意義的概念可以從上、下兩層面講：一層就自然生命講，一層就理性生命講。不管那一層面，都是複雜的。這樣理解性是一個存有意義的概念，天道也是一個存有意義的概念。性是對著個體講，不管從自然生命講，還是從理性的生命講，「性」的概念的形成是對著個體而有的一個名。不對個體而言，而對著天地萬物而總言的，是道體。道體不但代表客觀的意義，而且代表絕對的意義，它也是個存有（being），這個「存有」類乎西方的「上帝」——無限性的存有。

　　「性」是對著個體講，開始的時候，「性」這個概念不是無限的。人的性就著人講，粉筆的性就著粉筆講，人的性跟粉筆的性不同，因此，「性」一方面是有限的，另一方面又是多元的。這樣意義的「性」，就是柏拉圖的理型（idea），柏拉圖的理型是定多，事實上有一個東西，就有一個東西的理型，這個東西的理型跟那個東西的理型不一樣，這就叫定多。可是中國人講的「性」的觀念，有兩個層面：一層面就自然生命講，一層面就理性生命講。兩層面都可以看作一個存有意義的概念。「性」的概念容易令人了解作有限的，既然有限，就是多元性，這是對「性」的初步了解。但這樣了解「性」這個概念，在《論語》不清楚，在《孟子》也不清楚。因為孟子了解「性」，是從「生之謂性」進一步，升至理性生命，從理性生命說性。從理性生命說人的性，這個「性」是對人講的，

使人成其為人，這就是人的性。在孟子，「性」並不表示天地萬物之性，孟子沒有這種表示。那麼，孟子所言「性」是不是多元的呢？很難說，因為孟子沒有清楚的表示，你很難說它一定是有限的、多元的。孟子言性，一開始雖然是就人講，但就人而言，這個「性」也不就是相等於柏拉圖所說的理型。因為柏拉圖的理型為眼前現實的東西所限，粉筆有粉筆的理型，桌子有桌子的理型，柏拉圖的理型是定多，是個類概念。但是，孟子所言性善之「性」，儘管就著人講，因為人最容易表現，而孟子所言「性」沒有形成一個類概念。那麼，你很難判斷說它是有限的、定多的。孟子從心說性，這個「性」不是類概念。告子從「生之謂性」了解性，也可以區別人與牛馬的不同。人是人類的「生之謂性」，牛馬是牛馬的「生之謂性」，這個不同是分類的不同，分類的不同成一個類概念。孟子從心說性，這個「性」可以表示人與牛馬的不同，這個不同不是分類的不同，而是價值意義的不同。價值意義的不同就不是一個類概念，不是分類的概念。那麼，假如我們把孟子所言「性」看作存有意義的概念，儘管孟子所言「性」是就著人講的，把人的特點顯出來，但孟子講這話並不是為的給人下定義。「人之所以異於禽獸者幾希」，這個「幾希」不是人類定義中的「差」，這不是個定義，不是個類概念。不是個類概念就不一定是有限的，也不一定是定多。孟子本身沒有清楚表示，但至少孟子並沒有把「性」形成像柏拉圖式的理型。假若形成柏拉圖式的理型，那就是定多，是類概念，類概念就是有限的。類概念也有普遍性，但那個普遍性是有限的普遍性。孟子從道德理性上說性，門是敞開的，不一定就是一個有限的概念，一個定多的概念。康德講到道德理性這個地方，

就說這是人的高級的較高一層面的性——人的第二本性。這個第二
本性可以通無限，使人成爲一個無限的存在。所以，門是敞開的。

　　孔子只講仁，很少講性與天道。「性」字通過後來兩方面去了
解：「生之謂性」的了解；道德理性的了解。無論從那方面了解，
「性」的概念總是存有意義的，總是無限的複雜。凡存有都是奧秘
的，這個意義的存有，從「生之謂性」講，可以成一個類概念。儘
管從生命看，它也是一個神秘，但它可成一個知識的概念，可以通
過現象學的描寫成一個知識概念。理性生命就不容易成一個現象的
描寫的對象。所以，從理性生命了解「性」的時候，孟子並沒有往
柏拉圖式的理型那個方向走。沒有向那個方向走，就不能說孟子所
言「性」是定多，也不能說是一個類概念。這個要弄清楚。那麼，
一定要說它是無限？孟子也沒有表示。假如孟子所言「性」是無限
存有，那麼，這個「性」與天道是一。因爲天道就是道體，道體是
無限存有，故「性」與天道是一。孟子沒有很清楚表示出來，雖然
沒有清楚表示，但孟子的義理脈絡向這個地方接近。這點在孟子有
明顯的表示，孟子說：「盡其心者知其性也，知其性則知天矣」，
從心說性，假若心可以擴大成無限心，那麼，性也是無限的。通過
「盡其心者知其性也，知其性則知天矣」，可見心、性、天有必然
的聯繫性，充分盡了你的本心，你就能知道你的性，這就表明心與
性有一個必然的聯繫性。「知其性則知天」，這個地方，性與天也
有一個必然的聯繫性。就是這個必然的聯繫把心、性、天三者通而
爲一。在這裏，孟子的門是敞開的。天道是無限的存有，心性與天
道通而爲一，那麼，心性也是無限的存有。因爲不會有兩個無限的
存有，結果是一個。

　　宋儒不把孟子所言「性」看成是用來下人的定義。孟子言性是根據孔子「仁」的觀念而來，「仁」更不是給人類下定義，「仁」不能往柏拉圖的理型方向走。後來，程明道講「仁者與天地萬物為一體」，王陽明說：「大人者與天地萬物為一體」，由此看出，把「仁」了解成跟道體一樣是無限的，很容易。這比要了解孟子所言心性的無限性還容易。《論語》說仁不只是一個德目，仁是一個全德。孟子所言心性，就是根據孔子所言仁而來。仁是道，仁是理，可以說仁道、仁理，怎麼不可說仁心？朱夫子就是光說仁是道，仁是理，不說仁是心。仁是心這個問題很容易帶出來。為什麼仁只能是道，只能是理，而不能是心呢？這個沒有道理。照朱夫子理解心屬形而下，而性是理，屬形而上，心可以具理，也可以不具理。朱夫子說「心具眾理」，要通過涵養察識，心才能合理。這個「具」是知識意義的具，不是 ontological。孟子說「心即理」是 ontological 的，心就是理，不是心去合理。因為孟子講的是人性，人們很容易為「人類」所限，把「性」的概念看成是有限的。孟子以心說性，心是無限心，所以，從無限心了解性的無限性就很容易。就像從仁了解無限心也很容易。所以，孟子說「萬物皆備於我矣，反身而誠，樂莫大焉。」「我」是指心性而言，萬事萬物都在無限的心性中存在。這裡，孟子已經把門打開了。雖然孟子沒有明確地說心是無限的，心與道體是一，但門已經打開了。「萬物皆備於我」、「盡心知性知天」這兩句話已經打開了心之無限的大門。門打開了，主觀面說的心性跟客觀面說的天道、道體就合一了。這是先秦儒家的方向，心性無限、天道無限，二者都是無限的，不是合一了嗎？不能有兩個無限嘛！這個合一的方向，最後明確說出來

是《中庸》、《易傳》。《論語》、《孟子》都不很明確,但也把門打開了。所以,《中庸》、《易傳》是《論語》、《孟子》的往上發展,而且發展到最高峰。最高峰者,就是主觀面說的心性與客觀面說的天道合一,這就是圓滿。宋儒恢復儒學,從周濂溪開始就是從先秦儒家《論語》、《孟子》發展到的最高峰——《中庸》、《易傳》入手,這是宋儒講學的一個開端。從《中庸》、《易傳》入手,就是先講道體。這個道體是根據《孟子》發展而來。

《中庸》講誠、明。《中庸》曰:「自誠明謂之性,自明誠謂之教」,誠合內外之道,誠就是把《論語》、《孟子》主觀面講的心性與客觀面講的道體合一,這個統一體就是「誠體」。所以,《中庸》才能說:「誠者,天之道也;誠之者,人之道也」,「誠則形,形則著,著則明,明則動,動則變,變則化,唯天下至誠為能化。」這時候所說的「誠」既是道德的,又是宇宙論的(cosmological)。「誠」本來是道德的,但因著「誠則形,形則著,著則明,明則動,動則變,變則化,唯天下至誠為能化」,這時候,「誠」這個道德的實體(moral reality)就變成一個本體宇宙論的實體(onto-cosmological reality)。道德的實體與本體宇宙論的實體是同一個東西。所以,「誠體」既是道德的,同時又是本體宇宙論的。

中國哲學沒有西方那樣的獨立意義的本體論(ontology)、宇宙論(cosmology)。西方講本體論都是就希臘傳統下來的獨立意義的本體論,海德格也一樣,海德格思想裡面沒有道德的成份。在中國哲學中,本體論是道德的本體論(moral ontology)、宇宙論是道德的宇宙論(moral cosmology)。《中庸》的「誠」最能表

示主觀面、客觀面的統一。主觀面跟客觀面統一，就是說，主觀面的心性跟客觀面的道體同一化。客觀面的道體是無限的，主觀面的心性也是無限的。這在《中庸》表示得很明白。《易傳》講「乾元」，「乾元」就是創造性實體。《易傳》講「生生不息」、「窮神知化」、「大哉乾元，萬物資始」，創造的意義表示最清楚見於《易傳》。假如通過《中庸》「誠體」來了解，「乾元」不是以宇宙論中心決定價值。《易傳》「乾元」是宇宙論的，但它根據《中庸》的「誠體」，是道德的，同時又是本體宇宙論的（onto-cosmological），那就不是宇宙論中心的。宇宙論中心者是割斷了道德，那個不可靠，應該反對。

假若《中庸》、《易傳》真的是宇宙論中心的，當然可以反對。但是，《中庸》、《易傳》不是宇宙論中心的，周濂溪、張橫渠也不是宇宙論中心的。董仲舒、陰陽家才是宇宙論中心。勞思光以為《中庸》、《易傳》是對價值作存有論的解釋，假若真是如此，當然不對。但恰恰相反，《中庸》、《易傳》是對存在作價值的解釋。客觀面講的「天」、「道體」怎麼能拉掉呢？勞思光想把「天」、「道體」拉掉，所以，凡講到「天」、「道體」，他就討厭，斥之為宇宙論中心。宇宙論中心固然不對，但「天」、「道體」不一定是宇宙論中心。不能因為宇宙論中心不對，就不可以講宇宙論。勞思光想把「天」、「道體」拉掉，他把孔孟所言「天」落到「氣」的層次上說，成命定論，把「天」講成命運，這是不對的。命運的「命」是一個意思，天命的「命」又是一個意思，「唯天之命，於穆不已」中那個道體意義的命又有所不同。《中庸》講「誠」，《易傳》講「乾元」。「乾元」是創造原則，這個創造之

所以爲創造是道德意義，不是獨立的宇宙論意義。《易傳》講「乾元」雖然是宇宙論的，最後根據還是道德的意義。它是創造原則。創造之所以爲創造，在西方哲學從意志了解，在中國儒家則講仁、心性，其道理是一樣的。

五、「道體」義疏解

周濂溪拿《中庸》「誠」的觀念合釋《易傳》的「乾元」，這樣，「道體」的性格就可以看出來了。假若你對《中庸》的「誠體」有一個恰切的了解，對《易傳》爲什麼講「乾元」也有一個恰切的了解，那麼，你對中國儒家老傳統所體悟的道體的意味就可以把握到了。

《中庸》、《易傳》所體悟的「道體」很妙、很具體，不像柏拉圖理型（idea）那樣抽象。所以說：周濂溪「默契道妙」。「誠」與「乾元」合釋的道體具體朗潤，運化無方，故生生不息，不像柏拉圖的理型（idea）。理型是通過抽象分解而顯出的，不具體，體用不圓。「乾元」是個創造原則。「大哉乾元，萬物資始。」「乾元」這個創生性原則引發現實世界的一切東西生生不息往前進，所以，體用打成一片。《中庸》的誠體亦如此，《中庸》曰：「誠則形，形則著，著則明，明則動，動則變，變則化。惟天下至誠爲能化。」這個「化」是個生化過程（becoming process），由誠體而來，是體之妙運，故是具體的，是變化、生化、化育。有這樣生化妙用的體固不是理型，亦不是上帝，亦不是佛教的「梵天」；而其所引生之化不是幻化，如佛教之所說，幻化

後面沒有體。我們把「默契道妙」中的這個「道妙」叫做創生性的
實體，從這個地方，就可以看出中國文化的妙處。民國以來人們天
天在罵中國文化的毛病，其實不是說的中國文化的毛病，是說中國
文化中那些壞的風俗習慣。拿中國的壞的風俗習慣跟西方的文化精
神相比，這個對比不平等。纏足、太監、君主專制，這樣那樣的壞
風俗習慣，都不是中國文化精神。若從風俗習慣看，西方人壞的地
方也很多。了解文化要從創造靈魂理解，落到現實從風俗習慣看，
都有毛病。所以，要隨時把道體提出來，使生命通化，通化以後，
壞的風俗習慣就統統化掉。若不通化，就永遠落在風俗習慣這個層
次上，越變越壞。有生命才能排泄，所以，要把生命提起來，要通
化。中國人並不保守，並不固守壞的風俗習慣。你說中國沒有科
學，那麼，現在好好研究科學，科學不就出來了嗎？你說中國沒有
民主傳統，那麼，大家都好好了解民主政治的原則，把民主政治的
政體創造出來，不是行了嗎？希望祖宗把一切好東西都給你準備
好，這是壞心理。

柏拉圖的理型、佛教的梵天都抽象、不具體，不具體就不真
實，不能跟現實世界打成一片，不能使現實生活永遠往前進。中國
人了解的「體」，根據《中庸》的誠、《易傳》的乾元了解的
「體」，是個創生性的實體，創生性的實體當然是道體。這合乎先
秦儒家的意義，合乎《中庸》的原義，也合乎《易傳》的原義。
《中庸》的「誠則形，形則著，著則明，明則動，動則變，變則
化」，是本體宇宙論的生化過程（onto-cosmological process）。
「形、著、明、動、變、化」幾個字很具體的把這個生化過程說出
來。「形、著、明、動、變、化」根據「誠」而來。「誠」是從內

部講，內部生命眞實才能往外表現，往外表現就是形；往外表現才能著，著的意思是彰明昭著。形著是一個階段，能著則明。中國人不贊成幽暗，中國文化精神是明朗、是鮮明。通過我們的道德生活體現道體，不像西方人離開我們的生活憑空猜測宇宙是如何的。

「形、著、明、動、變、化」這六個字你能眞切體會，你就能了解中國人所講的本體宇宙論生化過程的理境。這個生化過程是根據本體而來的，而這個本體根據《中庸》的「誠」、《易傳》的「乾元」來了解。這樣的本體，我們名之曰「創生性的實體」。柏拉圖的理型（idea）沒有創生性，因爲理型不活動。理型只是一個理，只是一個形式（form），形式不活動，不活動就沒有創生性。柏拉圖系統裡，動的成分靠靈魂（soul），靈魂是動的原則，但靈魂不能創造理型，靈魂跟理型不是一。靈魂只能推動世界，還不能製造世界，製造世界靠造物主。製造的工作是把形式（form）加在材料（matter）上，造物主的製造工作不是從無到有，不是宗教家所言創世紀的創造。在柏拉圖系統，材料（matter）不能動，理（form）也不能動，靈魂（soul）能活動，但靈魂不是創生的道體，因爲靈魂之外有一個造物主，製造萬物靠造物主。所以，它支解破裂，不能統一。

從《中庸》誠體、《易傳》乾元合釋的道體是創生性實體。創生性之所以爲創生性，就是它本身有活動性。中國人體會的道體是活動的，光從《易傳》的乾元講，儘管它也是創生性的實體，不過，還是一個形式概念；假定通過「誠」來了解，就很具體了。「誠」是一個人的眞實生命，「誠」是理，也是心。所以，通過「誠」來了解道體，比乾元更具體。光說活動性還是個形式概念，

空洞的。這裡所謂形式的空洞的，就是理上應當這樣了解。通過
「誠」，心可以帶上去，從「心」理解道體的活動性，這個活動性
不是心理學的活動性，是道德的誠心的活動性。道德的誠心這個心
就是神心。這個神不是上帝，這個神通過「誠」來了解。

周濂溪《通書・聖第四》曰：「寂然不動者誠也，感而遂通者
神也。」這就是根據《易傳》了解的。你把這四章仔細地讀一讀，
就能明白周濂溪如何講道體。你真正懂得周濂溪，你就能知道朱夫
子的講法不對。照周濂溪的講法，「誠」不但是形而上的，它還是
個神心。這個「誠」就代表心、代表神，神是無限的妙用。神通過
「用」這個觀念了解，不是通過人格神了解。照周濂溪，「寂然不
動者誠也」與「感而遂通者神也」兩者是一回事。你能誠就能感而
遂通，這個感就等於神。寂就是誠，感就是神，寂感合在一起，名
之曰「寂感真幾」。創生性的實體用中文典雅的表示，可以名曰
「寂感真幾」。就我們的生理感性而言，寂就是寂，感就是感，寂
感分成兩段。在神這個地方，寂感不能分成兩段，這個感不是生理
感性的「感」。寂感同時是寂，同時就是感。寂感真幾就是拿寂感
作為宇宙萬物的一個化源，化源就是生化之源、真實的動力。「寂
感真幾」是對「創生實體」的一個內容的解釋，所以，道體的活動
性通過心、神、寂感這些詞語來了解。

光是活動性不能成為一個妙的道體。「誠」有心、神、寂感這
一面，但不只是這一面，「誠」除了通過心性來了解，也可以通過
「理」來了解。「誠」是德，德就是理。

「道」也含有理的意思，但「道」跟「理」成兩個概念，兩者
有不同地方。中國人說道如大路焉，天地萬物要通過道才能成天地

萬物。我們只說道如大路，沒有說理如大路。路譯成英文是 way，理譯成英文是 principle。道是個動態字，理是靜態字。所謂動態是意味的動態，不是說道可以跑來跑去。人馬在大路上跑，不是大路自己跑，動態就從這個意義上了解。我們說「浩浩大道」，這個「道」有一個行程的意義。「理」沒有行程的意義，所以說「道」是動態的，「理」是靜態的。「道」跟「理」的區別就在這個地方。當說「道」的時候，一定帶著本體宇宙論的行程，「形、著、明、動、變、化」就是一個行程。光說「理」，不能表示出「行程」的意思。

柏拉圖心、理二分，朱子亦是如此。照朱子，心是心，理是理，心不是理。但《中庸》、《易傳》所體會的道體，一定有活動性，這個活動性從心、神、寂感來了解，心、神、寂感同時就是理。從「理」說存有性；從「心」說活動性。理是靜態的，心的活動是動態的。這個「活動」是 activity，不是 motion，motion 是物理的。「道體」是一個本體，本體能引發本體宇宙論的生化過程。它是一個本體，當然是一個存有。但同時它亦是一個活動性。它既是存有，亦是活動，二者合在一起說，就能引發本體宇宙論的生化過程，即存在而又變化的過程。這個道體即活動即存有。

我在《心體與性體》一書重覆講「即活動即存有」的道體，但讀的人不懂，多是望文生義。「即活動即存有」是就著道體本身的兩面說，活動是道體本身的活動，不是氣化的活動，不是生化的活動。一般人把活動了解作生化，生生不息。因為道體有活動性才能引起氣化方面的生生不息。

朱夫子所說的理、太極、道體沒有活動性，不能引發氣化方面

的生生不息，它只是氣化方面的生生不息所依照的理。這不合先秦古義。道體「即活動即存有」，這才合乎先秦古義。周濂溪雖然沒有明確說出來，但他以《中庸》的「誠」合釋《易傳》乾元，一定是如此了解，朱子那個講法，把道體講成只是個理而不活動，沒有心的意義，把心與理分開了。朱夫子不能講體用不二，那個「妙」沒有了。照《中庸》、《易傳》體會的道體，當是「創生性的實體」，這是清楚的，但創生之所以為創生，仍未詳細說出來。經朱夫子的分解，把創生性分解掉了。朱夫子的好處是清楚，前後一貫。因此迫使我們反過來對《中庸》、《易傳》所體會的道體也要有一個清楚的表示。

朱夫子把活動的都歸於氣，創生性脫落，脫落到氣的層次。他不知道活動有屬於氣，有不屬於氣。朱夫子這是一條鞭，頭腦很清楚。現在擁護朱夫子的人都頭腦渾沌，他們替朱夫子辯護，把朱夫子講成跟陸象山沒有分別，那怎麼成？朱夫子就是不贊成陸象山。因為朱夫子很清楚地把道體的活動性脫落下來，道體不能成創生性的實體。在朱子的形態，道體「只存有而不活動」。所以，我們也要很清楚地把《中庸》、《易傳》所體會的道體表示出來，這就是：道體是創生性的實體。

宋明儒對道體的體會有兩種不同形態：一種是「即活動即存有」；另一種是「只存有而不活動」。周濂溪、張橫渠、程明道、胡五峰、劉蕺山、陸象山、王陽明所了解的道體，都是「即活動即存有」，因為他們都講「心理為一」，活動性沒有脫落。朱夫子所了解的道體是「只存有而不活動」，朱夫子講性、理、太極，只成一個泛存有論的概念。先秦儒家講心性，道德意味很強。朱夫子說

一切東西都有一個理，這不是成了一個泛存有論的概念了嗎？如此一來，道德意義就減殺了，形而上學的意味很重。

朱夫子的頭腦是邏輯的、分析的。動就是動，靜就是靜，動沒有靜，靜沒有動。照周濂溪說：「動而無動，靜而無靜，神也。」動就是動，靜就是靜，這合乎同一律，「動而無靜，靜而無動，物也。」這是落在物理的層次上說。動而無動，靜而無靜，違反同一律，「動而無動，靜而無靜，神也。」這是落在形而上學層次（metaphysical level）上說。這種話當然是詭詞。「即活動即存有」這種活動，就是周濂溪所言「動而無動，靜而無靜」。

朱夫子認為動就是動，他說理是不動的，不動就是不動。動就是動，此則屬於氣。在氣方面，動就是動，靜就是靜，我們不能說「動而無動，靜而無靜」，氣是形而下的。這個地方，朱夫子分得很清楚。先秦儒家對道體的體會不是朱子這種形態，朱子不自覺地轉型了。這是因為朱子的分解是直線的。朱子這套思想根據程伊川來，他最崇拜伊川。

朱子以為活動是落在氣的層次上。當時，他的學生黃勉齋就提出疑問。黃勉齋是朱子最親愛的學生，這個學生成了他的女婿。這就要傳他的道，這個女婿也不好當。當然，黃勉齋很佩服朱夫子那一套，他的〈朱子行狀〉是大手筆。可是，當初他就看出把活動屬於氣有問題，他提出：古經典說到「神」，看來不完全是形而下。這個問題提得對，「神」不完全是形而下，不完全從氣方面講。「神」有時候屬於形而上，屬於德。從「誠」而來的「神」，就屬於形而上。朱夫子對經典那麼熟，作註的時候為什麼在這個地方忽略了呢？黃勉齋既然把問題提出來，就應當仔細考慮，但朱夫子還

是沒有仔細考慮，他說看起來還是屬於氣。他把神比喻做光彩，這個光彩就是神，這個屬於氣。所謂光彩、神彩都屬於氣，光彩不是從德性來，是從自然生命來，這當然是形而下的觀念，屬於才性方面的。朱夫子了解神都從這方面了解，了解心也從這方面了解。這更不對。他的女婿黃勉齋了解得很對，《中庸》、《易傳》說神不屬於氣。《中庸》、《易傳》說神，從「誠」、從「德」了解，是形而上的。這個很容易分辨。黃勉齋提出問題，朱夫子不考慮，可見這個人很頑固。

怎麼樣形成道體這個概念，如何去了解這個觀念，這是一個專門問題。歷來沒有人講這個問題達到我講的這個程度。有些人不懂，陳榮捷先生說朱夫子講理、講太極，這個理、太極是生之理，生之理那有不活動的呢？這種說法就不對。生之理不表示理本身是活動的。柏拉圖的理型（idea）也是生之理，生之理就是氣化之理，柏拉圖的 idea 本身不動。焉見得一說生之理，這理便一定是活動的？朱夫子的理、太極是生之理，生之理是說明這個氣化生生之所以然的理，而這個理不因為這個原故而本身就是活動的。說明氣化之所以然，這個所以然有是動態的，有是靜態的。你那能因為氣化方面是生，就推論到氣化之所以然之理也有創生性，是活動的呢？陳榮捷的那句話是批駁我說朱子把道體體會成「只存有而不活動」，他說起來那麼理直氣壯、振振有詞，其實是很幼稚的。道體是生之理，但生之理不等於說它本身有創生性、能活動。難道連這點都看不出來嗎？這是很缺乏思想訓練的。所以，現在這個時代講中國哲學，沒有高度的西方哲學的訓練，沒有分析的頭腦，你就講不好。而且，西方哲學的訓練也有訓練得好與不好，假若有訓練而

不通，則更壞，亂七八糟的瞎比附，更麻煩。

上面講的是宋明儒對道體的理解。道體是從客觀面講，儘管講得怎麼妙，還是形式的（空洞的），不落到主觀面，具體的意義還是不懂，光講客觀面的道體，還是抽象的、掛空的。所以，從周濂溪、張橫渠、程明道下來，除伊川、朱子之外，講工夫都落在《論》、《孟》，落在主觀面，都是先從客觀面講道體，然後回歸到《論》、《孟》，落實到主觀面，最後主客觀面合一。這是宋儒講學的發展方向。

主客觀面合一最圓滿的是程明道，程明道代表宋儒的圓教。周濂溪、張橫渠都知道從客觀面往主觀面回歸，但是還沒有達到圓滿，表面看來客觀面太重，主觀面份量輕。在周濂溪、張橫渠，客觀面很明朗、很顯明，所謂明朗、顯明，就是充分挺立，而主觀面份量不夠，表面上有不能充分挺立之象。其實，你順著這個理路講透了，一樣全部朗現，充分挺立。

周濂溪對《中庸》、《易傳》很清楚，體會很深，而對《論》、《孟》不熟悉。他講工夫也不從《論》、《孟》講，他從《書經‧洪範》「思曰睿，睿作聖」那裡講工夫，這是繞大圈子，繞出去了。你為什麼不直接從《論》、《孟》講？《論語》講仁、《孟子》講心性，這是正宗的講法。從這裡看出來，周濂溪哲學意味重。從《論》、《孟》方面講，道德意識要強，道德意識強才能講主觀面、講工夫。北宋理學家都是形而上學的意味重，但也並不是說他們沒有道德的意識，他們都有道德意識在背後作根據，所以，他們都知道往《論》、《孟》回歸。只是落在客觀面講話多，在客觀方面顏色太重，相形之下，主觀面不顯，而對《論》、

《孟》的文獻不熟，尤其是周濂溪，文獻不熟。往後是張橫渠，他也是客觀面顯明，而主觀面不顯，主觀面被客觀面的烟幕遮蔽了。到程明道，主客合一，兩面皆充其極，主客的分別沒有了。所以，程明道是圓敎，宋儒的最高境界是程明道。但是，朱子不喜歡程明道，只是不好意思批評他，因爲他地位太顯赫，朱夫子對程明道很客氣，這是爲賢者諱。

程明道的智慧最高，這個形態本來是先秦儒家的古義。道體當該「即活動即存有」，工夫當從《論》、《孟》處講，這是一定的。最後一定是主客觀合一。先秦時代是從《論》、《孟》發展到《中庸》、《易傳》，北宋講學從《中庸》、《易傳》開始，一步一步往《論》、《孟》回歸，其對道體的體會一致。到程伊川、朱夫子，對道體的體會發生轉向。程伊川、朱夫子也講古典呀，爲什麼發生轉向呢？這是不自覺的，以分解的頭腦作分析，不自覺的就轉向了，轉成伊川、朱子的型態，我們稱之爲歧出。

伊川、朱子並非自覺地另立一個型態，因爲對道體的體會不同，講工夫也不同了。伊川、朱子講工夫根據《大學》，講格物窮理。宋儒其他人講工夫沒有一個是從《大學》格物講的。所以，講工夫也是兩條路。根據對道體的體會不同，講工夫也不同，這個很清楚。大家講宋明儒學，沒有人眞正弄懂，就是沒有仔細讀那些文獻。

宋明儒有兩種型態，伊川、朱子是一個型態；把道體表象成「只存有而不活動」，這個意思不合乎先秦儒家對道體體會的原義；工夫講格物窮理，我們名之曰「順取的工夫」。其餘理學家是另一型態：道體「即活動即存有」；講工夫是逆覺體證的工夫，根

據《孟子》講，不講《大學》，不講格物窮理。程明道如此，到陸象山出來直接承《孟子》，王陽明也是屬於孟子學，他雖也講《大學》格物，但屬孟子學的《大學》格物。還有胡五峰、劉蕺山，都是根據北宋前三家周、張、明道的路下來。

　　宋明儒周濂溪、張橫渠、程明道、程伊川、胡五峰、朱夫子、陸象山、王陽明、劉蕺山，九個人關聯在一起，他們的觀點是相關聯的。九個人，兩種型態，我給你們講明白了，往後就很簡單。講中國哲學，要有高度的西方哲學的訓練，不但要有訓練，還要真正弄懂。你們要發心立志，若不發心立志，就沒有下一代了。

六、周濂溪：默契道妙

　　現在，我們先從周濂溪講起，先把周濂溪所體會的道體給你們講明白。周濂溪從先秦儒家發展所達致的高峰《中庸》、《易傳》開始，他了解的道體就是以《中庸》的誠合釋乾元，拿誠體解釋乾元的創生過程。《中庸》、《易傳》的簡單文句，兩漢四百年、魏晉南北朝、隋唐，長期來沒有人懂，周濂溪一出來就講明白了。這是運會到了。講學要有運會，運會到了就能相應。運會不到，不能相應，講出來也沒有人聽。要了解《中庸》、《易傳》並不困難，問題是你有沒有存在的感應。

　　從周濂溪開始講儒家的學問，是「默契道妙」。「默契道妙」是元朝理學家吳草廬稱讚周濂溪的一句話。西方人講「上帝」、理型（idea）、原子，都是講的道。西方人講的道並不妙。什麼樣的道體才妙呢？以誠體合釋乾元才能妙。上帝跟世界隔斷，就不妙了。周濂溪以《中庸》的誠合釋乾元，《通書‧誠上第一》云：「『大哉乾元，萬物資始』，誠之源也。『乾道變化，各正性命』，誠斯立焉。」又云：「『元亨』，誠之通；『利貞』，誠之復」。「大哉乾元，萬物資始」、「乾道變化，各正性命」見〈乾‧彖傳〉。「元亨利貞」見〈乾卦‧卦辭〉。「大哉乾元」，

什麼是乾元？乾元是抽象名詞，周濂溪拿《中庸》誠體來表示，乾元就等於《中庸》的誠體。誠是本體，《中庸》曰：「唯天下之至誠爲能化」，誠就是創造性原則；《易傳》云：「大哉乾元，萬物資始」，乾元也是創造性原則。「創造性原則」是什麼意思？《易傳》從乾元處講，元不光是抽象的元，而是具體的元。亨解作通，生命內部亨通才能活潑，才能創造。不亨通，生命內部就是乾澀。亨是內通，利是往外通，往外發。周濂溪講「『元亨』，誠之通」，就是以誠體釋乾元。

〈乾卦〉有「元亨利貞」四個字，周濂溪把這四個字分開。「『元亨』，誠之通」，一個階段；「『利貞』，誠之復」，又一個階段。元，就是「大哉乾元」的那個元，元亨，就是誠體的通，能通就能利貞。貞者定也，落在個體這個地方就講「貞」。利貞表示成。什麼叫「『利貞』，誠之復」？這個「復」就是「克己復禮」之復。但在此處，濂溪用「復」字是挺立而自見之意。誠體是要通過利貞（個體之成）而挺立而自見其自己的。假定創造成一虛無流，則無所成。「『利貞』，誠之復」就是從有所成處而見誠體之自立，也就是誠體之自見其自己。

《易經》講創造性原則，創造過程就是生成過程。《易經》講創造一定是道德的創造，一定從意志因果處講，從心性處講。因爲從心性處說，所以，「仁」就是創造原則。從主觀面說，仁是生化原則，仁是生德。沒有仁的地方就要乾枯，有仁的地方才能化，這就是創生。這是儒家講創造的意思。

周濂溪根據《中庸》的「誠」，跟《易傳》的乾元合在一起解釋「道體」。這個道體「即存有即活動」，這是就道體本身講的，

不是就道體對萬物講。不是說存有是萬物的存在，而是說道體本身是存有。說活動，也不是說它使現象活動，活動不是落在現象說，是落在道體本身說，它本身就有活動性。因為它有活動性，所以，它才能創生，才能使現象變化不盡。既然從道體說存有，這個存有一定是無限的存有。在西方，無限的存有是上帝。中國人講道體，這個道體蓋天蓋地，在這個地方說道體是一個存有，它一定是無限的存有。它不但是一個無限的存有，它還有活動性，有活動性就是說它有創生性。上帝所以能創造萬物，因為上帝是一個靈，祂有意志，此名曰神意。假如在上帝那裡不能說意志（will），不能說靈（spirit）、說愛，不能說知性（understanding），那麼，上帝只能是個純形式（form），這樣的上帝不能活動，也就是說不能創造，祂只是天地萬物之一形式根據。純形式就是個純理。把上帝體會成一個純形式，那是哲學家心目中的上帝，不是宗教家可以作為崇拜祈禱對象的那個上帝，這樣理解的上帝是理神論（deism）的上帝。假如上帝成為人格神的上帝，也就是宗教家所講的上帝，講這樣的上帝是智神論（theism）。

理神論承認宇宙萬物有一個根源，但是，並不把這個根源擬人化。因此，這個根源就是個形式的概念，一個形式的根據（formal ground），是空洞的。理學家中朱夫子最顯明，朱夫子認為天地萬物的形式根據是理。這個理從太極說，太極就是理。在朱子，太極、理就是道體。因此，朱子把道體簡單化而為理。這種思想最理性化。

智神論可類比陸象山所言「心即理」，這種型態把道體體會成「即存有即活動」。理神論可類比伊川、朱夫子所言「性即理」，

這種型態把道體體會成「只存有而不活動」。兩者都承認道體是無限性的存有，問題就在於它有沒有活動性，有活動性就是心理為一；沒有活動性，就是心理為二，心脫落了，落到氣上。朱子講孟子，心、情屬於氣，氣是形而下的，惻隱之心屬於形而下，這就糟糕了，這是違反孟子的。照孟子義理，心就是性，從心說性，所以，心性是一，也就是心理是一。照朱子的體會分解，惻隱之心等說成心、情，只仁、義、禮、智是性，結果成心、性、情三分，心、性、情三分是道德地講；形而上地講，就是理氣二分。性即理，情、心屬氣。這種講法是錯的，不合孟子的意思。朱子的頭腦不能講孟子，他不了解孟子，也不了解《中庸》、《易傳》，他只能講《大學》。朱子也承認一生中就是看《大學》看得透。

周濂溪體會道體是根據《中庸》、《易傳》，屬於「即存有即活動」的形態。朱夫子對周濂溪的〈太極圖說〉感興趣，他把太極簡單化而為理，拿〈太極圖說〉作根據來了解《通書》，故有許多不相應處（實只應以《通書》通解〈太極圖說〉）。

道體的問題弄明白了，下面就看周濂溪如何講工夫。儒家的學問是道德意識，不能離開道德實踐，道德的實踐就是工夫。照儒家，講工夫，講道德實踐，一定要回歸到《論》、《孟》。《中庸》、《易傳》講道體，但光講這一面不行。《中庸》、《易傳》是從《論》、《孟》發展過來的，周濂溪從先秦儒家發展所達至高峰講起，也不算錯。

光從客觀方面講道體是空洞的，只是客觀的、形式的話頭。光形而上地講道體「即活動即存有」太抽象，對道體具體而真實的意義還是不能瞭解。這好比宗教家講上帝，光講上帝創造萬物，講天

父，天父究竟是什麼樣子，你不知道，你只能通過耶穌去瞭解天父。離開基督，離開聖子，光講聖父，沒有用。離開聖子，光講聖父，單作一個 God 看，是客觀的瞭解上帝，這樣瞭解上帝只是上帝的形式意義。上帝所以為上帝的具體而真實的意義，一定要通過聖子（耶穌）來瞭解。通過耶穌上十字架，才能知道上帝愛萬物、愛眾生。照黑格爾的辯證法，離開聖子講上帝，那個創造萬物的上帝只是上帝的在其自己（God-in-itself），通過耶穌瞭解的上帝是上帝之對其自己（God-for-itself）。聖父代表上帝之為客觀性原則，聖子代表上帝之為主觀性原則。光講道體，那是道體的在其自己，是道體的客觀性的意義。沒有這個道體，天地萬物沒有根。客觀性原則，我也名之曰自性原則。

要瞭解道體的具體而真實的意義，在儒家，一定要回歸于《論》、《孟》，《論》、《孟》是從生活的實踐上來證實道體。所以，以前講本體也一定講工夫，不講工夫，不能在生活中驗證，就是所謂「玩弄光景」說空話。講工夫，一定要落到《論》、《孟》。《論語》的精神是踐仁知天，《孟子》講心性：盡心知性知天，都是講道德實踐，講道德實踐的根據。盡心知性就可以知天，這個時候「天」對我們就真切了。假若不能盡心知性，講天只是空話，與我們不相干。所以，理學家從北宋周濂溪開始，雖然先講道體，但最後一定要講工夫，工夫的正宗途徑當該從《論》、《孟》講。但周濂溪這個人形而上學的興趣濃，道德的興趣淡，對《中庸》、《易傳》很有興趣，對《論語》、《孟子》沒有什麼瞭解。所以，他講工夫不根據《論》、《孟》講，他繞圈子，繞出去根據《書經·洪範》講。〈洪範〉曰：「思曰睿，睿作聖」，周濂

溪就從這個地方講工夫。這也很好，義理上沒有錯。聖的境界就是達到無思的境界，無思而無不通，這個時候，思的境界提得很高。這個意義的「思」，孟子也提到，就是孟子所言「思誠」，這種意義的「思」，不是邏輯意義的「思」。中國的思想，一直到現在，邏輯意義的「思」沒有挺立起來。

　　什麼叫工夫？周濂溪根據「思曰睿，睿作聖」講工夫，工夫就是內聖的工夫，主要的是在意念上用功，主要看你的意念往哪裡發動。「克己復禮」是克服自私，使我們的生活歸于禮，這是外部的說法。最內部的說法是在我們的意念上用功夫，做道德的工夫，就是要省察你的意念，是否合乎道德法則，是善的還是惡的。人的意念有時候合道德法則，有時候不合道德法則，因為人有生物本能的一面，用康德的話說，人不但有理性的一面，還有感性的一面，做工夫就是以理性作主，抑制感性。意念的發動有好有壞。「意念的發動」，周濂溪名之曰「幾」，落在生活上講，「幾」就是意念，周濂溪對「幾」下定義，曰：「動而未形，有無之間，幾也。」這個定義下得很好。「動」是發動，「動而未形」就是發動而未表現于外。「幾」就是你說它沒有，它已發動了；你說它有，它卻沒有表現于外，就是在這個時候，你要用工夫。「意念」也就是我們平常所說的「念頭」，你的念頭剛發動的時候，你就要省察一下，你的念頭是好的或是壞的，假若是壞的念頭，趕快把它化掉，要是好的念頭，趕快把它表現出來，這就叫做工夫。這個最具體，隨時都可體現。不要以為講道德是空講。所以，念頭是我們用功所在地，念頭是被對治的東西，屬形而下，既然是被對治的，就要肯定一個能對治它的超越的東西，一般地講，這個東西就是理性。在儒家說

性、良知、心，康德說自由意志（free will）。在周濂溪，超越的
能對治的一面屬於本體；對治的一面以本體作根據，根據本體化除
念慾，這就是工夫。在周濂溪，本體用誠體表示，周子曰：「幾動
於此，誠動於彼」（此句有誤，「彼」、「此」弄錯了。當該是：
「幾動於彼，誠動於此。」誠是主體，是內部的東西，說「彼」就
是把它推出去了。所以，一定要說「誠動於此。」）這是周濂溪的
工夫。我們的念頭，生命中的「幾」在那個地方發動，我的超越的
誠體（也可以說本心、良知）馬上就可以覺察到它。所以，這個本
體不會只是個理，有心的作用在裡面，馬上可以照察到你的念頭是
好的或是壞的。是好的，則表現出來，是壞的，馬上化掉，這就是
做工夫。周濂溪的工夫從《書經·洪範》「思曰睿，睿作聖」說
起，真正做工夫的時候，從「幾」上下手。以「幾動於彼，誠動於
此」這句話做工夫。「幾」是《易傳》的觀念，《論語》、《孟
子》沒有講，但這樣講也很親切。

　　不要看理學家的話都差不多，他們的思想都很複雜。每個人的
思想我用幾句話概括出來。周濂溪以《中庸》的「誠」，合釋《易
傳》的乾元，他體會的道體是「即存有即活動」。講工夫從〈洪
範〉說起，當然講得也不錯，但因為沒有真正歸到《論》、《孟》
處說，所以，主體性方面不夠。我說周濂溪客觀面很充分，主觀面
虛歉，就是這個道理。

　　一般人不講周濂溪的工夫，光是對他所講〈太極圖說〉發生興
趣。我最不喜歡那個東西，那個圖也不美，不能啟發人的靈感。在
周濂溪，太極這個觀念不是很重要，到朱夫子才重視太極。要瞭解
周濂溪，首先要看他的《通書》，以《通書》作標準，不要以〈太

極圖說〉作標準，要拿《通書》決定〈太極圖說〉的意義。朱夫子
拿〈太極圖說〉作標準，那是有問題的。

七、張橫渠：天道性命相貫通

　　張橫渠瞭解道體也是根據《中庸》、《易傳》，《易傳》的成份更重。他不用「太極」這個觀念，他用太和、太虛、神這些詞語，從這些地方體會道體。

　　從周濂溪、張橫渠開始講道體，講道體一定要從《中庸》、《易傳》瞭解。道體這個觀念是根據《詩》、《書》「天命不已」那個觀念來的。《中庸》曰：「天地之道，可一言而盡也，其為物不貳，則其生物不測。」這就是根據《詩》、《書》的意思瞭解道體，「天地之道」即是說的道體。到程伊川、朱夫子，道體的意義簡單化，化歸到理，遂重視以理來表示道體。朱夫子乾脆說太極就是理。伊川不大講太極，他講理。程明道也講理，但兩人對理的體會不同。明道直接從天理講。這很明顯是從「唯天之命，於穆不已」而來。程明道智慧高、清明。客觀地講「唯天之命，於穆不已」；主觀地講「文王之德之純，純亦不已。」程明道就客觀講這兩個「不已」，這是程明道的全部智慧，全部儒家學問就是這兩個「不已」。

　　程明道講「天理」，說：「吾學雖有所受，天理二字卻是自家體貼出來。」這是程明道的名句，從這句話可見程明道對「天理」

這個概念很重視。乍看起來，好像明道只講理而不講道體，其實不然。明道所言天理跟伊川、朱子把道體簡單化，化作一理字不同。照明道，「於穆不已」就是天理。動態地瞭解就是道體；靜態地瞭解就是天理，道德法則也是天理。伊川、朱子把道體簡單化，只講一個理，那個理只有靜態意義，沒有動態意義。這是伊川、朱子的毛病。伊川、朱子那個靜態的理也可以看成是統天地萬物而為一的太極，也可以看成是道德法則之理。

陸象山所說「心即理」，王陽明說「良知即天理」，以及程明道言「天理二字卻是自家體貼出來」。天理動態地講就是道體，從「於穆不已」來；靜態地講就是道德法則。總說是道德法則。「心即理」那個理是道德法則，「良知即天理」那個天理也是道德法則。道德法則是西方的詞語，中國這種抽象的詞語很少。照朱子的分解，仁、義、禮、智是理，惻隱、辭讓、恭敬、是非是心是情，情、心屬於氣，這不合孟子原意。孟子原意心就是理，惻隱之心就是仁這個理。「心即理」就等於意志自律，就是心的立法性。惻隱之心立一個法，立一個理，立一個理就是給你一個方向，定方向就是理。這個理由心立，理固然是形而上的，心也是形而上的，心不屬於氣，惻隱之心就是一個具體的心，無所謂分兩個概念，朱夫子分解做情、心，這是穿鑿。理是存有義，心是活動義，這就是「即存有即活動」。理從心發，這個活動義的心不一定屬於形而下，不是凡活動就屬於形而下。這一點一定要徹底弄明白。惻隱之心不能分解成兩個概念，要說心就是心，說情就是情，這個情不是形而下的。這個情只能用 feeling，不能用 emotion。feeling 可高可低，不一定屬形而下。儘管 feeling 有活動義，這個情是本情。本情、本

心都是超越的，不屬於感性，這樣才能說心就是理，心理合一。照朱子的分析，心、理不能一。

孔夫子從「不安」瞭解仁，不安是心，有活動義，怎能說這個是形而下的情呢？當然不能說。妙處就在這個地方，所以要好好體會。以後，程明道用「不麻木」說仁，程明道這樣理解仁不是他的發明，這是中國人共同的心靈，是一個老傳統。從孔子開始，中國人就是這樣瞭解「仁」，這個就是心的立法性，等於康德所說意志的立法性。中國人說心、說性，名詞很多。康德不講心、性，他只講意志（will）。中國人講理、天理，康德就講道德法則。中國不但從仁、義、禮、智體會理，表示理的名詞多得很。還有哪些名詞表示天理、道德法則呢？天倫、天序、天職、天討、天罰，中國這些名詞都表示天理有定然的意義。從這些地方體會的是靜態意義的天理，靜態意義的天理散開來有多相，總起來就是一個理，都從本心發。客觀地講是「於穆不已」的道體，主觀地講是本心。

程明道從「於穆不已」瞭解道體，這個理解很好，乾淨簡潔，而且很美，能啓發人的靈感。太和、太虛是張橫渠造的名詞，還有朱夫子喜歡講的「太極」。這三個名詞不能引發人的靈感。張橫渠從太和、太虛瞭解道體。太和是個綜攝詞、總括詞。太和就是至和（grand harmony）。就個人生命講，生命諧和才能順適調暢，要不然就精神分裂。所以，從諧和悟入，也有道理，這是張橫渠特有的思想，這並不錯，這樣瞭解的道一定帶著一個行程講，一定帶著一個宇宙論的行程（cosmologicl process）。張橫渠說：「太和所謂道」，既然帶著一個行程，就不能光是理，也帶著氣。

張橫渠也喜歡從太虛瞭解道體，太虛不是個綜攝詞。太虛是通

過分解而顯超越的一面，對帶著行程的太和加以分解，把體、氣分開。太虛是至虛，這也是張橫渠特有的名詞。先秦儒家很少用「虛」這個字。張橫渠用這個「虛」字，一方面對治佛教的「空」，另一方面也對治道家的「無」。「虛」不是空，更不是無，但它也有這個作用。張橫渠提出「虛」，就是對抗佛、老兩家的「空」、「無」。「虛」這個字是個虛虛實實的字，你說它虛乎，它又實，你說它實乎，它又虛。中國人講「虛以控實」，從虛處說實，這是儒家的精神。

　　《易傳》講「窮神知化」。化屬於氣，神是所以化的根據，神屬於體。為什麼「神」可以叫做太虛呢？這個「神」是《易傳》、《中庸》所說的「神」的意義。《中庸》通過「誠」瞭解「神」，「神」是無限的妙用，中國人所講的神通過作用（function）來瞭解，不是通過 entity 的觀念來瞭解。所以，張橫渠從神講太虛，拿這個作體，神在氣後面運用，氣才能化，沒有神在後面運用，作它的根據，就不能化。如此，「神」、「氣」這兩個觀念就出來了。所以，張橫渠《正蒙‧太和篇》說：「散殊而可象為氣，清通而不可象為神。」這兩句話很重要，這才顯出神與氣不同，神即太虛也，因為虛始能有神的妙用。

　　照張橫渠的思想，神是體，太虛是體。張橫渠說：「太虛無形，氣之本體。」這是分解地表示。分解地說，既有體，就有用，什麼是用，氣就是用。這是張橫渠對道體的把握。他把宇宙看成是本體宇宙論的創生過程，他根據《易傳》、《中庸》而來的宇宙觀是充實飽滿而有光輝的宇宙觀。先講宇宙觀，然後建立人生觀。為什麼先講宇宙觀？為要對抗佛教，佛教的宇宙觀緣起性空、如幻如

化，中國人最不喜歡，不能諒解。明朝王學以後，分判儒佛，就是看有沒有「天理」貫通。在緣起裏面有「天理」，就是儒家；沒有「天理」就是佛教。沒有「天理」就是性空、如幻如化。有天理，緣起是實事，不是性空。所以，儒家講實事實理。天下無實於理，理最實。理是什麼？理是天理，是道德法則。張橫渠就是大力建立實事實理的觀念，反對佛教的如幻如化。佛教也是一種智慧，但究竟不是聖人之道。

張橫渠通過太虛、神來瞭解的道體，還是「即活動即存有」，活動性沒有脫掉，這一點在張橫渠的重要句子裏表達得很清楚，儘管他有一些地方是模糊的，文章也不很通。周濂溪瞭解《中庸》、《易傳》比張橫渠清明一點，但兩人瞭解道體為「即活動即存有的實體」，則是一樣的。都是根據儒家的基本精神，根據《中庸》、《易傳》下來的充實飽滿而有光輝的宇宙觀。

張橫渠對道體的瞭解弄明白了，進一步講天道性命通而為一。籠統地說，天人合一是空話，要確定地瞭解，如何通而為一。張橫渠有一句話表達得很好，這句話見諸於《正蒙‧誠明篇》，他說：「天所性者通極於道，氣之昏明不足以蔽之。天所命者通極於性，遇之吉凶不足以戕之。」這個句子很漂亮。張橫渠這句話不是憑空說，他是根據儒家經典說出來的。怎麼能把通極於道的性，通極於性的命拉掉呢？怎麼能把天瞭解成條件串系中的定命論呢？張橫渠這個句子是帶經典性的句子，經千錘百鍊說出來的，你不能隨便反對。

張橫渠講「太和」、「太虛」以至天道性命相貫通，這是講的本體。本體不能光擺在那裡，要通過我們的實踐工夫把它體現出

來，證實本體確實如此。本體不是光景，也不是一個抽象的概念，客觀的道體通過實踐理性而顯。中國的學問沒有特別彰顯知解理性（speculative reason）的作用。張橫渠講太和、太虛、天道性命相貫通，就是落在實踐理性（practical reason）範圍內。這就表示客觀地講道體這個觀念是屬於實踐理性的範圍，不屬於知解理性的範圍。所以，講道體一定預設有一個工夫跟在後面。

張橫渠曰：「聖人盡道其間，兼體而無累者，存神其至矣。」這是講工夫的一個開端。「盡」就是充分體現，通過道德實踐充分體現道，「盡道」就是工夫。盡道的最高境界是「兼體無累」，這是張橫渠說工夫的提綱挈領。那麼，工夫的落實處如何表現？這是張橫渠比周濂溪進一步的地方，張橫渠完全落在《論》、《孟》講，工夫實處在「盡心化氣以成性」。你能正面盡心，就能反面化氣。所以，理學家講實踐工夫就是講「變化氣質」，這個氣不是宇宙論的氣，是氣質的氣。

「盡心」從孟子來，「變化氣質」是宋明儒的共同意識，「成性」是張橫渠特有的觀念。什麼叫「成性」？孟子並不說「成性」，照孟子，本心就是性。張橫渠根據孟子推進一步，提出「成性」這個觀念。朱夫子不瞭解「成性」這個觀念，後來胡五峰繼承了這個觀念。「成」是什麼意思？天道性命屬於本體，既然屬於本體，性當該是屬於本有的、先天的。本有的、先天的，為甚麼還說「成」？對於不是本有的東西說「成」很容易瞭解，但對於本有的東西說「成」如何瞭解？「成」有幾個意思，「成性」的「成」字非本無今有之成，是形著之成。就是把本有的東西彰顯出來。這個「成」是從工夫上講，不是從存有上講。假如本無今有，就是從存

有上講有無的問題，這個「成」是從存有上講的成；假如本來有的，永遠要有，這個「成」是從工夫上講的成。本來有的，要通過工夫把它體現出來，從工夫講的成有彰顯、彰著的意思。

張橫渠喜歡講「命日降，性日成」、「天所命者通極於性」，這就是道德的理性不斷地下命令。降命于你，你應該做甚麼，不應當做甚麼，這就叫「命日降」。「命日降」則「性日成」。沒有一個現成的完成的「性」擺在那個地方，這個性要靠你自己努力實踐來體現，這個體現無窮無盡，道體多廣大，性體就多廣大。這就是張橫渠所言「命日降，性日成」的意思。不是像柏拉圖的理型（idea）所代表的性，柏拉圖理型所代表的性是「定性」，不能說「性日成」。但是，人的性，孟子言性善的性，到理學家講天道性命通而為一的性，本來不是對人下定義的理型。這個性是為甚麼作人的性，因為在人的地方容易顯出來。性通於道，「天所性者通極於道」，道體無限，性體當然也無限。它是無限的，就要通過一個無限的過程把它體現。假若你不通過實踐的工夫，你本有的性是沒有用的，這等於黑格爾說的「性之在其自己」（in-itself），也可相比天臺宗的「理即佛」。「性之在其自己」一點用也沒有，「理即佛」也是沒有用的。一定要通過「性之對其自己」（for-itself），通過你的工夫，把性彰顯出來。這就是「性日成」，這個「成」是工夫上講的成。所以，張橫渠喜歡講「命日降，性日成」。

工夫無止境，就是一個無限的進程。在無限的進程中，性體的內容無限擴展，無限充實，無窮無盡。你不能說性體有多少內容，不通過工夫，性一點內容也沒有，只是空洞的。這等於黑格爾所講

的辯證法，辯證的進程開頭是空的，通過辯證的發展一步一步充實。通過工夫把我們原有的性完全實現出來，也就是使它完成。這就是「盡心化氣以成性」。「盡心化氣以成性」還是孟子的取向，還是「心就是性」。孟子是分解的講法，肯定「我固有之也」，「非由外鑠我也。」再進一步，孟子講工夫就是「擴而充之」。「盡」也就是擴充的意思，就是把本有的充分體現出來，充分體現就是完成。張橫渠用名言把孟子本有的意思說出來，這一點了不起。這有甚麼不對呢？怎麼能說張橫渠是宇宙論中心呢？

張橫渠《正蒙》一開頭講太和、太虛、氣，把人的頭腦弄模糊了。另一方面，張橫渠的文章不大通順，因為他是強探力索的，他的一套都是自己想出來的，還有他使用的名詞，就像障眼法，把人的頭腦蒙蔽住了。所以，一般人完全不瞭解，讓他的一些表面的詞語唬住了。共產黨說他是唯物論，到現在，不但共產黨，一般人也說張橫渠是唯物論（唯氣論），這完全是胡說八道。張橫渠表面有一層煙霧，但究竟還是表面的，究其實意並非如此。掃除煙霧，見其實意，怎麼能說是唯物論呢？張橫渠言「盡心化氣以成性」，心是如此之心，性也是如此之性，跟孟子一樣。還有「變化氣質」，這都是根據天道性命通而為一的道體觀念來的。不能說是唯物論。一般人不瞭解張橫渠的道體觀念，講成是自然哲學，自然的宇宙論，這是不對的。

中國學問難講，從明朝以後，清朝入關以來三百年，中國人沒有頭腦，不會用思想。三百多年的長期影響，中國人失去思想力。世俗的聰明沒有用，世俗的聰明不是思想。對古人的思想完全不能瞭解，這是對不起古人。現在的人自作聰明，學了一點西方詞語，

瞎作判斷，這是小聰明。

張橫渠講工夫，工夫實處在「盡心化氣以成性」，工夫的最高綱領則在「聖人盡道其間，兼體而無累者，存神其至矣！」張橫渠講工夫就是從「兼體無累」往裡入。甚麼是「兼體」？「兼」者，兩也；「體」是事體的體，不是體用的體。「兼體」就是兼有兩種事體，這個兩不是平常所講的兩，天地間一切從氣方面講的，都是兩兩相對：動靜、進退、起伏、陰陽、剛柔，這些都叫兩體，就是動態講的對偶性。「兼體」就是說，我們盡道，做實踐的工夫就跟道所成功的氣化一樣。道所以能成功氣化，成一個行程，不能光有明而沒有幽，也不能光有幽而沒有明，一定兼有幽明兩面，永遠下去，生生不息。道既然如此，我們盡道也應當把幽明、生死、晝夜、進退、虛實兩體兼而有之。「兼體而無累」這句話一直沒有人講明白，這句話不好講的。「兼體而無累」就是兼有生死、幽明兩面而不受任何一面所帶累。「兼體而無累」很難，要生命通達、不偏執。

我們的道、宇宙是如此，大道流行，氣化生生不息，聖人在這樣的宇宙裡盡道，最高峰是「兼體而無累」。能「兼體而無累」的緣故在哪裡？就在于「存神」。你能「存神」，才能「兼體而無累」，「兼體而無累」才能成化，有帶累就不能通，不能化。你不能「兼體而無累」，是因為你沒有「神」，你的生命不靈、不虛。不靈不虛就不神，有靈有虛才能存神，有神才能「兼體而無累」。這就是張橫渠所言：「聖人盡道其間，兼體而無累者，存神其至矣。」這是工夫的一個綱領，也是最高境界。把目標點出來，如何做到呢？這就要落實到「盡心化氣以成性」。這就是張橫渠講工

夫。

假如把張橫渠講工夫的兩步瞭解明白，張橫渠不但不是歧出，不是宇宙論中心，不是唯物論，而且，我們開頭說張橫渠主觀面弱，事實上也不弱，弱只是表面的假象。我們說張橫渠主觀面弱，因爲他先從客觀面講道體，客觀面講道體特別顯明、彰著，而主觀面的煙霧太重。你沒有眞工夫就穿不透，假若穿透了，主觀面一樣顯出來，穿不透就有假象。周濂溪亦如此。到程明道，主客觀面充實飽滿，沒有虛歉，這就是程明道「一本論」，主客合一。所以，程明道智慧淸明、圓熟、堪稱大家。朱夫子不喜歡程明道，他達不到程明道的境界。

八、程明道：主客觀面合一

程明道不講太極，也不講太虛、太和，他只根據「唯天之命，於穆不已」講道體，道體就是天命之「於穆不已」。《中庸》云：「唯天之命，於穆不已，此天之所以爲天也。」程明道抓住這點來講道體。主觀地講是德行「純亦不已」，程明道最喜歡講「於穆不已」、「純亦不已」。再說到「天理」二字，是程明道自家體貼出來。「天理」，動態地講通「於穆不已」；靜態地講就是道德法則。程明道的道德意識很強，理學家看世界、看社會跟我們現代人不一樣。現在人看香港只看到「馬照跑、舞照跳」，事實上，不能光看到跑馬跳舞，跑馬跳舞不能成自由世界。沒有肯定的一面哪裡能開文明、開文化呢？肯定的（positive）一面，中國老說法就是天理。自由、人權不就是天理嗎？你光看到人家的跑馬跳舞，沒有看到人家有自由、人權，自由世界沒有自由人權，就沒有今天的繁榮，自由人權就是天理。

程明道有清明圓熟的智慧，道德意識很強，不是一股清涼散。朱夫子把程明道看成專門喜歡說漂亮話頭，話說得太高；要不然就說他說話渾淪，不分明。這是朱夫子的頭腦不能瞭解程明道。到程明道，主客合一，這就是程明道的一本論。一本論不是西方的一元

論，一元論很簡單，而一本論玄得很。

　　中國的文化、文明文物、典章制度發展到唐朝最高，大唐盛世，文物典章制度燦爛，理性的智慧表現在佛教，不表現在道德理性方面。佛教能表現那些大宗派，出現那些大思想家、大哲學家，也是了不起。所以，日本人最崇拜唐朝，說唐朝是人類智慧的最高峰。現在是智慧最低的時候，現代人最沒有智慧，這個時代最邪惡，能出共產黨就是最邪惡的時代，人類最墮落的時代。

　　發展到宋朝，中國文化最成熟，由成熟到爛熟，爛熟就不好。文化方面，宋朝最成熟，文物典章制度方面，唐朝最成熟，它有生命的光輝。生命是一個非理性的東西。關於中國文化的發展，你們去看看許思園的書。許思園講中國的哲學、中國的文學、中國的藝術，講得很好。他是個江南才子，知識豐富。共產黨一來，這種老的知識份子都沒有了。許思園死在青島，給鬥死的。

　　中國文化的發展你都要懂，你懂得了，才能知道中國的問題究竟在哪裡。這樣一個老文化，當然有問題，但不是簡單化，把它全部捧掉，全盤西化就能解決問題。你要正視這個時代，這是一個大時代嘛。中國人要對自己的國家，對自己的生命負責。這個要靠知識份子發心立志。現在，知識份子喪失思考力，不能認識問題的真假，明明是邪惡的東西，大家都相信，知識份子迷醉於馬克思主義，這種現象不可思議。

　　社會上一些人譏諷理學家，宋朝理學家可開明得很哩。中國的政治最專制最黑暗是明清兩代，理學都是官方的理學，都是風俗習慣中的理學，那是教人譏諷的。但是，宋朝創始的那些理學家都開明得很。明朝的八股文章，官方的官學，都是朱子的學問，清朝康

熙年間那些理學家，也都是宗朱夫子的官方的理學家。那些理學家都成風俗習慣中的理學家，所以受人譏諷。戴東原就說他們「以理殺人」，明清官方的理學家怎麼能算是真正的理學家呢？現在，理學家成了一個醜惡的名詞，提到「理學家」這個名詞就令人討厭。這是一種假象。北宋時期，程明道、程伊川家裡開明得很，程家的婦女不纏足，婦女纏足在宋朝並不流行。

儒家學問講道德，道德不是拘束人，是講創造，講完成一個人的人格。沒有真正的生命、陽剛的生命，不能講這種學問。所以，我們說儒教是陽剛之教、太陽教；佛老是陰柔之教。儒教本來是陽剛之教，為甚麼一提到理學家就令人討厭呢？為甚麼一提到理學家就有一股又酸又迂腐的味道呢？這種味道是由什麼造成的，我們可從宋朝歷史運會的背景作了悟的線索。

中華民族的歷史從夏商演進到宋朝三百年，到了一個低沉的時代。宋朝丁歷史運會上是「重陰」，這不是理學家的責任。理學家在這樣一個陰柔的政治背景時代氣味之下，就是要提起陽剛之氣，這個陽剛之氣不是從英雄的事功業績講，是從個人的道德人格講，從內聖之學講。從內聖之學講陽剛很不容易，只有孟子的學問才能頂得住。所以，陸象山的學問沒有理學家的氣味，道理就在于此。陽剛之教完全要靠孟子，但宋朝不看重孟子，明朝從王學以後才推崇孟子。宋朝重孔顏。儘管程明道的智慧很高、很圓熟，但智慧要靠氣來支持，從氣方面講，程明道不夠，因為他欣賞顏淵，重孔顏樂處。就個人生活情趣方面講，孔顏樂趣是不錯的，境界很高。但孔顏樂趣有顏淵的表現，有周濂溪的表現，有程明道的表現，跟孔子的表現不同。孔子固然有他的樂趣，因為孔子有智慧、有幽默，

但孔子的樂不像顏淵那樣表現，不像周濂溪那樣表現，就是程明道也達不到孔子的境界。孔子不令人討厭，不教人覺得迂腐，孔子有陽剛之氣，而又不像孟子那樣露鋒芒。孟子有陽剛之氣，但太露鋒芒，所以，理學家不喜歡孟子。宋朝誰能重孟子，表現陽剛之氣呢？就是陸象山。所以，陸象山不令人討厭。

宋朝的歷史運會是「重陰」（陰而又陰曰「重陰」），講學問就不能以陰的方式講。以陰的方式講學問就是陰中陰，朱子的講法就是陰中陰，講「涵養察識」、「格物窮理」都是陰的方式，是漸教。陸象山最不喜歡這一套。我在台大講課的時候，台大的學生說：「怎麼老師講宋明理學，講法跟我們以往聽到的不同？」不同在哪裡，大家也說不出來。講宋明學問不能用陰的方式講，要用陽剛的方式講。我不空講道德，不說教，純粹把裡面複雜的概念一個一個地用高度理智的活動彰顯出來，引發人的理智的好奇、思考的興會。若只講「非禮勿視，非禮勿聽，非禮勿言，非禮勿動」，而無生命的開發，則結果是寸步難行。講這種學問，要有道德的莊嚴，把道德的莊嚴引發出來，就能啓發人的真生命。自然能非禮勿視聽言動。若憑空只講「居敬涵養」，這不是道德的莊嚴，這只是教化上養成好習慣。官方喜歡的理學家就是這種理學家。

一方面有道德的莊嚴，另方面也要有道德意識。道德意識非通客觀意識不可，不通客觀意識，主觀道德沒有用。通文化意識，通家國天下，道德意識才能彰顯。道德的莊嚴、理智的俊逸，兩方面要兼備，才能講這個學問，這才真正是陽剛之學，平常講理學的人，思考力不夠，連一個詞也講不好。理智的俊逸很難，西方哲學家不是都有理智的俊逸，分別來講，柏拉圖、萊布尼茲、羅素、維

特根什坦有理智的俊逸；康德有道德的莊嚴，也有理智的俊逸，但他的理智俊逸為他的道德莊嚴所掩蓋。康德的頭腦清楚得很，他的批判分析了不起。現在的邏輯實論證都是從康德出來的。中國的思想中，春秋教有道德的莊嚴，也有理智的俊逸，春秋名理是理智的俊逸，春秋大義是道德的莊嚴。

現在再歸到程明道的一本論。

孟子批評墨者夷之的講法「是二本也」。怎麼是「二本」呢？夷之遵從墨子講兼愛，他一方面講兼愛，在大原則上主張兼愛，在表現上又主張「自親者始」，這就是兩個頭緒，兩個路頭。兼愛如何表現呢？上帝的愛是博愛、普遍的愛，也就是公愛、兼愛。在上帝可以講普遍的愛，上帝不受時間、空間的限制。普遍的愛在人間怎麼可以表現呢？兼愛、普遍的愛作為觀念來說當然很好，說到如何表現很麻煩。儒家講「仁」，特別顧及到表現的問題。「仁」是個普遍的道理，這個道理必須是可以表現的。人的表現跟上帝的表現不一樣，因為上帝沒有時間性、空間性，而人表現「仁」這個普遍的道理有時間性。上帝可以愛無差等，人怎麼可以愛無差等呢？

二本是兩個頭緒，不是二元論，程明道講「一本」，不是我們平常所瞭解的一元論的意思。平常所講的一元論是分解的講，二元論也是分解的講，凡通過分解方式建立的都不可能是圓教。程明道的一本論不是分解地講。肯定天地萬物宇宙的根源是一，這叫做一元論，假若肯定這個根源是二，則是二元論。程明道的一本論不是分解地講，是個圓教的講法，圓教是中國人的觀念。佛教有圓教的觀念，我們藉用這個觀念，宋明儒的思想到程明道是個圓教的講法，這就是我們中國人圓融的智慧，凡通過分解的方式都不可能建

立圓教，圓教要通過非分解的方式建立，程明道正好是非分解的方式，他的「一本論」正是非分解方式下的「一」。

通過分解的方式表達宇宙的根源是一，或者是二，或者是多，都不是圓教。程明道根據儒家的經典，去掉孟子所批評的「二本」，講「一本」。「一本」就是一個路頭。舉例說，《中庸》曰：「參天地，贊化育」，人參於天、地之間而為三，所以，天、地、人三位一體。化育是從天地講，人參於其中，去贊助它，這就是《中庸》的諦義。贊化育就是改造世界，改變世界涉及行動，屬於實踐理性的問題。這是《中庸》的理境，本來不算錯，但參、贊還有能、所的區別，是兩個路頭，不是一個路頭。所以，程明道說，「參」與「贊」這兩個字是多餘的，人表現道體和天地表現道體一樣，他的一本論就是從這個地方講。程明道說：「只此便是天地之化，不可對此箇別有天地。」又說：「只心便是天，盡之便知性，知性便知天。」這是圓頓之教，一個路頭，沒有彼此之別。圓頓之教一定要把時間、空間化掉，把時間、空間的觀念拉掉就是非分解的講法，圓融的講法，這顯然不同於一元論的講法。

程明道的一本論很玄。一本論並不是說先肯定一個「天理」，他是從表現上講，從生活上表現這個道體。「只此便是天地之化」，也就是說只此便是於穆不已。程明道說「天理二字卻是自家體貼出來」，這是分解地肯定天理，他也有分解的講法，依圓頓之教來說，則形而上者便即在形而下，二者並沒有分別開來，但並不是頭腦糊塗。朱夫子說明道的話渾淪，渾淪就是糊塗，所以，朱夫子並不喜歡程明道。但是，程明道並不渾淪，他有分解的表示，有形而上、形而下的講法。分解地講肯定一個「天理」，肯定於穆不

已的道體，這都是形而上的；氣化則是形而下。他說形而上的就在形而下，形而下的也便有形而上，這是圓頓的講法，圓頓的講法並不妨礙先有一個分解的說法。「形而上者謂之道，形而下者謂之器」這是《易傳》的話，程明道並不反對，初步的分解地講當該如此。但說到究竟，道即氣，氣即道，這是圓融的表示，圓融的表示並不妨礙分解的表示，這是兩步工作。所以，先得有分解的講法，才能進一步講圓融，那個圓融才能清楚，不然就是大糊塗。

所以，學習西方哲學第一步就要讀康德，因為康德是分解的方式講。你要先有超越的分解這一步工作，才能瞭解黑格爾，要不然黑格爾就是亂七八糟，結果出現馬克思，天下大亂。黑格爾的辯證法我們稱之為辯證的綜和，辯證的綜和跟分解中的分析綜和不一樣。辯證的綜和是可以講的，程明道「一本論」背後的根據就是辯證的綜和，藏有一個辯證的綜和過程。

黑格爾的辯證的綜和不能獨立的成一套，不能跟康德的超越的分解相對立。辯證的綜和必須預設有一個超越的分解，不能跟超越的分解對立而成兩個不同的系統。假若對立，辯證的綜和提不住，平舖了。辯證的過程不能平舖下來，一平舖下來就平舖到事實上來了，平舖到事實上來，辯證也就沒有了，平舖下來辯證就不能用。平舖到事實上來一定是唯物辯證法，但平舖下來辯證就沒有了，還能說唯物辯證法嗎？所以，唯物辯證法是不通的。

平舖下來有時候是好的，但平舖只能在如體上說，如體平舖，如體不能永遠吊著。如體是體，辯證歷程是要顯示如體，顯示完了，辯證歷程沒有了，只有如體。一體平舖是最高的境界，化掉的是辯證的歷程，顯示的是如體。甚麼是辯證法？我們通過一個辯證

法把不能被限定的東西限定化了的再予以化掉而呈現如。辯證法是
一個方法，我們拿這個方法去顯示一個境界，這個方法就是一個勁
度，這就是所謂提著。這個東西早晚要放下，放下來，這個提著的
勁度就沒有了，這個辯證沒有了，也就是說辯證也要來個辯證，凡
是辯證都要通過一個否定把它化掉。

　　辯證的歷程只能說明精神生活，不能應用到物質。程明道的
「一本論」正是精神的表現問題，不是一元論。明道曰：「萬物皆
備於我，不獨人爾，物皆然，都自這裡出去。」這是「一本論」的
說法。天、地、人三極，分解地講，人極最顯。「萬物皆備於我」
光是對人講，這是分解的講法，這不是圓教。「不獨人爾，物皆
然」是非分解的講法，圓教的講法，這種說法很玄。這個玄談預設
一個超越的分解，假若你不瞭解它後面的超越分解，這句話就是大
糊塗。朱夫子就不瞭解，朱夫子說明道的話說得太高、渾淪。渾淪
就是大糊塗。實際上一點不糊塗，程明道清楚得很，只是朱夫子不
瞭解。朱夫子是分解的頭腦，他講物物一太極，那是分解的方式。

　　程明道有超越分解的一面，他那些渾淪的話頭是預設一個超越
的分解，形而上、形而下的分別是有的。甚麼叫道體，他也可以分
別地給你講出來。「萬物皆備於我」，分解地講，我是無待，其他
是有待。到程明道說：「萬物皆備於我，不獨人爾，物皆然。」這
個有待、無待的差別化掉了，這是圓頓的表示。「萬物皆備於
我」，這個「我」不是形而下的我，這個我是「本心」。「本心」
有三性：主觀性、客觀性、絕對性。本心知是知非，這個「知」就
是本心的主觀性；「心即理」就是本心的客觀性；心是乾坤萬有之
基，則是本心的絕對性。「萬物皆備於我」，這個「我」作心體講

的時候，就是說的心體的絕對性，天地萬物不能離開心體。

上面引用程明道一些玄談，以說明他的「一本論」，「一本論」是非分解的講法。分解地講，客觀面講於穆不已、道體；主觀面講仁。程明道的〈識仁篇〉很著名。主觀面根據《論語》、《孟子》講，《論語》講「仁」，《孟子》講心性，到程明道，主客觀面合一，主觀面充實飽滿，客觀面也充實飽滿。理學家以程明道智慧最高，他真正把四書（《論語》、《孟子》、《中庸》、《易傳》）的重要觀念統統概括出來。

周濂溪、張橫渠、程明道三人成一系，講本體都不失其活動性，講工夫不從格物窮理講。講格物窮理，自伊川始，工夫轉了，本體也不自覺地轉了。下次講伊川，你們要瞭解伊川、朱子系統是怎麼轉出來的。再下去講陸象山，瞭解陸象山是怎樣出來的。宋明儒學的脈絡就可把握到了。

九、伊川、朱子：義理歧出

　　朱夫子很瞭解程伊川，他跟伊川是一個系統。對周濂溪、張橫渠、程明道三人，朱夫子就瞭解不夠。他推崇周濂溪，但他對周濂溪的瞭解也不對。他重視濂溪的〈太極圖說〉，從太極那裡講，把儒家從《中庸》、《易傳》講的那個道體簡單化為一個理，太極就是理。太極就是理這個理的觀念從伊川始，程伊川就是把《中庸》、《易傳》以至周、張、明道三人所瞭解的那個道體簡單化為一個理。本來講理也不算錯，程明道也說「天理二字是自家體貼出來」。天理也可以動態地講，動態地講就是那個於穆不已的道體。程明道理解的那個於穆不已的道體不只是理，它是即活動即存有，它有活動性。

　　理不會活動，活動性就代表心。周、張、明道體會的道體合乎《中庸》、《易傳》的本義，它是心、理合一的。伊川、朱子把道體理解為只是理，活動性沒有了，活動性脫落到氣上，活動變成了形而下。道體本來是即活動即存有，從道體上講的活動怎麼能是氣？怎麼能是形而下呢？差別就在這裡。這個差別自伊川始，把道體說成只是理，他是不自覺的。

　　程伊川把道體簡單化為只是理，這個道體「只存有而不活

動」。伊川跟明道不同,這個不同主要表現在那裡?最重要表現在對本體的理解不同,也就是對仁的理解不同。仁通道體,主觀的講是仁,客觀的講是道體,二者是一樣的,明道說:「仁者以天地萬物爲一體」、「仁以感通爲性」,仁心的感通沒有界限,仁是個生化原則,這是儒家共同體會。這樣一來,仁就不只是個抽象的理,不是伊川、朱子所瞭解的仁只是理。感通爲仁,感通到的地方就有滋潤萬物的作用,就像春雨一樣,春雨一來,萬物生長,沒有雨,萬物就乾枯了。這是了不起的一個觀念,比講抽象的博愛、兼愛好多了。

程明道講仁有兩個意思。仁就是主觀地講的道體,可以跟客觀講的道體同一,這就是以「一體」說仁,是明道講仁的第一個意思;第二個意思是以「覺」說仁,反過來說,仁就是不麻木。這兩個意思是一個意思。有感覺、不麻木,有感通,就涵著「一體」,「一體」從感通來,所以,這兩個意思是相連的。但這兩個意思朱夫子都不喜歡,程伊川當年就不喜歡這兩個意思,朱夫子是承繼伊川而來的。伊川說「不能以覺訓仁」,他說覺是知之事,不是仁之事,覺不可訓仁,這是程伊川的錯誤。伊川把覺看成是知之事,這個覺成了認識論的知覺(perception)。這種理解很不對。明道明明是從不麻木說覺,你怎麼能理解成 perception 呢? perception 當然不能訓仁。

朱夫子就是根據伊川的意思,他不贊成以「一體」說仁,也不贊成以「覺」訓仁。程明道提出以「一體」說仁,以「覺」訓仁這兩個觀念之後,他的後學中,楊龜山喜歡講「以一體說仁」,謝上蔡喜歡講「以覺訓仁」。楊龜山、謝上蔡是二程門下的兩個大弟

子，朱夫子批評楊龜山「以一體說仁」，批評謝上蔡「以覺訓仁」，其實是批評程明道。

朱夫子不贊成「以一體說仁」，感通就沒有了，如是于仁上心的意思沒有了，寂感、心、神、靈都不能講。不能說「以覺訓仁」，覺是知覺，仁是理，這樣理解的道體成了只存有而不活動。朱夫子反對「以覺訓仁」乃根據伊川「覺不可以訓仁」而來，朱子講「心性情三分」、「理氣二分」，也是根據程伊川來。伊川說心如穀種，生就是氣，陽氣發動就是生，所以生之理才是性。這不是心性情三分嗎？朱夫子最喜歡伊川這個例，以為到處皆然，結果成了泛存有論，理成了泛存有論的理，性也成了泛存有論的，不是孟子當年所言性善的性，道德意義沒有了。所以，我說朱夫子在講性上把道德意識減殺。階磚有階磚的理，竹子有竹子的理，這種理沒有道德意義。朱子所說的理，形而上學的意味很重，現代人最喜歡這一套，因為現代人怕講道德，但這不合先秦儒家的道理。（朱夫子個人的道德意識很強，但他的一套泛存有論的理氣論卻是知解的形上學。）

工夫方面，朱夫子也是承繼伊川，從《大學》講工夫，也就是講格物窮理，重道問學。朱夫子把一般格物窮理的求知當成是道德實踐，知識與道德混淆不清。知識是個助緣，格物窮理，教育只是對你的人格發展的幫助條件。周濂溪、張橫渠、程明道怎麼講工夫呢？他們三人都不講《大學》。周濂溪說「幾動於彼，誠動於此」，拿誠體來通化這個幾，這不是格物窮理的問題。張橫渠講「聖人盡道其間，兼體而無累者，存神其至矣」，這不是格物窮理。程明道講工夫主要是識仁，識仁不是格物窮理。朱夫子從格物

窮理講工夫，是順取的路，與道德實踐不相干。

孟子說：「學問之道無他，求其放心而已。」又說：「擴而充之，足以保四海。」孟子講擴充，擴充才是盡心的根本工夫。擴充的第一關是求其放心，存心是第一步的、消極的；擴充則是積極的。孟子講盡心、求其放心、擴充，這是逆覺之路。逆覺的意思就是不順感性的現實滾下去而逆回來以體證本心。我們的良心隨時呈現，即使在夾雜中也呈現，良心一呈現，我們就馬上把它捉住，不要蒙混地隨感性滾下去，這就是從感性的現實夾雜中返回來，返回來逆覺自己生命中的本體，這個本體就是本心、仁體。這一逆覺之路才是中肯的。依格物窮理的順取之路講道德就不中肯。

程伊川晚年講中和問題，朱夫子就是根據伊川講的中和問題自己用工夫，把其中相關的觀念都弄清楚了，成了一個系統。在這系統裡本體方面只存有而不活動；工夫方面是格物窮理，順取之路；於孟子本心即性講成心性情三分，亦即理氣二分。朱夫子講中和問題有「中和舊說」與「中和新說」。「中和舊說」同於一般人的講法，還合孟子的義理。有一天，朱子與其弟子蔡季通對話，忽然推翻以前所說，馬上定下「中和新說」。所以，你要瞭解朱子，首先從他的中和說開始，然後再瞭解他的「仁說」。朱子中和說、仁說都是有系統的，而且已經成了定本。把這個系統瞭解好了，其餘的也就都通了。

伊川所言「性即理」，在朱子系統中，佔關鍵性地位。朱子理解的實體性理「只存有而不活動」，工夫是順取的路。朱子的形態不是方向道德，是本質道德。在西方，本質道德是個大傳統，到康德才轉過來，轉過來的結果是中國的路。在中國，方向道德先出

現，中國先秦原始儒家就是方向道德，到朱夫子轉出本質道德，所以，我說朱夫子是別子為宗。

朱夫子講「性即理」，性就是理。性為甚麼是理呢？性就是一個個體之所以為個體的那個本質，使一個個體能夠挺立起來的那個根據，這個「性」字是存有論意義的一個觀念。朱夫子理解的性是存有論意義的，所以，他結果走上泛存有論的路。朱夫子講「性即理」就是從「然」、「所以然」這個理路來悟入的。

性是客觀性原則，心是主觀性原則，客觀性原則就是粉筆所以能挺立起來成其為粉筆的根據。這個意思是對的。胡五峰也說：「性者，天地萬物之所以立。」這個觀念就是佛教所要破的自性觀念。有性就有體，體就是存在的根據，所以，「性」字是一個存有論的觀念。朱子從「然」、「所以然」的理路瞭解性，這不是原初先秦孟子、告子講人性論問題的那個性的意義。先秦儒家原初沒有這個意義，原初講人性的善惡，告子的說法是「生之謂性」，孟子不滿意這個說法。孟子往上提升，從人之所以異於禽獸的地方說性，把道德性提出來，說人有道德性這個性。道德性的「性」從四端之心瞭解，在這個地方不容易想到性是一個存有論的概念。但是，我們也可以這樣想，假如從存有論的概念理解孟子，我們先突出人的道德性，離開人的道德性就沒有人的存有。人作為道德的存有（moral being）來看，把人的自性——道德性——挺立起來，道德性這個本質使你真正成為一個實有（real being）。這個地方，being 還是可以用，不過這個 being 單就人而言，而且單就人的道德性而言，它不是存有論本身的意義。存有論不一定單就人講，也不一定單就人的道德性講，它是對萬物而言。

　　假如我們照孟子的講法，單就人而言，而且把人看成能夠作道德實踐的一個存在，如此一來，當然要把道德的心性體現出來，如果你的道德心性不能體現出來，你不能說是一個眞實的存有（real being），你只是一個偶然的存在（existence）而已。在時間空間中存在，這存在是一個現實的偶然存在。being 是存在的存在性。一個人若只是一個偶然的存在，這是很可悲的，這就是我們平常所說的草木之人。草木之人儘管還是一個人，但他不是一個眞實的存有，因爲他的本質沒有體現出來。

　　眞實的存有，就是你之所以爲你自己的性──一個超越的根據，使你能頂天立地站起來。理學家講的「性」就是這個意思。把孟子所講的道德心性這個本質體現出來，作爲人的眞實存有之超越根據，這個時候，人之爲一眞實存有之超越根據就是人的眞性，這是單就內在的道德性而言。這個意思的性，當朱夫子由「然」與「所以然」之路悟入時，他將其普遍化，到處應用，遂轉化而爲一泛存有論的概念。粉筆有其所以爲粉筆的理，這個理就是粉筆的性。竹子、階磚等皆然。所以，朱子說「性即理也」，朱子所謂「性即理也」，成一個泛存有論的概念。

　　孟子說性只就「人類的存有」（human being）而言，講的是人內在的道德性。孟子言性善，這性字的道德意義很強。到朱夫子的時候，他言性從「然」入。有一個「然」就有一個「所以然」。眼前天地萬物都是「然」，「然」就是實然，實然就是現實上是什麼。有一個「然」，就有一個超越的「所以然」（朱子的理、太極是超越意義的所以然，不是定義中的所以然。）這個超越的「所以然」就從「然」處超越地引出來。這樣，所以然之理就很自然說出

來。這個所以然之理就是實然物之超越意義的性。如此瞭解「性」，「性」成一泛存有論的概念，泛存有論意義的性是個超越的所以然，也就是個理。所以，朱子言「性即理」。他言「性即理」就從這個思路來。泛存有論意義的性，其道德性減殺。

朱子的形上思辨的趣味濃，所以，現代人對朱子發生興趣。其實，就儒家的道德意識講，儒家原初根本沒有泛存有論的問題，儒家講仁、義都是道德意識。從這個地方講，陸王是儒學的正宗，陸王保存道德意識。但是，人們以朱夫子為正宗，陸王反倒不是正宗，這不是大顛倒嗎？這個大顛倒至現在還轉不過來。朱夫子光講「性即理」，從來不說「心即理」，可見朱夫子的思想完全接不上孟子，完全不能理解孟子，他對孟子的註完全不對。孟子言「惻隱之心，仁也」，就是「心即理」的意思。朱夫子對這句話的註就不對，照朱夫子的註，仁才是性，性才是理，屬形而上；心是氣之靈，心之靈還是氣，氣屬形而下。但孟子說惻隱之心就是仁，心就是性。所以，陸象山、王陽明說心理為一，陸、王的講法合孟子義。照朱夫子的說法，就是析心與理為二；析心與理為二，是告子的義外說，王陽明批評朱夫子是對的。

照朱夫子對孟子的註解，惻隱成了情，心是總說，情是分說。無論總說或分說，心、情只有一總一分的差別，心屬於氣，情也是屬於氣。心變成形而下，這怎麼合孟子的意思？這樣講孟子顯然不對。孟子的原義，惻隱之心就是心，並不是惻隱與心分開兩截說。照朱夫子的講法，就是心、性、情三分，用形而上學的詞語說就是理氣二分。心、性、情三分就是理氣二分，道德意義不是減殺了嗎？陸、王道德意識那麼強，反倒被誤為禪，而朱夫子則被視為正

宗，這是一個顛倒。（從一般教化上講，朱子是正宗。從內聖之學講，朱子不是正宗。）

　　陸、王眞正合乎孔、孟的傳統，王陽明四句教照孟子的意思講，陸象山講本心也是照孟子義理講。陸、王道德意識很強，爲甚麼變成非正宗呢？這是一個弔詭。《宋史》把程、朱列入〈道學傳〉，陸象山反倒不列入〈道學傳〉，而列入〈儒林傳〉。學問講到這個地方多顛倒呀，所以，我們現在從義理上把它糾正過來。一千多年來沒有人做這個工夫，我寫《心體與性體》，說朱夫子是「別子爲宗」，有人反對。他們雖替朱子辯護，其實沒有瞭解朱夫子，若朱夫子復生，也不會贊同他們的講法。

　　以往尊德性、道問學之爭，把最內部的問題都蒙蔽了，大家不知道問題在哪裡。你要把內部義理說清楚，要一步一步講，這也不很容易。你懂得「心即理」、「性即理」、「仁義內在」就很不容易。要把「仁義內在」講清楚也不容易，這個問題要從「仁義內在」講起，這是孟子的義理。陸象山繼承孟子，他走的不是分解的路，他用非分解的方法表達，分解的義理在孟子，他的假定都在孟子。陸象山走非分解的路，所以，朱夫子說他是禪。他表面有「禪」的嫌疑，因爲「禪」就是走的非分解的路。陸象山雖然採非分解的方法。但他並不反對分解，他採非分解的方式把你引歸到《孟子》，分解的義理都在《孟子》那裡，你好好讀《孟子》就懂得了。

　　朱夫子說陸象山「兩頭明中間暗」，這個就是禪。陸象山是有這個姿態，他不說破，不說破就很容易令人誤解爲禪。陸象山是個非分解的風格，所以也有令朱夫子聯想到他爲禪的嫌疑。朱夫子很

聰明，但他說的都不對，陸象山並不是禪。陸象山自謂學無所受，「因讀《孟子》而自得之。」所以，要講陸象山，先得把他假定的基本義理講清楚，從非分解落到分解上。陸象山所說「先立其大」，從孟子來。「心即理」就是從孟子來。孟子那個地方表示「心即理」呢？先得瞭解「仁義內在」，再理解「性善說」，進一步就是孟子所言「惻隱之心，仁也；羞惡之心，義也；辭讓之心，禮也；是非之心，智也。」這幾句話就表示「心即理」，陸象山的幾個論點都從孟子來。

　　孟子以後，儒家的發展就是《中庸》、《易傳》、《大學》。宋儒繼承《論語》、《孟子》、《中庸》、《易傳》、《大學》。周濂溪是宋儒的第一人，基本觀念在北宋都提出來了。周濂溪、張橫渠、程明道、程伊川，北宋就講這四個人。這四個人恢復儒家，他們講學問不是從《論》、《孟》講起，而是先從《中庸》、《易傳》講，一步一步往《論》、《孟》回歸。先秦儒家則從《論》、《孟》、《中庸》、《易傳》一根而發，這是兩個不同的發展度向。光講《中庸》、《易傳》不行，《中庸》、《易傳》哲學意味重，本體宇宙論的意味重，一定要回歸到《論》、《孟》。《中庸》、《易傳》本體宇宙論的意味重，但它是從《論》、《孟》發展而來，它的根在《論》、《孟》。所以，勞思光說《中庸》、《易傳》是宇宙論中心，這種講法是不對的。《中庸》、《易傳》以《論》、《孟》為根，也是以道德為中心。《中庸》、《易傳》的理境要有具體的意義，就要落實到《論》、《孟》。所以，周濂溪、張橫渠一定要在《論》、《孟》處落實。這是宋儒發展的度向。

朱子承繼伊川成一系統，這個系統不同於周濂溪、張橫渠，也不同於程明道。並不是說伊川、朱子有意的跟周、張、明道不同，這是不自覺的轉出來那麼個形態。朱夫子以爲自己繼承二程，不但繼承二程，還繼承周濂溪、張橫渠，所以，他是道學的正宗。其實，朱夫子只能繼承程伊川，周、張、明道他都不能繼承，這個一般人看不出來。誰能繼承周、張、明道北宋初期的那條路呢？南宋第一個消化北宋前三家學問的是胡五峰。胡五峰繼承謝上蔡的路下來，通程明道，首先講識仁，以萬物一體瞭解仁，以不麻木瞭解仁。

宋明理學分三系：伊川、朱子一系，陸、王一系；北宋三家及胡五峰、劉蕺山一系。胡五峰承繼周、張、明道，開湖湘之學，這條路是宋學的正宗。周、張、明道是開山祖，宋學正宗的特點是：本體「即活動即存有」；工夫講逆覺，體證本心仁體，以「覺」說仁，以「一體」說仁。講心性、講工夫都順著孟子講。「盡心化氣以成性」，「成性」這個觀念根據張橫渠來，開始心、性分說，最後合一。心、性暫時分開說，跟朱夫子析心與理爲二，通過格物窮理來瞭解的「性即理」不一樣。

胡五峰《知言》提出這麼一個重要問題：「性也者，天地鬼神之奧也」，《知言》接下去說：「性，天下之大本也，堯、舜、禹、湯、文王、仲尼六君子先後相詔，必曰心，而不曰性，何也？曰：心也者，知天地宰萬物以成性者也。六君子盡心者也，故能立天下之大本。人至於今賴焉。」先秦儒家的主要論題在「心」、「性」，「性」是個自性原則（自性原則也可以叫做客觀性原則）；心是主觀性原則。性、天合在一起代表客觀性原則，所以，

我們說性是個奧體。張橫渠說：「未嘗無之謂體，體之謂性」，這句話很好，這個「性」正合乎西方人存有（being）的觀念，所以，說「性」是個自性原則。存有（being）不好瞭解，去掉存有一樣不好瞭解。

西方人從柏拉圖起一直到黑格爾，天天講 being 還是講不明白。佛教講「無自性」，這個理學家最反對。佛教為 non-being 而奮鬥，西方哲學、中國哲學為 being 而奮鬥，這不單是理學家的問題，整個哲學都是這個問題。性的問題如此重要，為甚麼堯、舜六君子言盡心而不言盡性呢？六君子言盡心就是相傳的心法：「人心惟危，道心惟微，惟精惟一，允執厥中。」性固然重要，然工夫要從盡心講，要盡性還是要通過盡心，要在盡心上用工夫。心是個關鍵，萬物都在心知的作用中。離開心知，萬物就沒有存在。

「成性」從張橫渠來，成是形著義，不是本無今有之成。通過盡心，本有的性才能一步一步顯現出來，這就是成性的意思。伊川、朱子的系統沒有「成性」這個觀念，朱子始終不懂甚麼是形著。陸、王系統也沒有「成性」這個觀念，因為在陸、王來說，心就是性，用不著「成性」這個觀念。從周、張、明道下來的系統，先是心、性分說，最後心性合一。「性也者，天地鬼神之奧也」是性之在其自己，光是性之在其自己沒有用，進一步一定是性之對其自己。性之在其自己是客觀性原則，性之對其自己是主觀性原則，心就是主觀性原則，這個很明顯，通過盡心才能一步步顯出性。

胡五峰繼承北宋前三家。張、周、明道這一系統先從天命不已講道體、性體，然後一步一步回歸《論》、《孟》，把客觀性原則建立起來，再通過盡心來成性，把道體形著地完成。這是胡五峰對

北宋前三家的消化。胡五峰是第一步消化，但胡五峰《知言》系統沒有人能繼承下來。朱夫子是第二步消化，朱子是胡五峰的晚輩，朱子的老師是李延平，李延平有真工夫，不是伊川的一套，但朱子不瞭解他的老師，他跨過他的老師，直接承繼伊川。朱子是實在論的心態，朱子有強力、韌勁、論辯性強。他對《知言》看不懂，拿伊川的義理架構來質疑胡五峰，對《知言》有八端質疑，那些質疑統統不對。

胡五峰這個系統叫做「盡心化氣以成性」的系統，開始是心、性分說，最後合一。這個系統不同陸、王「心即性即理」，也不同伊川、朱子只能說「性即理」，不能說「心即理」，心性不能是一。朱夫子一出來，把湖湘學派壓下去，胡五峰這個系統的學問無人理會，他的弟子大多英年早逝，大弟子張南軒也一點用也沒有，所以，以後就是朱夫子的天下。

朱夫子的系統成了，湖湘學派也壓下去了，這個時候出來了陸象山。朱夫子不能把陸象山壓下去，可見陸象山的強力不亞於朱夫子。陸象山的學問直接從孟子來，等於孟子學的復興。孟子學跟周、張、明道的講法不大相同。

南宋以後經過元朝八、九十年，明朝初年還是程、朱的學問。到王陽明出來風氣才變。王陽明扭轉朱子的系統，通過《大學》反駁朱子。王陽明有一個系統，他的系統性建立在心、意、知、物四個概念的關連性上，這四個概念是從《大學》講出來的。王陽明扭轉朱子講《大學》，朱子的《大學》是伊川的《大學》，王陽明的《大學》是孟子的《大學》，根據孟子講《大學》。

「無善無惡心之體，有善有惡意之動，知善知惡是良知，為善

去惡是格物」，這是王陽明著名的「四句敎」。王陽明說：「意之
所在爲物」，這個「物」是行爲物，其意義有好有壞。王陽明所謂
「爲善去惡是格物」的「格」是「正」的意思，跟朱子格物窮理的
「格」意思不同，朱子格物之「格」是窮究的意思。

　　王陽明「四句敎」還不是最高境界。「四句敎」亦名「四有
句」，進一步是「四無句」。王龍谿「四無句」最玄（這個問題可
以讀我的《圓善論》最後部份），這是儒家學問發展到最高峰。
陸、王一系須看《從陸象山到劉蕺山》一書。

牟宗三先生全集㉚

陸王一系之心性之學

牟宗三　著

《陸王一系之心性之學》全集本編校說明

楊祖漢

　　《陸王一系之心性之學》原刊於香港《自由學人》第1卷第1至3期（1956年8至10月），分三期刊出。據牟先生文前之按語，〈上篇〉為綜論，〈中篇〉專講王龍溪與羅近溪，〈下篇〉專講劉蕺山。但不知何故，討論羅近溪的部分似未寫完。

　　此三篇論文係牟先生研究宋明儒學之初期成果。當時他尚未提出宋明儒學三系之說，故仍將劉蕺山歸入陸、王一系。儘管如此，對於蕺山之區分「心宗」與「性宗」，以及其「以心著性」的思想特色，牟先生在此已有所著墨。

目　次

上篇

陸王一系之心性之學

近因講劉蕺山誠意之學，遂涉及陸王一系之全體。本文是其〈上篇〉。〈中篇〉則專講王龍溪與羅近溪。〈下篇〉則專講劉蕺山。

一、言良知者末流之弊：情識而肆與虛玄而蕩

吾既言《王陽明致良知教》於前，今再就當時學術發展而言「劉蕺山誠意之學」。蓋當時言良知者，漸失其傳，久而生弊。故劉蕺山云：「今天下爭言良知矣。及其弊也。猖狂者參之以情識，而一是皆良；超潔者蕩之以玄虛，而夷良於賊。」（〈證學雜解〉中語）。此為當時言良知者之兩大弊。此兩大弊實可溯源於泰州（王艮）龍溪（王畿）之不善紹。黃梨洲論泰州學派曰：

> 陽明先生之學，有泰州龍溪而風行天下，亦因泰州龍溪而漸失其傳。泰州龍溪時時不滿其師說，益啟瞿曇之祕而歸之師，蓋躋陽明而為禪矣。然龍溪之後，力量無過於龍溪者，又得江右為之救正，故不至十分決裂。泰州之後，其人多能赤手以搏龍蛇。傳至顏山農、何心隱一派，遂復非名教之所

能羈絡矣。顧端文曰:「心隱輩坐在利欲膠漆盆中,所以能鼓動得人,只緣他一種聰明,亦自有不可到處。」羲以爲非其聰明,正其學術之所謂祖師禪者,以作用見性。諸公掀翻天地,前不見有古人,後不見有來者。釋氏一棒一喝,當機橫行,放下柱杖,便如愚人一般。諸公赤身擔當,無有放下時節,故其害如是。(《明儒學案·泰州學案》)

此一派即所謂「猖狂者參之以情識,而一是皆良」。不嚴辨良知與情識,一任自然情識之鼓蕩,則情識亦皆良矣。此所謂「流入情識而肆」矣。至於順龍溪之風而趨者,則所謂「超潔者蕩之以玄虛,而夷良於賊。」「夷良於賊」者言良知而無別於佛老也。此所謂「流於玄虛而蕩」之弊也。故黃梨洲又論王龍溪曰:

愚按四句教法,考之陽明集中,並不經見。其說乃出於龍溪。則陽明未定之見,平日間嘗有是言,而未敢筆之於書,以滋學者之惑。至龍溪先生,始云四有之說,猥犯支離,勢必進之四無而後快。既無善惡,又何有心意知物?終必進之無心無意無知無物而後元。如此,則致良知三字,著在何處?先生獨悟其所謂無者,以爲教外之別傳,而實亦並無是無。有無不立,善惡雙泯。任一點虛靈知覺之氣,縱橫自在,頭頭明顯,不離著於一處,幾何而不蹈佛氏之坑塹也哉?(《明儒學案·卷首·師說》)

關於四有四無,吾已詳言之於《王陽明致良知教》中。龍溪之弊,

如實言之，不在四無。因四無在渾化境界上亦可以說。其諦義須善
會。四有四無俱可成立，而若以四無代四有，兩相對章，則非是。
龍溪之弊端在其只識心之虛靈義，而忘其天理義，只以虛靈明覺言
良知，而忘以是非好惡處之天理言良知。故「任一點虛靈知覺之
氣，縱橫自在，頭頭明顯，不離著於一處，幾何而不蹈佛氏之坑塹
也哉？」此數語確是的評。因歧出關鍵正在此也。當然心有虛靈明
覺義。非謂龍溪言虛靈明覺即必否定其中之天理。此不是邏輯中矛
盾之問題。然凡講此種學問，一有偏忽，而失其肯要，則差之毫
釐，謬以千里，弊即隨之。不可不慎也。故黃梨洲述陽明曰：

> 〔……〕而或者以釋氏本心之說，頗近於心學。不知儒釋界
> 限，只一理字。釋氏於天地萬物之理，一切置之度外，更不
> 復講，而止守此明覺。〔實則並非置之度外，更不復講，而
> 乃根本不能肯定有理，有天理。〕世儒則不恃此明覺，而求
> 理於天地萬物之間，所謂絕異。然其歸理於天地萬物，歸明
> 覺於吾心，則一也。〔就世儒言，則析心與理為二，理在心
> 外；就佛氏言，則根本無理，只有空理，只有明覺。〕
> 〔……〕點出心之所以為心，不在明覺，而在天理，金鏡已
> 墜而復收，遂使儒釋疆界，渺若山河。此有目者所睹也。
> （《明儒學案·姚江學案》）

「心之所以為心不在明覺，而在天理。」此是加重語。實則亦在明
覺，亦在天理。明覺與天理合一。故陽明總云「良知之天理」。
　　指導吾人生活行為之方向之道德的、創造的天心，虛靈明覺是

其本性，健行不息是其本性，而在明覺進行之中即具有定然而當然
亦是天然之則，此即為天理，亦是其本性。程明道云：「吾學雖有
所受，天理二字卻是自家體貼出來。」其體貼「天理」二字，不外
由天倫、天秩、天序、天討、天罰而來。這些都是表現之變形。總
而名之曰天理。此「合當如此」之天理當然不是知識所對之物理，
而是道德價值意義之理。此理當然內在於吾心，與客觀的桌子之理
之外在於吾心，而為吾認知之心之所對，當然不同。此合當如此、
定然如此（最後的，無條件的）之天理，如其現成之所是而觀之，
當然亦是客觀的，而且是普遍的：無人能更變它，是客觀的，無人
能違悖它，是普遍的。然此天理之根源終必歸於心：落於心而出於
心。與附著於外物，由物之結構與變動而見之物理，當然不同。合
當如此、定然如此之天理必然被肯定，此理歸根於心而出於心，亦
必然被肯定而無可疑，此兩者是儒家之通義，無人能悖。天理，落
在人事關係上，為天倫、天秩、天序、天討、天罰等，收攝而內在
於心，則為仁義禮智等。（由惻隱之心見仁，由羞惡之心見義，由
辭讓之心見禮，由是非之心見智。）心之表現而為仁義禮智，亦天
理也。仁義禮智名曰心之德。既為心之德，當然內在於心。心之德
即心之理。此心與理合而言之，即為道德主體、價值之根源。此為
孟子由仁義內在以見性善所首先抒發者，乃儒家之通義，且為儒家
所必肯定而與佛老為不同者。仁義禮智為心之德、心之理，天理之
根在心，即內在於心，此在程朱亦不能悖。然則在儒學內，何以會
有程朱陸王乃至其他之差別？落實言之，何以象山總不契於朱子而
斥之為支離？至陽明，何以亦總不契於朱子，而斥之為求理於外，
析心與理而為二？

二、孔孟立教之規範

原夫孔子於《論語》就日常生活指點仁體，見不違仁之難，不輕許人以仁，見踐仁之不易。須是直下承當仁體，不厭不倦，開而出之，不落於方所，不囿於封域，方是仁者之踐仁，直下是仁體之流行。可使為之宰，可使治其賦，可使與賓客言，皆囿也，囿即滯，滯則礙。故孔子皆不許以仁，而曰「不知其仁也」。是以仁，若「照體獨立」而言之，即是生機（真實生命，耶穌所謂「我即是生命」之「生命」，不是生物學之生命）之不滯。其本質的性相有二：曰覺曰健。覺是怵惕之感，「滿腔子是惻隱之心」（明道說孔子語）。健是不厭不倦，健行不息。「維天之命，於穆不已」，是「天行健」也。「文王之德之純，純亦不已」，是「君子自強不息」也。文王如此，孔子亦如此，而且即就此而指點仁體。覺是心之虛靈，精誠惻怛；健是心之創造，自有天則。此為道德實踐的天心仁體之指出。若依「作用見性」而言之，則天心仁體以感通為性，以潤物為用。是故「君子所存者神，所過者化」。感通即神，潤物即化。此方是仁者之極致。故《中庸》贊之曰：「唯天下至誠〔此即天心仁體〕為能經綸天下之大經，立天下之大本，知天地之化育。夫焉有所倚？肫肫其仁，淵淵其淵，浩浩其天。」此直是由此天心仁體之大本直通上下內外而覆載乾坤：卷之則退藏於密，即是此仁體本身，放之則彌綸六合，天地莫能外。此是徹底透出，化超越內在而一之，而唯是無我無人有我有人無古無今有古有今之法體之流行。又贊之曰：「唯天下至聖為能聰明睿智，足以有臨也；

寬裕溫柔，足以有容也；發強剛毅，足以有執也；齊莊中正，足以有敬也；文理密察，足以有別也。」此是分言。總持而統於本，則即繼之而曰：「溥博淵泉，而時出之。溥博如天，淵泉如淵。」則上之所分言者即承此仁體而出也。故又贊曰：「大哉聖人之道，洋洋乎發育萬物，峻極於天。優優大哉，禮儀三百，威儀三千，待其人而後行。故曰：苟不至德，至道不凝焉。故君子尊德性而道問學，致廣大而盡精微，極高明而道中庸。」此數語實是《易・繫辭傳》「範圍天地之化而不過，曲成萬物而不遺」兩語之擴大。「洋洋乎發育萬物，峻極於天」，即「範圍天地之化而不過」也，「禮儀三百，威儀三千，待其人而後行」，則以三百三千爲配例以言「範圍天地之化而不過」之大道必有「至德」之本統以爲根，所謂「待其人而後行」也。否則只是虛脫落空之光景。「至德」即天心仁體之在踐履中實現也，即「肫肫其仁」也。「至道」則「淵淵其淵，浩浩其天」矣，亦即「發育萬物，峻極於天」也，「禮儀三百，威儀三千」之一一有生命地實現也。故至德而至道，尊德性而道問學，致廣大而盡精微，極高明而道中庸，皆緊繫於天心仁體之範圍曲成之本末統宗之義也。（有本有末，統之有宗，會之有極。）

以上雖都是贊語，然按之孔子之點出仁體以及其天縱之聖之踐履，實皆如理如實而無虛妄。

孔子就日常生活而指點仁體，及乎孟子則有一理論思辨之進路，此即由仁義內在以見性善：彰著此道德之主體、價值之根源，以明道德實踐之先天可能之根據。由仁義內在以見性善，即所以彰著此天心仁體之內蘊。孔子只說仁。叫它是「性」亦可：天心仁體

即是吾人之性。分著其內蘊則曰仁義，或曰仁、義、禮、智。實則亦不只此四德，乃無量德。道德實踐即在直承此性而盡此性。故孟子即進而言：「盡其心者知其性也，知其性則知天矣。」盡惻隱、羞惡、辭讓、是非之心，即知仁、義、禮、智之性。知性即盡性。是則盡心亦即盡性也。知性盡性則知天矣。此是由盡心盡性直達天德，而涵蓋乾坤矣。故曰：「萬物皆備於我矣，反身而誠，樂莫大焉。」惟因盡心盡性（此即誠），上達天德，涵蓋乾坤，始能說「萬物皆備於我」。「我」不是一筐子，萬物不是作個體看藏於此筐子中。我所盡之心性即是「維天之命，於穆不已」之心性，亦即天道密運（天行健）之心性，故曰「天心仁體」。萬物皆在此天心仁體之中。故至誠盡心盡性，萬物皆涵攝於此天心仁體之中而莫能外，而一起盡舉。如是便是「皆備於我」。《中庸》直言：「唯天下之至誠，爲能盡其性。能盡其性，則能盡人之性。能盡人之性，則能盡物之性。能盡物之性，則可以贊天地之化育。可以贊天地之化育，則可以與天地參矣。」此亦是「盡心知性知天」之另一說法，「萬物皆備於我」之另一說法。

　　天心仁體之在天道方面見者，則爲〈繫傳〉所謂：「乾知大始，坤作成物。乾以易知，坤以簡能。」以及「一陰一陽之謂道，繼之者善也，成之者性也。」乾知坤能即表示天心仁體之所以爲心以及此心之健行地、曲成地表現其自己之「能」。此是天道方面之良知良能。知是心覺，能是與事宛轉會去表現此心覺以成事。譬如惻隱之心是覺，相應此惻隱之心而即會如理以動，則是能。故曰乾知大始，坤作成物。（儒家言始，言元，皆自心覺之見言。）隨之，陰陽本身雖只是氣，而一陰一陽之變化以成道則不只是氣。天

心仁體密運於陰陽之中使之成爲一陰一陽之變化，此變化過程或成化過程（或化育流行）即名爲「道」，所謂「大道浩浩」也。（程明道語）。大道浩浩必本於天心仁體而成其爲浩浩，決不是中性無記自然主義之變化過程。惟如此，始能說：「繼之者善也，成之者性也。」以「繼」說善，即是能順承大道浩浩而浩浩下去，生機不自此而滯，即名爲善。能繼，天心仁體必在呈露流行中。否則亦不能繼矣。天心仁體本身即是善，而天心仁體非抽象的死體，故即呈露即流行。流行不能不繼，繼亦是善。由繼以說善，即是由作用以說善。仍還歸於一個大道之浩浩。在此大道浩浩繼中，在化育流行中，隨物而凝聚：凝聚於甲，即成甲，成甲即爲甲之性；凝聚於乙，即成乙，成乙即爲乙之性：是之謂位育，是之謂「成之者性」。天心仁體凝聚於甲而成甲即爲甲之性。《大戴禮記》：「分於道謂之命，定於一謂之性。」亦是此義之另一說法。自物之承受此天心仁體之凝聚言謂之命，由命而定，定於此物而成其爲此物，則謂此物之性。故《中庸》開首亦可承此而言：「天命之謂性，率性之謂道，修道之謂教。」此「天命之謂性」是順承大道浩浩之凝聚於人而單言人之性。人稟此性而即能盡其性以善紹善繼，而仍還它個大道浩浩，此即爲「率性之謂道」。此大道浩浩在人之盡其性以見者、實踐以見者。此是人盡性以後事，不是「天命之謂性」之定於一以前之大道浩浩也。定於一以前之大道浩浩，即〈繫辭傳〉中三語所示者，乃是宇宙論之說法，給人乃至萬物之性以形而上之根據，而《大戴禮記》之二語以及《中庸》開首之三語即承此根據而言也。此爲從上說下來。而孔子之「肫肫其仁，淵淵其淵，浩浩其天」，以及孟子之「盡心知性知天」、「萬物皆備於我」，與夫

《中庸》之由至誠以盡性，則是道德實踐之說法，給宇宙論之說法所表示之天道以落實而不虛脫（非外在之空論，非虛脫之光景）之踐履上的根據，其透悟至此，是存在的證悟徹悟而至者，故無一毫虛幻不實處。此是從下說上去。此兩來往，在儒家《論》、《孟》、《中庸》、〈繫辭傳〉中，是徹底透出而不相礙之兩面說：不是說這一面而不透那一面，或說那一面而不透這一面，而覺其有滯礙，有扞格，而相對立者。（漢儒如董仲舒則大體是宇宙論中心之說法，而於道德實踐一面則甚差。朱子亦是偏重宇宙論一面，而道德實踐一面則不透。）此兩面一不通透，則兩面之各一面亦必有走失，有偏差，或不能盡其蘊，當其義。是故兩面通透不相礙，固顯一「至道」之全，而兩面之各一面之本質的內蘊亦因而確定而不亂，充其極而無遺。

復次應知，此兩面雖通透而不礙，而定於一以前之大道浩浩之如此，其義之認知與確定固是由道德踐履上之「存在的證悟徹悟」而至者，決非空頭地、外在地、觀解地隨意以論者。若如此，則必無必然之根據。此猶「淵淵其淵，浩浩其天」必以「肫肫其仁」為根據。否則只是空說，並無準義。亦猶揚雄說：「觀乎天地，則見聖人」，而伊川則必曰：「觀乎聖人，則見天地。」亦猶上帝之為獨一無二之真神，之為宗教崇拜之上帝，必賴耶穌之道成肉身而上十字架，始彰著而無疑。若此義明白，則客觀地、超越地說上帝，說天道，以圓成吾人實踐之理境，以顯超越義，亦未始不可。然在儒家，超越與內在實圓通而為一而不相滯礙不相對立者，而在基督教則尚不能至。

復次應知，「分於道謂之命，定於一謂之性」，此宇宙論之說

法必函人與物同以「天心仁體」爲性，此即爲人物同體。然則何以
嚴人禽之辨？曰：此關鍵唯在能盡、能繼與否上。人得五行之秀，
稟此天心仁體以爲性，隱稟之也，非徒外在地稟之而已也，且由此
稟之而能盡之以善紹善繼以開拓變化，而即以此天心仁體內在於自
己之生命而爲自己之性。稟之，是潛隱地爲其性，而盡之，則是實
現地爲其性。用黑格爾術語說，潛隱地爲其性是「在其自己」，而
盡之，則是「對其自己」。人之性是稟而盡之合說，由此以見人之
性。非徒外在地稟之而已也。若只外在地稟之，而永不會去盡，不
見其盡，則亦塊然一物耳。不足爲人。然在禽獸或草木瓦石，則此
天心仁體只在大道浩浩中成之，實現之，以爲其體，而禽獸草木瓦
石卻並不能納之於自己生命中盡之以善紹善繼以開拓變化，即以此
天心仁體爲其自己之性。是則天心仁體之爲其性爲其體，只是外在
地，而禽獸草木瓦石之以天心仁體爲體爲性，亦只是外在地而並沒
有拉進來，兩者脫節而不相即。天心仁體雖不捨遺而成之而實現
之，然彼卻只是一被動，遂只塊然退墮爲一物，而封閉其自己，因
而其性亦只是材質的陰陽之氣所蘊結而顯之「結構之性」，而不復
能即以此「天心仁體」爲性也。此即人禽之大辨，而人之所以特出
者。（禽獸中稍有靈氣者，乃天心仁體略投其光於禽獸生命中，然
禽獸不能盡之以開拓變化，是即亦不可云禽獸稟此天心仁體以爲其
性也。故禽獸之性仍只是「結構之性」。至於草木瓦石，則天心仁
體之光，根本絲毫未投射進來。故其性尤純爲結構之性。至若問何
以人如此，物若彼，此則造化之秘，非人所能答覆者。然就旣成事
實而論個體之形成，亦有可得而言者，此是形上學、宇宙論之事。
在中國，朱子於此較能正視。因其盛言理與氣也。蓋此必須於天心

仁體之理外，復需講一形而上學意義之「氣」也。太極、陰陽、五行、理、氣、道、性、命、才、質、情、欲、天資、義理之理、氣質之性，等等，朱子對之俱有分解的體悟。在義理系統之展開與結構上，此步分解工作是必要的，而一落於此工作，則必進至形上學、宇宙論。朱子正作了此步開荒與鋪路的工作。本文對此方面不加積極討論。若有涉及，則視爲已知之所與。本文所注意者只在孔孟由道德踐履所開出之「天心仁體」一面所涉及之踐履上（非「存有」上）之全部問題與全部發展。）

三、朱陸之殊途

以上由孔子之「肫肫其仁，淵淵其淵，浩浩其天」，與孟子之「盡心知性知天」，「萬物皆備於我」，以明孔孟由道德踐履所開出之規模。此規模只以兩語盡之，即：此天心仁體「卷之則退藏於密」，即此仁體本身，「放之則彌綸六合」，範圍曲成無不涵蓋。心佈滿宇宙，理亦佈滿宇宙，實則只是一天心仁體之佈滿宇宙，心與理分言只是拆開以觀耳。（拆開分言當不應忘理是什麼意思，心是什麼意思，必須扣緊天心仁體而解之。）而此佈滿宇宙決不是外在地、觀解地空言，而是由肫肫其仁、盡心知性之踐履的證悟徹悟以至者。此爲孔孟立敎之規範。會之《論》、《孟》、《中庸》、〈繫辭傳〉無不合者。

設以此規範爲標準，吾人覺後來只陸象山首先能綜攝相應此規範而有契於心，當下吸之於生命中承當而無疑，直下認定而不搖動。何以見之？首先見之於彼所謂「先立其大」。此語雖得自孟

子，然會觀其整個氣象與意味，彼之常說此語實不爲〈公都子〉章之間答所限。彼言「先立其大」即是教人先證悟此天心仁體以爲踐履之本耳。此即爲「尊德性」。彼言「吾於踐履，未能純一。然纔自警策，便與天地相似。」此實是大根器語。他先立其大，故一念警策，便彌綸六合，與天地相似。他合下有一個大開大合的心量。此心量是相應天心仁體而開出的。他自言其學是「因讀《孟子》而自得之」。可見他於孟子「盡心知性知天」、「萬物皆備於我」，眞能言下領會於心，直下承當而無疑。試看他說：「萬物森然於方寸之間。滿心而發，充塞宇宙，無非此理。」此顯然是「萬物皆備於我，反身而誠，樂莫大焉。」之轉語。滿心而發即充其心而至於極，亦即心體全體朗現之意。心佈滿宇宙，理亦佈滿宇宙。心是此天心仁體之心，理亦是此天心仁體之理。故又曰：「孟子就四端上指示人，豈是人心只有這四端而已？又就乍見孺子入井，皆有怵惕惻隱之心一端指示人，又得此心昭然。但能充此心足矣。」充此心而至極即滿心而發也。又曰：「窮理是窮這個理，盡性是盡這個性，至命是至這個命。」不是窮外在之理以盡內在之性也。因本說「滿心而發，充塞宇宙，無非此理」也。當然他也道問學，理會事。但「宇宙內事即是己分內事。」不是空頭道問學，窮外在之理也。故云：「旣不知尊德性，焉有所謂道問學？」（請再覆看上面引述《中庸》語）。又曰：「宇宙即是吾心，吾心即是宇宙。」心佈滿宇宙，理佈滿宇宙，故天心仁體與宇宙相融一也。故云：「宇宙不曾限隔人，人自限隔宇宙。」不能滿心而發，人自與宇宙作對。豈是宇宙本來與人相限隔哉？「我說一貫，彼亦說一貫。只是不然。天秩、天叙、天命、天討，皆是實理。彼豈有此？」（案：

此所謂「彼」當指佛家言。）由以上諸話頭會通觀之，象山確能相應孔孟之規範而用其誠。決不歧出。復由此會通觀之，心即理、心外無理，必然同時成立，同時被肯定。本來只是一天心仁體耳：心是天心仁體之心，理亦是天心仁體之理。更不待言心即理、心外無理。今復說此兩語，乃有對而發，譬如對朱子而發。這是因屈折下去而扭轉回來，故如此云。（容或在《象山集》中找不出「心外無理」語句，然豈必語語說到？滿心而發，充塞宇宙，無非斯理。豈有心外之理？當知此是天心仁體之心、天心仁體之理。當知此是希聖希賢完成人格之道德踐履上的事，不是認識心之知識上的事。「小心翼翼，昭事上帝。」則理亦在心外。但戰戰兢兢，純一不二，以充此心，則亦不能心外有理。）

　　象山扣緊盡心知性知天，萬物皆備於我之踐履軌範，故其踐履工夫皆落於實事實理，脫落一切歧出與假借。此合下是一個大人氣象，直下在人品上立根基：不假手於文字，不作專家，不作學者，不著書立說，不作經師。故云：「千虛不博一實。吾平生學問無他，只是一實。」「吾之學問與諸處異者，只是在我全無杜撰。」「後世言學者，須要立個門戶。此理所在，安有門戶可立？又要各護門戶，此尤鄙陋。」「後世這道理者，終是粘牙嚼舌。吾之言道，坦然明白。全無粘牙嚼舌處。此所以易知易行。」「〔……〕又添得一場閑說話。一實了，萬虛皆碎。」「若是聖人，亦逞一些子精彩不得。」「小心翼翼，昭事上帝。上帝臨汝，無貳爾心。戰戰兢兢，那有閑管時候？」「要常踐道。踐道則精明。一不踐道，便不精明，便失枝落節。」「吾有知乎哉？晦庵言謙辭。又來這裡做個道理。」「人心只愛去泊著事。教他棄事時，如鶻孫失了樹，

更無住處。」「人不肯心閑無事，居天下之廣居。須要去逐外，著一事，印一說，方有精神。」「人不肯只如此。須要有個說話。今時朋友，盡須要個說話去講。」「做得工夫實，則所說即實事。不話閑話。所指人病，皆實病。」「某從來不尙人起爐作竈。多尙平。」這些話，既表明他自己的身分，亦大都對朱子而發。朱子要注書立說，要理會字句，要物物磨將去。因此不免有「杜撰」處，不免有「粘牙嚼舌處」，不免「做個道理」，不免「要有個說話」，不免「著一事，印一說，方有精神。」此皆是「虛」，因他岐出假借，故總不免於「支離」。說朱子支離，朱子不服。（然心平時一想，也承認確有支離處。並認象山門下於踐履皆有氣象可觀。）因他認象山乃空口說大話，故自己決做漸次的工夫。這不是說漸次工夫不應做，問學不應道。道問學與漸次工夫之本身無所謂支離。其所以總不免於支離者，以象山觀之，乃根本在「歧出與假借」，而不能歸於道德踐履上尊德性以先立其大，盡心以知性，而卻轉而「去逐外，著一事，印一說」，成爲寡頭之「道問學」。此其所以支離也，於心身性命無交涉也。（可以成學者專家，於學術文化當然有貢獻。然於道德宗教之踐履以成聖成賢則無關緊要。）朱子當然不承認他是寡頭「道問學」。他亦有尊德性。然以象山觀之，他的尊德性實在並未尊起來。吾以今語言之，朱子之尊德性實是經驗地尊、外在地尊（此義俟下論之），故彼不解象山之意也。他認象山爲空疏，爲空口說大話，誤也。他已忘此種學問本爲成聖成賢之德性學問，全是內在性的，人格完成之踐履上的，與知識學問之多少並無本質的關係。當然象山之成就如何是另一事，然其途徑是相應的。自其脫落一切歧出與假借而觀之，朱子慌了手腳，認

其為禪，全是自西方轉來，不合聖人之道，而上面那些話頭，自其遮撥而觀之，亦確有類乎禪宗作用者。然直斥之為禪，非聖人之道，則是朱子之不求深解。脫落一切歧出與假借而直歸於踐履之平與實，正是道德宗教實踐之本質。此是任何修道者之所共同。何言便為禪耶？朱子於孔孟由道德踐履上所開出之肫肫其仁，盡心知性以上達天德之規模，只能解悟之放在一邊，而不能領會於心直接承當之於自己生命中。其不能如此也，或是以為此是聖人「聖神功化之極」，只當作一種最高境界看，故不可空說此境以之教人。若是如此，則朱子誤矣。須知踐履所至之境界是一事，而其為踐履之軌範（道路）則又是一事。自其為踐履之軌範言，則不可作一境界看，而直須承當之於自己生命中以盡性。然而朱子根本不能證悟其為踐履之規範，只作一境界看，因而只能外在地解悟之，作一場話說，放在一邊，不干己事，卻轉而去「道問學」，另走一條實踐之途徑。故彼總不能了解象山之途徑而認為是禪也。因之朱子學中之尊德性亦只是經驗地、外在地尊。故工夫全用在道問學上。

何以言其尊德性是經驗地、外在地尊？曰：首先關鍵是在「涵養察識，敬貫動靜」兩語。靜養動察，敬以貫之。涵養屬靜時，故亦曰靜養。察識屬動時，故亦曰動察。此有承於其師李延平之「觀喜怒哀樂未發氣象」，而亦從伊川所說「涵養須用敬，進學在致知」而來也。格物致知含於動察中，而以此定「進學」，則「進學」之觀念自此即為歧出而外在。格物者即物而窮其理也。今日格一物，明日格一物，久久自然貫通。是則格物致知之進學全為經驗的。此格物致知之進學，因敬以貫之，亦是收歸於心身性命上來，故亦函有尊德性之意。然此尊德性顯然是經驗地、外在地。推之，

其一切敬的工夫亦都是經驗的、外在的。以朱子持身之謹，克制之
嚴，自是尊德性，然是經驗地尊、外在地尊，故乏自然充沛之象。
尊德性瑣碎委散於道問學之中，全幅心力集中於道問學，而尊德性
則徒見其隨道問學而委散，而不見其直承天心仁體之提挈，此所以
以象山觀之，並未尊得起也。朱子亦覺此病，故認從象山遊者，於
踐履上皆有氣象可觀，而自己之門人，則雖讀了許多典策，卻無甚
挺拔處。朱子氣魄大，心力強，故能提得住道問學之重力，一一從
外磨，終亦磨得平。至於一般人，則在其大樹之蔭庇下，自不能暢
達其生命，調適而上遂。故皆猥瑣而枯萎。凡此種道問學中之尊德
性，皆是經驗的、外在的，惟賴戒慎於風習名教而不敢踰越以維持
其尊德性；此是消極地尊，並非積極地尊。蓋其主力在知識典策，
故其所成亦在此。此固可為一般人所遵循，一般人遵而行之，亦不
失為「為學日益」之善人，然語於內在性成聖成賢之學問，則顯不
相應矣。由此言之，此尚非上根下根、利根鈍根之問題，而乃相應
不相應之問題也。相應於其所應者各有上下利鈍之別，而非於不相
應者概可別之以上下根也。是則朱子之途徑實是道問學之途徑（為
學日益），於學術文化自有大貢獻，而於成聖成賢之學問（為道日
損）則不甚相應也。而在道問學中，彼固是上上根器，焉得謂之為
鈍根。然「作者之謂聖，述者之謂明」。彼能「道問學」以述之，
則固亦大賢也。

　　其次，其尊德性之所以落於經驗地、外在地，則在其順性理一
邊而充其極，而於心則遺留於人性範圍內而望塵莫及，遂不能使心
理合一而共充其極。吾人本謂只是一「天心仁體」之肫肫、淵淵，
與浩浩，心亦只是此天心仁體之心，理亦只是此天心仁體之理：

心、理本是一。在孔子只就日常生活而點示之，以其天縱之聖之履踐而表現之，故渾化而不見封域。此即所謂「合下是天地氣象」，故不見有天人內外之劃界也。然至孟子，則因其有理論思辨之進路，先將仁義收攝於人性以見人性之善，遂落於分解之破裂中而內外天人之界分矣。然不經過此分解之破裂，則道德主體、價值根源，不能彰顯，而人無路可尋，無可認知人之所以為人處。然雖收攝於人性而見性善，而即心以見性，心性本合一，亦即心理本合一，而盡性知天，萬物皆備於我，則其初之分也而又合矣。至朱子固亦知仁義禮智是心之德，如此則亦心性合一、心理合一。然彼由心之德而認知性，由性而認知理，故云「性即理」。「性即理」一成立，則天地萬物莫不有理，遂順「性即理」而充其極，須時將「理」之觀念超越而擴大，越出於人性以外，而曰「在物為理，在人為性」。是則「理」為一超越形上學中之概念，而性則落在個體上說，尤其特指人而說。性以理為其形上之根據，實則性理一也。是則性理一起充其極而有超越性與普遍性，而「在人為性」一語本身即示一界限。在「人」一界限內，性即理具於心而為心之德，表現而為仁義禮智等。此戴東原所謂「理如一物然，得於天而具於心」。吾人前謂自宇宙論處說下來，儒家古典本有此一面，故「得於天而具於心」，亦並無過。惟是在人一界限內，性為心之德，得於天而具於心，則性通於心內，亦通於心外，乃徹上下而充其極，而「心」則固仍留於人之界限內而未充其極。如是，心性合一、心理合一，只在人一界限內為然，而越於人，則不合一矣。此所謂「理大而心小」。如是，心只停在「有限心」之形態，而未至「無限心」之形態。亦可以說只是主觀的心，而未能超越其自己以至

「客觀的心」與「絕對的心」。人之具有此靈覺之心只停在其本然如是、自然如是之狀態。此本然如是、自然如是之心具有本然如是、自然如是之仁義禮智之德而亦自然停在那裡。此是心理合一之封域性與本然性（自然性與潛存性）。對此本然潛然之心性合一只作一靜觀涵養之工夫而停放在那裡，而卻使用其所投射出之智力與毅力（此統爲心力）以從事於格物致知之道問學與戒愼將事之敬貫動靜。一切工夫重點都落在格物致知之問學上與敬之持之之矜持上。此即爲工夫之外在化，亦即尊德性之外在化，自必顯智力之學問性，而不顯德性之踐履性。所幸彼之格物窮理乃窮一超越而普遍之理（太極），藉此超越而普遍之理所形成之客觀意識與絕對意識，遂可以使其委散之敬而上提，常保持其超越意義之敬畏義。惟此委散之敬乃上提於理，而未昇化於心，故仍是外在的也。心之局限而不能開放，上與理齊，則理亦是現成的、本然的，擺在那裡，而爲理智之心觀解之對象。此是觀解上的外在之理，而不是踐履上的德性之理。亦猶哲學思辨中之上帝不是耶穌口中之父的上帝也。朱子亦會解「復其見天地之心」一類語句，亦可以體悟天地化機爲仁一類道理，然大都只是觀解的、美的欣趣的，不是德性之踐履上直透天心仁體而證「萬物皆備於我」而見其如此也。「滿心而發，充塞宇宙，無非斯理。」此種語句朱子總不能說，亦不能解。（言下領悟而承受之謂之解。）若曰此象山說也，容有輕忽處。然則《孟子》、《中庸》中此類話頭已甚多，亦未見其言下領悟而承受之也。此之謂不能先立其大以尊德性。是以心不能開放而與理同充其極，則心與理即不能合一，而理亦不是踐履中天心仁體之理，心亦不是踐履中天心仁體之心。工夫外在化，尊德性亦外在化，此所

以象山斥其爲支離。而後來之王陽明復直就客觀義理而斥其析心與理爲二也。

四、內聖之踐履之內在義路：致良知教

象山能綜攝相應孔孟立敎之規範，尊德性以立其大，直下承當天心仁體以爲道德之踐履。「若某則不識一字，亦須還我堂堂地做個人。」「六經註我，我註六經。」「建安亦無朱元晦，青田亦無陸子靜。」有，不增添一些子，無，不減損一些子。此完全是內聖之實踐上的話，純內在性的德性之實踐上的話。內聖的實踐就是內在地不斷地從一個人之時間性、歷史性、偶然性、有限性中解脫出來而企求一絕對永恆而無限之自我之發展過程。適所引象山之語句，即「無限自我」呈現之表示。然此實踐過程是一無限的過程。象山當然是在不斷的「踐道」中。其「踐履未能純一，然纔自警策，便與天地相似」。這表示他經常在奮發中。此無限的踐履過程有「內在的義路」可循持否？此則象山並未開出來。他只是自己在踐履中，對其門人在啓發感召中，讓他自悟自踐。「有學者終日聽話，忽請問曰：『如何是窮理盡性以至於命？』答曰：『吾友是泛然問，老夫卻不是泛然答。老夫凡今所與吾友說，皆是理也。窮理是窮這個理，盡性是盡這個性，至命是至這個命。」這種說法固然是透，然卻不是一循持之路。此人聞之，必是懵懂。因爲他想得一可循持的義路。又「臨川一學者初見。問曰：『每日如何觀書？』學者曰：『守規矩。』歡然問曰：『如何守規矩？』學者曰：『伊川《易傳》，胡氏《春秋》，上蔡《論語》，范氏《唐鑑》。』忽

呵之曰：『陋說。』良久復問曰：『何者爲規？』又頃，問曰：『何者爲矩？』學者但唯唯。次日復來。方對學者誦：『乾知大始，坤作成物，乾以易知，坤以簡能』一章，畢，乃言曰：『〈乾文言〉云：大哉乾元，〈坤文言〉云：至哉坤元。聖人贊易，卻只是個簡易字道了。』遍目學者曰：『又卻不是道難知也。』又曰：『道在邇而求諸遠，事在易而求諸難。』顧學者曰：『這方喚作規矩。公昨日來，道甚規矩？』」這說法亦不是想求規矩者所能滿意。此學者所說，若在朱子聽之，必有可商量處。而在象山，則全抹去。若此學者已有相當造詣（不是知識上的），聞之，當有轉機。否則，必被壓死，成了悶葫蘆。象山之點撥，當然很像禪宗的辦法。禪宗的棒喝是從混沌中求秩序，以無規矩爲規矩，斷掉一切葛籐，直從無出路中證大覺。然凡施用此種方法，必是接受此種方法者已有相當蘊蓄鬱積而不得解時，方可用。不是一開頭就可用也。依此必須有敎有論，即可資循持以踐履之內在義路。此種內聖的踐履，若說眞有義路乎？則無此要求無此感受的人，亦無辦法可以使之入。若說眞無義路乎？則有此要求有此感受的，予以義路可循持，有大助益。象山的義路（規矩）是禪宗的辦法。然此尙不足。敎論上可資循持以踐履的內在義路，象山並未開出。朱子所開的是道問學的外在的義路，一般人可循持，易把握。然與內聖的踐履不相應。此是「爲學」的義路，不是「爲道」的義路。

「爲道」的內在義路，由陽明開之。所謂「致良知敎」也。爲道的內在義路亦可說爲「心性之學」。此學之相應地開啓發展與完成乃在陸王一系，殿軍是劉蕺山。朱子之外在的義路與內聖的踐履不相應，亦如西方中世紀聖多瑪之神學，與耶穌的精神不相應。

（然他們卻都被認爲是正宗。這正宗是傳統的、文教的，不是義理的。當然他們都有大功無疑。然基督敎至今無眞正的內在義路，因無心性之學故也。）

爲道的內在義路須直就天心仁體之在主觀踐履中如何內在地實現而開出。是以爲道的內在義路是主觀實踐上的義路。客觀實踐的內在義路是就天心仁體之在客觀實踐中如何外在地、客觀地實現而開出，此是歷史哲學、政治哲學事。

內聖之踐履是一無限過程，天心仁體之在主觀踐履中實現是艱難重重，猶如在屯蒙中冒出一樣。此主觀踐履中之艱難（障蔽）有是外部的，有是內部的。外部的，如人之存在之偶然性、無家性、有限性、周圍世界之敵對性，如今時存在主義者之所說。內部的，如私意之執著、僵滯、隨時限定其自己、拖陷其自己，而落於種種感覺欲望中，如聲色貨利，所謂貪嗔癡，以及名位權力等。即使從外部的艱難中反上來而歸依於天心仁體上，此天心仁體之實現亦不是一帆風順的。最後障蔽自己爲自己之最大敵人的乃是自己，私意之自己，執著之自己，限定並拖陷我的那自己。「爲道」的內在義路即就此天心仁體如何在主觀踐履中衝破此內部的障蔽而開出，故云此即「心性之學」也。（佛家的《成唯識論》即佛教徒的主觀實踐之內在義路。）

陽明開此內在義路，所謂致良知敎，則在以下四句：

> 無善無惡心之體。有善有惡意之動。
> 知善知惡是良知。爲善去惡是格物。

孔子點示天心仁體不是抽象地離地只陳述一潛隱自存之體而已,而是自表現、充分實現,或踐仁,成爲「仁者」上說仁。這根本是具體地盈地說仁。此可由「顏淵三月不違仁」而見,由不輕許人以仁而見。即孟子也要講盡心盡性,擴而充之:充惻隱之心,仁不可勝用;充羞惡之心,義不可勝用。象山亦說:「但充此心而已」。但要開示此德性踐履之內在義路,則不能不有分解。因此就天心仁體之踐履的實現,先開示爲心、意、知、物四面。如是,先抽象地離地只陳述一潛隱自存之體:無善無惡心之體。此言無善無惡即是潛隱地純粹至善,未經過分化彰著而重歸於充分實現的那本源的原始的絕對:無善相亦無惡相。然這不是說其內在的本質亦如自然現象之是其所是,爲中性的無記。因爲它是德性之體、價值之源,而不是自然之「事」也。故雖無善相,無惡相,然其本性乃純粹至善,即「理之靜」之絕對。(陽明亦說「無善無惡理之靜,有善有惡氣之動。」)這只是暫時抽象地所顯之一義。與告子無分於善惡之「生之謂性」之自然主義既不同,因其外仁義也,復與老子玄同之道,佛家之眞如涅槃,亦不同,因其不能將仁義內在於心性,將價值植根於心性,而只硬化而爲外在的事或相,故視之皆爲人爲的虛妄分別也。世人不察,遂見之而駭然矣。寧有精誠惻怛之天心仁體而可無善乎,而可無辨於善惡乎?

陽明以心之所發爲意,此即普通所謂發心動念也。陽明順承此普通之說法而說「意」。故亦可云「意念」。後來劉蕺山看清此點,嚴分意念。而在陽明則不分。故陽明之「意」實可定爲「念」也。意念不分而實爲念,則意落於經驗界而爲「經驗的」(後天的),故「有善有惡意之動」:順軀殼起念即爲惡,不順軀殼起念

即為善。故心之發動而為意念常是牽連於軀殼（形而下的氣質欲望）而分化：惡是陷落於軀殼中之念，善是躍起而如心體之性之念。然意之動而有善惡與「動於意」不同。依陽明，「動於意」，則無論善念惡念皆成為惡。此又為深一層之障。意之動是直接的，可說是第一序上的意，而「動於意」則是間接的，可說是第二序上的意：順第一序的意而又返回來多了一點念。此念純粹是私，清一色地、同質地歧出而全為私，故動於意後，無論善念惡念，一齊皆壞。陽明亦說：「無善無惡理之靜，有善有惡氣之動。」此「氣之動」與「意之動」同。而「氣之動」亦與「動於氣」不同。「動於氣」，一齊皆壞。與「動於意」同。

　　落於經驗界而有善惡之念，此正是工夫插足的地方。這工夫決不能從外面說，如朱子所開出者。朱子當然亦能察識到念之善惡，然他除靜時之涵養心體外，一切著實的工夫皆在外面繞，此即所謂委散的尊德性，尊德性之外在化。此為以經驗的工夫對治經驗上之善惡念。此將成一無盡的糾纏。故工夫決不能從外面繞，而須直下從內部開，以先天的工夫對治經驗上的善惡念。先天的工夫不與意念同落在經驗層次上，而是超越而駕臨乎經驗以上。惟超越而駕臨乎經驗以上之工夫始能對治或消化經驗層次上的病。此是如理而不歧出的工夫，很說得通的。此將如何而可能？陽明曰：「致良知」。

　　「知善知惡是良知」，此語即示良知超越而駕臨乎經驗的善惡念以上。良知之知此善惡，不是認識的心只以善惡為對象而知之就算完事。若如此，則良知之知與客觀的、經驗的善惡為認知關係之對立，為對於一既成事實之認識關係。如是，則良知的超越性即失

去。縱然認知之心之認識客觀對象，在某義亦可說所知之對象即在認知之心之智光的照射下，因而亦可說此智光即越乎所知之對象之上。然此「越」是認知關係的越，而不能主宰而轉化之。而良知之知善惡，其超越而駕臨乎經驗的善惡念之上，是形而上地、道體地超越，因而是主宰地、貫徹地、轉化地、創造地超越。惟因是此種超越，故良知之知之，始能超化而治之，因而始能由之而開出一「先天之工夫」。良知是通透於天心仁體之全蘊的「既虛亦實」之本質。（此即陽明所說：「知是心之本體」一話之切義。）「虛」是說其「虛靈明覺」，單彰「智用」（亦即「智性」）；「實」是說其精誠惻怛，仁義禮智一齊俱彰。陽明說：「良知只是個精誠惻怛的心」。又說：「良知只是個是非之心。是非只是個好惡。只好惡就盡了是非，只是非就盡了萬事萬變。」在孟子，「是非之心智也，羞惡（即好惡）之心義也。」此是並列分講。而在陽明，則是非好惡縮於一以見良知之用。精誠惻怛則表示仁亦在良知之用中。推之，辭讓之心之禮亦不能外此良知之用。是以在孟子並列分講之仁義禮智，在此俱縮於「良知之用」而一起彰著。雖在孟子四端並列，而因俱是心之具體妙用，則固可通而一之也。陽明即就此「俱是心之具體妙用」而即通而一之於「良知」。也可以說，將孟子並列中之「智」冒上來轉化而為良知以通徹於心德之全部。是故「良知」既虛亦實，而由此既虛亦實之「良知之用」中以見心德之全。因而亦見「良知之天理」一語之必然成立。既虛亦實之「良知之用」超越而駕臨乎經驗的善惡念之上，意念有善惡，而駕臨其上之「良知之用」卻是一純粹而絕對之準則，並無對待相，它是一永不可分裂之「純一」，準則性的「純一」。是以它是無對之至善。由

既虛亦實之「良知之用」之超越性、至善性,還而彰著並保住心體之超越性、涵蓋性、主宰性,乃至純粹至善無對性。是以既虛亦實之「良知之用」兩頭通:一方保住並彰著心體之絕對至善性,且是了解「心之所以為心」之訣竅;一方超越而駕臨乎經驗的善惡念以上,對治而轉化之,因而亦是開「先天的工夫」之訣竅。若用康德的術語說,則前者是對於「良知之用」之「形上的說明」(metaphysical exposition),而後者則是它的「超越的說明」(transcendental exposition)。

是故「知善知惡是良知」一句最關重要,它是「致良知」這「先天的工夫」所由立之關鍵。致良知就是把駕臨乎經驗的善惡念以上之良知之「知」擴充出來而使意念只有善而無惡,即,使意念永是相應心體本性而發,而惡念則在良知之致中消化於無形。如是,意念雖是心之發動而在經驗中,而有「良知之天理」以徹之,即精誠惻怛,是「是」而存是,非「非」而去非,好「善」而行善,惡「惡」而去惡之「良知之用」以徹之,則經驗之流亦無不是天理流行矣,此之謂「誠意」。意念一誠,則天心仁體亦全具體化而充分彰顯矣,成為充實飽滿之實現:在良知之用與經驗的意念之純化中而實現,此之謂「正心」。而「意之所在為物」,是則「物」即意念之「內容」。如是,意念一誠,則其內容(物)自格。格者正也,成也,(依陽明之訓)。物之正或成,即意念內容之在良知天理中而為表現善之特殊具體事也。故陽明云「致吾心良知之天理於事事物物,則事事物物皆得其理矣。」(此即致知格物之訓)。此亦即「為善去惡是格物」一句之所示。為善去惡即是在致良知中純化經驗中之意念以及意念內容:自純化「意念」言,為

誠意，自純化「意念內容」言，爲格物，故可總統於「爲善去惡」也。是以正心，誠意，格物，皆在「致良知」之先天工夫中而爲一體無間之完成。此一體無間之完成即是天心仁體之「充實飽滿的實現」。至此，無限而絕對之眞我亦呈露。

以上是陽明四句敎法之綜釋。此即是內聖之踐履（主觀的實踐）中內在義路之開示，先天的工夫之開示。

當然要作此工夫必須具備兩個條件：一、有必爲聖賢之志，即立志希望。此如基督徒之「效法基督」（imitatio Christi, following of Christ）。契爾克伽德說：「我不敢自居爲基督徒，我只想如何成爲基督徒。」此「成爲基督徒」之「成爲」過程是一無限的過程。如何成聖的過程亦是一無限的過程。契氏說宗敎即是「以無限的熱情欣趣於個人的永恆之福〔即道福〕」。吾人可藉此以說必爲聖賢之志，即：「有欣趣於個人的永恆之福之無限的熱情」。有此無限熱情（亦可說是精誠惻怛之心志），則此「先天的工夫」之開示即提供一如何成聖之「內在義路」。若無此心志，則此「內在義路」亦用不上。二、有相當的開悟接受此「先天的工夫」，即對於天心仁體之「良知之用」須有相當的體悟與信得及，方能用此工夫。故陽明曰：「乃若致知，則存乎心悟。」否則總無頭腦處，轉來轉去總落在「外在的工夫」上。如是則只能走朱子所開示的路。有必爲大人之志，有四無傍依而獨見天心之悟，如是則庶幾其可以踐道而希聖矣。

此「致良知敎」尚有兩點特徵須認識：一、良知是通透於天心仁體之全蘊的「既虛亦實」之本質，而其「虛」之義卻最爲特殊而彰顯，亦最易進入人之心目中。吾人縱能不忘其「實」之義，即

「良知之天理」,然良知畢竟是「既虛亦實」之圓德,而特顯具體而活潑之「作用」或「妙用」義。此實最美最俊逸之理境。一旦良知全體披露,則一切皆在良知之妙用中而朗現無遺,統全宇宙皆透明而朗潤。故「致良知教」可曰「顯教」。(佛教中有顯教、密教之分,吾今借用此兩詞,義不必同彼。)此則全體敞開者,而令人有淺露之感。蓋「作用」是具體的化境,化而無涯岸而全體朗現,則幽深玄遠之深度亦不顯矣。實無所謂淺,乃化而不見其深,遂覺有淺露之感矣。如觀汪洋大海,為其無限之呈現所沖淡,亦不覺其深矣。致良知教亦復如此。為其全體朗現所沖淡而不覺其深度。其深度全在致良知工夫之為無限的過程上。若不踏實作「致」的工夫,由肫肫其仁而至淵淵其淵,浩浩其天,而只在那「作用」之妙理上馳騁其妙悟,或對此朗現妙理或化境說得太多,則「顯教」真成淺露矣。關於此全體朗現之妙理之妙悟,王龍溪與羅近溪皆已透澈無餘蘊,而羅近溪尤為圓融無偏差(觀其《盱壇直詮》可知)。實已達美妙精微之境。然皆令人似有淺露之感。故走顯教之路者,必須作踏實「致」的工夫以歸於密。不要只說一個虛靈圓潤的露水珠。(二溪皆令人有只說虛靈圓潤的露水珠之感。在圓潤上,龍溪不及近溪。)「尊德性而道問學,致廣大而盡精微,極高明而道中庸。」「博厚配地,高明配天,悠久無疆。」依此標準以充實自己,方可無憾於顯教。孔子當然是顯教。如是在作工夫中當常效法孔子,以孔子取證。孟子、陸王似皆有不足處。二溪皆極美妙圓潤,此點實超過陸王。然不免於小。(橫渠、二程、朱子皆有其「大」處。此無別論。)

二、良知既是「既虛亦實」之圓德而特顯「作用」義,作用必

具體。若於此虛此實不能眞切體悟而作踏實「致」的工夫,只於「作用」處、「具體」處著眼,則作用可以走失,具體可以混雜。如是「猖狂者參之以情識,而一是皆良;超潔者蕩之以玄虛,而夷良於賊。」如首段所述。其弊不可勝言矣。蕩之以玄虛,如王龍溪。參之以情識,如顏山農一派。此皆由「作用」與「具體」之走失而至者。(由「蕩之以玄虛」亦可引至「遊之以光景」,如王東崖。)

第一點是顯露,第二點是蕩肆。對治此病,則劉蕺山之「誠意之學」尚矣。

在講「誠意之學」以前,先就蕩肆而言「相似法流」,次再就龍溪、近溪之妙悟而言顯露。

五、蕩肆與光景:相似法流

無論程朱陸王,在踐履工夫上,皆最忌玩弄光景,簸弄精神(亦曰簸弄精魂),與氣魄承當。而在陸王一系,此三病尤爲易顯。故自陸王以後,犯此者衆,而覺此亦嚴。眞僞疑似之際,不可不辨。蓋陸王講學,脫落習染,直悟心體,以立其大。簡易是其主徵。但簡易是就透悟心體以立大本而言。中有存主,心體流行,直而無曲,自是至簡至易。故〈繫辭傳〉云:「乾以易知,坤以簡能。〔……〕易簡而天下之理得矣。」又曰:「易簡之善配至德。」又曰:「夫乾,確然示人易矣。夫坤,隤然示人簡矣。」但一方又說:「夫乾,天下之至健也,德行恆易以知險。夫坤,天下之至順也,德行恆簡以知阻。」朱子注云:「至健則所行無難,故

易。至順則所行不煩，故簡。然其於事皆有以知其難，而不敢易以處之也。是以其有憂患，則健者如自高臨下而知其險，順者如自下趨上而知其阻。蓋雖易而能知險，則不陷於險矣。既簡而又知阻，則不困於阻矣。所以能危能懼，而無易者之傾也。」知險知阻，則簡易之體即須涉及無窮複雜之事而表現，而人之踐履工夫亦成為「必有事焉」之無限過程。簡易之體在險阻中克服險阻而表現，如是，簡易之體既落實而不蹈空，亦充實而不貧乏。在「必有事焉」之落實而充實之踐履過程中，無光景可玩，一是皆為踐履中之實理，無精神可弄，一切皆內斂而為積極構造之實體（成實事之實體），而凡有承當，皆知有憂患，體之以誠敬悱惻之心，義理貞定以赴之，而非氣機鼓蕩以當之。故為義理承當，而非氣魄承當。

但透悟簡易心體，而不能知險知阻，正視險阻，在「必有事焉」中而落實，則因心體之簡易而將「事」亦簡易，馴至將下半截全部放棄或荒廢而不關心，則心體吊掛，形同隔絕。如是，則三病成焉。蓋儻來一悟，心體吊掛，簡易誠簡易矣，然既吊掛，則天心仁體即失其為主而轉為客。其轉為客，是因儻來一悟之「智光」悟及之而不能當下融於自己之中以為主，在必有事焉中磨練以成事，以平實而充實其自己。如是悟及之，即將其投射於外而為一客體。然天心仁體永遠是踐履中之實理實體，永遠是位居主體而在生活中呈現表現。是以其為吊掛之客體只是因智光之悟及而將其橫撐豎架，投射於外而為影子。此影子即為「光景」。此是將天心仁體離其主位投射於外，所成之虛映。故曰「光景」。故凡智及而不能仁守，則智之所及皆是光景。智光悟及於天心仁體本身，而不能當下將此天心仁體融於踐履中而為主，以成其為天心仁體，則天心仁體

即失其守，吊掛而爲光景。對此光景，說玄說妙，擬議猜卜，歌頌贊嘆，皆是玩弄光景。一切精釆皆成張皇，此便是出花樣。故曰播弄精魂。此是將自己一點靈根投出去而爲播弄之對象，此即所謂播弄精魂也。天心仁體乃自家一點靈根，此不能投出去而爲播弄之對象，而只應當下內歛而爲成事之實體，如是則不爲所播弄之精魂，而爲在踐履中呈現之實理矣。玩弄光景，播弄精魂，則智光之明成爲浮明，隨著影子之投射於外而遊離飄浮於上層，而沈澱在下面者只是情識流轉，氣機鼓蕩。當其儻悟心體，一方固簡易，一方亦洒脫。然天心仁體既投射於外而爲光景，不能內在於踐履中爲主以成事，則其洒脫即是虛脫。虛脫了一切，則簡易之體之光景與情識流轉，氣機鼓蕩，相緣平流而爲蕩肆，且不復知其爲蕩肆而自認爲是「天」矣，是天心仁體之自然流行矣。如是直情逕行誤爲直道而行。此即劉蕺山所謂「猖狂者參之以情識，而一是皆良」也。天心仁體既成爲光景，智光之明成爲浮明，則生命即全成爲氣機之鼓蕩。在此情形下，凡有承當，皆是氣魄承當。憑其簡易之體之光景而一口氣承當下來，然一口氣上不來，亦當眞承不下來。故凡氣魄承當，皆是氣機之鼓蕩，所謂矜氣、客氣、虛驕之氣，及其氣洩，則呆若木雞。凡承當：或當仁或當事。無論當仁、當事，皆必須拆穿光景，使天心仁體歸位，而爲義理之承當。故簡易未易言也，承當亦未易言也。當陸象山說：「吾於踐履，未能純一。然纔自警策，便與天地相似。」人若忽視其踐履求純一之工夫，而只看其一念間便與天地相似，只看其「我註六經，六經註我」，認爲一下子便一了百了，便一切承當了過來，便一切皆圓滿具足，更無餘事，則未有不落於玩弄光景，播弄精魂，氣魄承當者。因而象山那些話

頭都可以只轉爲一些大話頭。故朱子每見此攢眉，總說：「若某則卻不敢如此說」。此足見陸王一系易顯此三病也。故眞僞疑似之際不可不辨。吾以下以陽明之言爲例以明之。

陽明曰：「某於此良知之說，從百死千難中得來，不得已與人一口說盡。只恐學者得之容易，把作一種光景玩弄，不實落用功，負此知耳。」時陽明年五十，居南昌，正式提出「致良知」時所說。陽明於百死千難中得來，故其說良知旣平實而又充實，是即其總不離生活踐履，於艱苦奮鬥中，悟良知，呈現良知，以作生命之主宰。而與人一口說盡，人若得之容易，亦只把捉一個良知，不直下融於生命中，實落用工，則成玩弄光景。陽明已預見之，故正式提揭致良知之時，即作此警告。

又陽明在三十一歲時，行導引術，能先知。衆驚異，以爲得道。而陽明忽悟曰：「此簸弄精神，非道也。」此是從道家導引工夫以明簸弄精神之意。即在佛道二家，本其宗旨，其主要目的與眞實工夫，亦不以神通爲重。在靜坐中，浮現靈光以先知是可能者，然此亦是投射自家之靈根以逞精采，此豈可爲道？在儒家只說「天命之謂性，率性之謂道」。「道也者不可須臾離也」。是要在盡性踐形中以見道，是則當下拆穿光景，攝歸精神於倫物中以爲實體。不是投出去以求先知也。

吾人說，玩弄光景，播弄精魂，皆是天心仁體之投射於外。此時智光之明亦成浮明，而沈澱在下者則爲情識之流轉、氣機之鼓蕩。若於此而說自然、快樂、活潑，則便成猖狂蕩肆，而且覺與敬畏戒懼爲對立。此則便是相似法流。關此，陽明亦鑒及之。〈陽明年譜〉載其五十三歲時在越，八月宴門人於天泉橋：

中秋，月白如晝。先生命侍者設席於碧霞池上。門人在侍者
百餘人。酒半酣，歌聲漸動。久之，或投壺聚算，或擊鼓，
或泛舟。先生見諸生興劇，退而作詩。有鏗然舍瑟春風裡，
點也雖狂得我情之句。明日，諸生入謝。先生曰：昔者，孔
子在陳，思魯之狂士。世之學者，沒溺於富貴聲利之場，如
拘如囚，而莫之省脫。及聞孔子之教，始知一切俗緣，皆非
性體。乃豁然脫落。但見得此意，不加實踐以入於精微，則
漸有輕滅世故，闊略倫物之病。雖比世之庸庸瑣瑣者不同，
其爲未得於道一也。故孔子在陳思歸以裁之，使入於道耳。
諸君講學，但患未得此意，今幸見此，正好精詣力造，以求
至於道。無以一見自足而終止於狂也。

詳此所云，若以一見自足而終止於狂，則其所見是光景，其脫落是
蕩肆。此即流於「相似」而非眞道也。

在同年月又載：

是月，舒栢有敬畏累洒落之問。〔……〕先生曰：君子之所
謂敬畏者，非恐懼憂患之謂也。戒愼不睹，恐懼不聞之謂
耳。君子之所謂洒落者，非曠蕩放逸之謂也，乃其心體不累
於欲，無入而不自得之謂耳。夫心之本體即天理也。天理之
昭明靈覺，所謂良知也。君子戒懼之功，無時或間，則天理
常存，而其昭明靈覺之本體，自無所昏蔽，自無所牽擾，自
無所歉餒愧怍。動容周旋而中體，從心所欲而不踰。斯乃所
謂眞洒落矣。是洒落生於天理之常存。天理常存生於戒愼恐

懼之無間。孰謂敬畏之心反爲洒落累耶？

是則敬畏與洒落因戒懼無間，天理常存，而得統一。洒落植根於天理，非植根於情識。而天理常存，不爲光景，則因戒懼無間之無限工夫過程而始然。此則爲眞踐道，而非相似法流也。陽明於百死千難中悟得良知，故其踐道盡性，一歸於精誠惻怛之實。「彼其充實不可以已。其於本也，閎大而闢，深弘而肆，其於宗也，可謂調適而上遂矣。」自能洞察病微，不落光景。然其後學，無此艱苦，無此功力，則即易落於光景，流於蕩肆。此即泰州、龍溪所生之弊也。

龍溪喜講良知靈明之一體平鋪，而忽視天理。其所造詣雖有至精至妙之勝義，而流弊亦不可掩。此將於下章論之。泰州學派以自然快樂活潑爲主，而不免落於情識混雜。自然快樂活潑本是造道之極致，而在儒家學問中，亦本有特喜言此者。而且淵源流長，可自曾點說起。故朱子說：「曾點不可學」。而陽明亦於賦「點也雖狂得我情」之句後，戒諸生「無以一見自足而終止於狂」。此一流，在儒家學問中，若藉佛家名詞說，便名曰「相似法流」。其所嚮往是一最高境界。孔子亦說「成於樂」。人到能自然、快樂、活潑，當然是大成化境。然此談何容易。孔子說「成於樂」，必先之以「立於禮」。故此不可隨便輕道。否則，落於情識而不自知。此種蕩肆是聰明人、高明人之病。似之而非，故曰相似法流。（佛家說相似，亦有邏輯中謬誤義。）此尚是就儒學內部講。於此根本接不上者，外轉而爲陳同甫、戴東原，再外轉而爲蘇東坡、袁中郎、袁子才，所謂「率吾性即道也，任吾情即性也。」其所說率性即道，

亦不是《中庸》之義，直是任情而已。

以下試就黃梨洲論泰州學派與陳白沙各段文字以明光景與蕩肆之意義。

> 陽明先生之學，有泰州龍溪而風行天下，亦因泰州龍溪而漸失其傳。泰州龍溪時時不滿其師說，並啓瞿曇之秘而歸之師。蓋躋陽明而爲禪矣。然龍溪之後，力量無過於龍溪者，又得江右爲之救正，故不至十分決裂。泰州之後，其人多能赤手以搏龍蛇。傳至顏山農何心隱一派，遂復非名教之所能羈絡矣。顏端文曰：「心隱輩坐在利欲膠漆盆中，所以能鼓動得人。只緣他一種聰明，亦自有不可到處。」羲以爲非其聰明，正其學術之所謂祖師禪者，以作用見性。諸公掀翻天地，前不見有古人，後不見有來者。釋氏一棒一喝，當機橫行，放下柱杖，便如愚人一般。諸公赤身擔當，無有放下時節，故其害如是。（《明儒學案·泰州學案》）

案：此即自然、快樂、活潑、洒脫之流入「情識而肆」者。此是一種浪漫精神，而沒有反上來。故由洒脫浪漫而至氾濫而肆也。顏山農、何心隱一派，如趙大洲、鄧豁渠、程學顏、錢同文、管志道，言學則鳩雜儒佛，而生活則復帶有游俠縱橫之習。自其鳩雜儒佛言，並不能眞對儒佛負責，亦並不能眞對學以成德，以潤自家之生命負責，而只是在直接之反應中，憑其縱橫之聰明，以作直接之受用。祖師禪之作用見性，在直接反應之直接受用中，只是情識縱橫，氣機鼓蕩。而儒佛之敎言亦只成助長情識之風光。自其帶有游

俠縱橫之習言，此等人皆有原始之血性與豪氣，亦皆有不羈之才情。若在英雄人物，此種血性、豪氣，與才情，正是行動之動力，正可因之而作出一番事業來。然在當時之政治社會下，彼等究亦未作出事業來。抑其本質究亦非事業才。故其血性、豪氣，與才情，只成得一狂禪。而在成德之學問中，狂禪之一切風光與門面皆只是相似法流也。

泰州派開山祖王艮，號心齋，其本人即張皇奇特。當其見陽明時，三晤而始折。其承接陽明之良知而所自得者，則在簡易直截，直悟本體。自然、快樂、當下即是。不容擬議，不容湊泊。揚眉瞬目之間，醒活人不少。故曰：「心有所向便是欲，有所見便是妄。既無所向，又無所見，便是無極而太極。良知一點，事事分明，不用安排思索。」打掉一切欲向之歧出而當下呈現，便是自然快樂。故彼有〈樂學歌〉云：「人心本自樂，自將私欲縛。私欲一萌時，良知還自覺。一覺便消除，人心依舊樂。樂是樂此學，學是學此樂。不樂不是學，不學不是樂。樂便然後學，學便然後樂。樂是學，學是樂。嗚乎，天下之樂何如此學，天下之學何如此樂。」此皆表示最高最圓最平最實之境界。然此談何容易，亦不可作直接的平面觀。其仲子王東崖（襞）即承此家風而逞妙悟。黃梨洲論王東崖曰：

先生之學，以不犯手為妙。鳥啼花落，山峙川流，飢食渴飲夏葛冬裘，至道無餘蘊矣。充拓得開，則天地變化草木蕃，充拓不去，則天地閉，賢人隱。今人纏提學字，便起幾層意思。將議論講說之間，規矩戒嚴之際，工焉而心日勞，勤焉

而動日拙。忍欲希名而誇好善，持念藏穢而謂改過。心神震動，血氣靡寧。不知原無一物，原自見成。但不礙其流行之體，眞樂自見。學者所以全其樂也。不樂則非學矣。此雖本於心齋樂學之歌，而龍溪之授受，亦不可誣也。〔因陽明曾令東崖師事龍溪與緒山〕。白沙云：「色色信他本來，何用爾腳勞手攘？舞雩三三兩兩，正在勿忘勿助之間。曾點些兒活計，被孟子打倂出來，便都是鳶飛魚躍。若無孟子工夫，驟而語之以曾點見趣，一似說夢。」蓋自夫子川上一嘆，已將天理流行之體，一口倂出。曾點見之而爲暮春，康節見之而爲元會運世。故言學不至於樂，不可謂之學。至明而爲白沙之藤蓑，心齋父子之提唱，是皆有味乎其言之。然而此處最難理會。稍差，便入狂蕩一路。所以朱子言曾點不可學。明道說：康節豪傑之士，根本不貼地。白沙亦有說夢之戒。細詳先生之學，未免猶在光景作活計也。（《明儒學案·泰州學案一》）

案：於穆不已，天心仁體之流行，自是「如是如是」，決不容橫撐豎架，亂動手腳。故東崖所說，亦實有斯境，實有斯理。如其所說而觀之，並無不是處。然凡講此，並不可只是正面說此境，說此理。此於穆之體是踐履之體，亦是要在踐履中作如是如是之呈現。而說到踐履，若照顧到人生之艱難面，正視生命中之非理性、反理性面，罪惡如其爲罪惡而正視之，則頓覺有一無限的工夫過程在內，而此體之呈現亦必在無限的工夫過程中呈現。其呈現也，自是如是如是，自是自然活潑，洒脫一切擬議安排而貼體落實。其本身

只是要呈現，自不容犯手腳，自是現現成成。然在工夫過程中則不能無艱難。即此，便不能不「起幾層意思」。「但不礙其流行之體，真樂自見」。此是不錯，但不是輕鬆地只說一個「不礙」即得。它隨時呈現，而吾人亦隨時自然快樂，然是在無限踐履過程中呈現，在無限踐履過程中快樂。如是，其呈現不是直接的、平面的，而吾人之自然快樂不是直接的、平面的。而是在踐履過程之縱貫中呈現與快樂，所以是立體的，是充實而又平實的。若忽略此踐履過程之縱貫，而只是正面說此境，說此理，只就此流行之體本身說不犯手，則便是玩弄光景，亦是對此境、此理與此體作直接的平面觀，而軟疲下來，癱瘓下來，因而其自然快樂亦是情識的、氣機的。當然吾人不能說東崖無工夫，然其到什麼程度，真能正視艱難否，則難說。故梨洲謂其「未免猶在光景作活計也」。白沙雖有「說夢之戒」，然白沙亦喜妙說此境。故梨洲復論白沙云：

> 愚案：前輩之論先生備矣。今請再訂之。學術疑似之際，先生學宗自然，而要歸於自得。自得，故資深逢源，與鳶魚同一活潑，而還以握造化之樞機。可謂獨開門戶，超然不凡。至問所謂得，則曰靜中養出端倪。向求之典策，累年無所得，而一朝以靜坐得之，似與古人之言自得異。孟子曰：「君子深造之以道，欲其自得之也。」不聞其以自然得也。靜坐一機，無乃淺嘗而捷取之乎？自然而得者，不思而得，不勉而中，從容中道，聖人也。不聞其以靜坐得也。先生蓋亦得其所得而已矣。道本自然，人不可以智力與。才欲自然，便不自然。故曰：會得的，活潑潑地，不會得的，只是

> 弄精魂。靜中養出端倪，不知果是何物？端倪云者，心可得
> 而擬，口不可得而言。畢竟不離精魂者近是。今考先生證學
> 諸語，大都說一段自然工夫高妙處不容湊泊。終是精魂作弄
> 處。蓋先生識趣近濂溪，而窮理不逮；學術類康節，而受用
> 太早。質之聖門，難免欲速見小之病者矣。似禪非禪，不必
> 論矣。（《明儒學案·卷首·師說》）

梨洲斷白沙不離精魂，謂其「欲速見小」亦是確當。靜坐一機可以
促成儻來一悟。此一悟不可少，因此是「逆覺」一關。逆覺之悟不
必靜坐，機緣甚多，即其形態或方式甚多，但必須是「靜」，故周
濂溪謂「主靜而立人極」。若謂動靜時也，則甚至連「靜」也不必
說。原則只是「逆覺」。吾人即以「逆覺」來規定靜。使靜不作
「時」看，而作「忘緣反照」看，即灑脫（抽掉）一切緣慮而回歸
於仁體之自己。（此常在靜時。若原則地以逆覺爲主，則無論動
靜，隨時皆可逆覺。）此即所謂「靜中養出端倪」。此逆覺以悟
體，亦是一長串的大工夫。然亦可是儻來一悟。剋就悟本身說，無
論有長串的工夫在前，或只是儻來一悟而無長串的工夫，皆只是一
下子。即此說「頓」，於長串的工夫說「漸」。是則頓漸之對立
泯。但若無長串的工夫之漸在其前，而只是儻來一悟，則其悟體立
人極是不穩的。問題不在頓，而在此儻來一悟之「無眞積」在其
前。無眞積在其前，則其靜是「淺嘗而捷取」。此固不足恃。然縱
使有眞積在其前，此眞積過程亦是後返的，是逆覺以悟體上的。後
返所悟之「體」是抽象的，是緣慮淨盡的一個純粹的抽象普遍性。
此時之灑脫自然，亦是抽象的。若只停於此「抽象的」，就「體」

說，就難免有光景精魂之譏，就自然快樂之心境說，亦是因灑脫而來之鬆一口氣，是消極的，而自己之生命亦尚是停滯在情識之靜止狀態中、無干擾狀態中。因為那純粹的抽象普遍性，逆覺所悟之體，尚在吊掛中（故可說光景，說精魂），尚未貫注於生命中起積極的作用。若一方是吊掛之普遍性（光景），一方是無干擾之情識，而只在灑脫緣慮上，說自然、說快樂，復進而藉那吊掛之普遍性之一無牽掛，認為此即是妙道而積極地氾濫無戒懼，以為如此是自然，是灑脫，則靜止無干擾之情識即進而興風作浪，轉而為氣機之鼓蕩，成為「情識之肆」。此即為相似法流。梨洲謂東崖、白沙在光景中作活計，終是精魂作弄處，吾意終因他們在此等處未透徹，始如此。即只停在逆覺之抽象階段中而說玄說妙。此只是一關，一步驟。故云「受用太早」，「欲速見小」也。

然天心仁體、逆覺所悟之體，本是具體的，本是要在生活中「呈現」的（呈現一詞吃緊），它不能永吊掛在那裡。所以它要在踐履中進入生命而為主，而恢復其為具體。如是，它要在生命中起積極的作用，正視那情識氣機之非理性、反理性，一見為罪業，即如其為罪業而正視之，從根上而轉化之，以恢復此體之道德理性上的作用而成為天理流行、於穆不已之再體現。（此義友人唐君毅先生雅言之而深切著明。）如是，則天心仁體既落實又充實，而在此而言之自然快樂由天理流行而見者，方是真實的、具體的、立體的自然快樂。所謂不思而得，不勉而中，從容中道，聖人也。天心仁體之由其逆覺之抽象的再進入生命中而為具體的呈現，此又是一長串的工夫過程、踐履過程。此與逆覺之長串過程共為兩來往，無一可少。此分析言之，為顯然有別之兩過程，而在實際踐履中，常混

融於一起。此即「必有事焉」一語之兩頭用,「君子深造之以道」一語之兩頭用:一方逆覺作抽象的呈現,一方順成作具體的呈現。惟如此方不落於光景、精魂,與氣魄,亦可免於「情識而肆」也。

　　只要明白上述之兩過程(逆覺與順成),則龍溪與江右(羅念庵、聶雙江、王塘南等)之爭執,便可得而判。這個爭執,不是理上的事,乃是「事」上(工夫形態成勁力)的事。從理上說,一句也夠,多句也可,亦都是對的,即王東崖與陳白沙之所說,如其所說而平觀之,亦都是對的。但是從「事」上說,則有備與不備,有偏與不偏,有弊與不弊。但都總說著了一點。補偏救弊,乃見其全。工夫之全亦即工夫之理之全。吾前言剋就「悟」本身說,都是一下子,即此說「頓」。大體龍溪喜只就此頓,直下承當。頓前之眞積、逆覺之長串過程,則不多注意;而在直下承當中,逆覺順成一起呈現,亦未免稍嫌輕易。體上本無事,本現成,而此則在事上,亦眞成無事閒道人矣。江右則注重悟前之眞積,由眞積以入悟,此即其所謂「主靜歸寂」也。亦屬逆覺過程中。寂而後通感,則由逆覺轉順成。在江右,此兩過程界線稍分明。以下試疏導而說明之。

中篇

王龍溪之頓教：先天之學

一、陽明學宗要簡述

王龍溪爲陽明鄉中之直接大弟子，且獨得陽明晚年密傳。茲先看梨洲之述陽明曰：

> 先生憫宋儒之後，學者以知識爲知，謂人心之所有者，不過明覺，而理爲天地萬物之所公共。故必窮盡大地萬物之理，然後吾心之明覺，與之渾合而無間。說是無內外，其實全靠外來聞見以填補其靈明者也。先生以聖人之學，心學也。心即理也。故於致知格物之訓，不得不言致吾心之天理於事事物物。以知識爲知，則輕浮而不實。故必以力行爲工夫。良知感應神速，無有等待。本心之明即知，不欺本心之明即行也。不得不言，知行合一。此其立言之大旨，不出於是。而或者以釋氏本心之説，頗近於心學。不知儒釋界限，只一理字。釋氏於天地萬物之理，一切置之度外，更不復講，而止守此明覺。世儒則不恃此明覺，而求理於天地萬物之間，所

謂絕異。然其歸理於天地萬物，歸明覺於吾心，則一也。向
外尋理，終是無源之水、無根之木。縱使合得本體上，已費
轉手。故沿門乞火，與合眼見暗，相去不遠。點出心之所以
爲心，不在明覺，而在天理，金鏡已墜而復收，遂使儒釋疆
界，渺若山河。此有目者所睹也。（《明儒學案‧姚江學案》）

梨洲此段扼要之述，甚是中肯。世儒向外尋理，是沿門乞火；釋氏
只守明覺，是合眼見暗。歸理於天地萬物，歸明覺於吾心，析心與
理爲二，則一也。（對佛教言，亦只姑如此說，其實不甚恰。蓋佛
教並不肯定萬物之理也。）王學之精髓是「心即理」、「心外無
理」、心與理一。（此心是道德實踐的心、非認識的心，亦非只寂
照的心。理亦是形上的道德實踐的理，非知識所對之萬物之理也
也。）如是而後道德實踐之成聖成賢之學成。「心之所以爲心，不
在明覺，而在天理。」是加重說。實則心之所以爲心亦在明覺，亦
在天理。明覺與天理合一，天理即內在良知之明覺中。故陽明總說
「良知之天理」。梨洲特標此義，以別儒佛，可謂法眼。其所以如
此單提直指，亦意在簡別王龍溪。其論龍溪曰：

愚案：四句教法，考之《陽明集》中，並不經見。其說乃出
於龍溪。則陽明未定之見，平日間嘗有是言，而未敢筆之於
書，以滋學者之惑。至龍溪先生，始云四有之說，猥犯支
離，勢必進之四無而後快。既無善惡，又何有心意知物？終
必進之無心、無意、無知、無物而後元。如此，則致良知三
字，著在何處？先生獨悟其所謂無者，以爲教外之別傳，而

實亦併無是無。有無不立，善惡雙泯。任一點虛靈知覺之氣，縱橫自在，頭頭明顯，不離著於一處，幾何而不蹈佛氏之坑塹也哉？（《明儒學案・卷首・師說》）

梨洲此段評語，亦有中處，然亦不甚能盡。關於四有四無，吾已言之於《王陽明致良知教》中。直從體上說，四無亦可說。龍溪由此而悟其先天之學。但不可與四有為對立，亦不可以四有為支離。故「既無善惡，又何有心意知物？」之疑為粗疏也。然「任一點虛靈知覺之氣，縱橫自在，頭頭明顯，不離著於一處，幾何而不蹈佛氏之坑塹也哉？」則龍溪確可令人生此印象。但不必真是與佛無判。見下二段。龍溪喜言良知之虛靈明覺，而不重言天理，則是事實。稍有偏重或輕忽，即有不足。而劉蕺山所謂「超潔者蕩之以玄虛，而夷良於賊」，亦隱指龍溪一流言。蓋道理到極高極圓處，一切現成，都成無事，此亦不可總掛在口上。總說此義，誠可博得高明一名，亦可理上極順，所謂頭頭明顯，然亦令人有「虛玄而蕩」之感。一切洩漏，將何所事哉？吾細讀《王龍溪語錄》，覺其於良知教確已調適而上遂，發展至最高境，可謂徹底透出矣。細會其言，理上亦無病。確是高明穎悟之捷才。梨洲《明儒學案》中所取錄者，尚不能盡其蘊。此或在當時有遺漏未見者。又當時譏議龍溪者流行日久。故梨洲謂其累陽明不少。其論斷亦不能不受當時輿論之影響。吾人處於今日，總觀《王龍溪語錄》之全，平心以會其意，覺其妙悟圓教，的是高明不凡，惟不免洩漏耳。（同時之人互相譏議，固有所中處，亦有誤解處、不盡處，乃至意氣處，或只特重其可能之流弊處。梨洲晚，對之自無所用其意氣，然或因未能全窺細

玩，亦有不盡處。）

二、龍溪所承接於陽明者

吾下先就其所述陽明學之發展次第，以明其所承接於陽明以成其所謂「先天之學」者之意義。

先師之學凡三變，而始入於悟。〔案：即學詞章、學佛老，與龍場之悟。〕再變而所得始化而純。〔案：此悟後之再變，亦有三階段，如下所述。〕〔……〕自此之後，盡去枝葉，一意本原。以默坐澄心爲學的，亦復以此立教。於《傳習錄》中所謂如雞覆卵，如龍養珠，如女子懷胎，精神意思凝聚融結，不復知有其他。顏子不遷怒貳過，有未發之中，始能有發而中節之和。視聽言動大率以收斂爲主，發散是不得已。〔……〕一時學者，聞之翕然，多有所興起。〔案：此龍場悟後之第一階段。以默坐澄心、存天理去人欲爲學的。〕〔……〕自江右以後，則專提致良知三字。默不假坐，心不待澄。不習不慮，盎然出之，自有天則。乃是孔門易簡直截根源。蓋良知即是未發之中，此知之前，更無未發；良知即是中節之和，此知之後，更無已發。此知自能收斂，不須更主於收斂；此知自能發散，不須更期於發散。收斂者，感之體、靜而動也。發散者，寂之用、動而靜也。知之眞切篤實處即是行，眞切是本體，篤實是工夫，知之外更無行；行之明覺精察處即是知，明覺是本體，精察是工夫，

行之外更無知。故曰致知存乎心悟，致知焉盡矣。〔案：以上爲第二階段。〕逮居越以後，所操益熟，所得益化。信而從者益眾。時時知是知非，時時無是無非。開口即得本心，更無假借湊泊。如赤日麗空，而萬象自照；如元氣運於四時，而萬化自行。亦莫知其所以然也。〔案：此第三階段，晚年化境。〕（《王龍溪語錄·滁陽會語》）

龍溪此段所述與梨洲《明儒學案》中所述大體相類。梨洲所述或即根據此段稍有改易而成。陽明於江右以後，專提「致良知」。第一階段之默坐澄心、存天理去人欲之教法，則棄而不提，亦不必再提。衡之龍場之悟，亦勢必發展至江右以後之「致良知」，而後始可云圓滿成熟。蓋龍場之悟以釋其心中之鬱結者，惟是在對朱子之格物致知與正心誠意之兩行不合一，而忽然大悟心即理，轉爲心理之合一，致知格物與正心誠意之兩行轉爲合一之一行。如是眞正之內聖的道德實踐始可得而言。這一悟，在人生之覺悟過程中是重要之一關，亦是不容易的。蓋吾人反省心之活動，其首先所最易把握的是其認識了別之活動，故亦最易停於其「理智的解物」一層面；而反而提起來以主宰並指導吾人生活之方向的道德的心與道德的理，則最不易見。只看今日一般學術風氣，不能正視價值主體，即可知之。即以吾個人而論，必待在理論的步步逼迫上了解了康德，始自覺對於孟子有了解。吾之了解是理論逼迫的解悟，而陽明在當時，則是居夷處困，龍場之一悟。而龍場之悟則在三十七歲。其前時之鬱結擾攘，固亦是糾纏於平面的認識心與立體的道德心（踐履心）之不得解。此是初步問題。人，早者在二、三十歲，遲者在

三、四十歲之十餘年間，亦只能而且必須首先遭遇到這類問題。
（陽明三十七有龍場之悟，專提致良知是在五十歲。朱子於三十七
粗論中和，至四十定中和之說，亦發展至五十，其學始備而熟。）
人對於陽明之悟，固不必視爲若何之神秘。惟其居夷處困，以及其
前時之鬱結，忽然一悟，其主觀方面自不能不有心境上之躍進而感
受一大動盪、大喜悅。悟後如何條理而中肯地說出其所悟，則不能
不有待於發展。惟此後之發展是順適調暢之發展。而其初期之默坐
澄心，以收斂爲主，發散是不得已，則是緊張後之休息，亦是尚未
至條理而中肯地說出其所悟之成熟階段。此後漸漸醞釀，其條理而
中肯地說之之機竅在「致良知」。他是握住孟子良知良能這一點爲
線索而說之。當然，若在別人，如此悟後，亦可不從此一面說。譬
如後來之劉蕺山便從「先天之意」說。但在內聖之道德實踐上，此
一面要亦是重要而中肯之一面，即開始不從此一面說，亦必接觸到
此一面或落到此一面。是以此一面要是應有之分內事。其初期之講
法，雖說是緊張後之休息，然在客觀義理上，在逆覺上，亦有其意
義。惟在義理上亦可統於「致良知」而無遺無漏，亦不相悖。既可
統於致良知，則不必視爲獨立教法矣。後來江右之羅念庵、聶雙
江，主靜歸寂，反有類於陽明初期之講法。然在陽明生時，此二人
並不稱弟子。此若非不契陽明江右以後之專提致良知，即是由於未
能全懂，未能順陽明之發展線索而全把握之。在此點上，江右不及
龍溪。然龍溪不但全幅接受江右以後之致良知，而且推進一步，專
調適而上遂，專喜對良知之虛靈明覺作「形上之說明」（參看〈上
篇〉第四段講「知善知惡是良知」一句）。此則更易拉長與江右派
之距離。故陽明死後，雙方常有爭執。江右派於體上，圓熟不及龍

溪，其自己之義理亦多沾滯而不通透。而龍溪專喜講「形上之說明」，義理規模既不廣大，亦不曲盡，故照顧有所不及，亦未能善予融通。且其專喜講「形上之說明」，與陽明講「致良知」亦有歧異處。

三、形上的證悟與超越的證悟

吾於〈上篇〉第四段講「知善知惡是良知」一句時，說：既虛亦實之「良知之用」兩頭通：一方保住並彰著心體之絕對至善性，且是了解「心之所以爲心」之訣竅；一方超越而駕臨乎經驗的善惡念以上，對治而轉化之，因而亦是開「先天的工夫」之訣竅。前者是良知之「形上的說明」，後者是良知之「超越的說明」。說明亦可說解悟。若在工夫中（存在的踐履感受中）眞實見到，而不只是「言語上承接、知解上湊泊、格套上倚傍」（亦龍溪常說語），則亦可說證悟：前者爲形上的證悟，後者爲超越的證悟。形上的證悟含在吾前文所說「逆覺」中，由逆覺而透出者。形上的證悟必函有一超越的證悟。致良知（與只說良知本身不同）即在超越的證悟上說，而且一切工夫皆結穴於此超越的證悟。此超越的證悟含在吾前文所說之「順成」中。惟陽明說此順成，是著重良知之超越而駕臨乎經驗的善惡念（即陽明所說之意）以上而誠之，故其所著重之超越的證悟亦必對「經驗的意」而言。意之所及爲物。在超越的證悟中，致知誠意格物，則知致意誠而物格。物格即物正，物正即事成。是則在此順成中，事之成與知之擴充披露一起彰顯。蓋在致良知以誠意格物中，此順成之工夫之所以可能必在知善知惡之良知之

透露，亦即良知之一隙之明。然良知之透露、良知之一隙之明，並非即良知之如如現成之本體，故必曰致。致者擴充義、披露義。擴充披露可自兩面說，一自物欲間隔而擴充出去，二由一隙之明而擴充張大，此兩面都表示「致」義。而在致知誠意格物之順成工夫中，意物都是具體的、特殊的，因其為特殊而具體的，良知之知之覺之之透露亦是具體的，且必因而受局限，而不復是其如如現成之本體。其如如現成之本體，若不在「超越的證悟」中呈現，則必是抽象的，而說之亦是抽象地說之。惟在超越的證悟中，始是具體地說之。陽明對於良知如如現成之體亦自有形上的證悟，然必在超越的證悟中證之。而其超越的證悟又對經驗的意而言，故其功實而不蕩。若至經驗的意純化而直從本心流，一切相應本體如如而成純，則所謂堯舜性之也。即所謂大成化境。在此亦可說致知、誠意、格物，然此致、此誠、此格皆是順本體之「自然地流」，此所謂「即本體便是工夫」。一切皆如如現成。到此亦不容說矣。然龍溪專喜說此不容說者。一方專喜講如如現成之本體，是則「超越的證悟」義，對「經驗的意」而言之超越的證悟義，已不顯，一方又專喜說「堯舜性之也」之致之、誠之、格之，是則形上的證悟與超越的證悟純融化而為一，對治「經驗的意」之超越的證悟轉化而為先驗的、順體的，或內在於體自身的「超越的證悟」。此則自是大成化境，亦即其所謂「先天之學」。然到此本是不容說者。不實落在對治經驗的意之超越的證悟上用工，而專說此不容說者，專談「即本體便是工夫」，此其所以不免「虛玄而蕩」之譏也。然調適上遂，此理此境亦不可泯。以下試引其言以證之。

四、龍溪所謂「先天之學」之意義：即本體便是工夫

> 先生謂遵巖子曰：「正心，先天之學也。誠意，後天之學也。」遵巖子曰：「必以先天後天分心與意者何也？」先生曰：「吾人一切世情嗜欲，皆從意生。心本至善，動於意始有不善。若能在先天心體上立根，則意所動自無不善，一切世情嗜欲自無所容，致知工夫自然易簡省力：所謂後天而奉天時也。若在後天動意上立根，未免有世情嗜欲之雜。纔落牽纏，便費斬截；致知工夫，轉覺繁難；欲復先天心體，便有許多費力處。」（《王龍溪語錄·三山麗澤錄》）

案：詳此所云，則所謂「正心先天之學」，此正心即先天至善心體之自正，「心」，取其超越義，「正」，不表示工夫義，是虛說，而若表工夫，則亦是「即本體便是工夫」，是「堯舜性之也」之正，不是陽明四有句中通過致知誠意而至之正心。通過致知誠意而至之正心，此心取經驗義，而以良知之致、意之誠，以證實其至善之體，而致知亦為對治「經驗的意」之「超越的證悟」中事。而在龍溪之「從先天心體上立根」，則超越的證悟即與形上的證悟融化而為一，對治「經驗的意」之超越的證悟純轉化而為先驗的、順體的，或內在於心體自身之超越的證悟。吾必以為此只是在對治「經驗的意」之不斷的「超越的證悟」中之化境，並不可視之為一獨立之教法。觀其所說「在後天動意上立根，〔……〕致知工夫，轉覺

繁難，欲復先天心體，便有許多費力處。」等語，即知龍溪對於
「致良知以誠經驗的意」一義並未能真切正視。蓋此不是難易繁簡
的問題，而是必然要如此的，此是內聖踐履上之必然的，亦只有通
過這不斷的超越的證悟而始能復先天之心體，並不是可以更替而另
尋一省力之途徑。所謂「在後天動意上立根」，此語亦不妥。依陽
明四有句，是在良知上立根，致良知以對治後天的意。而不是直在
後天的意上立根。若不是如此，而直在後天的意上立根，則成以經
驗對治經驗，此自然是繁難，不但繁難，且成內聖踐履上不可能
者。若非如此，便是龍溪不能正視「致良知以誠經驗的意」之義。
「在先天心體上立根」，亦不可假頓悟以為說。蓋頓悟亦並不即函
「堯舜性之也」之一體之化之化境。頓悟可函一對於心體之形上的
證悟，一悟而至心體之滿證。人可有此一悟，然人不是神，並不能
一悟即永住於此一體之化之化境中而不退轉。此即是說，雖悟到
了，而仍可有經驗的意之牽纏。欲不退轉，只有在不斷的「超越的
證悟」之工夫中作到。是以「在先天心體上立根」並不可作一獨立
而認為是易簡省力之工夫途徑。所謂「即本體便是工夫」，實則在
此並無所謂工夫，只是一體之化。在此言「致知工夫」，工夫義全
失。若龍溪認為此種致知是一種獨立之易簡省力之工夫，則便是不
能正視內聖之踐履，不免虛玄而蕩者。此只是美談以逃虛空而不能
落實者。由此可斷其所謂四無之意義。

五、四無之意義

　　陽明夫子之學，以良知為宗。每與門人論學，提四句為教

法：無善無惡心之體，有善有惡意之動，知善知惡是良知，為善去惡是格物。學者循此用功，各有所得。緒山錢子謂此是師門教人定本。一毫不可更易。先生謂夫子立教隨時，謂之權法，未可執定。體用顯微，只是一機。心意知物，只是一事。若悟得心是無善無惡之心，意即是無善無惡之意，知即是無善無惡之知，物即是無善無惡之物。蓋無心之心則藏密，無意之意則應圓，無知之知則體寂，無物之物則用神。天命之性粹然至善，神感神應，其機自不容已，無善可名。惡固本無，善亦不可得而有也。是謂無善無惡。若有善有惡，則意動於物，非自然之流行，著於有矣。自性流行者，動而無動。著於有者，動而動也。意是心之所發，若是有善有惡之意，則知與物一齊皆有，心亦不可謂之無矣。緒山子謂若是，是壞師門教法，非善學也。先生謂學須自證自悟，不從人腳跟轉。若執著師門權法，以為定本，未免滯於言詮，亦非善學也。（《王龍溪語錄‧天泉證道記》）

吾不以為龍溪四無之說為不通。吾以為此是最高之理境，大成圓教之化境：實有此義，實有此境。然吾不以為此是一獨立之教法。吾亦不認陽明四句為權法。權法即可更替。吾同意錢緒山，認其是致良知教之教法上之定本。此不是滯於言詮事，乃是內聖踐履而達化境上之必然的。四無純是形上的證悟，然此形上的證悟所證之妙體根本是精神表現上的事，是踐履上的事，因此，形上的證悟必函攝於超越的證悟中以實之，否則，只是觀解。故認四有句為定本，始能肯定踐履之過程，否則全撤矣。「心意知物，只是一事」，亦是

可以說的。在神化中,一體平舖。說無全無,說有全有。非有非
無,亦有亦無。然在四有句中,因意之有善有惡而心與知物一齊皆
有,此「有」在心意知物上不是同一意義。心意物之為有是同一意
義,而「知」之為有則殊特。若一例觀,則悖矣。蓋意是經驗的,
有善惡之兩在。心之發意而待正,則心亦是經驗的。物是意念之內
容,當然亦是經驗的,惟「知」是超越的。知因意之具體而具體,
因意之特殊而特殊,隨意念之動而知之,故亦為其所限而為
「有」。然限而不限,恆自超越,有而不滯於有,恆自攝持,不失
自性。故能保持其純粹至善性,此其所以為良,所以為絕對之準
則,因而可以由之開出「先天之工夫」,以成立「超越之證悟」。
故與心意物之為有不同也。惟因有此準則,始能在不斷的「超越證
悟」中達至四無之化境。在四有句中,無善無惡心之體,是抽象地
置定,而其具體的證實,則有待於良知之致。在致良知中,良知一
方駕臨於經驗的意之上,一方還證心體之至善,故曰「致知焉盡
矣」。龍溪於此「致知教」不能真切正視,遂以為是權法,不是究
竟話頭。然細思之,豈另有一易簡省力之致知工夫乎?致良知本已
簡易矣,故曰先天的工夫。先天的工夫是內聖踐履上理之必然的,
故亦無所謂省力不省力。(吾說先天的工夫是對朱子的經驗工夫
言,言其為由良知上立根基而開出的工夫。此與龍溪所說先天之
學,意不同。不可混。)

六、陽明之和會

上提〈天泉證道記〉中記陽明之斷語,吾亦認為不妥。

吾教法原有此兩種。四無之說，爲上根人立教。四有之說，
爲中根以下人立教。上根之人，悟得無善無惡心體，便從無
處立根基。意與知物，皆從無生。一了百當，即本體便是工
夫。易簡直截，更無剩欠。頓悟之學也。中根以下之人，未
嘗悟得本體，未免在有善有惡上立根基。心與知物皆從有
生。須用爲善去惡工夫，隨處對治，使之漸漸入悟，從有以
歸於無，復還本體，及其成功一也。〔……〕然此中不可執
著。若執四無之見，不通得眾人之意，只好接上根人，中根
以下人無處接授。若執四有之見，認定意是有善有惡的，只
好接中根以下人，上根人亦無從接授。

據此所記，是陽明亦認四無可爲一獨立之教法，而且專接上根人，
但〈陽明年譜〉中所記即與此有不同。在該處，則陽明認四句教
「是徹上徹下語，自初學以至聖人，只此功夫。」是則四有不專接
中根以下人矣。吾認此較妥實。蓋「悟得無善無惡心體」，是從那
裡得悟？必是在良知呈現或透露處悟。一悟悟入，直透如如現成之
心體或良知本體。知孝、知弟、知惻隱皆是良知之透露。不管其透
露之機竅爲何，良知之本性總是一樣的：一節之知與全體之知總是
一樣。猶如金子，一分一兩，總是純金。由其「總是此良」之透露
處，暫捨去其知孝、知弟、知惻隱之當機表現之特殊相，而直悟入
其如如現成之體，便立見得心、意、知、物只是一事，俱是無善惡
對待之粹然至善。此處全質全量，並無質量之別，只是如如現成。
然悟得是一事，在生活中表現又是一事。悟得其是如此並不函其表
現是如此。悟得此體不過更增加對於良知之所以爲良之信念與認

識，而不至混雜耳，譬如以隨軀殼起念之直覺本能為良知，以心理學之自然好惡（喜歡不喜歡）為良知，此皆是魚目混珠。故悟入良知本體，誠是重要。此是一步很大飛躍的「逆覺」。然由其透露而當下逆覺信得及，亦並不函在現實生活中心意與物便都是無心之心、無意之意、無物之物之純然天理流行。所以於此說「一了百當，即本體便是工夫」，乃只是「形上的證悟」中之形式的直接推理，尚非是「超越證悟」中之真實而具體的綜和表現。凡悟都是一下子，所以都是「頓」。然悟之機緣，在現實生活中極複雜而曲折。孟子說大舜在深山中與木石居，與鹿豕遊，與野人無以異。及其聞一善言，見一善行，若決江河，沛然莫之能禦。此當是一悟全悟，是上上根器人。然其悟之醖釀與機緣，又誰能道之？吾想此不能隨悟之為一下子而亦一下子。所以悟亦是一步大工夫、大逆覺。不過在悟後，始有自覺的工夫可言。若決江河，沛然莫之能禦，亦不表示即是天理流行，神化之境，亦不表示「即本體便是工夫」。所以悟得是如此，而要達至真實而具體的綜和表現，則必須通過超越的證悟。信得及其當下逆覺而悟者，不過是信得及其所悟之良知而真能「致良知」耳。致之以在超越的證悟中而作真實而具體的綜合表現，以實現其如如現成之體於現實生活中。良知呈現而致之，當然是信得及。否則不是良知。致良知以誠「經驗之意」，是就事實上有善惡意而言致，若致得全是良知天理流行，更無善惡意念之雜，心意與物俱是無善惡對待之至善，則便是「即本體便是工夫」，此乃是大成化境，非一悟即可如此也。故四有句為「致知焉盡矣」之致知之定本，而四無是化境，不可為一獨立之教法。在致知過程中，悟得本體與否只是時間問題，並不能由此決定出兩種教

法、兩種工夫。在良知當機透露而致之時，很可能一時未直悟入本
體，然在不斷的超越證悟中，其悟入是必然的。由其當機透露而悟
知一無窮深遠圓成之良知自體是並不難的。難在本之以作超越的證
悟而至純熟化境。頓悟本體並不函即至純熟化境。四有四無是熟不
熟問題，不能由熟不熟決定出兩種教法、兩種工夫。只有一個「致
良知」之「先天工夫」。不能說正心是先天之學，誠意是後天之
學。因爲誠後天之意正要本著先天而超越之良知以誠之。依此而
言，仍是在良知上立根基，不是在有善有惡上立根基。依此則陽明
四句教「是徹上徹下語，自初學以至聖人，只此工夫」，是不錯
的。只因陽明當時言致良知，是著重在本良知以踐履而實致其知，
不多談「形上的證悟」，故人多不及此，而惟龍溪超潔過人，喜馳
騁妙悟，故遂有此張皇。若會而通之，則此步開朗亦是必要的。大
乘佛法，般若、華嚴之妙諦，並非都眞是佛說。然其澈法淵底，開
朗盡至，亦是必要的。惟不能會而通之，納於超越的證悟中，以實
致其知，則不免虛玄而蕩。故吾去其四無爲一獨立教法之說。

七、龍溪多重形上的證悟

> 先生曰：自先師提出本體工夫，人人皆能談本體說工夫。其
> 實本體工夫須有辨。自聖人分上說，只此知便是本體，便是
> 工夫，便是致。自學者分上說，須用致知的工夫，以復其本
> 體。博學、審問、愼思、明辨、篤行，五者廢其一，非致
> 也。世之議者，或以致良知爲落空。其亦未之思耳。（《王
> 龍溪語錄·沖元會記》）

案：此明言即本體便是工夫，是聖人分上事，亦即四無是聖人分上事。然須知聖人是踐履而成的，並不是天生有個聖人可以自用其上根頓悟「即本體便是工夫」之工夫。所以只有一個「致良知」的先天工夫，在不斷的超越證悟中，以趨純熟化境。（朱子道問學是經驗的工夫，此方是後天之學。以良知爲準則，致其良知以誠經驗之意，是先天的工夫。若說先天之學，「致良知之先天工夫」便是先天之學，不可以四無爲先天之學，以四有爲後天之學也。先天之良知準則落在後天上用，而其本身不落後天〔即不是經驗的〕，此即先天之學矣。良知雖知善知惡，其本身卻不隨其所知而落於經驗之雜，正由其知善知惡而見其駕臨於善惡念之上，而顯其自身爲超越的、絕對的粹然至善。惟致此先天之良知，始能化惡而存善，以達四無之境。龍溪不能正視此先天之工夫，以此爲落於有而不足，而另以四無爲先天之學，則蕩矣。）

> 朋友中有守一念靈明處，認爲戒懼工夫；纔涉言語應接，所守工夫便覺散緩。此是分了內外。一念靈明，無內外，無方所；戒愼恐懼，亦無內外，無方所。識得本體原是變動不居，不可以爲典要，雖終日變化云爲，莫非本體之周流。自無此病矣。（同上）

案：此段所說純是形上的證悟，只就悟得本體是如此而作形式的陳述，此實不能治其朋友之病。何不告之曰：致良知不是空守一念靈明便爲戒懼工夫。空守一念靈明，便截斷了事，而靈明爲光景。截斷了事，故至應事而與事接，便覺所守皆散。此誠是內外兩橛，由

兩橛而至兩絕（斷潢絕港之絕）。然致良知卻正是在事上致（即在意念以及意念之內容上致），何曾敎你守一念靈明？何不本此一念靈明之良知而著實致之於言語應接上？若能如此，則無內外兩絕之病，而上達於純熟而化矣。龍溪不告之以超越的證悟，而卻只與之談本體之本性，如何濟事？

> 馮子叩聞師門宗說。先生曰：「知慈湖不起意之義，則知良知矣。意者本心自然之用。如水鑒之應物，變化云爲，萬物畢照，未嘗有所動也。惟離心而起意，則爲妄。千過萬惡，皆從意生。不起意，是塞其過惡之原，所謂防未萌之欲也。不起意，則本心自清自明，不假思爲，虛靈變化之妙用，固自若也。空洞無體，廣大無際。天地萬物，有象有形，皆在吾無體無際之中。範圍發育之妙用，固自若也。其覺爲仁，其裁制爲義，其節文爲禮，其是非爲知；即視聽言動，即事親從兄，即喜怒哀樂之未發。隨感而應，未始不妙，固自若也；而實不離於本心自然之用，未嘗有所起也。」馮子曰：「或以不起意爲滅意，何如？」先生曰：「非也。滅者，有起而後滅。不起意，原未嘗動，何有於滅？」馮子曰：「或以不起意，爲不起惡意，何如？」先生曰：「亦非也。心本無惡。不起意，雖善亦不可得而名，是爲至善。起即爲妄。雖起善意，已離本心。是爲義襲誠僞之所分也。」馮子曰：「或以不起意爲立說過高，非初學所能及，何也？」先生曰：「亦非也。初學與聖人之學只有生熟安勉不同，原無二致。故曰：及其成功一也。」（《王龍溪語錄·慈湖精舍會

語》）

案：此亦由不起意而悟談本心，此亦是形上的證悟。談的是好，但若問何以能不起意，則必答曰：「致良知。」良知是本心自然之用之呈露。有經驗之意之雜，故致良知而誠之，此之謂化念還心。如是則意亦是本心自然之用，而無所謂起矣。龍溪不談致良知以達「不起意」，而卻只描畫不起意時本心之本相，良知本體之本性，此誠令人有茫蕩之感。說是立說過高，亦不著邊。蓋此只是形上的證悟、形式的陳述。問題是在如何著手也。有著手處，理之所在，合應如此的，便著實作去，無所謂高不高。不從超越的證悟中告之以致良知，而卻只說「初學與聖人之學只有生熟安勉不同，原無二致。」吾知馮子聞之，亦必只是聽得一說而已，心中必仍茫也。在超越的證悟中，悟得本體，而達不起意之境，則當下即落於踐履之實矣。故陽明專提「致良知」，不誤也。

八、形上的證悟與江右派之主靜歸寂

夫良知之與知識，差若毫釐，究實千里。同一知也，如是則爲良，如是則爲識；如是則爲德性之知，如是則爲聞見之知。不可以不早辨也。〔案：辨識與知，此識取佛家唯識論之識，前屢言情識，亦是取之佛家。〕良知者本心之明，不由學慮而得，先天之學也。知識則不能自信其心，未免假於多學億中之助，而已入於後天矣。〔案：此辨先天、後天是〕良知即是未發之中，即是發而中節之和。此是千聖斬關

第一義。所謂無前後內外，渾然一體者也。若良知之前別求
未發，即是二乘沈空之學。良知之外，別求已發，即是世儒
依識之學。或攝感以歸寂，或緣寂以起感，受症雖若不同，
其為未得良知之宗，則一而已。（《王龍溪語錄·致知議略》）

案：良知本體是虛靈妙用，一體平鋪，「無奇特相，無委曲相」
（亦龍溪語）。故即是未發之中，即是發而中節之和。即寂即感，
即動即靜。自寂而言，即是未發之中，自感而言，即是發而中節之
和。然而寂感一機，並不可以分開拉開而對立。故無前後內外而渾
然一體（案：此本陽明〈答陸原靜書〉）。以此定中和，確是面目
一新。故於良知前，別求未發，即是沈空。良知即是最後的，尚何
有更前於良知者？良知之外，別求已發，即是依識，此是離開母
體，非神感神應之和也。此亦是對於良知本體之體悟，即所謂形上
之證悟。其所以言此者，是對江右羅念庵、聶雙江而發。江右派主
張主靜歸寂，以寂通感，以良知為最後之寂體。此必須由極大之收
斂凝聚而證得，即所謂「逆覺」也。此亦是屬悟良知本體事。聶雙
江曰：「獨知是良知的萌芽處，與良知似隔一塵。此處著功，雖與
半路修行不同，要亦是半路的路頭也。致虛守寂，方是不睹不聞之
學，歸根復命之要。」（亦見〈致知議略〉）此明是以當機透露之
良知不能盡良知之本體。此仍是一節之知與全體之知之別：質別量
亦別。於日常生活當機透露之良知，未經過逆覺之提煉，很可以有
夾雜，此其所以質異。此異不是良知之內在的本質有異，而是其外
緣之處境。亦如金子，一分一兩，雖都是純金，此即其內在本質無
異，然未化煉之金子，則不免有夾雜。由此異，即預定一純淨無瑕

之良知自體在良知萌芽之後，而必須由寂歸而得者。復次，當機透
露之良知，因其爲所涉之事所限，不是那全體良知之大明，故量亦
別。由此別，即預定一無限大明之良知自體在良知萌芽之後，而亦
必須由歸寂而得者。歸寂以顯良知自體，而後良知始眞能作得主，
而吾人經過歸寂之苦工，再本寂體以應物，始眞能站得住。此江右
之所以不喜講現成良知之苦心也。此義本不算錯。然窺龍溪所講之
現成良知本亦是就良知本體言，所謂形上之證悟。良知本體當然是
如如現成的。歸寂亦只能復它，並不能增損它。龍溪亦重悟良知本
體，或無善無惡心體。然則其與江右派之差別何在？曰：不由歸寂
悟證，而即由當機透露處之當下以悟入。在此即重視一節之知即全
體之知，良知之內在本質同。日常生活呈現之良知雖可有夾雜，然
畢竟是良知，即可由此以悟良知之自體。良知雖爲所涉之事所局
限，然限而不限，不捨自性，此其所以爲良，而不同於經驗之意。
吾人即可由此以悟良知自體。此即不必經過主靜歸寂，所謂頓悟
也。然此差別實不嚴重。此眞是主觀之權法。本可不必起爭執。歸
寂亦好，當下指點亦好。然彼等不能說法無礙。遂不相知。依吾觀
之，龍溪之所以令人起疑者，即在其專喜講形上之證悟，而常不能
扣緊「超越的證悟」而言之。故雖頭頭明顯，總不能服人之心。依
陽明江右以後專提致良知，是即在「超越的證悟」中以悟本體，以
致良知之天理於事事物物，既不必「主靜歸寂」以悟良知自體，亦
不著重當下指點以悟良知自體。而若不能正視此超越的證悟中之致
良知，專喜談形上的證悟中之「即本體便是工夫」，則雖謂人未得
師門宗旨，而人總不洽於心也。蓋自己亦未盡合師門宗旨也。蓋專
就良知本體想，固然是大明當空，萬象自照，魑魅無所遁其形，此

即所謂「即本體便是工夫」。但人生是艱難的，光明面與陰暗面俱須正視。若專就正面想，說是魑魅潛消，實未必真消，而亦有躲避之嫌。此不是「信得及」與否也。惟在超越的證悟中致良知，始真能著實扣住陰暗面而消之。此陽明立教之所以為實，而龍溪之所以不免於蕩也。試看龍溪晤念菴時之記語。

九、頓漸之對立與消融

因舉乍見孺子入井，怵惕，未嘗有三念之雜，乃不動於欲之真心，所謂良知也，與堯舜未嘗有異者也。若於此不能自信，亦幾於自誣矣。苟不用致知之功，不能時時保任此心，時時無雜念，徒認現成虛見，附和欲根，而謂即與堯舜相對未嘗不同者，亦幾於自欺矣。蓋兄自謂終日應酬，終日收斂安靜，無少奔放馳逐，不涉二境，不使習氣乘機潛發。難道工夫不得力？然終是有收有制之功，非究竟無為之旨也。至謂世間，無有現成良知。非萬死工夫，斷不能生。以此較勘世間虛見附和之輩，未必非對病之藥。若必以現在良知與堯舜不同，必待工夫修整而後可得，則未免於矯枉之過。曾謂昭昭之天與廣大之天有差別否？此區區每欲就正之苦心也。夫聖賢之學，致知雖一，而所入不同。從頓入者，即本體為工夫，天機常運，終日兢業保任，不離性體，雖有欲念，一覺便化，不致為累，所謂性之也。從漸入者，用工夫以復本體，終日掃蕩欲根，袪除雜念，以順其天機，不使為累，所謂反之也。若其必以去欲為主，求復其性，則頓與漸未嘗異

也。（《王龍溪語錄‧松原晤語》）

案：此前半所說現在良知與堯舜同，此是就良知本質說，屬於形上
的證悟，即此說頓悟。吾意念菴亦不會反對此義。念菴所說無現成
良知，非萬死工夫，斷不能生，吾意是就主靜歸寂以見眞良知（非
虛見附和）說。此本無可爭執。如上所說，後半段說從頓入者，即
本體爲工夫，吾意此必納於超越的證悟中而後實。即本體爲工夫在
超越的證悟中充實完成，而不能只在形上的證悟中另爲一套上根人
之工夫。在超越的證悟中致良知，吾意即是「即工夫即本體」。
（此工夫是致良知之先天工夫。即工夫即本體只能在先天的工夫上
說，不能在經驗的工夫上說。）「即本體爲工夫」只能在「即工夫
即本體」中完成。此即謂頓漸融一而不對立，而漸是從先天的工夫
說，若是經驗的工夫，則永與頓爲對立也。而頓若只停於形上的證
悟中，而不納於先天的工夫中、超越的證悟中，亦永與漸爲對立
也。對立則兩俱非是。依是，「從漸入者，用工夫以復本體」，必
是在超越的證悟中，用致良知之先天工夫之漸以復本體，否則雖漸
而未必眞能復本體也。故在內聖踐履上，漸必非「經驗的漸」。惟
如此，始能頓漸融一。至若或就現在良知以頓悟良知自體，或主靜
歸寂以漸悟良知自體，則皆是超越的證悟中之致良知以外的外圍的
話，此種頓漸兩俱可說，亦都是權法，此隨主觀情形而定。而惟超
越的證悟中之致良知則是定本。在此頓漸融一，都是客觀地必然
的，而「即工夫即本體」與「即本體爲工夫」亦融於一，亦都是客
觀地必然的。（「即工夫即本體」，本體在工夫中呈現，工夫所至
即爲本體。體現習化事成。即本體爲工夫，則在體現習化事成中，

輕車熟路，於穆不已，大成化境。）

十、致良知所至之圓而神：徹底透出之化境：圓而神之確義

　　龍溪之稍顯為蕩處，則在其偏重形上的證悟，而常忽超越的證悟，又總想以四無為一種可以獨立之教法，而不滿意於四有，此即其不能深切於超越的證悟處。當然真切平實語、警策透闢語，亦在所多有。至於內聖踐履上消融深微之病以證圓成化境，言之尤當機而精透。試看下段：

　　荆川唐子，開府維揚。邀先生往會。時已有病，遇春汛。日坐治堂，命將遣師，為防海之計。一日退食，笑謂先生曰：「公看我與老師之學，有相契否？」先生曰：「子之力量，固自不同。若說良知，還未致得在。」荆川曰：｜我平生佩服陽明之教，滿口所說，滿紙所寫，那些不是良知？公豈欺我耶？」先生笑曰：「難道不是良知？只未致得真良知，未免攙和。」荆川憤然不服云：「試舉看。」先生曰：「適在堂遣將時，諸將校有所稟呈，辭意未盡，即與攔截，發揮自己方略，令其依從。此是攙入意見，心便不虛，非真良知也。將官將地方事體請問某處該如何設備，某事卻如何追攝，便引證古人做過勾當，某處如此處，某事如此處，自家一點圓明，反覺凝滯。此是攙入典要，機便不神，非真良知也。及至議論未合，定著眼睛沈思一回，又與說起。此等處

認作沈機研慮，不知此已攙入擬議安排，非眞良知也。有時
奮掉鼓激，厲聲抗言，使若無所容，自以爲威嚴不可犯，不
知此是攙入氣魄，非眞良知也。有時發人隱過，有時揚人隱
行，有時行不測之賞，加非法之罰，自以爲得好惡之正，不
知自己靈根，已爲搖動，不免有所作，非眞良知也。他如製
木城、造銅面、畜獵犬，不論勢之所便，地之所宜，一一令
其如法措置。此是攙入格套，非眞良知也。嘗曰：我一一經
營，已得勝算，猛將如雲，不如著一病都堂在陣。此是攙入
能所，非眞良知也。若是眞致良知，只宜虛心應物，使人人
各得盡其情，能剛能柔，觸機而應，迎刃而解，更無些子攙
入，譬之明鏡當台，妍媸自辨，方是經綸手段。纔有些子才
智伎倆與之相形，自己光明，反爲所蔽。口中說得十分明
白，紙上寫得十分詳盡，只成播弄精魂，非眞實受用也。」
荆川憮然曰：「吾過矣。友道以直諒爲益，非虛言也。」
（《王龍溪語錄·維揚晤語》）

在最內在的內聖踐履中，不但是私欲、罪惡，須化除，即沾滯、執
著，一切發之於情識而非良知天體自然流行者，如意見、典要、擬
議安排、氣魄、有所作、格套、能所，等，亦須徹底淨盡。此皆是
最深微、最微細之心病、意病，而最難消化者。一旦皆融化而歸於
良知大明之自己，則吾人之生命即全幅是一片靈光呈現，一體平
舖，而毫無隱曲。依亞里士多德，此即爲「純實現性」，儒者所謂
純是天理流行也。一切隱曲皆發自「潛能性」，亞氏所謂「材質」
也，儒者所謂「氣質」也。潛能性全化除，即爲純實現性，而此即

「神」。依儒者，氣質全化而融歸於理，只見是天理流行，則便是
聖人，此即「人而神」：此可由內聖踐履而至者。非如亞氏之只是
宇宙論上之思解也。此是儒者心性之學之極致。

再看其從正面說的一段：

中夜，鄒子〔定宇〕擁衾問曰：「良知渾然虛明，無知而無
不知。知是知非者，良知自然之用。亦是權法。執以是非為
知，失其本矣。」先生曰：「然哉。是非亦是分別相。良知
本無知，不起分別之意，方是真是真非，譬之明鏡之鑒物，
鏡體本虛；物之妍媸，鑒而不納，過而不留，乃其所照之
影。以照為明，奚啻千里？孟子云：是非之心，知之端也。
端即是發用之機。其云性善，乃其渾然真體，本無分別。見
此方謂之見性。此師門宗旨也。」曰：「學貴自信自立，不
是倚傍世界做得的。天也不做他，地也不做他，聖人也不做
他。求自得而已。」先生笑曰：「如此狂言，從何處得來？
儒者之學，崇效天、卑法地、中師聖人。已是世界豪傑作
用。今三者都不做他，從何處安身立命？自得之學，居安則
動不危，資深則機不露。左右逢源，則應不窮。超乎天地之
外，立於千聖之表。此是出世間大豪傑作用。如此方是享用
大世界，方不落小家相。子可謂見其大矣。達者信之，眾人
疑焉。夫天積氣耳，地積形耳，千聖過影耳。氣有時而散，
形有時而消，影有時而滅。皆若未究其義。予所信者，此心
一念之靈明耳。一念靈明，從混沌立根基。專而直，翕而
闢。從此生天生地，生人生萬物，是謂大生廣生，生生而未

> 嘗息也。乾坤動靜，神智往來，天地有盡，而我無盡，聖人
> 有爲，而我無爲。冥權密運，不尸其功。混迹埋光，有而若
> 無，與民同其吉凶，與世同其好惡，若無以異於人者。我尚
> 不知我，何有於天地？何有於聖人？外示塵勞，心遊邃古，
> 一以爲龍，一以爲蛇。此世出世法也。非子之狂言，無以發
> 予之狂見。只此已成大漏洩。若言之不已，更滋衆人之惑，
> 默成之可也。」（《王龍溪語錄‧龍南山居會語》）

此徹底透悟語也。孔子肫肫其仁，淵淵其淵，浩浩其天，已體現此
理境矣。故心性之學，以孔孟踐履之所至而開出。此亦是即工夫即
本體也。而陸王之功不可泯也。龍溪之調適上遂，獨發其超曠之
悟，亦不可泯也。至其踐履造詣如何，固不得知，然要非情識而
肆，玩弄光景者也。

　　然以上無論就唐荊川（順之）指點最深微之病，以明眞良知之
圓而神，或是就鄧定宇之「天也不做他，地也不做他，聖人也不做
他」，只憑「一念靈明，從混沌立根基」，以明「世出世法」之圓
而神，然皆是就良知之虛靈明覺以徹悟。良知本是既虛亦實，通透
於心德之全蘊。儒者內聖之學以「人而神」爲宗極，此是從人之聖
證說，即從「主」說；而聖證所至之「人而神」之境界，從「法」
說，便是「圓而神」。而圓而神則必自既虛亦實之具體的心德說。
只從「理」說，則不能有此。理自亦含於心中。然欲達至圓而神，
則必自心之虛靈明覺說。良知既虛亦實，而特彰虛靈明覺之用。故
順良知之虛用，必徹悟至圓而神，始可謂充其極。不至圓而神，亦
不可謂爲了解心。光說理，則既不能圓，亦不能神。圓本是「用」

上事，神本是「靈」上事。此皆是具體的妙用。理本含於心中，抽
象地單說理固不是圓而神，抽象地單說虛靈明覺（即抽象地單說
心），亦不是圓而神。惟理具體地內在於心，而由心之虛靈妙用具
體地帶之以周流運行，神感神應，方是「圓而神」。是以一說圓而
神，必是心理之具體的合一，而由心之虛用以彰顯。因由虛用以彰
顯，故徹悟至圓而神，必自虛靈明覺之神感神應說，而良知正恰是
表示此一面。因必是心理之具體的合一，故言圓而神必含天理於其
中，此則可不言而喻者。吾人若予以同情的理解，則龍溪正是在不
言而喻下徹悟圓而神者。此其所以特喜發揮虛靈明覺，而不常提天
理者。若因此而即謂其「任一點虛靈知覺之氣，縱橫自在，頭頭明
顯，不離著於一處」，即將「蹈佛氏之坑塹」，則雖可如此警戒流
失，要非稱理而談。蓋良知之圓而神不能不含天理於其內，此是形
而上地必然的，否則便不是圓而神。然說圓而神卻不能從理顯，而
只能從虛靈妙用顯。故梨洲所云：「點出心之所以為心，不在明
覺，而在天理，金鏡已墜而復收，遂使儒釋疆界，渺若山河。」此
加重天理之義，在防止流弊以判儒佛上是可以說的。然言良知，必
徹悟至圓而神，始可云到家。就圓而神言，則又必歸反於明覺。否
則不能極成此最後之宗趣。此由重理而又攝理於心以重心。此是心
之具體地歸反於其自己以成圓而神。

十一、由圓而神以判儒、佛

　　圓而神之神感神應必涉事，涉事，必「理由中出」以成事。此
是盡感應之義。龍溪雖常取譬鏡照，言明鏡高懸，而妍媸自照，此

亦只是取譬，少分相似，實則不止鏡照（此自亦必有），而亦是感應，而感應則爲一實之真幾，此爲形上地生化曲成以實現之義。佛家般若智、菩提覺，固亦是大圓鏡智之鏡照，而亦有圓而神之義，故曰圓智圓覺。然其常寂常照，只有鏡照義，而無感應之實現義。其圓而神，在無住涅槃上，固是因涉事而彰顯，然其涉事是有定向，意即在拔濟迴向，而不在就其所感應之事，如其爲事而形上地生化曲成以實現之。此即是圓而神之著了意，轉而爲不是圓而神。然而佛之宗趣，唯在無餘涅槃。及至一切眾生悉令入無餘涅槃，而滅度之，則無住涅槃之化身涉事即收縮而回歸於無餘涅槃之「法身」。法身雖常、樂、我、淨，常寂常照，然不應事，則即只有鏡照義，而無感應實現義。故法身寂照之圓而神實只是抽象地說之虛靈明覺之圓而神，而此不真是具體的圓而神，亦即非真正的圓而神。其所以如此，乃其自始從「本」上說，不能肯定天理，從事上說，不能本理以成事。理抽掉了，事幻化了，亦被遺棄了，故只剩下一片面的寂照之心。此其所以爲抽象的圓而神，而究非圓而神之故也。在此，天理誠屬重要，此爲二程所首先握住者。然剋就圓而神之最後宗趣言，則天理必具體地內在於心，而由心之虛靈妙用具體地帶之以周流運行，神感神應，方能至圓而神。如是不得不反歸於既虛亦實之具體的虛靈明覺之自身。此是大《易》相傳之圓而神，而由內聖踐履上之良知教所證悟徹悟以契者。不得因彼言般若明覺，吾即不言，亦不得因彼言之，吾若言之，即同於彼也。此是聖證學問上言心之公義，非一家所得私。而若真徹悟至圓而神，則正可因言明覺之理路如何而判圓而神之真似。此何可避而不講耶？明乎此，則龍溪正有其不可及處。

試看下段：

> 或問灑掃應對，便是精義入神，於義何居？先生曰：「天之
> 所以與我，我之所以得於天，而異於禽獸者，惟有此一點靈
> 明，所謂天之性也。率此則謂之道，修此則謂之教。其應於
> 用也，耳自能聰，目自能明，遇父自能孝，遇兄自能敬，無
> 他物也。以時而出，天則自見。灑掃應對，是其致用之時
> 也。時遇灑掃，不疾不徐；時遇應對，不阿不激。循其則而
> 不過，是為制事之義、宰物之神，皆靈明之妙應也。此易簡
> 直截根源。譬之空谷之聲，自無生有，一呼即應，一應即
> 止，前無所來，後無所往，無古今，無內外，炯然獨存，萬
> 化自此而出：天以之清，地以之寧，日月以之明，鬼神以之
> 幽，山川、草木以之流峙開落，唐、虞以之為揖讓，湯、武
> 以之為征誅，大之為仕止進退，小之為食息動靜，仁人之所
> 憂，智士之所營，百姓之所與能，盡此矣。〔案：以上即為
> 感應之實現義，理由中出以成事。〕所謂一點靈明者良知
> 也。精義入神者，致其良知之用也。外良知而知，謂之鑿；
> 舍致知而學，謂之蕩。其機存乎一念之微。聖狂之分，罔與
> 克之間而已。是為虞廷精一之傳，孔門退藏之旨，千聖之學
> 脈也。（《王龍溪語錄·新安斗山書院會語》）

案：此即真實圓而神之徹悟，言之可謂美矣。

十二、在超越的證悟中眞主觀與眞客觀之成立及 其統一

　　吾人必須知：言內聖之踐履，必開出先天之工夫，經驗的工夫不相應。開先天之工夫，則不能只重理，使心落後著，即必須透至本心，攝理歸心，心冒乎理，理由中出。落實言之而可以成爲踐履之內在理路者，則必曰「良知之天理」與「致良知之天理於事事物物」。致良知之宗極必達圓而神。圓而神是「理之具體地內在於心而由心之虛靈妙用具體地帶之以周流運行，神感神應」，而至者。龍溪徹悟，理皆不謬。然在良知教中，攝理歸心，心冒乎理，于此若眞想達至悟而神而不流於蕩，眞是由「心之虛靈妙用具體地帶著理以成事」，則必不可只偏重形上之證悟，且須眞切於「超越之證悟」，納形上證悟於超越證悟中。及至踐履純熟，使經驗的意純化而從心體流，即純化而爲良知本體所主宰，則超越證悟即與形上證悟融化而爲一，由「即工夫即本體」而至「即本體便是工夫」。此即爲圓而神之大成化境。至此，全體朗現，一片靈光照滿大地。故至圓而神之境，一體平舖，一切皆顯，更無隱曲。故良知教爲顯教。此爲攝理歸心所必至者，亦無不足，亦無可疑。然若於超越證悟，稍有輕忽，只由形上證悟以言圓神朗現，則即不免於蕩，而「顯」亦不免轉示淺露。蓋眞正圓而神不離天理之曲成。天理所曲成者，事也，物也。事物因天理之曲成而客觀化而貞定，不只是一意念，不只是一流逝，不只是形上證悟中一念萬年，一了百了之只是形式的意義、主觀的意義之涉事。在程朱，心雖不及，雖只抽象

地、觀解地以言超越而普遍之理，然其言理是送出去，相應物說，故理客觀，物客觀。說到理之成物是要客觀，它一成，便是它了，便是物各付物，而還它一個個性。如是各正性命，充實廣大，而全幅人文世界、價值事業，亦是各正性命，各有其位。故程朱從性量上說其規模是較廣大。雖是抽象的、觀解的，然確示廣大義。今對治其抽象的、觀解的，而使其轉爲具體的、踐履的，攝理歸心，心冒乎理，則是攝萬殊於一點。此即爲萬法歸一。然此歸一只是一形上之證悟。從外至內，爲萬歸一。從內至外，爲一函萬。然在形上證悟中，一函萬是只有形式的意義、主觀的意義，尙未眞能具體地、客觀地鋪開。亦猶程朱之只是抽象的、觀解的客觀之未通過心，遂只轉爲道問學之經驗工夫，而與內聖踐履不相應。此是原始的客觀，未通過主觀，故非眞客觀。而若通過主觀以至一函萬，而一函萬若只是形式的意義、主觀的意義，則亦是原始的主觀之未通過客觀，故亦非眞主觀。此則既不免於蕩，又不免於孤狹；而規模自見其小矣。故既萬法歸一矣，若要免於蕩與孤，而使一冉散而歸爲萬，主觀通過客觀成其爲眞主觀（亦即主客觀之眞實的統一），則必須在「超越的證悟」中，理由中出，化習成事以散之。此則一函萬不只形式的意義、主觀的意義，而是眞能具體地、客觀地平散開。此時各正性命，物各付物所具有之客觀性乃是具體而踐履的客觀性，眞實的客觀性，不是程朱那裡之原始的客觀性。如是，始有踐履上之眞實的充實廣大，而非只抽象的、觀解的充實廣大，此後者是虛而不實，故在觀解上雖規模廣大，實只成一些道問學上之知解，而在生活之識度氣度上、踐履之心量性量上，倒反而不廣大。而眞實的充實廣大則只見之於孔子。陸王一系實相應孔子之踐履而

立敎。彼等之實際踐履，雖不及聖人於萬分一，然如此立敎，如此踐履，是不錯的。王龍溪之所以不免於蕩之譏，只在其說「形上的證悟」多了些，而於超越的證悟，則不但在踐履上，即在講說上，亦見少了些。凡陸王一系皆易有此病。其中惟陽明本人較能眞切於超越的證悟，故彼即較他人爲平實而充實，規模亦較大。

十三、良知敎之顯義、密義、內在義，與超越義：下轉羅近溪

　　內聖踐履、超越的證悟，固須盡其在我，然時節因緣之所遭逢，生命根器之所蘊發，皆是無窮無盡，難作劃一，於玉成上皆有關係。故萬歸一，一歸萬之主客觀統一能至何種程度，除盡其在我外，皆有命存焉，不可不知也。故孟子曰：「仁之於父子也，義之於君臣也，禮之於賓主也，智之於賢者也，聖人之於天道也，命也，有性焉。君子不謂命也。」「不謂命」是說從性上盡其在我。然畢竟說是「命也」。在超越的證悟中，能知有我所不能成之事，即在自己分上，亦未必眞能睟面盎背，施於四體，「骨肉皮毛，渾身透亮」（羅近溪語），在體現、習化事成中，供良知本體通透潤澤於全體生命之無窮複雜之事中，如羅近溪所謂「抬頭舉目，渾全只是知體著見，啓口容聲，纖悉盡是知體發揮」，而況家國天下之事、歷史文化之續、參贊宇宙化育之業，更有非吾所盡能成辦者。知自己有所不能，而常懷悲惻之感，益顯心體性體之超越，而同時吾之心量性量即隨心體性體之超越而同其超越，凡吾所不能盡不能成之無窮無窮事一一皆客觀地肯定之，且肯定無限未來之生命以成

之，無限未來之生命亦永不能了，一一仍須作此無盡之肯定，此即
爲仁者無盡之悲懷，無盡之肯定。如是則心量廣大，常存超越之敬
畏。在圓而神之一片靈光中，一切皆內在而平鋪，此即爲顯教。然
無盡之悲懷、無盡之肯定，則顯超越之敬畏，此即顯而密矣，內在
而又超越矣。此爲良知教中之「密」義與「超越義」。此義龍溪不
能及，而近溪則及之。故次龍溪，而言近溪。（由無盡之悲懷、無
盡之肯定、超越之敬畏，所顯之「密」義與退藏於密之「密」不
同。退藏於密之密是萬歸一，攝客觀於主觀，而撮於一點，此是正
面說，亦是形上之證悟，龍溪雅言之。而與超越義相連之密義，則
是由超越的證悟而知命以言之，此是反面說。超越的證悟兩頭通，
自體現習化事成言，則爲圓而神之內在；自無盡之悲懷、無盡之肯
定言，則爲知命之超越。）

下篇

劉蕺山誠意之學

一、劉蕺山開端別起：歸顯於密

所謂開端別起者，將外擴的致良知教中之「良知之用」收攝於內斂的誠意教中之「淵然貞定」之「意」也。如是，一、不得不嚴分意念，不可以生滅有對之念為意；二、由意彰著心之所知為心，而特重主宰性。

吾人說良知是通透於天心仁體之全蘊的「既虛亦實」之本質，而其首先呈現於人之心目中者，則為其虛德，即所謂「虛靈明覺」者是。縱亦知其復為實德，然畢竟是以神用或妙用見，即所謂「作用見性」者是，故曰「良知之用」。此當然是聖神圓教（大而化之之謂聖，聖而不可知之謂神），其本身並無不足處。然人之踐此則甚難。由虛與用，見其完全是活的、圓的、具體的：無方所、無典要，真是唯變所適。雖說「自有天則」（此即其為實德，故云良知之天理，良知即準則），然由虛與用，在其渾圓通化之中，天則之「方」並不凸顯，並不挺拔，盡消化吞沒於「圓而神」之用中，若無真實透徹工夫，站得住，把得穩，真至所謂仁精義熟，則一霎而

天則泯矣。或流於虛玄而蕩,夷良於賊;或流於情識而肆,一是皆良。此則成爲全無收煞者。此虛、用、圓神之顯教、圓教所最易順致者。蓋一切在虛用中而散矣:解纜放船,任其所之,便只見流逝,而不見凝聚。當然良知本身旣活轉亦凝聚,並無聚散之對待相,自亦無走失相。此即所謂圓教。然踐此者則甚易走失。不拘謹矜持,則恣肆狂蕩。要自然,便有自然之病;要戒懼便有戒懼之病。其幾甚微。故不可不提撕而預防也。

　　預防者,即在將平散之虛用收攝於「淵然貞定」之實體。此不是任何外在的工夫與矜持所能防止者。外在的工夫是外縛,而外縛的反動是狂蕩,此皆是經驗層上之相矛盾地互爲因果者。致良知教當然不是敎人狂蕩。然踐之不眞不實,則易流於經驗層(即感覺層)上之狂蕩。是以預防而對治此狂蕩,當然不能從外在工夫之外縛上想。致良知本是內在的、先天的工夫。然其特徵在虛用與圓神,故預防其弊,亦須內在地將其收攝於「淵然貞定」之實體,而開出一仍是內在的、先天的工夫。此即是歸顯於密,誠意之學之所由立。

　　相應此旨,劉蕺山別立四句敎云:

　　　有善有惡者心之動,好善惡惡者意之靜。
　　　知善知惡者是良知,有善無惡者是物則。

劉蕺山不先抽離地設定一「無善無惡」之「心之體」,直就具體的眼前呈現的動用之心而言心,此不是超越分解地說,而是現象學地、描述地說。故直云「有善有惡心之動」:心之關涉於經驗而發

心動念必隨經驗而歧出而分化，故有善惡之「兩在」。心之動之善惡兩在不能離其念，故心之動必有特殊內容於其中：心之動與念乃本質上不可離者。是以心之動之善惡兩在必然地（分析地）函著念之善惡兩在。此是現象學地、描述地所涉及之呈現上之同一事。

但是，心不能只是現象學地順經驗一面去看。它還有超越的一面。這超越的一面也可以現象學地而且體性學地給指點出來，反顯出來。這便是「好善惡惡意之靜」一句之所示。此好善惡惡之「意」不是經驗層上之「念」，它是超越的、先天的、道德判斷所自出的絕對自肯、純一無二的自肯、恆自淵然貞定的自肯，所以它是絕對地「善的意」，絕對地「善的自肯」。順這自肯而直接推出的或最原始的道德態度或道德決斷便就是這「好善惡惡」所表示的。「好善」就是這自肯（即意）恆是如其性而肯定善，「惡惡」就是這自肯恆是如其性而否定惡或排拒惡。故好善惡惡是這自肯之「一幾二用」：表現出來是好善惡惡之二用，而其背後那超越的根據卻只是這純一無二的自肯，這是永不會分化而恆自貞定如如的，此就是所謂「幾」之一，這裡沒有善惡的對待，所以是至善、絕對的善。它既不是經驗層上的念，因為念是有生滅起伏、善惡對待的，而它卻是靜定如如，且無對待；而它的好惡也不是只是經驗層上心理現象的喜歡不喜歡，因為喜歡不喜歡是自然現象，無所謂善惡，譬如你喜歡吃咖啡，我喜歡吃紅茶，這無所謂你善我惡，或我善你惡，而此好善惡惡一幾二用之意之好惡卻正是道德價值之肯定，因此它本身是至善，由其好善惡惡之一幾二用而見其自身為至善。它所好惡的內容（對象）不是順生理需要所喜歡不喜歡的對象，而是發之於心，動之於心，有道德意義的念：善念必好，惡念

必去。是以這好善惡惡之意只是這去肯定善排拒惡,而反顯其自身為絕對的、純一無二的、至善的自肯,而它本身卻不是具有某一特殊內容之念。是以它總是超越的、恆自貞定如如的。它雖不是經驗層上的「念」,但它卻也是現象學地呈現的,它不是一個抽象,也不是一個設定。它是一個具體的絕對真實。這就是可以現象學地而且是體性學地給指點出來或反顯出來的心之「超越的」一面。惟因有此一面,人心始有主宰可言。

　　吾於〈上篇〉講陽明時,言念之動(類比於氣之動)有善有惡,此是經驗層上之第一序,而動於念(類比於動於氣)則無論善念惡念,一齊皆壞。此動於念是念之動後而又返回來加了一點意思,此是純粹的私意,此是經驗層上之第二序。但此好善惡惡之意,既不與念為同層,也不是順著念而返回來仍是經驗層上之第二序。它既不是順著念而滾下去,它是超越的,它當然要逆著念而反顯。可是這逆著念而反顯卻不同於那仍屬於經驗層上的第二序之「動於念」。它之由逆著經驗的念而返回來而見,是逆回來而歸於與經驗的念為絕對異質的另一個根:它自身既純一無二,無分化對待,復恆自貞定如如,亦不會自起波濤,造成第一序、第二序之幻象。它對於經驗層上的念確有扭轉的作用、超越的作用、主宰的作用,但它卻不可視為第二序。因它與念不同層故、根本異質故,其自身恆自貞定如如,不起虛幻故。順此意而自作主宰,獨立而不改,旁行而不流,周行而不殆,便是真主宰。若無此真實的主宰,而說我定要如何如何,則皆矜持也,虛偽也,亦即皆念也。孔子說:「毋意、毋必、毋固、毋我。」然則意、必、固、我者皆念也,縱善,亦念也。此不是真作得主的。意之而可以不意,必之而

可以不必，固之而可以不固，有我而可以喪我。此其所以爲經驗的、偶然的、對待的、生滅起伏的之故也。這裡沒有主，故總是顛倒也。若順眞實的主宰去，則無意而自意，無必而自必，無固而自固，無我而自我，而此即爲無限之眞我。化念歸意，即爲誠意。此爲劉蕺山所獨自深造者。

好善惡惡決不是盲好盲惡。故好善惡惡而是知善知惡。故云：「知藏於意」。而此知即爲良知。此藏於意之知即意自身之瑩徹明覺。如是，凡陽明所說皆可承受吸納而無遺。然而攝知於意，則良知之用頓有收煞，此即歸顯於密，而無淺露之感，而虛玄之蕩與情識之肆亦可堵絕而無由混似成眞。知至善，意亦至善。知之爲準則以虛與用之圓而神見，意之爲準則以實與體之貞而定見。攝知於意，知有主宰；而意蘊於知，意亦具體。此則「方圓合一」之敎，吾人由蕺山之知藏於意而知之，而陽明未之能著也。

「有善無惡是物則」，此所謂「物則」即「天則」。天則者意知獨體所呈現或所自具之體物不遺（亦即範圍曲成而不遺）之天理也。此則自是有善而無惡，亦仍是至善也。由此而謂格物，即格知此意知獨體之本物也。故云：「後儒格物之說，當以淮南〔即王艮在淮南講學時所主之說〕爲正。曰：格知身之爲本，而家國天下之爲末。予請申之曰：格知誠意之爲本，而正、修、齊、治、平之爲末。」如是格物即誠意，物即意知之獨體，非「意之所在」，亦「非知之所照也」，而即意知獨體之自己。劉氏對於格字未有訓釋。揆其意，當亦近陽明，即訓格爲正。正之即成之，成之即實之。唯非正「意之所在」、「知之所照」之物耳。而即正此好善惡惡之獨體也，故格物即誠意。誠意者即如意之純一不二而還其爲純

一不二之謂也。如是致知、格物、正心皆縮於誠意，是一事。意如其為純一不二而還之，則心亦還其為心而不逐念而流矣。由意之誠彰著心之所以為心，因意之所在即知之所在、理之所在故也。彰著心之所以為心即「正心」。正心即「心還心」。意還意，心還心，則經驗層上之「念之流」融於心、意、知、理中而為天理流行之表現，此即為「化念還心」（亦可曰化念歸意）。念融於心、意、知、理中而忘其為念，時時念，時時無念；而心、意、知、理之獨體亦充實而彰顯，時時有，亦時時無，有而不滯於有，無而不淪於無，而無限之真我即屹然自立於經驗流中矣。此為內聖踐履之所至者。致良知之先天工夫是由本以外擴（致知成物），誠意之先天工夫是由末以返本（化念還心）。故曰歸顯於密也。要在從各面說，而非對立也。當知天心仁體之德，一皆通全，不相滯礙。惟依性起修，踐履有度，是以立教有不同耳。而亦未始不相發而相補也。是以聖教不諍，圓音無礙。諍者滯而未通，礙者其音不圓。以此衡之，則劉蕺山雖有深造自得，而未及陽明之純熟。觀其斥陽明處，滯礙甚多，即可知矣（於義於辭皆未至無礙之境）。

二、心體與性體

以下所抄語錄，俱見《明儒學案·蕺山學案》。

獨字是虛位。從性體看來，則曰莫見莫顯。是思慮未起，鬼神莫知也。從心體看來，則曰十目十手。是思慮既起，吾心獨知時也。然性體即從心體中看出。

此段是綜攝《中庸》、《大學》之兩段經文而成者。《中庸》開首一章云：「天命之謂性，率性之謂道，修道之謂教。道也者不可須臾離也。可離非道也。是故君子戒慎乎其所不睹，恐懼乎其所不聞。莫見乎隱，莫顯乎微。故君子慎其獨也。喜怒哀樂之未發，謂之中。發而皆中節，謂之和。中也者，天下之大本也。和也者，天下之達道也。致中和，天地位焉，萬物育焉。」

《大學》〈誠意〉章云：「所謂誠其意者，毋自欺也。如惡惡臭，如好好色。此之謂自謙〔慊〕。故君子必慎其獨也。小人閒居為不善，無所不至。見君子而後厭然。揜其不善，而著其善。人之視己，如見其肺肝然。則何益矣。此謂誠於中，形於外。故君子必慎其獨也。曾子曰：『十目所視，十手所指。其嚴乎？』富潤屋，德潤身。心廣體胖。故君子必誠其意。」

《大學》直就心體言誠意慎獨；而《中庸》之言慎獨，則既本乎「天命之謂性」，而又通乎致中和，天地位，萬物育。即，心體、性體並舉。蕺山誠意慎獨之學直本此兩經文而立，既不似朱子之就致知格物而開其道問學之途徑，亦不似陽明之扭轉朱子致知格物之講法而開其致良知之途徑。致良知是由道問學而內轉，而誠意之教則復就致良知之內而益內之，所謂歸顯於密也。歸顯於密，就心體言，是使良知之虛用有收煞，此為「內在之密」，就性體言，則由良知與意所見之心體直透於性體，而益見心體之幽深邃遠，此為「超越之密」。內在之密是內攝，超越之密是上提。內攝而上提，則永絕蕩肆之弊。此蕺山之學在「存在的踐履」中之所深造自得者。然內在超越，通而一之，故云「性體即從心體看出」。而工夫則在「慎獨」（等於誠意）。蕺山指出「獨」字是虛位。其所意

指之「實」即性體、心體也。「上天之載，無聲無臭」，「維天之命，於穆不已」，「文王之德之純，純亦不已」，此皆指性體而言也。故曰：「從性體看來，則曰莫見莫顯。是思慮未起，鬼神莫知也。」此是超自覺而惟是「於穆」之不已。至隱而至微，然亦至見而至顯，所謂「森然」也。性體在是，道即在是。故戒慎恐懼於不睹不聞而慎其「獨」也。此獨字指性體言。《中庸》下文言：「喜怒哀樂之未發，謂之中。發而皆中節，謂之和。」「致中和」是從「心體」上說。是即性體上之慎獨工夫必落在心體上說。故《大學》言誠意慎獨直就心體而言也。於心體處何以言慎獨？曰就意之「毋自欺」而言也。「毋自欺」是消極的說法，而積極說法，則是「自慊」。慊，快也、足也。推之，即誠也、實也。此為意之絕對自肯，好善惡惡之絕對自肯。其好善之誠，如好好色。其惡惡之誠，如惡惡臭。故此好善惡惡之意是超越的、絕對的善。此由心體以彰著性體也。性體是「森然」，故令人戒懼，而慎其獨；心體之意是不能自欺，所謂十目十手，其嚴乎，故令人戒懼，而慎其獨。意之好善惡惡中即知善知惡矣。此知是心之虛靈明覺之良知或原知，此亦言心體也。故蕺山云：「從心體看來，則曰十目十手。是思慮既起，吾心獨知時也。」此是自覺而不自欺之境界。自覺是心通過意知而即以其自己為對象。此用黑格爾之術語言之，則為「對其自己」。故心體上之不自欺即「對其自己」也。而性體處之森然，則「在其自己」也。在其自己是「存有原理」表示性體之「存有」；對其自己是「實現原理」，表示性體之通過心覺而呈見，而實現（此即蕺山所謂「性體即從心體中看出」）。此兩者之綜和，即內在而超越之通於一，心體性體之通於一，則為「在而對其自

己」。此必須在「存在的」主觀踐履中而證悟澈悟到。然雖通於一，而性體則總通過心體而恆自保持其幽深邃遠義、超越義。此將於末節深論之。

三、心意知物皆是超越一面

> 《大學》之言心也，曰忿懥、恐懼、好樂、憂患而已。此四者心之體也。其言意也，則曰好好色，惡惡臭。好惡者，此心最初之機，即四者之所自來。故意蘊於心，非心之所發也。又就意中指出最初之機，則僅有知善知惡之知而已。此即意之不可欺者也。故知藏於意，非意之所起也。又就知中指出最初之機，則僅有體物不遺之物而已。此所謂獨也。故物即是知，非知之所照也。《大學》之教，一層切一層，真是山窮水盡學問。原不以正誠爲主意，以致良知爲用神者。

案：此段確定心、意、知、物四字之義。從發用言心，先不抽離地設定一無善無惡之「心之體」。就好善惡惡之超越的絕對自肯以言意，故「意蘊於心，非心之所發」。就「意之不可欺」（毋自欺）以言知，故「知藏於意，非意之所起」。（案：陽明亦不說知是意之所起。此句只是如理說，非有對遮也。）就體物不遺之獨體以言物，故「物即是知，非知之所照」。（非意之所在，非知之所照，此對遮陽明之所說也。「僅有體物不遺之物而已」，其意當是：只有體物而無所遺的一個東西而已，這個東西便是「獨」。故「體物不遺之物」，此物非即「體物」中之物字。否則，不可說獨矣。此

處見蕺山措辭多隱晦。）由此四解，故綜括為四句如下：

　　有善有惡者心之動，好善惡惡者意之靜。
　　知善知惡者是良知，有善無惡者是物則。

此四句已見前解。

　　惟言「《大學》之言心也，曰忿懥、恐懼、好樂、憂患而已。
此四者心之體也。」此數語未安。其意是就發用言心，現象學地、
描述地以言之。說此四者是心之體，亦是由作用以見體。惟案《大
學》云：「所謂修身在正其心者，心有所忿懥，則不得其正；有所
恐懼，則不得其正；有所好樂，則不得其正；有所憂患，則不得其
正。」依此言之，此四者雖是心之發用，然卻是不好的一面。此四
者皆可有勝義與劣義兩面。然因「不得其正」，故此處所說皆是劣
義。如是而言「此四者心之體」，雖是由作用以見體，亦不是那清
淨原體。此所謂心之體，是現象學地、描述地，直就心之發用而言
心之本質，即心之本質在發用也。此發用而善惡雜，然皆發用也。
故云「有善有惡者是心之動」。此是經驗地說。故現象學地、描述
地直就心之發用所言之心，乃是經驗層上的。由此而上翻以反顯超
越的一面，此即「蘊於心非心之所發」之「意」也。故誠意以正
心。依劉蕺山，誠意即是還意之純一不二，正心即是由意之誠以正
心之發用之經驗層上之雜而供之歸於純。故其誠意即相當於陽明之
致良知。在陽明，以致良知為先天工夫之關鍵，而意屬於經驗層。
故致良知，則意誠而心自正。在蕺山，以誠意為先天工夫之關鍵，
而以心之發用為經驗層。故誠意則心正，亦不必說致良知矣。而良

知亦即在意之誠中見。良知即意之不可欺，故意誠，良知即見。惟
心之發用既是經驗層上之雜，則云：「其言意也，則曰好好色，惡
惡臭。好惡者，此心最初之機，即四者之所自來」。此最後一語為
不妥矣。意是超越的一面，絕對至善。何以能說此經驗層上之四者
是由之而來？劉氏措辭之不妥處、滯礙處，大都類此。此其義理不
純熟，故「文字般若」不足也。

　　此心之發用之經驗層上之雜即「念」也。

四、念則經驗一面：意與念之別

> 心無善惡，而一點獨知，知善知惡。知善知惡之知，即是好
> 善惡惡之意。好善惡惡之意，即是無善無惡之體。此之謂無
> 極而太極。意者心之所存，非所發也。或曰：「好善惡惡，
> 非所發乎？」曰：「意之好惡，與起念之好惡不同。意之好
> 惡，一機而互見。起念之好惡，兩在而異情。以念為意，何
> 啻千里？」

心無善惡是言心之清淨原體，是謂至善。若對發用言，此是抽離地
說。而此抽離地說之清淨原體，若落實而歸於具體，則因超越一面
之意知而彰著其為至善，為具體而落實之至善。知善知惡之良知即
藏於好善惡惡之不可欺之意中而融於一，此皆是純粹至善，而無對
待相、生滅相者。故云：「即是無善無惡之體。」此種語句，當時
凡言至精微絕對處，皆喜用之，而滋生謗議。現在都當解為「純粹
至善」，無對待相，無生滅相。

　　意既是超越的純粹至善之絕對自肯，故爲心之所存，而非心之
所發。心之存主而不逐物者，即此所存之意也。逐物而起者則念也
（陽明所謂隨軀殼起念）。「意之好惡，一機而互見。」「一機」
者，絕對之自肯；「互見」者，好善而惡惡：肯定善排拒惡俱見此
一機之呈露。「起念之好惡，兩在而異情」。起念是屬於經驗層，
逐物而起。逐於此，「此」即爲其念之內容而縛繫此念，供念與之
爲凝一；逐於彼，亦然。念之好即著於此而不著於彼，念之惡即不
著於此而著於彼。然無論好惡，皆逐物而起。此逐物而起即是念的
一個普遍特徵，由此而說「兩在而異情」。「兩在」者，皆爲其所
趣著者縛繫，而與之爲凝一，故好惡而兩在。「異情」者，好之與
物凝，成一特殊之限定，惡之與物凝，亦成一特殊之限定，故異其
情也。此「兩在而異情」之好惡之念，亦可有善的，然而不必其
善，因逐物而起故，即善，亦是相對而限定之善。因此，此好惡之
念乃善惡混雜，經驗的、偶然的、生滅起伏的。其普遍底子乃是逐
物而起，兩在而異情。故爲善惡雜。意之好惡，其普遍底子乃是絕
對之自肯，一機而互見，故爲絕對善。依此言之，決不能說意是忿
懥、恐懼、好樂、憂患之念之所自來。

　　　　心、意、知、物是一路。不知此外何以又容一念字。今心爲
　　　　念，蓋心之餘氣也。餘氣也者，動氣也。動而遠乎天，故念
　　　　起念滅，爲厥心病，還爲意病，爲知病，爲物病。故念有善
　　　　惡，而物即與之爲善惡，物本無善惡也。念有昏明，而知即
　　　　與之爲昏明，知本無昏明也。念有眞妄，而意即與之爲眞
　　　　妄，意本無眞妄也。念有起滅，而心即與之爲起滅，心本無

起滅也。故聖人化念還心，要於主靜。

意既不是念之所自來，然則念何自來？蕺山曰：「今心為念，蓋心之餘氣也。」此「餘氣」一詞甚有意思。餘氣者，心氣之動被物所牽引，遺出而洩漏，遂凝結於感覺之情，而不返者也。遺出而不返，遂為心之餘氣矣。心氣之靜本無所謂餘。心氣之靜，即所謂「心體」也。（由心體以透性體之心體。）然動用流行是心之本性，故於心亦可言氣，而曰「心氣」。（氣有心氣、物氣之別。）心氣之動，若不經過內聖之踐履工夫以貞定之，使之恆如其性，而一味順其經驗的自然之動用而流行，則其動也，即不能將其內蘊全幅保聚於其自身而恆如其性，而圓整其自己，使之無欠無餘。依此，其遺出而洩漏，外結而不返，必不可免。此則即為餘氣矣。餘之又餘，必至盡洩而無餘，則心死矣。故云：「餘氣也者，動氣也。動而遠乎天，故念起念滅，為厥心病，還為意病，為知病，為物病。」此所謂「動氣」，似尚不是陽明所說之「動於氣」，乃是對心體之靜而只順其經驗的自然之動言。順其經驗的自然之動而為浮動，此即所謂「動氣」，亦即餘氣也。故此動當為狀詞，而非被動詞。此成餘氣之動氣，必為浮動之氣。故愈動而愈遠乎天。原夫心之所以浮動而為念，而為餘氣，蓋為物欲所牽引故也。逐物而馳，往而不返，故念起念滅，好惡兩在而異情。而動而遠乎天，則餘之又餘，心死而止，豈但「為厥心病」而已哉？念有起滅，心即與之為起滅，一起紛馳而逐流。念有真妄，意即與之為真妄，一起凝結而兩在。念有昏明，知即與之為昏明，一起雜染而失其靈。念有善惡，物（天則，獨體）即與之為善惡，一起顛倒而失其常。故

心死、意喪、知泯、物滅，全幅生命陷落於經驗層，而成為大虛
無。扭轉危局，化念還心，要於主靜。主靜者，收攝心之浮動而歸
於心氣之靜，使之恆如其性，無欠無餘也。而所以能至此之先天工
夫，則在緊握「意之不可欺」而恢復其超越一面之淵然貞定之常
體。心、意、知、物是一路，此超越的貞定常體一恢復，則心、
知、物皆復而恆如其性矣。故誠意慎獨為單提直指之先天工夫。

> 天一也，自其主宰而言，謂之帝。心一也，自其主宰而言，
> 謂之意。〔……〕今言意為心之所發，亦無不可。言所發而
> 所存在其中。終不可以心為所存，意為所發。意者心之所
> 發，發則有善有惡。陽明之說，有自來矣。抑善惡者意乎？
> 好善惡惡者意乎？若果以好善惡惡者為意，則意之有善而無
> 惡也明矣。然則誠意一關，其止至善之極則乎？

無論經驗面或超越面，心總以動用為性。故就超越面而言，說意為
心之所發（即心之發用）亦無不可。然此「無不可」，卻是說：一
言所發而所存即在其中。故終不可以心為所存，以意為所發也。蓋
如此，則心、意分落於兩層面，心為超越面，意為經驗面，而意為
念而非意。若所發、所存是一，則心、意俱在超越面，而心之為超
越面而恆如其性乃由意而彰顯。蕺山體此甚深。意既為心之所存，
由好善惡惡而見，則意自是有善而無惡，而有善有惡者念也。意有
善而無惡，則心知物皆有善而無惡，皆是至善。

> 如惡惡臭，如好好色，蓋言獨體之好惡也。元來只是自好自

惡。故欺曰自欺，慊曰自慊。既是自好自惡，則好在善，即
是惡在不善。惡在不善，即是好在善。故好惡雖兩意而一
幾。若以所感時言，則感之以可好而好，感之以可惡而惡，
方有分用之幾。然所好在此，所惡在彼，心體仍只是一個。
一者誠也，意本一，故以誠還之。非意本有兩，而吾以誠之
者一之也。

意之好惡，「雖兩意，而一幾」，或「一幾而互見」，皆表示它是
超越之至善，而不是經驗層上之「兩在而異情」。此蕺山學中之最
精采者。

五、與致良知教對刊：疏通結礙

古本聖經而後，首傳誠意。前不及先致知，後不及欲正心。
直是單提直指，以一義攝諸義。至末又云：故君子必誠其
意。何等鄭重。故陽明〈古本序〉曰：「《大學》之道，誠
意而已矣。」豈非言誠意而格致包舉其中，言誠意而正心以
下更無餘事乎？乃陽明宛轉歸到致良知，為《大學》本旨。
大抵以誠意為主意，以致良知為工夫之則。蓋曰誠意無工
夫，工夫只在致知，以合於明善是誠身工夫，博文是約禮工
夫，惟精是唯一工夫。豈不直截簡要？乃質之誠意本傳，終
不打合。〔一〕及考之修身章，好而知其惡，惡而知其美，
只此便是良知。然則致知工夫，不是另一項，仍只就誠意中
看出。如離卻意根一步，亦更無致知可言。余嘗謂好善惡惡

是良知。舍好善惡惡，無所謂知善知惡者。好即是知好，惡
即是知惡。非謂既知了善，方去好善，既知了惡，方去惡
惡。審如此，亦安見所謂良者？乃知知之與意，只是一合
相，分不得精粗動靜。〔二〕且陽明既以誠意配誠身、約
禮、惟一，則莫一於意，莫約於誠意一關。今云「有善有惡
意之動」，善惡雜糅，向何處討歸宿？〔三〕抑豈《大學》
知本之謂乎？如謂誠意即誠其有善有惡之意，誠其有善，固
可斷然為君子，誠其有惡，豈有不斷然為小人？吾不意謂良
知既致之後，只落得做半個小人。〔四〕若云致知之始，有
善有惡，致知之終，無善無惡，則云《大學》之道正心而已
矣始得。前之既欲提宗於致知，後之又欲收功於正心，視誠
意一關，直是過路斷橋，使人放步不得。主意在何處？
〔五〕

案：此段與致良知教對刊。可如所注之五點疏解如下：

一、「乃質之誠意本傳，終不打合。」此是經傳原文如何講問
題。關此，吾人須知宋明儒講學皆獨具個人義理系統，不純是注解
原文問題。從致知格物，即物而窮其理，亦可成一系統，如朱子；
扭轉朱子格物之說而言致良知，亦可成一系統，如陽明；直就誠意
慎獨而說，亦可成一系統，如蕺山。致良知教乃是天外飛來，由超
曠之悟而得。不過落於《大學》而已。衡之經傳原文，也許朱子所
講較為切合。然不礙義理系統之進展也。故已不是與原文打合否之
問題。即如蕺山單提誠意，「知藏於意」之知為良知，原文究是此
意否，亦未敢必。然不礙客觀義理之極成也。

二、「乃知知之與意只是一合相，分不得精粗動靜。」既知是「一合相」，則誠意可，致知亦可。如是，「離卻意根一步，亦更無致知可言」，此兩語亦可說，亦不可說。如認為一合相，分不得精粗動靜，則可說；如認陽明不知此一合相，認其所謂良知乃與蕺山所說之意脫節，則不可說。蓋陽明之良知本是「既虛亦實」之全德，由是非之心、羞惡之心，合一而言之。如是，則蕺山所說之意即含其中，而總名之曰良知，特彰虛用義。然由良知之虛用見主宰，則主宰義含其中。惟未特標明舉，而將原文之意推出去視為經驗層上之念耳。如是良知屬超越面，意屬經驗面，而「致良知」即足矣。故好善惡惡與知善知惡是一，在陽明亦不背也。如是則無所謂「離卻意根一步，更無致知可言」矣。若因良知虛用之弊而流為蕩肆，特將意根明標特舉，將誠意之意視為心之所存，使良知之虛用有收煞（良知本有收煞，只對弊而言），則固學術中之一進步。然如此，亦必須知誠意固極成，致良知亦極成也。不必尊此絀彼，造成滯礙於胸中。知不相礙而相成，則學術之大通也。

三、「今云有善有惡意之動，善惡雜糅，向何處討歸宿？」曰：即在良知處討歸宿。蓋良知是虛實之全德，屬於超越面，意則為念，屬經驗面。亦如化念還心，向意處討歸宿也。

四、「吾不意謂良知既致之後，只落得做半個小人。」案：此不成義理。在陽明，由致良知而誠意，亦猶在蕺山由誠意而化念還心。蓋陽明之「誠意」與蕺山之「誠意」，不但「意」不同，即「誠」字之解法亦不同。在蕺山，解誠意為：如意之純一不二而還其為純一不二，「非意本有兩，而吾以誠之者一之也。」而在陽明，則意為念，正是念本有兩，而吾以致良知使之歸於一。使之歸

於一，亦是化念還心也。良知運行，則意念即無有兩，而一是皆純矣。此之謂誠意。非如其爲善念而實之爲善，如其爲惡念而實之爲惡。此則成何說法？何可如此解人？審如此，則蕺山之「化念還心」亦不可能矣。蓋念是餘氣，既遺出外結而爲善，即善矣，遺出外結而爲惡，即惡矣，皆成定局，如何化它？非是化已成者，而是由誠意愼獨使之不再如此耳。由致良知以化念，亦是如此。焉可解爲「只落得做半個小人」？蓋蕺山之「誠意」與陽明之「致良知」，其工夫與作用皆在同一層次。誠意是以誠還之，致良知是不要間隔而推致之，擴充之。此皆是立本而見超越一面之工夫，故其爲工夫同也。立本而見超越一面之工夫即在對治經驗一面：在陽明，爲由致良知而誠經驗義之意，故正好落在誠意上，而在蕺山，則由誠意而化念還心，然而《大學》卻並無一個念。然而總有個經驗面，故其作用亦同也。欲正心，先誠意；欲誠意，先致知；而致知在格物。此一串表說上的先後次序，總得有一個起點。在朱子，則直就《大學》之次序，從格物起，而成爲道問學之途徑、經驗之工夫。是就原文說，有表面之順適。然就客觀義理說，經驗之工夫與內聖之踐履不相應，道問學之格物與正心誠意並無本質的關係。如是，陽明以其超曠之悟，提出致良知，而落在《大學》之致知上，遂解致知爲致良知，以此爲起點。如是扭轉經驗之工夫而爲先天之工夫，與內聖之踐履爲相應矣。此起點之工夫是立本而見超越一面，而經驗一面則落在誠意上。至於正心與格物則落在委蛇上。在蕺山，則立本而見超越一面之工夫是直就誠意愼獨說，心意知物是一路（由毋自欺而見良知，以及致知之知亦解爲良知，亦是隨同陽明之天外飛來而就《大學》而點出者），而由心之動以開出一經

驗面之念字，此在《大學》所列舉之次序上並無字面之著落者，其
著落即在心之動，義理亦通。是則凡立本而見超越一面之工夫字，
如致良知之「致」字，誠意之「誠」字，與其所對治之經驗面處之
工夫字，如誠意之「誠」字（陽明），正心化念之「正」字與
「化」字，解法皆不能同。而蕺山則以自己立本而見超越一面之
「誠」字解陽明經驗面之「誠」字，遂有「只落得做半個小人」之
刻語，此則蕺山之滯礙不通者，不可不察也。

　　五、「視誠意一關，直是過路斷橋，使人放步不得。主意在何
處？」曰：主意即在誠意，而以致良知為工夫之則。或，「以正誠
為主意，以致良知為用神」。在蕺山，則以正心之動為主意，而以
誠意為用神，或工夫之則。兩者皆通，不必深文周納，橫生滯礙。
亦不必斤斤於《大學》原文如何如何。

　　　有善有惡意之動，知善知惡知之良，二語決不能相入，則知
　　與意分明是兩事矣。〔案：在陽明自是兩事。良知是超越一
　　面，意之動是經驗一面。〕將意先動而知隨之耶？抑知先主
　　而意繼之耶？如意先動而知隨之，則知落後著，不得謂良。
　　如知先主而意繼之，則離照之下，安得更留鬼魅？〔案：致
　　良知則消鬼魅自消，惟不致，則意念不能純而一於善。焉得
　　有意先知隨，或知先意繼之疑難耶？〕若或驅意於心之外，
　　獨與知與心，則法唯有除意，不當誠意矣。且自來經傳，無
　　有以意為心外者。〔案：此亦無理。只須確定其意為念斯可
　　耳。何得如此滯礙？若因意有善惡，即不得說誠意，然則心
　　之動有善惡，亦不得說正心乎？〕求其說而不得，無乃即知

即意乎？果即知即意，則知良，意亦良，更不待言。〔案：
此自極成。不必因此而定絀彼。蓋戢山所說之意即已含於陽
明之良知中。惟未就《大學》所說之誠意而如此點出，而以
「誠意」之意爲念耳。〕

如惡惡臭，如好好色，全是指點微體。過此一關，微而著
矣。好而流爲好樂，惡而流爲忿懥，又再流而爲親愛之僻，
爲賤惡之僻，又再流而爲民好之僻、民惡之僻。濫觴之弊，
一至於此。總爲不誠意故。然則以正心章視誠意，微著之辨
彰彰。而世儒反以意爲粗根，以心爲妙體。

案：以意爲經驗面，即爲粗根。以良知見心，心爲妙體。戢山言心
先從經驗面說，即現象學地描述地言之。此則自無所謂妙。然彼亦
知心本無善惡，本無起滅，此即心之超越面。如此，心亦自是妙
體。其所以能復其妙，正因意之誠而使心恆如其性也。意根最微，
心亦妙體，何得於此有所抑揚？此等處總見戢山之有滯礙。得無因
其特有所見而蔽耶？因此一蔽，即見其心之不化。

陽明云：「意在於事親，則致吾良知於事親之物。」只意在
於事親，便把個私意了。當晨昏則定省，當冬夏則溫凊。何
處容得意在於事親耶？

案：此亦找好聽的說。

朱子表章《大學》，於格致之說，最爲吃緊。而於誠意反草

草。平日不知作何解。至易簀，乃定爲今章句曰：「實其心之所發。」不過是就事盟心伎倆，於法已疏矣。至愼獨二字，明是盡性吃緊工夫。與《中庸》無異旨。而亦以心之所發言，不更疏乎？朱子一生學問，半得力於主敬。今不從愼獨二字認取，而欲掇敬於格物之前，眞所謂握燈而索照也。

案：此評卻恰。朱子本是經驗的工夫，未開出先天的工夫。是其不相應處。

予嘗謂學術不明，只是《大學》之教不明。《大學》之教不明，不爭格致之辨，而實在誠正之辨。蓋良知與聞見之知，總是一知。良知何嘗離得聞見？聞見何嘗遺得心靈？水窮山盡，都到這裡。誠正之辨，所關甚大。辨意不清，則以起滅爲情緣；辨心不清，則以虛無落幻相。兩者相爲表裡，言有言無，不可方物。即區區一點良知，亦終日受其顛倒播弄而不自知，適以爲濟惡之具而已。視聞見支離之病，何啻霄壤？〔案：此末流之弊，失良知之本旨。蕺山辨意以救之，自有大功。〕一誠貫所性之全，而工夫則自明而入。故《中庸》曰誠身，曰明善，《大學》曰誠意，曰致知。其旨一也。要之，明善之善，不外一誠：明之所以誠之也。致知之知，不離此意：致之所以誠之也。本體工夫，委是打合。意根最微，誠體本天。本天者，至善者也。以其至善，還之至微。乃見其眞。止、定、靜、安、慮，次第俱到，以歸之得。得無所得，乃爲眞得。禪家所謂向一毛孔立腳是也。此

處圓滿，無處不圓滿。此處虧欠，無處不虧欠。故君子起戒
於微，以克完其天心焉。欺之爲言，欠也。所自者欠也。自
處一動，便有夾雜。因無夾雜，故無虧欠。而端倪在好惡之
地。性光呈露，善必好，惡必惡。破此兩關，乃呈至善。所
謂之如好好色，如惡惡臭。此時渾然天體用事，不著人力絲
毫。於此尋個下手工夫，惟有慎之一法。乃得還他本位，曰
獨。仍不許亂動手腳一毫，所謂誠之者也。此是堯舜以來相
傳心法，學者勿得草草放過。

案：此段確鞭辟入裡。

起一善念，吾從而知之。知之之後，如何頓放此念？若頓放
不妥，吾慮其剜肉成瘡。〔案：如何頓放此念？曰：不頓放
此念，讓它過去。只致良知，而使念念皆善。〕起一惡念，
吾從而知之。知之之後，如何消化此念？若消化不去，吾恐
其養虎遺患。〔案：如何消化此念？曰：不消化此念，讓它
過去。只致良知，使念念皆善，不再有惡。〕總爲多此一
起。纔有起處，雖善亦惡。轉爲多此一念。纔屬念緣，無滅
非起。今人言致良知者如是。

案：此所以由誠意而化念還心。雖念念相續，皆是天理流行。雖起
而無起，雖念而無念。一是皆意根之所主矣。而意根最微，無所謂
起，無所謂滅也。同理，此所以由致良知而化念還心。雖念念相
續，皆是天理流行。雖起而無起，雖念而無念。一是皆良知之妙用

矣。而龍溪亦曾以慈湖之「不起意」解良知,而在四無中又言「無意之意則應圓」,是即已開蕺山之所謂「意」,而「意與知只是一合相,分不得精粗動靜」,亦含其中矣。見〈中篇〉。

六、答董標心、意十問

董標問:「有意之意與無意之意同否?」曰:「人心之有意也。即虞廷所謂道心惟微也。惟微云者,有而未始滯於有,無而未始淪於無。蓋妙於有無之間,而不可以有無言者也。以為無,則墮於空寂;以為有,則流於智故。又何以語心體之本然乎?則是同是別之疑,可釋也已。」

案:此是就意根最微之意而言其有無相。但此問亦可解為有意之意是念,無意之意是意。再進一層始說:無意之意即是意根最微之意。此則妙於有無之間而不可以有無言。蓋此意恆是淵然貞定,而不自身起風波者也。

問:「有意之時與無意之時礙否?」曰:「意既不可以有無言,則併不可以有無之時言矣。有時而有,則有時而無。有無既判為兩意,有無又分為兩時,甚矣其支也。時乎時乎,造物所謂逝者如斯夫,而何獨疑於人心乎?」

案:意根最微之意,就其為存有言,是有,此謂意之有相。此有是名詞或實詞。就其空蕩蕩的,恆自貞定,而不自起風波言,則為

無，此謂意之無相。此無亦是名詞。前答妙於有無之間而不可以有
無言，即就此名詞之有無言。如是之意，既不可以有無言，亦可以
有無言。惟不可以有無之時言耳。蓋此名詞之有無是就意根最微之
意之性相言。而有無之時之有無，則是動詞。惟動詞可以有時。而
有時之動詞之有無，不可以之說意根最微之意。而可以以之說念
也。蓋念有起滅，故有有無之時也。有意之時，即是起念之時，無
意之時，即是不起念之時。故此有無為動詞也。而意根最微之意則
常貞定，而無所謂起滅，故亦無所謂有無之時。惟問者當問有意之
意與無意之意同否時，其心目中之意何所指，以及有無是何意，頗
難說。如指意根最微之意言，而有無亦指名詞言，則蕺山前答及此
答皆是。如其心目中說的或想的是念，而有無為動詞，則蕺山所答
為不盡，不能使之判分意念，決其疑似。

> 問：「心有無意時否？」曰：「意者心之所以為心也。止言
> 心，則心只是徑寸虛體耳。〔案：此語有病，作象徵語看，
> 亦可。〕著個意字，方見下了定盤針，有子午可指。然定盤
> 針與盤子，終是兩物。意之於心，只是虛體中一點精神，仍
> 只是一個心，本非滯於有也。安得云無。」

案：心若全成為餘氣而為念，則只有念而無意，馴至心死，並亦無
心。若心不死，則意常在，安得有無意之時？

> 問：「意與心分本體流行否？」曰：「來教似疑心為體，意
> 為流行。愚則以為意是心之體，而流行其用也。但不可以意

為體,心為用耳。程子曰:『凡言心者皆指已發而言。』既而自謂不然。愚謂此說雖非通論,實亦有見。蓋心雖不可以已發言,而《大學》之言心也,則多從已發。不觀〈正心〉章專以忿懥好樂恐懼憂患言乎?分明從發見處指點耳。且正之為義,如云方方正正。有倫有脊之謂易〔當為正〕,所謂效法之謂坤也。與誠意字不同。誠以體言,正以用言。故正心先誠意,由末以之本也。《中庸》言中和,中即誠,和即正。中為天下之大本,誠為正本也。凡書之言心也,皆合意知而言者也。獨《大學》分意知而言之。一節推進一節。故即謂心為用,意為體,亦得。」

案:心為綜和名詞。一言心,便綜心之全德,故曰天心仁體。孟子由心以見性,亦綜心之全德。象山總持地直就天心仁體言,更無分疏。陽明雖特彰良知,而亦總融於心之全德而言之。此義決不可忘。如是,心為全體,即體也。其他為德,即曰也,小用也。此用以德定,不以流行定。反之如彰仁,則亦可說仁為心之體;如彰義,則義為心之體;如彰禮,則禮為心之體;如彰智,則良知為心之體;如彰意,則意為心之體。此體是本質義、體性義。心無量德,心德無盡。常樂我淨亦是心之德、心之體。故陽明亦說樂是心之本體。今蕺山欲彰意,則說意是心之體即可耳。何得心意對立,謂意為體,謂心為用?說心為用,只取其流行一義耳,或只說其經驗一面(即已發)耳。蕺山常不能就超越一面心之全德而言心。蓋亦為其所彰之意縛得太緊耳。復次應知,無量諸德皆非孤離對立,乃是每一德通於全體。此不是抽象的普遍性,而是具體的普遍性。

此義陽明甚透,而蕺山則滯礙不通。

> 問:「意屬已發,心屬未發否?」曰:「人心之體,存發一
> 機也。心無存發,意無存發也。蓋此心中一點虛靈不昧之主
> 宰,常常存,亦常常發。」

案:此就心之超越一面言。意與良知總是超越面。念是經驗面。凡
天心仁體之超越面皆是常常存,常常發:存發一機。妙於存發之間
而不可以存發言,妙於有無之間而不可以有無言。動靜亦然。

> 問:「一念不起時,意在何處?」曰:「一念不起時,意恰
> 在正當處也。念有起滅,意無起滅也。今人鮮不以念為意
> 者。道之所以常不明也。」
> 問:「事過應寂後,意歸何處?」曰:「意淵然在中,動而
> 未嘗動,所以靜而未嘗靜也。本無來處,亦無歸處。」
> 問:「百姓日用不知之意與聖人不思勉之意,有分別否?」
> 曰:「百姓日用而不知,惟其定盤針時時做得主,所以日用
> 得著不知之知,恍然誠體流露。〔案:此答不妥。〕聖人知
> 之,而與百姓同日用,則意於是乎誠矣。誠無為。纏著思
> 勉,則不誠。不誠,便非意之本體矣。觀誠之為義,益知意
> 為心之主宰。不屬動念矣。」

案:百姓日用不知之意是不自覺的、潛存的意,其日用得著是在習
中用。意只是在其自己,而未對其自己。何得云:其定盤針時時做

得主，恍然誠體流露？聖人不思勉之意，是通過對其自己而又在其自己。是全幅彰顯出來而在覺中行的意，是意如其爲意之意。

> 問：「學問思辨工夫與從容中道之天道，是一是二？」曰：「學問思辨，而不本之從容中道，則事事入於人僞。學不是學，問不是問，思不是思，辨不是辨，行不是行。故曰：思誠者，人之道也。誠意云者，即思誠一點歸宿精神。所謂知至而後意誠也。」

案：此說得太陡截，失掉艱苦的意思，亦不能盡其曲。讀者思之。

> 問：「從心不踰，此時屬心用事，還屬意用事？」曰：「此個機緣正是意中眞消息。如定盤針在盤子中，隨盤子東西南北，此針子只是向南也。聖人學問到此，得淨淨地，並將盤子打碎，針子拋棄。所以平日用毋意工夫，方是至誠如神也。無聲無臭，至矣哉。
> 此個主宰，要他有，又要他無。惟聖人爲能有，亦惟聖人爲能無。惟從有處無，所以無處有。有而無，無而有，方見人心至妙至妙處。」

案：到此即是心體全幅透徹，朗現而又徹露幽深邃遠之性體也。此即肫肫其仁，淵淵其淵，浩浩其天。

七、答史孝復十疑

史孝復疑：「《大學》於誠意後，復推先致知一著，而實其功於格物者，誠恐拋卻良知，單提誠意，必有誠非所誠者。涑水〔司馬光〕、元城〔劉安世〕只作得九分人物，以此。」曰：「格致是誠意工夫，明善是誠身工夫，其旨一也。蓋以誠意爲主意，格致爲工夫，工夫結在主意中，並無先後可言。若不提起主意，而漫言工夫，將必有知非所知之病矣。」

案：「必有誠非所誠」與「必有知非所知」，此兩語極有工夫義理上問題之意義。此將迫使吾人對雙方作確切之了解。在戴山，「意根最微」之意，良知即在其中，故無「誠非所誠」之病。若意爲盲意，則單提誠意，眞有誠非所誠之病矣。此則使吾人加重「明覺」之作用，即，意雖爲心之所存，而良知之明覺不可廢也。故戴山即以意之不可欺爲良知之明覺。而陽明即以良知爲準則，而誠意之意則屬經驗面，故亦無「知非所知」之病。蓋良知之用即是心德之全，並非只是一明覺而無實德內容者，即，戴山所說之意即合於良知之中：良知即是是非之心，即是羞惡之心（好惡之心），故自有準則。若只是一明覺，而無天理在內，則良知即不能有內在之標準，一切推出於良知之外，情識在外，天理亦在外，則誠可有「知非所知」之病，而流於漫蕩矣。戴山之言是對良知敎末流而發，故點出意根最微之意以收攝之，此自有提醒補助之功，而良知敎本身

則固無弊也。

> 疑:「妙於有無之間,而不可以有無言者,心也。即道心惟
> 微也。而以意當之,不啻霄壤矣。」曰:「心則是個渾然之
> 體,就中指出端倪來,曰意,即惟微之體也。人心惟危,心
> 也,而道心者,心之所以為心也。非以人欲為人心,天理為
> 道心也。正心之心,人心也。而意者,心之所以為心也。非
> 以所存為心,所發為意也。微之為言幾也,幾即意也。」

案:蕺山於工夫著眼點在誠意,由意而見之心之所以為心,即見心
之超越面,而若平視心之是其所是,則只是現象學地說其經驗面。
此是蕺山思路之獨特處。從經驗一面證心,自無所謂「妙於有無之
間,而不可以有無言」。自陸王以來,普通言心者大體皆自其超越
一面言,故一說心,皆意指其虛靈之妙用,所謂「以心為妙體」
也。從超越一面言,自如此。然不獨心體本身如此,凡心德(超越
面之心德)皆如此。是則無疑於意矣。

> 疑:「怵惕惻隱之心未起,是無意之時,既起,是有意之
> 時。納交要譽惡聲之心亦然。」曰:「怵惕惻隱之心隨感而
> 見,非因感始有。當其未感之先,一團生意,原是活潑潑地。
> 至三者之心,初來原不曾有。亦可見意之有善而無惡矣。不
> 幸而夾帶三者之心,正因此心無主,不免轉念相生,全坐不
> 誠之病耳。今以時起者為意,又以轉念而起者為意。豈意有
> 時而怵惕惻隱,有時而納交要譽惡聲,善惡無常,是不特無

納交要譽惡聲之心，並無怵惕惻隱之心，宛轉歸到無善無惡
之心體耶？」

案：此疑確未明意與念之別。

疑：「復之所謂意者，蓋言知也。心體渾然，說個知字，方
見有定盤針。若以意充之，則適莫信果，無所不至。」曰：
「心體只是一個光明藏，謂之明德。就光明藏中討出個子
午，見此一點光明，原不是蕩而無歸者，愚獨以意字充之。
子午是活適莫，適莫是死子午。其實活者是意，死者非意。
總之，一心也，賢以為知者，即是意中之知，而僕之以為意
者，即是知中之意也。」

案：此答甚善。

疑：「《說文》：意，志也。《增韻》：心所向也。《說
文》於志字下：志，意也。又曰：心之所之也。未有以意為
心者。」〔案：此句當為未有以意為心之所存者〕。曰：
「心所向曰意，正是盤針之必向南也。只向南，非起身至南
也。凡言向者，皆指定向而言。離定字，便無向字可下。可
知意為心之主宰矣。心所之曰志，如云：志道志學，皆言必
為聖賢的心。仍以主宰言也。心所之與心所往異。若以往而
行路時訓之字，則拋卻腳根，離定一步矣。〔……〕」

案：講義理不必根據《說文》訓釋。

> 疑：「朱子以未發屬性，已發屬情，亦無甚謬。」曰：「古
> 人言情者，曰利貞者性情也，即性言情也。六爻發揮，旁通
> 情也；乃若其情；無情者不得盡其辭，如得其情：皆指情蘊
> 情實而言。即情即性也。並未嘗以已發爲情，與性字對也。
> 乃若其情者，惻隱羞惡辭讓是非之心是也。孟子言這惻隱心
> 就是仁，非因惻隱之發而見所存之仁也。」

案：原始儒家《孟子》、《中庸》、〈繫辭傳〉一系之思想實是性
情並言合而爲一詞，以見心之所以爲心，不同道家只是虛靈明覺之
鏡照之心。此最見儒者言心性之特色。普通所謂「性情」即由此
來，此是一好詞。至張橫渠言「心統性情」，朱子承之，表面觀
之，亦似無病。然此語實預伏性情對立之機。以未發屬性，已發屬
情，即此對立之顯言也。復言性即理，則不但與情遠，與心亦遠。
未發屬性，則性是潛存之渾然，難說其無能發此情之根也。已發屬
情，即無性乎？無性之情爲惡情。「性情」之情非惡情也。然則性
與情不能分屬未發已發矣。此只能就其存發一機之呈現而描述地合
一地言之。走邪而爲惡情，則與性對。然此不是已發事也，已發不
必是惡情也。惡情是已發而離乎性者也。性情是存發一機之呈現，
可以描述地合一地言之，亦可以抽象地分解地言之，然不能拆開有
所分屬。朱子常作分解的工夫，此自有貢獻，然常不能歸合，此是
其不透處。蕺山此處所言甚是。然其現象學地描述之態度亦常有不
能簡別處。此如其言理氣合一，並義理之性與氣質之性之分亦反對

之，此則不可。蓋易陷落而流於經驗一面而純爲現象主義，自然主
義。此無簡別之過也。詳論見下。

> 疑：「念無主，意有主，心有主而無主。固不可以念爲意，
> 尤不可以意爲心。」曰：「心既有主而無主，正是主宰之妙
> 處。決不是離卻意之有主，又有個心之有主而無主。果有二
> 主，是有二心也。」
> 疑：「《大學》誠意後，尚有正心工夫。」曰：「誠意一
> 關，是學問立命靈符。雖其間工夫有生熟，然到頭只了得誠
> 意本分。故誠意之後，更無正心工夫。」
> 疑：「毋意解，恐當從朱子說。」曰：「聖人毋意，所謂有
> 主而無主也。朱子曰：私意也。必下個私字，語意方完。畢
> 竟意中本非有私也。有意而無意，有主而無主也。」

案：有主而無主是毋意所顯者。朱子說私意，是就所毋者言。此不
同是遮表兩面說。

> 疑：「竊觀前後宗旨，總不出以意爲心之主宰。然必舍良知
> 而言意者，緣陽明以後諸儒，談良知之妙，而考其致處，全
> 不相掩，因疑良知終無憑據，不如意字確有可依耳。」曰：
> 「鄙意則謂良知原有依據。依據處即是意。故提起誠意而用
> 致知工夫，庶幾所知不至蕩而無歸也。」

案：依蕺山，誠意即是致知，此兩者合一，都是先天工夫。若云提

起誠意而用致知工夫,則此語反可用於陽明之致知誠意。而於自己
所說之誠意反成重疊,一似有本末因果關係者。故此語措辭不諦。

〈答葉廷秀〉云:

> 然則好惡者,正指心之所存言也。此心之存主,原有善而無
> 惡。何以見其必有善而無惡也?以好必於善,惡必於惡。好
> 必於善,如好好色,斷斷乎必於此。惡必於惡,如惡惡臭,
> 斷斷乎必不於彼。必於此而必不於彼,正見其存主之誠處。
> 故好惡相反而相成,雖兩用而止一幾。所謂幾者,動之微,
> 吉之先見者。蓋此之好惡,原不到作用上看。雖能好能惡,
> 民好民惡,總向此中流出,而但就意中,則只指其必於此,
> 必不於彼者,非七情之好惡也。

八、性天之旨

前第二段曾言心體與性體。茲再就此以言性天之奧秘。

蕺山曰:

> 性情之德有即心而見者,有離心而見者。即心而言,則寂然
> 不動,感而遂通。當喜而喜,當怒而怒。哀樂亦然。由中道
> 和,有前後際,而實非判然分爲二時。離心而言,則維天於
> 穆,一氣流行。自喜而樂,自樂而怒,自怒而哀,自哀而復
> 喜。由中道和,有顯微際,而亦非截然分作兩在。然即心離
> 心,總見此心之妙;而心之與性不可以分合言也。

案：此段所說與前第二所引「從性體看來，則曰莫見莫顯，是思慮未起，鬼神莫知也。從心體看來，則曰十目十手，是思慮既起，吾心獨知時也。」一段相類比。「性情之德有即心而見，有離心而見。」「即心而見」即是從心體看，「離心而見」即是從性體看。前者是自覺的，即，性情之德（或性天之體）是在心覺中呈現，故云：「寂然不動，感而遂通。」，又云：「是思慮既起，吾心獨知時也。」心、意、知是一路，皆是心。心，若形上學地言之，是「實現原理」，若踐履地言之，是覺悟原理。性情之德即心而見即是性情之德通過心覺而成為「對其自己」，而「對其自己」即實現原理也。性情即是宇宙人生的本體，故亦曰性天。此性天之體（即性天之為本體），一著性情二字以彰著之，便見充實飽滿、具體活潑，有內容、有定向（此即天則）。此性天之體，若內在於其身而言之，即所謂從性體看；而所謂離心而見，此離實並非真離，實只是超自覺也。故云：「維天於穆，一氣流行。」，又云：「是思慮未起，鬼神莫知也。」依是，此所謂離心而見，或從性體看來，實只是體性學地或客觀地以言此「性天之自己」，即性天之體之「在其自己」。而「在其自己」是「存有原理」。

「然性體即從心體中看出」，又云：「即心離心，總見此心之妙，而心之與性，不可以分合言也。」此即示：在工夫過程中，「在其自己」必通過「對其自己」而呈現，而「對其自己」必復返於「在其自己」而消融，因而成一「在而對其自己」之融合：在不斷的「在而對其自己」中，工夫純熟，心體貞定（意知俱如其性），性體透顯。心體不斷地擴充朗現貞定，而性即在此中不斷地透顯彰著與昭明。蕺山於此似表示心性不即不離，不一不二，而有

極為深遠之嚮往。不即：心覺是實現原理，或形著原理，而即此形
著中，此心體總是「有限而無限」，而性體是存有原理，總是自存
自足自身如如之無限。不離：此自身如如之無限並非外於意知心體
而截然不同者，其為性天之體，其為性情之德，即由意知心體而見
其為性天，見其為性情。不一由不即見，不二由不離見。不離，則
性體內在於心體；不即，則性體總超越乎心體而保持其深遠義與超
越義。在不斷的「在而對其自己」之工夫過程中，蕺山似極能表示
性天之體之「內在而超越」性。此若與程朱陸王比觀，則當易於了
解。

　　在程子或朱子，性即理也，在物為理，在人為性，性理充其極
而至其超越性與普遍性，而心體不能充極，停在潛存而自然之狀
態，而只用靜時之涵養以養之，而真正落實之工夫則全在格物窮理
之道問學，此為心體所投射出之智力，而即成為心力之外用，心體
與性體之內在關聯，即內聖之踐履上的內在關聯，遂打斷而歧出，
而只成為道問學（心力之外用）與性體之外在關係：如是，性體雖
可保持其超越性，然而不能內在於心體，故心與性（理）為離為
二。至乎陸王，則心體充其極，頓時涵蓋乾坤，故性體亦全幅內在
于心體，心體與性體之內聖踐履上的內在關聯亦恢復而成立，而先
天的工夫亦開出而成立。然此先天的工夫是靠心體（良知）之彰顯
而前用（前擴），即所謂「致良知」，而在良知之呈現處則是一了
百了的：良知呈現，全幅是心，即全幅是理，心理之間並無即離之
可言，亦即心體性體之間並無即離之可言。如是，性體全幅內在於
心體，心體全幅滲透於性體而一起昭明朗現，更無幽深邃遠之意，
此即所謂「顯教」，而性體之超越義即不顯，即只有內在義，而無

超越義。此從體上說，本可有此圓通無礙之化境。然至蕺山，則歸
顯於密，先天工夫亦成立，而心體與性體之間則保持一內聖踐履上
之不即不離、不一不二之內在關係，如是則性體既內在亦超越，既
非程朱之只超越而不內在，亦非陸王之只內在而不超越。此則為蕺
山之獨特的深造自得者。惟於此須注意，即蕺山亦扭轉朱子之外在
的經驗工夫，而為內在的先天工夫，是則與陸王為相承，與程朱為
相反。相承，則誠意與致良知相得而益彰，從良知之虛用說，則心
體與性體永永合一，性體全內在於心體，而無超越義，此為圓而神
之顯教，而若歸顯於密，攝知於意，則心體與性體不即不離、不一
不二，性體既超越亦內在。從良知之虛用，則為前擴之顯教；從誠
意之慎獨，則為內斂之密教。至若相反，則棄其外在的經驗工夫，
而攝性體於心體，而亦保持其超越性。既內在亦超越，則性天之體
遂得成絕對之真實，亦得極成而不搖動矣。是以心體與性體之內在
關係必須首先建立起，如是方可有內聖之踐履，有先天之工夫：由
本體開工夫，由工夫證本體。故云：「學者只有工夫可說。其本體
處，直是著不得一語。纔著一語，便是工夫邊事。然言工夫，而本
體在其中矣。大抵學者肯用工夫處，即是本體流露處。其善用工夫
處，即是本體正當處。非工夫之外，別有本體，可以兩相湊泊也。
若謂兩相湊泊，則亦外物而非道矣。〔……〕」（〈答秦弘祐〉）

以上所說若明，即可進而疏解以下幾段文字：

〈原學〉云：

極天下之尊，而無以尚，享天下之潔淨精微純粹至善，而一
物莫之或攖者，其惟人心乎？向也委其道而去之，歸之日

性。人乃眩驚於性之說，而倀倀然以從事焉。至畢世而不可遇，終坐此不解之惑以死。可不謂之大哀乎？〔案：此指程朱一系以及外心以言性者〕。自良知之說倡，而人皆知此心此理之可貴。約言之曰：天下無心外之理。舉數千年以來晦昧之本心，一朝而恢復之。可謂取日虞淵，洗光咸池。然於性猶未辨也。予請一言以進之曰：天下無心外之性。惟天下無心外之性，所以天下無心外之理也。惟天下無外理，所以天下無心外之學也。而千古傳心之統，可歸於一。

案：此後半段即示「即心體以言性體」，復以性體為媒介以極成無心外之理。然「即心而見」亦導引出「離心而見」。離心而見，非云性體真可外在於心，而成為心與性隔也。離心而見只是體性學地或客觀地以言此「性天之自己」，即性天之體之「在其自己」。即心而見與離心而見，極成性體之既內在亦超越。如是，蕺山即進而言「性無性」與「存性」。

〈原性〉云：

告子曰：「性無善無不善也。」此言似之而非也。夫性無性也。況可以善惡言？〔……〕然則性果無性乎？夫性因心而名者也。盈天地間一性也。而在人則專以心言。性者心之性也。心之所同然者理也。生而有此理之謂性。非性為心之理也。如謂心但一物而已，得性之理以儲之而後靈，則心之與性斷然不能為一物矣。盈天地間，一氣而已矣。氣聚而有形，形載而有質，質具而有體，體列而有官，官呈而性著

焉。於是有仁義禮智之名。仁非他也,即惻隱之心是;義非
他也,即羞惡之心是;禮非他也,即辭讓之心是;智非他
也,即是非之心是。是孟子明以心言性也。而後之人必曰心
自心,性自性。一之不可,二之不得,又輾轉和會之不得。
無乃遁已乎?至《中庸》則直以喜怒哀樂逗出中和之名,言
天命之性即此而在也。此非有異指也。惻隱之心喜之變也,
羞惡之心怒之變也,辭讓之心樂之變也,是非之心哀之變
也。是子思子又明以心之氣言性也。〔……〕而後之人必曰
理自理,氣自氣。一之不可,二之不得,又輾轉和會之不
得。無乃遁已乎?嗚呼,此性學之所以晦也。

然則尊心而賤性可乎?夫心囿於形者也。形而上者謂之道,
形而下者謂之器也。上與下一體兩分,而性若踞於形骸之
表,則已分有常尊矣。故將自其分者而觀之,燦然四端,物
物一太極。又將自其合者而觀之,渾然一理,統體一太極。
此性之所以為上,而心其形之者與?即形而觀,無不上也。
離心而觀,上在何處?懸想而已。我故曰告子不知性,以其
外心也。先儒之言曰:「孟子以後,道不明,只是性不
明」。又曰:「明此性,行此性。」夫性何物也?而可以明
之?只恐明得盡時,卻已不是性矣。為此說者,皆外心言性
者也。外心言性,非徒病在性,並病在心。心與性兩病,而
吾道始為天下裂。子貢曰:「夫子之言性與天道不可得而聞
也。」則謂之性本無性焉亦可。雖然,吾固將以存性也。

案:此〈原性〉一文,所涉頭緒極複雜,極有深邃義,亦多隱晦

處。茲提綱挈領，略作疏解如下：

一、告子之說，現在觀之，自有其恰當之意義。當儒家宗旨自不合。前人凡有涉及，皆不相應。本文且不論。

二、蕺山首標性無性，不可以善惡言，其意仍是欲透純粹至善。茲且置之。進而言「性因心而名」。因心而名即因心而見，或亦可云因心而明。此仍是首先建立心體、性體之內在關聯。因心而見，歸本於孟子。孟子明是「以心言性」。此無問題。蕺山之歸本孟子，以心言性，仍是採取現象學的描述說法或綜和說法，故反對心自心、性自性之分解的說法。盈天地間一性，即盈天地間一氣。蕺山說此，顯是綜和的說法、非分解的說法。其說盈天地間一性，不是那分解後抽象的只作為理之性；其說盈天地間一氣，亦不是那分解後抽象的只作為材質之氣。其或說一性，或說一氣，實只是「維天之命，於穆不已」這一綜和渾然的具體陳述之表示，故云：「維天於穆，一氣流行。」既是一氣流行，自然有氣，不但只抽象地有氣，而且是具體的流行，即動用之氣。雖是具體的一氣流行，卻不是形而下的物氣之變化，而是「於穆不已」、「真實无妄」之本體之流行。是以有氣亦有理。自其流行不已，或動用言，即謂之氣，此氣不是分解地、抽象地說。自其於穆、真實，或無妄言，即謂之理，此理亦不是分解地、抽象地說。合而言之，即為「維天之命，於穆不已」，此就是「天命之性」。天命者，直下言之定然如此之意；貫通言之，則定然如此者卻恆是一流行不息之真幾。故此天命之性，雖是現象學地、描述地言之，卻仍是超越的，即，其為現象學的、描述的，仍是超越之現象學的、描述的，而不是經驗地現象學的，亦不是經驗地自然主義的。此義必須注意。否則必有毫

釐千里之差。此義既明，則所謂氣聚、形載、質具、體列、官呈，而性著焉，決不是唯氣論、唯物論的說法，而只是天命之性通過這一些形而下的具體模式而彰著，而體現。其彰著體現於人心也，而有仁義禮智之名。是則仁義禮智者即天命之性透過這一些形而下的具體模式而表現於人心者也。故吾人於內聖之踐履上，即由心以見性也。此由心以見性，仍不是分解的說法，故反對心自心，性自性之支解破裂。即心以見性，心、氣、性、情俱在內，合而為一具體之渾一、具體之整全。說性也，此心、氣、性、情之渾一就是性；說心也，此心、氣、性、情之渾一就是心。說體，此心、氣、性、情渾一就是體，任何支解之一面皆不是體。說心體，單從心意知一面彰顯覺悟工夫；說性體，則就其渾一而彰顯於穆不已。然此現象學地描述地所陳述之渾一之整全仍是超越的，而不是經驗的，決不能拖下來只落在感覺經驗層上而為描述的。若如此，則全失「天命之性」之形上的、道德的意義。歸本於孟子之「以心言性」如此，歸本於《中庸》之「以心之氣言性」亦復如此。喜怒哀樂之未發是縮進來，已發是散出去。無論是縮進來或散出去，皆是心、氣、性、情渾一之呈現，由此逗出中和，即由此而見天命之性。不能有已發屬情，未發屬性之分屬。惟須知，此綜和的說法固善，但亦不礙朱子之分解。在分解上，說心自心、性自性、理自理、氣自氣，亦無不可。惟既分而能善合以歸於具體之真實，方是到家。朱子之弊不在分解，而在不能善合。其所以不能善合，是因為不能建立心體、性體之內在關聯，因而逐歧出而為經驗之工夫（道問學），為尊德性之外在化。其病只在此，不可妄肆周納也。

三、由心言性，是尊心。惟由心體之如此如此而見性體之如此

如此。是則性體之本質惟由心體之本質以彰著。由心言性，性體既內在亦超越。然性體之本質既由心體之本質而彰著，則「滿心而發，充塞宇宙，無非斯理」，或由良知之虛用圓神，則一切皆朗現，全幅皆內在，亦無不可。此義與「既內在亦超越」乃相成而不相背者。

四、既內在亦超越，則心尊而性更尊。「夫心囿於形者也。形而上者謂之道，形而下者謂之器也。上與下一體兩分，而性若踞於形骸之表，則已分有常尊矣。」案：此數語，末兩語明，前幾語不明。心囿於形可說，然因而謂其為形而下，則非是。（其意究如此否，難必，故隱晦。）其恰當之意義似當如此：心以覺悟言，無論是意是知，然為形限所囿，則有覺悟，亦有不覺悟之所矣。復此，心之覺以彰性，而即在覺之中即有限定之作用，此所以性體既內在而又超越。在不斷的破除限定中，一旦滿心而發，則心與性一，此是陸王之所說，然在限定與破除限定之過程中，則總是既內在而又超越，性體總軼出於心體以外。性體踞於形骸之表，客觀而遍在，故分有常尊。然心覺在形限中奮鬥，固非即形而下之謂也。性為客觀而遍在之實體，「而心其形之者與？」此形為形著之形，即彰著義、實現義。蓋心以覺悟言，由心以言性，即心以見性，即是由心以彰著性。「從心體看來，則曰十目十手，是思慮既起，吾心獨知時也。」從心體看獨體，則獨體即自覺中，即獨體之「對其自己」。從性體看獨體，則獨體只是於穆不已，在超自覺中，即獨體之「在其自己」。是則由心見性，心本為實現原理，即所以彰著性也。心實現之，彰著之，心之德即貫注於性之德，故性體之本質即由心體之本質而然也，而性之德亦貫注於心之德，故心體之本質即

是道德的、形上的、創造的天心仁體而與性體相應也。故心之形著性非是外在關係中工具之意義。（「即形而觀，無不上也。離心而觀，上在何處？」前兩語不明，後兩語明。）

五、性無性，性不可明。此義確深邃。性體客觀而遍在，超越而自存。性就是如此如此。無性者非外於其自己而另有說之之原理，解之之本質之謂也。即以此義而定「不可明」。若在解悟上，所謂明即是以其自己明其自己。若在體悟上，所謂明即是由心以明。由心以明，即是由內聖之工夫以滲透於性之如此如此，不可說，不可說。所謂「默而識之，存乎德行」。此之謂不可得而聞，而亦可得而聞。此之謂存性。是則性無性而有性，性不可明而可明。孟子只說盡心知性知天，《中庸》亦只說盡性。說「明此性」，固有可疑處。蕺山即據「外心以言性」以明「明此性」之不諦。然《大學》亦說「明明德」。是則「明」字亦未嘗不可說。「外心言性」非，然「明此性」則不必定非。蕺山總有滯礙處，因此常有險語。險則奇特而不穩矣。然由其險奇而凸顯深義，則亦可提升吾人之覺識，是在學者之善會。

上義既明，則下段文字便可明矣。

> 戰國諸子，紛紛言性，人置一喙，而孟子一言斷之曰性善。豈徒曰可以為善而已乎？〔……〕可見此性見見成成，停停當當，不煩一毫安排造作。這便是天命流行，物與無妄之本體。亦即此是無聲無臭，渾然至善之別名。非無善無惡也。〔案：此可見前文性無性，不可以善惡言之意矣。〕告子專在無處立腳，與天命之性，尚隔幾重公案。〔案：告子生之

謂性即成之謂性，此只是「是其所是」之邏輯定義的說法，它表示一可以到處應用之普遍原則，其底子是自然主義。生之謂性所表示之理是抽象的、理解的，是形成之理。與儒家所發展之天命之性根本不同。儒家所說之心性乃至天命之性，是道德的、形上的、創生的，故是實現之理。又告子所謂性無分於善惡，只是邏輯定義所表示的性之是其所是，與後來經過佛老所提煉出的「無」亦根本不同。〕孟子姑不與之深言，而急急以惻隱羞惡辭讓是非，指出個善字。然猶落在第二義耳。〔案：此若由心以見性，性體既內在而又超越，落在第二義亦可說。〕性既落於四端，則義理之外，便有氣質。紛紜雜揉，時與物構，而善不善之差數觀。故宋儒氣質之說，亦義理之說有以啟之也。〔案：性既落於四端，何便義理之外，便有氣質？性不落於四端，義理氣質仍可分也。象山說心豈只此四端而已哉？孟子不過就此四端以指點人耳。如是，如透心體之全，則心性合一，由心見性，性亦不因而落於第二義。縱心、氣、性、情渾一而言心體、性體，亦仍是超越的，亦仍是義理之性也。不是說其中一有氣，便可不分義理之性與氣質之性也。維天於穆，一氣流行之氣是一事，而氣質之性又是一事也。宋儒言氣質之性，是單就人之生物、生理、心理三串現象所凝結而成之性，此純是經驗的。所謂「氣質之性」者即純就氣質而說的性也，此如脾性。故氣質之性，君子不謂性也。義理之性則單指超越的天命之性而言也。縱然心氣性情合一，亦仍是超越的義理之性也。焉可混泯不分？此蕺山之所以為鑿也。〕要而論

之，氣質之性即義理之性，義理之性即天命之性。善則俱
善。〔案：前「即」字非是，善則俱善亦非是。案：蕺山
云：「心只有人心，而道心者，心之所以爲心也。性只有氣
質之性，而義理之性者，氣質之所以爲性也。」此言「氣質
之性」意即「氣質底性」，「之」字表所有格。氣質底性即
理也。氣質之所以爲此氣質者即義理也。亦如桌子之所以爲
此桌子者即桌子底性也。此性即桌子所以爲桌子之理也。依
是，只有氣質底性，而並無義理底性，即義理以上或性以上
不再有一層以爲其所以然。故義理之性即氣質之所以爲性
也。此「義理之性」中的「之」字不表示所有格。蕺山於義
理之性與氣質之性中兩「之」字，義解不一致，而特於「氣
質之性」上著了意。而宋儒說此兩語，其中「之」字皆不表
所有格，皆是虛繫字，即義理這個性，或從義理上看的性，
氣質這個性，或從氣質上看的性。蕺山於氣質之性中「之」
字解爲所有格，於義理之性中「之」字則仍保其舊，視義理
即爲氣質之所以爲性者，即氣質外所以解析或成就此氣質之
所以者，如是而至理氣合一，而只由「氣質底性」一語以泯
義理之性與氣質之性之分。此固亦通，然非宋儒說此兩詞之
意也。但雖通而有問題，即：所謂「氣質之所以爲性」，此
「所以」有表示內在義，有表示超越義。表示內在義之「所
以」即內在於氣質而只成一「氣質的性」，如脾性，內在於
桌子而只就桌子之種種現象群之結構以成爲是其所是之桌
子，此則爲定義中之性，定義中之所以。表示超越義之「所
以」，則是外於氣質而又入於氣質，而爲形上地直貫，以主

宰乎氣，生化乎氣，此是動態的實現之理之所以。凡朱子所說之理或太極皆是此超越義之所以，凡儒家所說之心性、天心仁體、天命之性，亦皆是此超越義之所以。蕺山之意若如此，則是；若是內在義之所以，則非。若是超越義之所以，則不礙宋儒之分義理之性。若自宇宙論上普泛言之，則分理氣可，合而歸於具體，說理即在氣中，理即是氣之理，亦可。不必於此多起穿鑿。蕺山於此，於法疏矣。〕子思曰：喜怒哀樂之未發謂之中，非氣質之粹然者乎？〔案：不可如此說。氣無論如何粹然，仍是氣質。孰謂天理流行即只是好氣質乎？〕其有不善者，不過只是樂而淫，哀而傷，其間差之毫釐，與差之尋丈，同是一個過不及，則皆自善而流者也。〔案：此亦不妥。前言心之為念，心之餘氣。豈可謂皆自善流出？〕

惟是既有過不及之分數，則積此以往，容有十百千萬，倍蓰而無算者，此則習之為不善，而非其性之罪也。故曰性相近，習相遠。〔此亦是隨機一說〕。故性無不善〔此與相近不同〕。而心則可以為善，可以為不善〔即有善有惡心之動〕。即心亦本無不善〔此就超越一面說〕，而習則有善有不善。種種對待之相，總從後天而起。諸子不察，而概坐之以性，不已冤乎？為善為不善，只為處便非性。有善有不善，只有處便非性〔案：此數語甚諦〕。合虛與氣，有性之名。氣本是虛。其初誰為合他來？五行不到處，父母未生前，彼家亦恐人逐在二五形氣上討頭面，故發此論。後人死在言下，又舍已生後，分外求個未生前，不免當面錯過。總

之，太極陰陽只是一個。但不指點頭腦，則來路不清。故
《中庸》亦每言前定、前知、前處，正是無聲無臭一路消息
〔案：此上亦甚諦〕。學者從此做工夫，方是真能爲善去
惡。希聖達天，庶幾在此。

案：由心見性，透悟至此，則《易·繫》、《中庸》，孟子陸王，
程朱橫渠，皆會通而無礙矣。枝枝相對，葉葉相當，法不可亂。中
有偏弊或不及處，則相補相成，會通爲一。

九、述見

蕺山歷述往聖前賢以見己志曰：

吾學亦何爲也哉？天之生斯民也，使先知覺後知，使先覺覺
後覺。彼天民而先覺者，其自任之重，固已如此矣。生斯世
也，爲斯民也，請學之爲後覺焉，以覺先覺之所覺。曰：堯
舜之道，堯舜之心爲之也。堯舜之心，即吾人之心。同此
心，同此覺也。吾亦覺其同者而已矣。凡夫而立地聖域；一
時而遠契千秋，同故也。
今之言覺者，或異焉。理不必分真妄，而全遁於空。事不必
設取舍，而冥求其炤。至曰：空生大覺，如海發漚，安往而
不異？所惡於智者，爲其鑿也。又曰：學者之病，莫大乎自
私而用智。今之言覺者，鑿焉而已矣。〔……〕
嗟乎！人心之晦也。我思先覺其人者，曰孔氏。孔氏之言道

也，約其旨曰《中庸》，人乃知隱怪者之非道，而庸德之行，一時弒父與君之禍息，則吾道之一大覺也。

歷春秋而戰國，楊墨橫議。孟子起而言孔子之道以勝之，約其旨曰性善，人乃知惡者之非性，而仁昭義立，君父之倫益尊於天壤。則吾道之一大覺也。

然自此言性者，人置一喙，而天下皆淫於名理，遂有明心見性之說。夫性可得而見乎？

又千餘載，濂溪乃倡無極之說。其大旨見於《通書》，曰：「誠者聖人之本。」可謂重下注腳。則吾道之一覺也。〔……〕

今天下爭言良知矣。及其弊也，猖狂者參之以情識，而一是皆良。超潔者蕩之以玄虛，而夷良於賊。亦用知者之過也。夫陽明之良知，本以救晚近之支離。姑借《大學》，使《大學》之旨晦。又借以通佛氏之玄覺，使陽明之旨復晦。又何怪其說愈詳，而言愈龐，卒無以救詞章訓詁之錮習，而反之正乎？

時節因緣，司世教者又起而言誠意之學，直以《大學》還《大學》耳。爭之者曰：「意，稗種也。」余曰：「嘉穀。」又曰：「意，萌芽也。」余曰：「根荄。」是故知本所以知至也，知至所以知止也。知止之謂致良知，則陽明之本旨也。今之賊道者，非不知之患，而不致之患。不失之情識，則失之玄虛。皆坐不誠之病。而求於意根者疏也。故學以誠意爲極則，而不慮之良於此起。照後覺之任，其在斯乎？〔……〕（〈證學雜解〉）

案：以上所簡述者，即中國之學統也。在中國以往，學統即道統。中國固無西方希臘傳統之學統也。希臘傳統以智爲領導原則。故曰智的文化系統。智之下注而外用，則爲分門別類之研究，其結果爲科學，智之環繞科學知識而上提，則爲西方之哲學（希臘傳統之哲學），其結果爲觀解的形上學。智之成就爲學統（道問學）。而中國之學統即道統，此則以仁爲領導原則，故曰仁的文化系統，亦曰德性之文化系統。是則仁學必尊德性。而成道統尊德性之仁學即所謂主觀實踐之學也。此則以成聖爲宗極。而客觀實踐之學則以建國創制爲宗極，此則歷史哲學、政治哲學，所有事。而智之純理思辨之學，則環繞科學而滋生之西方哲學也。而儒者本內聖外王並言，又主尊德性而道問學。則此三者必不相悖而相融也。此又今日司世教者之責任也。關此三者，本文不欲多論。惟茲仍願就主觀實踐之「心性之學」，以言其於中西文化中之意義與作用。

　　主觀實踐之「心性之學」，吾意即是道德宗教上之修持之學。吾友唐君毅先生曰：「西方宗教重信與祈禱，而不重瑜伽行與證。此即不免有神而不重神何由降，有明而不重明何由出。」（《人文精神之重建》，下冊，頁479）。案：此言甚善。《莊子·天下》曰：「神何由降？明何由出？聖有所生，王有所成。皆原於一。」中國儒、釋、道三教皆重神何由降，明何由出之修持之學。此即有宗有教。而耶教則只重信與祈禱，而不重修持之學，此即有宗而無教。其教也只是教會中所僻執的那些教條或教義，藉以審判異教者，或有自由靈魂者，而不是修持上之「心性之學」之教。無此意義之教，即不能知神何由降，明何由出。《大學》曰：「富潤屋，德潤身。心廣體胖。故君子必誠其意。」朱子注曰：「胖，安舒

也。言富則能潤屋矣，德則能潤身矣。故心無愧怍，則廣大寬平，而體常舒泰。德之潤身者然也。」有「心性之學」之教，則可迎接神明於自己之生命內而引發自己生命中神明以成為潤身之德，「從根上超化一切非理性、反理性者」（唐先生語），如是，吾人之生命可以恆常如理順性，調適上遂，而直通於超越之神明。此為徹上徹下，既超越而又內在，一理貫之而不隔者。此是心性之學最本質的意義與最大之作用。普通耶教徒甚至佛教徒，都以為儒教只限於人事人世，拘拘於人倫日用，或只限於人性範圍內，想絕對化此人性之自我以為宗極，而不復知有超越境或出世義。然彼等不知，自外部言之，儒者固肯定人事人世，人倫日用。然其肯定是依一超越而遍在之天理（性天之體）以肯定。此一觀念頓時即引吾人從外部之人事人倫日用而轉至內部之心性之學。此心性之學固必須自人極處之心體、性體出發，自孟子性善之性之人性出發，固亦必須即就人事人世人倫日用而指點，不離人事人世人倫日用而即成就人事人世人倫日用，然而其如此而成為心性之學卻並不為外部之人事人世人倫日用所限，只停在此外部之事上，而只為講此外部之事之學，亦不是只限於人性之自我而想絕對化之以為宗極，成為一被有限之我所限住之假絕對（當其就心體性體講心性之學時，並無一個夾雜著事的東西所成之限制或界限）。其如此而成為心性之學乃是徹上徹下，直通超越之神明，以明神何由降，明何由出。故一方既能肯定超越之神明，一方復能開出人文世界，肯定人文世界，且復能將超越之神明與自己生命之神明通而為一，打成一片。此固是心性之學之最本質的意義與最大之作用、最終之目的，即其本質固在上下通以明神何由降，明何由出也。此誠是大成圓教之極致。生命間隔

殘缺搖蕩而僻執者，何足以語此？不但宋明儒者出，開為心性之學，是如此，即在孔孟之踐履，由肫肫其仁、淵淵其淵、浩浩其天，與夫盡心知性知天，已見為如此。何言為人事人世人倫日用所限耶？何言只停在人性自我之假絕對耶？

耶教不能成立心性之學以通神明，只重信與祈禱，故其風格終只停在激情上。此固有極大之作用，亦可產生不可思議之威力（然依佛教，業力本不可思議），而芸芸眾生固亦常靠一外在之物事而在激情上昇化其生命，抒發其理想，而使不退轉，然稱理而談，總不根本，亦總不洽浹，未可云已至終極，盡美盡善，而落在事上，其利亦不勝弊，未可云不須再有改進也。關此，可參看唐君毅先生《人文精神之重建》中〈西方哲學精神與和平及悠久〉一文。吾茲不必多論。

原其所以不能成立心性之學，並非其本質上根本不能。相應耶穌精神而正可開出心性之學。然其歷史以至今日，卻總未開出。中世紀之學並不是相應耶穌之精神而開出之心性之學，乃是繼承柏拉圖、亞里士多德之觀解形上學而仍為外在的、觀解的。此與耶穌精神根本相隔者。聖多瑪雖對於神性，如神心、神智、神意等，有極精善之體會，然對於自己生命處之心體、性體，卻全虛脫，依是其全部神學只成一外在之理論，而落在存在之踐履上，還是信與祈禱，其外在之理性根本不能疏通神明以明神何由降，明何由出。康德之哲學，於實踐理性（心體）固有精當之闡發，然彼只是哲學思辨的建立、形式的陳述，而並不是自存在的踐履、內聖的踐履，由證悟徹悟而開出者。故彼所成者只是哲學，而不是道德宗教之修持上之心性之學。黑格爾的精神哲學對於心體、性體自更透徹，然彼

只妙觀精察其發展以盡說明全部精神世界與自然世界之責，故其所
成亦仍只是哲學，而不是儒者心性之學。黑格爾認哲學代表最高之
智慧，宗教藝術且不能及。然哲學只是智之事。黑氏哲學之放光，
只是其智之放光，不是其踐履之仁之放光。故哲學代表最高之智
慧，只是智之智慧，不是仁之德慧；是思辨的，不是踐履的；是理
論的不是存在的。此智之光納於踐履之仁中，方是眞實的。故智不
能是最高的，仁方是最高的。此可見黑氏之哲學亦尙不能充當道德
宗敎之修持上之「心性之學」。將其智之精察妙觀收攝於內聖之踐
履上方是道德宗敎之修持上之心性之學。如是，自不說哲學代表最
高之智慧，而踐履的道德宗敎之優越性可得而保矣。唐君毅先生
曰：「實際上順康德、黑格爾理想主義的發展，正應當於向上發現
一超越自我，向外看理性之客觀化於自然歷史之後，即轉而向內，
去求如何開拓人之道德理性的心，去向下體察一切非理性、反理性
者，而由道德實踐與社會人文之裁成，以加以超化。然而此未作
到。於是有西方理性主義、理想主義，在黑格爾以後百年來之衰
落，及非理性主義、反理性主義之興。此中思想上之降落的關鍵，
亦可說始於黑格爾之理想主義，把一切現實，都視爲理性、理想之
客觀化，把一切非理性、反理性之私欲，野心死亡戰爭之現實，都
重在事後於其形上的根基，或歸宿至之將來上，肯定追認其價值。
由是而使一切非理性、反理性者之現實，皆不復需如其爲罪惡與非
理性以認識之，因而不復眞成爲在理想上必須主觀內在的加以超化
者。由是而黑格爾之哲學，亦可是一使人之道德理性無事可作，而
只收縮於其自身之哲學。而後起之哲學，便亦不能不是偏重客觀的
認識事實，或只重實際問題之哲學，或片面的發掘一切非理性、反

理性者之哲學。然而東方的智慧，由儒、道、佛教、印度教所代表者，則自來對於一切屬個人或屬社會之非理性、反理性者，皆著重直接如其為非理性或罪惡以認識之，而又不只把他們視作客觀外在的事實，而理智地分析之；卻都隸屬之於我們之主體自我之自身，視之為主觀內在的待超化者。同時，其思想與其說重在本理性以建立理想，不如說重在『如何用工夫，使理性之久大的相續流行於現實生命』成可能，從根上超化一切非理性、反理性者。東方宗教思想，無永在地獄中的人，即此精神之最好的象徵。東方思想中，道家重在致虛守靜，以開拓我們心之虛靈明覺。佛家重在觀空破執，以超化煩惱。儒家重在體證仁心，於人心見天心，而存理去欲，變化氣質，都不是只重在以理性建立理想，而是求為我之理性自身久大的相續流行於現實生命備足可能條件，而謀從根上超化非理性、反理性者。」（《人文精神之重建》，頁478-479）。

唐先生所說黑氏哲學「使人之道德理性無事可作，而只收縮於其自身之哲學」，即示黑氏哲學只是哲學，並不能充當道德宗教之修持上之「心性之學」。所說順康德、黑格爾之理想主義的發展，本應「轉而向內，去求如何開拓人之道德理性的心，去向下體察一切非理性、反理性者，而由道德實踐與社會人文之裁成，以加以超化」，即示向修持上之心性之學轉。然而西方竟未能如此轉。彼後面所述之東方之智慧，即是踐履的心性之學以通超越之神明，以明神何由降，明何由出者。

近時由契爾克伽德所開出之存在主義（尤其契氏本人），正是欲向內轉者。然彼等距心性之學之開出尚遠，即契氏本人亦只相應耶教而說。近時之發展又有許多歧出，復有只當作哲學講爭立哲學

派別之趨勢。可見其心量智慧之萎縮矣。彼等實應猛醒，正視東方之心性之學，以爲其宗教建立修持上之通路。如是西方文化方可有轉機。而吾人遭逢時代之艱難，重振斯學以爲綱領，其對於中西文化之作用，亦不言而喻矣。中國自有中國之問題，中國文化亦自有不足處，然此一學脈則必有其永恆之價值。

《牟宗三先生全集》總目